SV

Michael Krüger
Verabredung mit Dichtern
Erinnerungen und Begegnungen

Suhrkamp

Klimaneutral
Druckprodukt
ClimatePartner.com/14438-2110-1001

Erste Auflage 2023
Originalausgabe

Sämtliche Fotos im Kapitel »Strandbad Wannsee«: privat
Umschlagabbildung: Jan Skácel und Michael Krüger in Lucca,
Italien, Juni 1989, Foto: © Isolde Ohlbaum
Umschlaggestaltung: Rothfos & Gabler, Hamburg
Satz: Greiner & Reichel, Köln
Druck und Bindung: GGP Media GmbH, Pößneck
Printed in Germany
ISBN 978-3-518-43139-9

www.suhrkamp.de

Inhalt

Für Ariane

Vorwort

Als ich 2013 den Hanser Verlag in München verließ, in dem ich mein ganzes Berufsleben verbracht habe, dachten viele meiner Kollegen in anderen Verlagen, ich würde nun meine Erinnerungen schreiben, und machten mir wunderbare Angebote. Ich war natürlich geschmeichelt, aber auch, offen gesagt, verblüfft darüber, was sie sich erwarteten. Skandale? Enthüllungen? Beleidigungen? Ratschläge, wie man mit Autoren tunlichst nicht umgehen sollte? Sogar ein ausländischer Kollege war darunter, der offenbar hoffte, das Buch dann als Lizenz an alle Teilnehmer unseres legendären Verlegeressens auf der Frankfurter Buchmesse zu verkaufen.

Ich habe alle freundlichen Angebote ausgeschlagen. Anders als der von mir bewunderte Siegfried Unseld habe ich nie Tagebuch geführt, und anders als mein lieber Freund Klaus Wagenbach war ich nicht in endlose politische Streitigkeiten verwickelt, die zur deutschen Geschichte gehören: RAF, Rudi Dutschke, Ulrike Meinhof und so weiter. Ich habe nichts anderes getan, als mit meinen klugen, umsichtigen, belesenen Kolleginnen und Kollegen den Verlag zu leiten, dessen Geschichte bis 2003 von Reinhard Wittmann aufgeschrieben vorliegt. Natürlich hätte ich meine Version der Geschichte erzählen können, zum Beispiel wie es dazu kam, dass in meiner Zeit der literarische Verlag sehr schnell wuchs: Wie wir den historisch wichtigen, aber völlig maroden Zsolnay Verlag in Wien kauften, in dessen Archiv im Keller nur noch die Mäuse tätig waren; sie fraßen sich durch eine wie durch ein Wunder erhaltene Korrespondenz und hatten schon große Teile der Verträge von Graham Greene und John Le Carré angenagt; und wie wir später auch den noch älteren Deuticke Verlag kauften, in dem einstmals die Bücher von Sigmund Freud und Karl Popper erschienen; wie wir beide Verlage in den alten Räumen (mit dem alten knarrenden Parkett und den alten zugigen Fenstern) in der Prinz-Eugen-Straße im IV. Bezirk zusammenführten und mit vereinigten Kräften einen robusten Verlag daraus formten (der in manchen Jahren wegen der ungebremsten Schreiblust von Henning Mankell zu platzen drohte); wie eines Tages Renate Nagel anrief, weil sie ihren Verlag Nagel & Kimche in Winterthur aus gesundheitlichen Gründen in andere Hände übergeben wollte und sich unsere Hände ausersehen hatte – die auch zugriffen; wie wir den Hanser Kinderbuch-Verlag gründeten, der durch viel Arbeit und etwas Glück unmittelbar nach der Gründung bereits »erwachsen« war; wie schließlich, nach dem Fall der Mauer, Hanser Berlin entstand. Ich hätte von meiner dreißigjährigen Herausgeberschaft der Zeitschrift »Akzente« erzählen können, meiner schönen und anstrengenden Droge am Wochenende. Und natürlich hätte ich auch bemerkenswerte Interna aus dem dtv, dem Deutschen Taschenbuch Verlag berichten können, der einmal ein Dutzend Gesellschafter hatte, von denen drei übriggeblieben sind. Ja, und in diesen Geschichten wären natürlich auch alle ausländischen Verleger und Lektoren vorgekommen, mit denen wir zusammengearbeitet haben (und von denen viele schon tot sind), eine wunderbare Gesellschaft von Käuzen und Eulen, ein herrliches Bestiarium, in dem (für mich) die Emigranten eine besondere Rolle gespielt haben: der dicke François Erval, ein aus Ungarn stammender Jude, der gleichzeitig in mehreren Sprachen reden, lesen, essen, trinken und rauchen konnte und für den großen Verlag Gallimard in Paris arbeitete; oder Marion Boyars in London, die mit John Calder, einem Freund und Verleger Becketts, in London einen kleinen Verlag besaß; ich könnte von Calder selber erzählen, der einmal im Jahr durch die Campus-Buchhandlungen Amerikas reiste und alle Musterexemplare in einem riesigen Paletot mit breiten Innentaschen bei sich trug, so dass er sich kaum erheben konnte. Von Roberto Calasso und seinem Adelphi Verlag in Milano, der für mich der schönste europäische Verlag ist. Von Anne Freyer und Le Seuil; und den spanischen Freunden, von denen einer mich eine Stunde vor seinem Tod anrief, um sich für die schöne gemeinsame Zeit zu bedanken. Von den skandinavischen und den holländischen Freunden, die allesamt so viel von Literatur verstanden, aber auch gerne nach Deutschland kamen, weil sie ungestört einen trinken wollten. Ich hatte ja das große Glück, noch in einer Zeit arbeiten zu dürfen, in der es einen Unterschied gab zwischen Literatur und Unterhaltung und wo einem Autor von Gedichten noch nicht mitgeteilt wurde, man sei für Lyrik (das heißt: für Literatur) nicht zuständig, er oder sie solle sich an einen kleinen Verlag wenden. Überhaupt hätte ich von einer Zeit erzählen können, in der der Begriff »Konzern« nur in Büchern vorkam, aber das wäre eine Sozialgeschichte des Buchhandels geworden, die ich mir nicht zugetraut habe. Wenn ich jetzt manchmal an meinen Bücherregalen entlanggehe und auf den Rücken »Geschichte der Philosophie« in acht Bänden bei Ullstein Taschenbuch lese oder die zwanzig Bände »Anthropologie« bei dtv sehe, dann kribbelt es mir in den Fingern. Warum ist so etwas heute unmöglich, wo andererseits riesige Summen für drittklassige Romane und halbseidene Sachbücher ausgegeben werden, denen man schon von weitem ansieht, dass sie nach drei Monaten wieder vergessen sind. Aber das ist eine andere Geschichte, die andere, mit weniger Schaum vor dem Mund, schreiben müssen.

Und natürlich hätte ich, wenn ich Erinnerungen geschrieben hätte, von den Autoren sprechen wollen, dem Zentrum unserer Arbeit. Aber habe ich nicht schon einmal über sie alle geschrieben? In Vorworten und Nachrufen, in Sammelbänden und zu Preisverleihungen, zu runden Geburtstagen und anderen fröhlichen und traurigen Anlässen? Erzähl's noch einmal, bitte.

Aber dazu hätte ich in das Archiv des Verlages hinabsteigen und die Leitz-Ordner, die damals die Papierberge in Ordnung hielten, durchwühlen müssen – und dazu hatte ich keine Lust. Anders als in unserem Gewerbe üblich, hatte der Aufsichtsrat mir beim Ausscheiden keinen Katzentisch angeboten, was zu meiner Zeit noch selbstverständlich war: Als ich in den Verlag eintrat und in dem umgebauten Wohnhaus in der Kolberger Straße in Bogenhausen – einen Steinwurf vom Thomas-Mann-Haus in der Poschinger Straße entfernt – ein ehemaliges Badezimmer bezog, kam einmal in der Woche Herbert G. Göpfert vorbei, der damals schon Professor für Editionskunde an der Universität war, um in der ehemaligen Toilette seine Fußnoten für den »kleinen« Mörike zu schreiben. Und der unvergessene Fritz Arnold, mein Vorgänger, der Mann mit der spitzen Nase und der spitzen Zunge, hatte bis weit über achtzig seinen Arbeitsplatz im Verlag (wo er mittags die »Abendzeitung« las und bei seiner Brotzeit nicht gestört werden wollte) und war besonders für die »Witwen« und andere schwierige Fälle zuständig (Esther Calvino, Rita Gombrowicz, Susan Sontag, um nur die Spitze eines Eisbergs zu nennen).

Aber ich hatte nicht einmal Zeit, mich über dieses seltsame Verhalten des Aufsichtsrats zu wundern, weil mich die Mitglieder der Bayerischen Akademie der Schönen Künste zu ihrem Präsidenten wählten. Ich gehörte dieser Institution schon länger an, war also oberflächlich mit ihrem Getriebe vertraut und ging mit Lust und dem im Verlag antrainierten Schwung an die Arbeit. Leider war meine Mutter nicht mehr am Leben, der ich nur zu gerne von dieser Ernennung berichtet hätte. Verlagsdirektor, Schriftsteller, Zeitschriftenherausgeber, das waren alles mehr oder weniger ordentliche, wenn auch etwas undurchsichtige Berufe, die man mit einigem Aufwand den Freundinnen und der Familie im Osten erklären konnte, aber Präsident war natürlich mehr, auch wenn es sich nicht um eine Akademie für Obstanbau handelte, meine eigentliche Bestimmung, wenn es nach ihr gegangen wäre. Viele meiner Vorgänger, von Heinz Friedrich über Wieland Schmied bis zu Dieter Borchmeyer, waren mir gut bekannt, und bekannt war mir auch das Problem der Unterfinanzierung der Akademie, das schon auf vielen Tischen der sich ablösenden Kulturminister gelandet war. Manche Minister waren so kurz im Amt, dass man sich kaum ihre Namen merken konnte; nur eine Ministerin – die buchstäblich nach wenigen Wochen wieder abtreten musste – hat sich einmal in den großartigen Räumen in der Residenz blicken lassen, wo es die schönste Aussicht in München gibt. Es ist mir bis heute ein Rätsel, warum diese hellen Räume nicht genutzt werden. Die Akademie kann sie nicht nutzen, weil sie kein Geld hat, der Staat kann sie nicht nutzen, weil er sie nicht kennt. Einige Male im Jahr dringen herrliche Gerüche aus den unter der Akademie liegenden Räumen zu uns herauf, wenn nämlich der bayerische Ministerpräsident einen Empfang gibt: Dann zeigt man den Gästen die berühmte bayerische Gastfreundschaft. Wenn bei uns ein berühmter Künstler zu Gast ist, dann muss er sich sein Essen gewissermaßen selber mitbringen, weil im Haushalt nicht vorgesehen ist, dass Künstler Hunger haben. Warum die Akademie, in der unmittelbaren Nachkriegszeit unter prekären Umständen gegründet, vom Staat so wenig geliebt wird, bleibt ein Rätsel. Vielleicht hängt es damit zusammen, dass in Bayern Intellektualität traditionellerweise nicht besonders hoch im Kurs steht. Als in Deutschland um 1800 in einer großen Bewegung die bürgerliche Kultur entstand, kam keiner ihrer Protagonisten aus Bayern: Kein Goethe, kein Schiller, kein Kant und kein Hegel, kein Hölderlin und keine romantische Schule, auch Schopenhauer und Nietzsche haben einen Bogen um Bayern gemacht. In München war die Malerei zu Hause, und es wurde musiziert.

Einige der institutionellen Probleme der Akademie konnten wir lösen, die Hauptsachen blieben ungelöst. Zwei Perioden habe ich durchgehalten, ein drittes Mal wollte ich mich – obwohl mich fast alle der Kollegen dazu ermunterten – nicht zur Wahl stellen. Denn anders als in den anderen Akademien in Mainz, Berlin und Darmstadt, denen ich angehöre, gibt es in Bayern ein paar Mitglieder, die sich neben ihrer Kompositionsarbeit vornehmlich dem Aufbau von Intrigen widmen oder neben Romanen noch durch Artikel auffallen möchten, in denen sie dafür eintreten, Interna der Akademie-Sitzungen ausplaudern zu dürfen. Nichts für mich. Vielleicht gelingt es einem meiner Nachfolger, zusammen mit der Kulturbehörde die Idee der Akademie neu zu beleben. Sonst wird sie eines schönen Tages verschwunden sein.

Natürlich könnte ich alle diese Intrigen hier ausbreiten. Manche sind tatsächlich interessant, manche sogar brisant, und mit ein wenig Geschick würde ich vielleicht sogar ein kleines Skandälchen damit herausfordern können, die Androhung einer einstweiligen Verfügung, geschwärzte Zeilen, lautstarken Protest. Aber dazu habe ich nicht die geringste Lust. Man vergiftet sich nur selber, wenn man sich auf das Niveau dieser neuen Blog-Warte begibt. Wir haben jedenfalls große Abende in der Akademie erlebt, und das Essen danach haben wir gerne aus eigener Tasche bezahlt. Aber – wer soll die Geschichte dieser Höhepunkte lesen?

Ich könnte natürlich einiges von meiner Faszination für den sogenannten Jungen Deutschen Film erzählen, der in meiner Jugend die ästhetischen Fragestellungen beherrschte. Wenn man in Schwabing – ich wohnte damals in der Herzogstraße: Im ersten Stock des Hauses lebte der Regisseur Haro Senft, im Nebenhaus der Regisseur Volker Vogeler, ein paar Häuser weiter Uwe Brandner – auf die Straße trat, um eine Flasche Milch (oder eine Schachtel Zigaretten) zu holen, begegnete man unweigerlich den Protagonisten, den Schauspielern, Regisseuren, Drehbuchautoren (männlich und weiblich und so weiter), Cuttern, Produzenten und Komponisten, die es für ein paar Jahre fertigbrachten, den deutschen Film in aller Welt interessant zu machen. Bei Enno Patalas und Frieda Grafe traf ich François Truffaut, Jean-Luc Godard oder Douglas Sirk, der als Hans Detlef Sierck in Hamburg geboren wurde und Deutschland mit seiner jüdischen Frau verlassen hatte. Seine in Hollywood gedrehten Melodramen waren gerade nicht zuletzt durch den Zuspruch von Fassbinder wiederentdeckt worden, jetzt saß dieser feine alte Herr im Wohnzimmer von Enno und Frieda und erzählte mir in einer wunderbar klaren und reichen Sprache von seinem Philosophiestudium bei Ernst Cassirer und vom Seminar bei dem Kunsthistoriker Erwin Panovsky, als sei es gestern gewesen. Frieda und Enno übersetzten dann auch das erste Filmbuch für Hanser, Truffauts »Mr. Hitchcock, wie haben Sie das gemacht?«, dem viele andere folgten. Peter W. Jansen und Wolfram Schütte gaben die Reihe Film bei uns heraus, in der der Junge Deutsche Film als Teil des internationalen Films seinen Auftritt hatte: Achternbusch, Kluge, Fassbinder, Schlöndorff, Reitz, Wenders und die anderen standen nun in einer Reihe mit Cassavetes, Polanski, Bergman, Chabrol oder Coppola; wir verlegten erste monografische Bücher wie Peter Buchkas »Wim Wenders«, die Bücher von Werner Herzog und Ingmar Bergman (der damals wegen eines Streits mit der schwedischen Steuer in München lebte), Eric Rohmer und Bresson; aber auch Untersuchungen zur Geschichte und Ökonomie des Films und die wichtigsten theoretischen Studien zum Film, von Rudolf Arnheims Arbeiten bis zu einer vielbändigen Eisenstein-Ausgabe oder die Geschichte des Films im Dritten Reich. Wir waren zu dem deutschen Filmverlag geworden, und natürlich blieb es nicht aus, dass nicht nur meine editorischen, sondern auch meine schauspielerischen Fähigkeiten gesucht waren. Ich könnte also davon erzählen, wie ich in Bernhard Sinkels erstem Film,

»Clinch«, die Hauptrolle übernommen habe (mit Hannelore Elsner in einer Nebenrolle), in fast allen Filmen von Uwe Brandner aufgetreten bin (wenn auch nicht in tragenden Rollen), mit Flori Furtwängler Drehbücher geschrieben habe, die dem Bayerischen Rundfunk zu riskant waren, mit Johannes Schaaf über die Rolle des Gottfried Benn verhandelt habe (der Film wurde nach meiner Absage nicht gedreht) und bei Ula Stöckl meine begrenzten Fähigkeiten zeigen durfte. Aber die große Geschichte des Jungen Deutschen Films (in der ich als Darsteller eine, als Lektor mehrere Fußnoten beanspruchen darf) sucht noch nach einem guten Chronisten. Gott sei Dank haben meine Freunde Volker Schlöndorff, Werner Herzog und Edgar Reitz ordentliche Autobiografien veröffentlicht; Fassbinder hat seinen autobiografischen Roman, über den wir einen Vertrag geschlossen hatten, nicht mehr schreiben können. Mehrfach habe ich den Produzenten Günter Rohrbach, der wunderbar schreiben kann, aufgefordert, seine Geschichte mit dem Film aufzuschreiben; seine Antwort lautete immer: Wenn ich mal neunzig bin und keine Filme mehr produzieren kann. Jetzt ist er vierundneunzig und hat immer noch nicht angefangen.

Ich könnte natürlich auch von dem Nebeneinander von sehr verschiedenen Lebensstilen erzählen, die in München aufeinanderprallten. Hier das leichte Leben, das sogenannte Schwabinger Gefühl, das sich über die dreißiger Jahre und die Nazi-Zeit hinweg erhalten hatte und in den sechziger Jahren gerade dabei war, sich zu verflüchtigen. Und daneben das »neureiche« München, das der Regisseur Helmut Dietl aufs Korn genommen (und unsterblich gemacht) hat. Auf der anderen Seite das »schwere« Bayern, die schweißnassen Tiraden von Franz Josef Strauß, der schreckliche Kreis um die »National-Zeitung« des Gerhard Frey oder die ekelhaften Auslassungen des Franz Xaver Schönhuber, der die Manieren, die ihm in der Hitler-Jugend und als NSDAP- und SS-Mitglied beigebracht worden waren, unverblümt bis in den Bayerischen Rundfunk getragen hatte, wo er stellvertretender Chefredakteur wurde. Mit der Veröffentlichung seiner Memoiren hat er sich dann um Kopf und Kragen geredet, aber als Chef der »Republikaner« einen neuen Wirkungskreis erhalten. Der Bayerische Rundfunk hat ihn schließlich entlassen (müssen), aber seine Pension weiter bezahlt. Keiner hat sich gewundert, als er nach dem Brandanschlag auf eine Synagoge in Lübeck behauptete, der damalige Präsident des Zentralrats der Juden, Ignatz Bubis, sei für den Antisemitismus in Deutschland verantwortlich. In dieses Kapitel gehört auch der »Fall« von Hans Egon Holthusen, von dem es in Wikipedia heißt: »H. war ein deutscher Lyriker, Literaturwissenschaftler, Essayist und Kritiker.« Die englischsprachige Eintragung hat den Tätigkeitskreis um eine Nuance erweitert: »H. was a German Nazi, lyric poet, essayist and literary scholar.« Holthusens Erinnerungen an die große Zeit hat er – freiwillig – in einem Essay bekannt gemacht, den er im »Merkur« veröffentlichte, der »Zeitschrift für europäisches Denken«, die von meinem Freund Hans Paeschke herausgegeben wurde. Karl Heinz Bohrer, der einmal sein Nachfolger werden würde, und ich hatten ihn den »Eichelhäher« getauft. Eichelhäher sind Singvögel und gehören bekanntlich trotz ihres bunten Gefieders zur Familie der Rabenvögel, sie sind über ganz Europa verbreitet, und obwohl sie häufig Opfer von Nesträubern sind, ist ihr Bestand nicht gefährdet. Hans Paeschke konnte nicht wirklich singen, aber als solider Raucher, der sich lebenslang vergeblich das Rauchen abgewöhnen wollte, konnte er prächtig krächzen. Die Redaktionsräume waren in einer Wohnung in einem Haus in der Ainmillerstraße untergebracht, ganz in der Nähe von Enno Patalas, der mit Frieda eine große Altbauwohnung bewohnte, und dem Haus, in dem Rilke die Jahre vor seinem Weggang in die Schweiz verbracht hat. Der Eichelhäher hatte immer Probleme, das war seiner Zeitschrift eingeschrieben. Wenn ich am Abend mit dem Fahrrad durch den Englischen Garten nach Hause fuhr, machte ich manchmal einen Sprung zu Paeschke hinauf, im Sommer trafen wir uns in einem Gartenlokal an der Ecke oder rauchten eine Zigarette auf einer Bank im nahegelegenen winzigen »Park«. Er seufzte, inhalierte, seufzte – und dann kam eine langwierige Beschreibung einer verkorksten Situation, für die er eine Lösung suchte. Denn der Liberalismus, für den die Zeitschrift bekannt war, hatte seine Grenzen, wenn ein Autor es ablehnte, mit einem anderen im gleichen Heft zu erscheinen. Nach der Veröffentlichung von Holthusens Bekenntnis war es natürlich schwer, Jean Améry zu halten, andere wollten nicht mit Arnold Gehlen in einem Heft erscheinen, alles war immer »delikat« und verlangte lange Erklärungen in Briefform, die er gewissermaßen mit mir probte. Die schematische Einteilung links/rechts wollte er natürlich nicht akzeptieren, einzig und allein der »europäische Geist« zählte, die Haltung und die Qualität. Außerdem hatte der Eichelhäher die für manche Autoren unangenehme Eigenschaft, jeden Beitrag nach seiner Façon heftig zu redigieren, so dass mir einer seiner Autoren einmal sagte, eigentlich müsste über allen Beiträgen im »Merkur« stehen: Von Hans Paeschke unter Mitarbeit von ... Das ist natürlich übertrieben, aber sein Ringen mit dem Komma nahm gelegentlich komische Formen an. Alles in allem aber war der »Merkur« damals die beste intellektuelle Zeitschrift in Deutschland, weshalb ich gerührt war, als der Eichelhäher mich als Redakteur unter der neuen Herausgeberschaft von Karl Heinz Bohrer vorschlug. Ich fuhr nach Stuttgart und wurde von Ernst Klett unter die Lupe genommen, es folgten endlose Sitzungen in der Ainmillerstraße und den Lokalen in der Umgebung, in denen mir eingeschärft wurde, wie ich mich zu verhalten hätte, welche Autoren welche Behandlung erwarteten, welche man kurzhalten sollte und welche eine Extra-Portion Honig brauchten, und wenn wir den Eichelhäher endlich wieder bei seinen Papieren abgeliefert hatten, sagte Bohrer in seiner lakonischen Art: Damit das ganz klar ist: Keiner dieser Ratschläge wird befolgt!

Aber ich wollte meine Arbeit bei Hanser nicht aufgeben, und so wurde es nichts mit mir bei der »Zeitschrift für europäisches Denken«, die dann – nach einer Zwischenherausgeberschaft des pragmatisch-klugen Hans Schwab-Felisch – von Karl Heinz Bohrer und Kurt Scheel geleitet wurde. Typen wie den Eichelhäher gibt es leider nicht mehr (oder kaum noch) in der intellektuellen Szene, Asketen, die von Zigaretten und Rotwein leben, grundsätzlich unglücklich verliebt sind, dafür aber tagelang glücklich strahlen, wenn sie wieder einen aufsehenerregenden Artikel in ihrem Blatt haben.

Ich könnte ein wenig von Christian Enzensberger erzählen, damals Professor für Anglistik an der LMU, der mit seinem Freund Giuseppe in einem Häuschen an der Bahnstrecke nach Tölz wohnte, von den Indianern, die bei ihm im Keller lebten und eigentlich Inder waren und dort nicht sein sollten; von Christians eigenwilliger Naturphilosophie, die immer verrückter wurde und seinen ganzen Einsatz erforderte: wie er stundenlang am Ufer der Isar auf einem Bein stand und in den Himmel starrte – aber Christian und sein Weg von einer materialistischen Ästhetik zu einer »experimentellen« Naturphilosophie unter besonderer Berücksichtigung seiner eigenen experimentellen Lebensweise erfordern ein eigenes Buch. Er war einer der klügsten und schrägsten Menschen, die mir begegnet sind; wenn Giuseppe guter Laune war, bin ich zweimal in der Woche zum Essen bei ihnen gewesen, war er in trüber Stimmung, war es besser, das Haus zu meiden: Der sanfte Giuseppe konnte entsetzlich wütend werden. Nach Giuseppes Rückkehr nach Italien gründete Christian eine Wohngemeinschaft in der Tengstraße. Dort traf ich oft seine unglaublich freundlichen Eltern: den schweigsamen, immer lächelnden Vater, der mit meinem

Vater das Postscheckamt in Nürnberg aufgebaut hatte, und die liebe Mutter, die von den unglaublichen Eskapaden ihrer Söhne berichtete: Stell dir vor, der Uli hat das und der Martin hat jenes gemacht, der Christian hat mal wieder etwas nicht gemacht, und der Mang wollte etwas tun, ist aber verschwunden und so weiter, sie hatte viel zu tun, das Leben ihrer vier Söhne zu überblicken.

Ich könnte die Geschichte des Dichters und »Hochstaplers« Carl Werner erzählen, aber auch sie bräuchte eigentlich ein eigenes Buch. Kein Mensch wusste, wer er war. Er wohnte mit seinem Freund, Apotheker bei der Bundeswehr, in einer riesigen Wohnung in der Isabellastraße, deren Balkone von einem natürlich »weltberühmten« Pflanzenkenner ausgestattet waren: Da hockte er und redete buchstäblich unverständliches Zeug über den mangelnden »Dienst an sich«, die »Pflicht« und ähnliche große Probleme, schrieb pathetische Gedichte über den Krieg und das Unglück – und half anderen Menschen: Wer in Not war, ging zu Carl Werner, über den hinter vorgehaltener Hand gemunkelt wurde, er sei ein unehelicher Spross der Hohenzollern. Gelegentlich gab es eine große Diskussion in seiner Wohnung in Schwabing, wo die unlösbaren Fragen der Gegenwart beantwortet wurden.

Einmal rief mich der (marxistische) Philosoph Ernst Fischer aus Wien an, er solle bei einem gewissen, ihm völlig unbekannten Carl Werner einen Vortrag halten, ob ich eine Ahnung hätte, wer das sei, das Honorar sei so üppig, dass er eigentlich nicht nein sagen könne. Und dann rief Carl Werner an, ob ich seinen alten, lieben Freund Fischer vom Bahnhof abholen könne, ein entzückender Mensch, ein ganz edler, entzückender Mensch, an dem wir alle eine große Freude haben würden. Ich holte Fischer vom Bahnhof ab, der buchstäblich keine Ahnung hatte von Carl Werner, nie gehört, wir fuhren in die Isabellastraße, Carl Werner öffnet die Tür und umarmt buchstäblich mit Tränen in den

Augen seinen alten, lieben Freund, der alles völlig verdattert mit sich machen ließ. In der Wohnung saßen auf von Carl Werner selber mit schwarzem Kunststoff bezogenen Bänken Christian Enzensberger und Kuno Raeber, Horst Bienek und Ivan Nagel, der Philosoph Arnold Metzger, dessen Frau eigens gebackene Kekse mitgebracht hatte, und Werner Vordtriede, Wolfgang Koeppen und Reinhard Baumgart, aber auch Menschen aus der Industrie wie Herr Rodenstock oder berühmte Gewerkschaftsführer aus Bonn, insgesamt vierzig oder fünfzig Menschen, die alle mit rotem Wein aus Fünfliterflaschen bewirtet wurden. Und da damals noch geraucht werden durfte und Carl Werner der gierigste Raucher war, hörten wir schließlich nur noch die nicht besonders originellen Ausführungen von Fischer – Beckett ist der Dichter der entfremdeten Welt –, der selber hinter einer Rauchwand verschwunden war. Entzückend, entzückend! Das waren die letzten Worte, die Ernst Fischer mit auf den Weg bekam, als ich ihn endlich in seine Pension bringen konnte.

Die Geschichte der Autorenbuchhandlung könnte ich erzählen – und da ich der letzte Überlebende der Gründungsmitglieder bin, könnte mir auch keiner widersprechen. Aber wer will diese Geschichten um Inge Poppe und Paul Wühr, Jörg Drews und Peter Laemmle, Martin Gregor-Dellin, Barbara König und Jürgen Kolbe, Fritz Arnold und Christoph Buggert, Tankred Dorst und Günter Herburger noch einmal hören? Ich sehe keinen, der den Finger hebt, also lasse ich es.

Den großen schizophrenen Dichter Harald Kaas kennt leider keiner mehr, den sollen andere wiederentdecken; über Wolfgang Bächler habe ich mindestens zehn Nachworte und Artikel geschrieben, aber es hat alles nichts genützt: Er hat keinen Literaturpreis erhalten und war Mitglied keiner Akademie. Über Hermann und Hanne Lenz ist viel geschrieben worden, gelesen wird er nicht mehr. Ich könnte erzählen, wie ich mit Laszlo Glozer im Sommer das Haus von Hille und Reinhard

Baumgart gehütet habe und wir uns überlegen mussten, wie wir der Tochter von Ute und Jürgen Habermas das Verschwinden der Katze erklären sollten, was wir nicht konnten. Die Tochter hat alles überstanden, von der Katze wurde nichts mehr gehört. Über meine Besuche bei Friedhelm Kemp in der Paradiesstraße könnte ich einiges erzählen; auch über Cyrus Atabay, den persischen Dichter. Über meine Freundschaft mit Hubert Burda und die vierzig Jahre Petrarca-Preis habe ich ein ganzes Buch geschrieben. Über das Zusammenleben mit Tankred und Ursula Dorst, Tilman Spengler und Charlotte Franke in einem Haus am Starnberger See habe ich mich oft ausgelassen, auch über meinen lieben Freund Peter Hamm, der mit seiner Frau Marianne Koch auf der anderen Seite des Sees bei Tutzing lebte: ein Wunder an Belesenheit. Soll ich über die Anfänge des Lyrik Kabinetts berichten? Wie wir mit Seamus und Maria Heaney in der Küche von Ursula Haeusgen saßen und irische Balladen sangen. Habe ich das nicht schon erzählt? Soll ich erzählen, wie Botho Strauß in einer Gärtnerei in München arbeitete? Ich werde mich hüten. Aber ich werde noch einmal über ihn und sein unerhört konzentriertes Werk schreiben. Vielleicht in zwanzig Jahren, wenn sich keiner mehr für Literatur interessiert.

Ich muss auch dringend über meine »Lehrer« schreiben, über die vielen Freunde, die mich unentgeltlich erzogen haben. Über einige von ihnen habe ich Lobreden verfasst, über andere Nachrufe geschrieben, sie aber nie zusammen vorgestellt als das ideale Kollegium: von Walter Höllerer über Norbert Miller und Wolf Lepenies bis zu Peter von Matt, von Karl Heinz Bohrer und Alfred Brendel bis zu Ronald Dworkin, von Henning Ritter bis Hanno Helbling, von Rolf Michaelis bis zu Martin Meyer, von Hanns Grössel bis zu Karlheinz Stierle. Vielleicht gelingt es mir, einmal darzustellen, weshalb diese bunt gemischte Gruppe dafür verantwortlich zu machen ist, dass aus mir ein erträglicher Zeitgenosse wurde.

In den letzten Jahren, die ich wegen einer scheußlichen Krankheit mit meiner Frau Ariane in Quarantäne verbringen musste, besuchten uns, wenn wir auf der Terrasse sitzen konnten, gelegentlich Ute und Jürgen Habermas, die in der Nähe wohnen. Da beide über ein phänomenales Gedächtnis verfügen, habe ich sie immer angebohrt: Wie war das mit Gadamer, mit Mitscherlich, mit Horkheimer oder Adorno – und dann begann eine klare, oft ironische, häufig sarkastische Rede, die so voller funkelnder Details und feiner Beobachtungen steckte, dass ich nur staunen konnte. Ihnen stand ihr gesamtes Leben zur Verfügung, und man hatte nie den Eindruck, dass einer der beiden irgendetwas ausließ, weil es entfallen war. Alles war präsent, die Erinnerungsbilder leuchteten, es war ein Vergnügen, ihnen zuzuhören. Nach ihren Besuchen habe ich mich manchmal hingesetzt, um mit ähnlicher Präzision und Leichtigkeit über mein Leben zu schreiben – vergeblich.

Leider besitze ich diese Gabe nicht. Bei mir ist alles unsicher, vieles verschwimmt, und wenn ich etwas ganz klar vor Augen habe, dann fehlen mir die Worte, es auch so präzise hinzuschreiben. Es ist mir, mit anderen Worten, vollkommen unmöglich, mein Leben als einen erzählbaren Ablauf zu sehen und darzustellen.

Deshalb habe ich auf den folgenden Seiten nur einige Begegnungen festgehalten: meine Kindheit in Sachsen-Anhalt, meine Jugend in Berlin, meine Arbeit in München, meine literarischen Reisen. Ich weiß natürlich, dass das Wesentliche ungesagt geblieben ist; also werde ich später noch meine persönliche Literaturgeschichte schreiben, in der dann alles Wichtige meines Leselebens vermerkt sein wird.

Darauf können Sie sich freuen.

Wo ich geboren wurde

1

Mein Großvater konnte über hundert Vögel
an ihren Stimmen erkennen, nicht gerechnet
die Dialekte, die in den Hecken gesprochen wurden,
dunklen Schulen hinter dem Hof,
wo die Braunkehlchen Aufsicht hatten.
Mein Großvater war Spezialist für Kartoffeln.
Mit den Händen grub er sie aus, zerbrach sie
mit den Daumen, die weiß wurden,
und ließ mich an der Bruchstelle lecken.
Mehlig, gut für Schweine und Menschen.
Auch nach der Enteignung wollte er unbedingt
an Gott glauben, weshalb ich die Kartoffeln
ausbuddeln musste aus seinem ehemaligen Acker.
Wie auf holländischen Bildern zogen
schwere Wolken über den sächsischen Himmel,
sie kamen aus Russland und Polen
und fuhren nach Westen, ihre Fracht wurde leichter,
durchsichtiger und feiner, bis sie in Frankreich
als Seide verkauft wurde. Im Westen, sagte er,
finden Verwandlungen statt, wir werden verwandelt.
Im Dorf fehlten einige seiner Freunde,
die mussten in Russland die Wolken beladen.

2

Meine Großmutter benutzte die Brennschere,
um ihre dünnen Haare zu wellen. Man muss
dem Herrgott ordentlich frisiert gegenübertreten.
Der kam meistens nachts, wenn ich schon
schlafen sollte, setzte sich auf den Bettrand

und unterhielt sich mit ihr auf Sächsisch.
Beide flüsterten, als hätten sie ein Geheimnis.
Manchmal waren sie freundlich zueinander,
dann wieder zankte sie mit ihm wie
mit dem Großvater, wenn der sein Glasauge
neben den Teller legte. Wenn man es falsch herum
einsetzt, kann man nach innen sehen,
in den Kopf hinein, wo die Gedanken leben,
sagte er und stopfte seine Pfeife mit Eigenbau,
der neben dem Tisch an der Wand hing, labbrige Blätter,
von einem Faden durchzogen. Die Ärmel der Joppe
des Großvaters waren von Brandlöchern genarbt.
Wie deine Lunge, sagte die Großmutter, beides
aus braunem Stoff. So vergingen die Tage.
Abends gab es Kartoffeln mit Sauce oder ohne.
Wenn auf dem Hof geschlachtet wurde, fand ich
Wellfleisch auf meinem Teller, aber ich durfte nicht
fragen, wie es zu uns gefunden hatte.
Wellfleisch kann fliegen, damit war alles gesagt.
Ich stellte mir Gott als einen Menschen vor,
der alles mit sich machen ließ.

3

Mein Großvater las nicht mehr. Alle Bücher stehen
in meinem Kopf, sagte er, aber ganz durcheinander.
Dafür erzählte er gerne, am liebsten vom König,
der sich angeblich für ihn interessiert hatte.
Auf der Jagd sollte er ihm einen Hasen
vor die Flinte treiben, aber der Großvater hatte
das Tier unter seinem Mantel versteckt.
Ich kann noch heute das Hasenherz schlagen hören,
rief er und fasste sich an die Stelle, wo seine Uhr
hing. Hasen haben ein schlechtes Herz,

damit kann man keinen Staat machen. Vom Staat
war nicht viel zu erwarten. Wenn die Großmutter
nicht im Zimmer war, hörten wir Radio, messerscharfe
Stimmen, die den Rauch seiner Pfeife zittern ließen.
Saubande, sagte mein Großvater, der sonst nie
fluchte. In der Nähe von Beromünster war die Musik
zu Hause, da fahren wir eines Tages hin, sagte er,
und hören Bach und Tschaikowski. Dann schlief er ein.
Das Lid über seinem Glasauge war nie ganz geschlossen.

4

Als ich mein Dorf kürzlich besuchte,
fiel mir alles wieder ein, nur ungeordnet:
der Kunsthonig und der schwarze Sirup, der sämig
durch die Löcher im Brot tropfte, die fauchenden Feuer
über Meuselwitz, die kyrillischen Gewehre im Steinbruch
von Keyna, der Kohlenstaub, Warmbier, der ängstliche Gott,
der schnatternde Alarmruf des Wiedehopfs,
die puckernden Flüsse auf dem Handrücken des Großvaters,
der blaue Teppich unter den Pflaumenbäumen,
die Eselsohren in der Bibel, die fromme Armut,
das Glück. Auch die Toten redeten mit, von fern her
angereist in altmodischen Kleidern, die Frauen
mit Haarnetzen, die Männer in gewendeter Uniform,
mit Schusslöchern auf der eingefallenen Brust.
Und in der Mitte mein Großvater, ein Auge auf die Welt
und eines nach innen gerichtet, vor sich ein Teller
Kartoffeln, mehlig und buttergelb, gut für die Schweine
und Menschen und mich.

5

Das alles bin ich, der Mann mit dem Hasenherz.
Nicht mehr, eher weniger.

(1990)

Strandbad Wannsee

Szenen einer Nachkriegskindheit zwischen Nikolassee, Schlachtensee und Wannsee

Mein Vater war ein enthusiastischer Sportler, der noch im Alter jedes Jahr das goldene Sportabzeichen wiederholte. Wenn er mit der Urkunde nach Hause kam, verschwitzt und glücklich, sagte er stets erleichtert den Satz: Es ging noch immer erstaunlich gut. Warum er sich der jährlichen Tortur unterzog, war nicht herauszufinden. Aber zwei Drittel der von uns freiwillig ausgeführten Tätigkeiten haben keine stichhaltige Begründung. Warum sammelt einer Bierdeckel? Als Kind hatte ich eine kleine Sammlung von Bierdeckeln, auf die ich auch noch stolz war. Einige der schönsten Exemplare hatte ich zum Entsetzen meiner Mutter an die Wand genagelt. Wo andere ihren ersten van Gogh hängen hatten oder ein Foto von Elvis Presley oder Vico Torriani, hingen bei mir die Bierfilze aus Bayern, Belgien und Dänemark. Besonders ein Deckel aus Jamaika erregte unter meinen Freunden Aufsehen, auf dem ein exotisches Tier abgebildet war, das als Original nicht einmal im Zoologischen Garten bei uns in Berlin existierte: der Wimpelschwanz. Nachdem ich mit diesem Abschnitt meiner Kindheit abgeschlossen und die Bierdeckel in den Müll geschmissen hatte, las ich in der Zeitung, dass auf einer Bierdeckeltauschbörse besonders seltene Exemplare für Tausende von Mark weggegangen waren – ich hatte also unfreiwillig ein Vermögen verhudelt. Um mich über diesen Verlust zu trösten, sagte meine kluge Großmutter, der wahre Sammler sammelt nicht wegen des Werts der Gegenstände, sondern einfach so. Ob das stimmte? Wurde der Kopf der Nofretete, den wir im Museum in Dahlem bestaunten und den meine Mutter von atemberaubender Schönheit fand, einfach so gesammelt? Wann hörte »einfach so« auf? Ich bin nach dem Debakel mit den Bierdeckeln nie mehr Sammler geworden, nicht einmal die vielen tausend Bücher, die sich im Laufe meines Lebens einmal in meinem Besitz befanden, habe ich gesammelt, sie haben sich vielmehr angesammelt, wie von selber. (Wie bedrückend wertlos diese Bücher waren, habe ich bei meinem letzten Umzug erfahren müssen, als ich einige von ihnen heimlich loswerden, »abstoßen« wollte: Der Antiquar wollte für die Abholung der Bücher entlohnt werden!) Und was die Sammlungen meiner Großeltern betrifft: Mein Großvater hatte sämtliche Bände von Diehl's Apfel-Enzyklopädie gesammelt, mit den herrlichen Farbtafeln! Diese Sprache, dieser Reichtum an Wörtern, um das Apfelfleisch zu beschreiben, die Haut der Frucht, das Kerngehäuse, den Säuregehalt oder die Farbe der Kerne! Und wie viel verschiedene Apfelsorten es einmal gegeben hat! Gar nicht zu reden, mit welcher Klarheit jeder Apfel in das größere System eingereiht wurde! Wer einmal in Diehl's Enzyklopädie vergraben war, brauchte lange, um sich wieder in normalen Nachschlagewerken zurechtzufinden. Leider hat mein Großvater bei der Enteignung nur einen Band mitnehmen dürfen, der so langsam aus dem Leim ging, weil wir immer wieder darin geblättert haben. Und meine Großmutter hatte eine beträchtliche Sammlung von Meissener Porzellan aufgebaut, das Geschirr mit dem berühmten Stachelbeermuster »für Sonntage«, aber auch Unikate wie eine große Suppenterrine, auf deren Deckel ein Papagei thronte, die nie in Betrieb genommen wurde. Auch diese Sammlung war enteignet worden. Auf welche Weise einige Stücke daraus – zum Beispiel der Papagei, aber ohne Terrine – doch noch in unseren Besitz gekommen sind, wurde immer nur angedeutet, weil es offenbar nicht mit rechten Dingen zugegangen war – aber nichts, rein gar nichts war mit rechten Dingen zugegangen. Nach einem langen, arbeitsreichen Leben besaßen meine Großeltern gerade mal das, was sie auf dem Leibe trugen; dazu gehörte, als kostbarstes Stück, eine Granatbrosche. Wie oft habe ich, wenn die Sonne ins Fenster schien, die Großmutter gebeten, sich ins Licht zu setzen, damit ich die feurigen Blitze ihrer Granatbrosche bewundern konnte. Übrigens gab es neben dem einen Band aus Diehl's Apfellexikon noch zwei Bücher in dem winzigen Zimmer der Großeltern: eine unförmige illustrierte Bibel, aus der mir die Großmutter oft vorlas, und eine Flora von Deutschland, die ein Vorfahr von uns geschrieben und gezeichnet hatte (und die es, natürlich heute mit Fotos bebildert, immer noch gibt): der »Garcke«. Also drei üppig mit Bildern versehene Bücher, die mir die Kinderbücher ersetzten, die es bei uns nicht gab. Der »Garcke« war zugleich auch mein erstes Schulbuch. Wenn ich mit meinem Großvater über seine ehemaligen Felder ging, sammelten wir Pflanzen, die meine Großmutter trocknen und als Gemüse, Tees oder Gewürze verarbeiten konnte, nachdem wir sie im detailverliebten »Garcke« bestimmt hatten. Was nicht in dem Buch verzeichnet war, gab es – mit Ausnahme von Tabak-Pflanzen – auch nicht in der Natur, der »Garcke« und die Natur waren eins. Ich liebte das Buch besonders wegen der Passagen, in denen es um Gerüche ging: Nichts war schöner, als eine Pflanze zwischen den Fingern zu verreiben und den Geruch zu bemerken, der auch im Buch beschrieben war. Ich fragte mich immer, was zuerst da war, der Geruch oder seine Beschreibung im »Garcke«.

Mein sportlicher Vater war ein mit buchstäblich allen Wassern gewaschener Paddler, der alle großen Flüsse Deutschlands, wenn nicht Europas gepaddelt hatte und nun am Sonntag die sportlich nicht gerade herausfordernden Gewässer rund um Berlin durchpflügen musste. Seine Boote – Klepper-Faltboot, auf diese Marke ließ er nichts kommen – lagen in einem der Post gehörenden Bootshaus in bester Lage am Kleinen Wannsee, zwei Sprünge über Land vom Kleist-Grab entfernt. Wenn wir ihm nicht entwischen konnten, musste eines der vier Kinder mit ihm am Sonntag aufs Wasser gehen, was keiner von uns als besondere Auszeichnung empfand. Einmal aus prinzipiellen Gründen, weil wir ein gesundes Misstrauen gegen Sport hatten, und ferner, weil das Paddeln im Zweier ein extremes Gleichzeitigkeitsgefühl voraussetzt, was uns offenbar abging. Individualismus, wie er uns als Lebensform vorschwebte, war nicht gefragt. Man darf, wenn man im Zweisitzer vorne sitzt – und natürlich mussten wir vorne sitzen –, den Rhythmus nicht einfach beschleunigen oder verlangsamen, weil das erste Gesetz der Paddelordnung lautet: Wer hinten sitzt, bestimmt. Während ich mich gerne in die Nähe der damals aufkommenden Motorboote begeben wollte, weil ich neugierig war, wie die von uns natürlich verachteten Neureichen, die Piefkes, so lebten, die nie in ihrem Leben ein Paddel berührt hatten und gar nicht ermessen konnten, welche Schönheit, welche ungeahnte Freiheit im Paddeln liegt, bevorzugte mein Vater die offene Fläche und fand es beleidigend, Segelbooten ausweichen zu müssen. Sogar auf die Ruderer, die mit ihren Vierern und Achtern an uns vorbeizogen, schaute er verächtlich, weil sie, zum Beispiel in reißenden Gewässern, dem Klepper-Boot natürlich nicht das Wasser reichen konnten. Mein Vater erzählte oft, um uns anzuspornen, die abenteuerliche Geschichte eines Verrückten, der in den zwanziger Jahren mit dem Faltboot den Atlantik überquert hatte. Ich habe vergessen, ob er den Mann gekannt hat, jedenfalls erzählte er diese Geschichte so mitreißend, dass wir immer gespannt auf den Höhepunkt warteten. Nachdem der Faltboot-Held nämlich tatsächlich den Atlantik geschafft hatte, war er auf der Weiterfahrt von der Karibik nach New York zum letzten Mal gesehen worden: Wahrscheinlich hatte ihn ein Krokodil samt Klepper-Boot verspeist. Der Werbespruch der Faltbootwerft wurde aber trotz dieses tragischen Falles nicht geändert: Fahre fröhlich um die Welt / mit Klepperboot und Klepperzelt. Zur Welt gehörten natürlich auch der Wannsee und die Havel, auch wenn sie nicht gerade reißend waren, und selbst Gewitter waren auszuhalten, wenn die Blitze nicht zu nahe kamen.

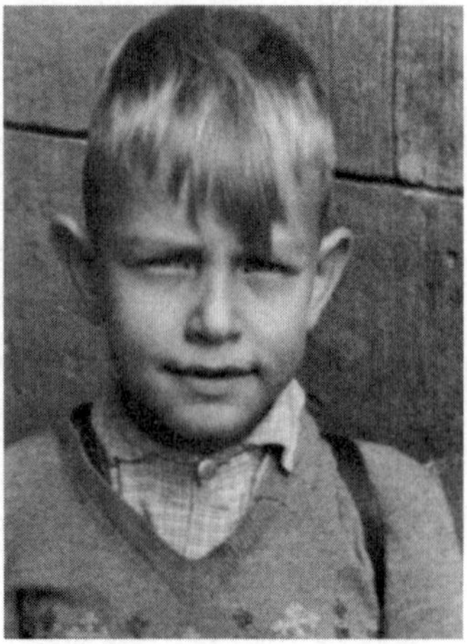

Aber zu der prinzipiellen Abneigung der Kinder gegen Klepperboote kam noch etwas hinzu, was uns die Fahrten im Doppel-Klepper verleidete: Mein normalerweise sehr zivilisiert auftretender Vater hatte die unangenehme Eigenschaft, plötzlich und unvermittelt und ohne mit dem einförmigen Paddeln innezuhalten, bei strahlender Sonne mitten auf dem Wannsee von hinten zu fragen: Wo liegt Peking? Wenn man daraufhin das Paddel ablegte, um den Stand der Sonne zu erfassen, und etwas vage mit der rechten Hand einen Halbkreis beschrieb, an dem mit etwas Glück Peking hätte liegen können, erhielt man einen Schwall Wasser über den Kopf. Nicht aus böser Absicht, sondern aus Enttäuschung. Er war ganz einfach zutiefst enttäuscht, dass ich nicht in der Lage war, hinter Kladow oder hinter Schwanenwerder das unendlich große Reich der Mitte und darin die Stadt Peking zu orten. Und aus Enttäuschung schlug er mit seinem Paddel auf das unschuldige Wasser des Wannsees, das mich daraufhin mit einer ungezügelten Woge kalt überschwemmte. Es war mir offen gesagt ein Rätsel, wie man an einem schönen Sommertag auf dem Wannsee an Peking oder, noch schlimmer, an Timbuktu oder Istanbul denken konnte. Nicht einmal Leipzig kam mir in den Sinn oder Paris. Aber vor allen Dingen wollte mir nicht einleuchten, dass es zur Bildung – zur einfachen und nicht einmal zur höheren, humanistischen Bildung –

gehören sollte, auf dem Wasser des Wannsees, der nur zur Hälfte dem humanistisch denkenden Westen gehörte, zu wissen, ob Peking mehr hinter Glienicke und Timbuktu mehr in Richtung des Schlachtensees lag. Der andere, nicht-humanistische Teil, in dem ganz eindeutig Peking und Leipzig angesiedelt waren, gehörte zum Osten, zum Ostblock, und weil der mütterliche Teil der Familie aus dem Osten stammte, wussten wir, wovon wir sprachen. Da nun aber um ganz Berlin herum Osten war, war es doch eigentlich gleichgültig, wo Peking lag? Gerade der Süden war lange Osten, bis er in Franken humanistischer Westen wurde. Eine solche Argumentation war für meinen humanistischen Vater eine billige Ausflucht. Er war der Ansicht, dass das Ideal des Lebens darin bestand, alles zu wissen, da das aber nach dem Krieg in Berlin selbst auf den höheren Schulen nicht zu haben war, musste man sich notgedrungen mit dem, was möglich war, zufrieden geben. Mein Argument, dass Gott der Allmächtige die Erde als eine Kugel konzipiert hatte, man also auf verschiedenen Wegen die Stadt Timbuktu erreichen könne, wie ja auch Columbus, der eigentlich nach Indien fahren wollte, schließlich in New York in der Nähe des Broadway an Land gegangen sei, verfing nicht. Ich möchte wirklich wissen, was ihr in der Schule lernt, brummte er. Wer nicht weiß, wo Timbuktu liegt, wird es nie erreichen – und natürlich hat er recht behalten: Ich bin nie in Timbuktu gewesen.

Ich will gerne zugeben, dass auch mir das Lernprogramm in der Schule nicht immer einsichtig war. Meine Mutter erzählte gerne die Geschichte, dass ich, als wir noch in Charlottenburg wohnten, nach der Einschulung zwar morgens zum Schulbeginn in die Wald-Schule ging, aber in der Meinung, dass nach einer Stunde das Tagespensum abgearbeitet war. Ich ging nach der ersten Stunde spazieren und hing meinen Träumen nach, und wenn ich beim Abendessen gefragt wurde, wie ich die Schule fände, fand ich sie angenehm. Bis dann eines Tages die Lehrerin

Mein erstes Gedicht

bei uns zu Hause auftauchte, um mit meinen Eltern ein schwieriges Problem meiner Erziehung zu besprechen ... Berlin, 1949, war ein aufregendes Pflaster, und natürlich bilde ich mir heute ein, mehr über »das Leben« erfahren zu haben als meine Mitschüler, die brav in der Bank sitzen geblieben waren.

»Ich weiß zwar viel, doch möcht ich alles wissen«, dieses Zitat aus dem »Faust« hatte mein Vater ständig auf den Lippen. Wie oft haben wir, besonders nach der Zeugnisverteilung, am sonntäglichen Mittagstisch darüber nachgedacht, was man unbedingt wissen sollte und auf was man – wenn auch notgedrungen – verzichten konnte. Der Besuch von Paris, Moskau und New York, den Städten der Avantgarde, war für meinen ältesten Bruder unverzichtbar, während mein Vater eher an Athen, Rom und die Pyramiden dachte; und während meine Mutter die bizarre Ansicht vertrat, jemand, der nichts von Musik versteht, habe auch nichts in einem Parlament verloren, weil er keinen Sinn hätte für komplizierte Tonlagen und den richtigen Rhythmus, hing meine Schwester der Überlegung an, die Kenntnis der Alpen und ihrer Flora und Fauna sei unabdingbar für das Verständnis der Welt. An ihnen zeige sich, woher wir und alles andere kommen. Was meinen zweiten Bruder zu der geknurrten Bemerkung veranlasste, sie dürfe ruhig Tiere und Pflanzen statt Flora und Fauna sagen, weil kein Mensch wisse, ob Flora mehr zu den Tieren und Fauna zu den Pflanzen gehöre oder umgekehrt. Er kritisierte indirekt meine Mutter, wenn er ihr vorhielt, nichts, aber auch gar nichts von Jazz zu verstehen, also auch nichts von Rhythmus, eine Wissenslücke, die nach seiner Meinung unbedingt gestopft werden müsse, denn wenn man nur Beethoven und Mozart im Kopf habe, verstehe man nichts von der ganzen Musik. Du kannst doch nicht erwarten, dass Adenauer sich deinen Jazz anhört, sagte meine Schwester, er hat wirklich Besseres zu tun, wenn er uns ordentlich regieren will. Es schloss sich eine lange Diskussion an über die Intelligenz des Senats von Berlin, die von der Familie, wenn ich die Erörterungen zusammenfassen darf, als ungenügend eingestuft wurde. Es war wie in der Schule: ungenügend, setzen, Musik hören und die Fauna und Flora der Alpen studieren. Wie man nach diesen extremen Vorstellungen überhaupt Menschen für ein Parlament finden sollte, war mir ein Rätsel, wie es für mich überhaupt ein Rätsel war, dass einer nach der Nazi-Zeit Politiker werden wollte. Wenn sich die Diskussionen in diese delikaten Gebiete bewegten, schwieg mein Vater. Wollte er selber einmal Politiker werden? Er kannte viele von ihnen persönlich, mit manchen telefonierte er am Abend, mit anderen hatte er beruflich zu tun. Immer sprach er lobend von dem Senator für Volksbildung, Joachim Tiburtius, der eine Art Vorbild für ihn war. Den konnte man nachts wecken, sagte mein Vater, wenn am nächsten Morgen im Senat über Lebensmittelknappheit gesprochen werden musste. Dann hätte er aus dem Stegreif eine flammende Rede über die Kartoffel an sich in Vergangenheit, Gegenwart und Zukunft gehalten, die sich gewaschen und den Hunger vertrieben hätte, und alle hatten eingesehen, dass man den Gürtel enger schnallen müsse. Außerdem hatte er eine Doktorarbeit über den »Begriff des Bedürfnisses« geschrieben, die mein Vater gelegentlich lobend zitierte, war für den Neubau der Akademie der Künste verantwortlich und für das Schiller-Theater, dessen Aufführungen meine Eltern liebten, und über allem wölbte sich – was meinen ältesten Bruder zur Verzweiflung trieb – die Verehrung von Wilhelm Furtwängler, den auch mein Vater über alles stellte. Ja, auch wenn er in der Nazi-Zeit … Solche Politiker brauchte das Land, vor allem aber die Stadt Berlin. Meine Mutter war von vornherein dagegen, dass mein Vater mit einem Amt in der Politik liebäugelte: Dann kann euer Vater ja gleich im Büro übernachten, sagte sie spitz, dann hat er es nicht so weit vom Bett in den Plenarsaal, um einen weltbewegenden Vortrag über die Kartoffel anzuhören.

Was die Kenntnisse über die Welt betrifft, so fügte ich noch etwas anpasserisch hinzu, so könne es nichts schaden, auch ein wenig von Chemie und Physik zu verstehen – wo meine Noten in diesen Fächern doch miserabel waren. Davon verstand nämlich keiner was in der Familie, und ich wurde aufgefordert, mich »an die eigene Nase zu fassen«. Ich besaß zwar den »kleinen Chemiebaukasten«, mit dem ich allerhand Unheil anrichtete, aber natürlich war mir nicht klar, wie die Zukunft von meinen Experimenten abhängen sollte, die bislang nur Löcher in die Möbel gebrannt hatten. Wenn du eine Formel gefunden hast, wie man Gold gewinnt, dann kannst du dich wieder melden, sagte mein Bruder, der damals schon behauptete, das wahre Gold eines Landes sei seine Philosophie und Literatur. Und seine Musik natürlich. Und was ist mit Einstein, fragte ich, mit Max Planck? Das sind Ausnahmen, Spezialisten. Es ist gut, sie zu haben, auch wenn sie natürlich keiner versteht.

Zur Herstellung von Gold ist es aus verschiedenen Gründen nicht gekommen, unter anderem deshalb, weil ich immer an das

Strandbad Wannsee denken musste, das wie eine verheißene Goldküste vor meinen Augen lag: ein endlos langer weißer Strand, an dem jetzt, während ich mit Fragen nach dem Frontverlauf des Dreißigjährigen Krieges unter besonderer Berücksichtigung von Wallensteins Truppenbewegungen traktiert wurde, meine Freunde Rudi und Thomas im feinen, warmen Sand lagen und den Mädchen hinterherschauten, die in so unglaublichen Mengen auf den Tribünen flanierten, dass einem angst und bange wurde. Was war der verdammte Dreißigjährige Krieg im Vergleich zu dem Gefühl, mit nackten Füßen über die sandigen Fliesen des Strandbads zu schlurfen? Timbuktu war in roten Sandstürmen untergegangen, Peking wurde von den gelben Sandstürmen aus der chinesischen Steppe bedroht, nur im Strandbad Wannsee war der Sand in erträglichem Maße verfügbar. Dieser helle Sand war eines der großen Rätsel der an großen Rätseln arm gewordenen Stadt, die unter prekären politischen und wirtschaftlichen Bedingungen mehr schlecht als recht dahinvegetierte. Denn der gesamte übrige Sand in Berlin und der Mark war grau, eine unendliche graue, manchmal grauschwarze Masse an Sandkörnern, die laut Befehl der preußischen Könige in diesem beklagenswerten Teil in der Mitte Deutschlands ausgestreut worden waren. Die Ufer des Nikolassees: grauschwarz verschlammtes, manchmal von öligen Schlieren durchzogenes Gelände, das erstklassige Verstecke bot, modriges Wasser, im Schlick brütende Enten und andere, aus der Zone eingeflogene Watvögel, Wasserratten, Schilfrohr, dessen Rohrkolben uns als Zigarrenersatz dienten – das war unsere alltägliche Welt! Die Ufer des Schlachtensees: grauschwarze Erde, etwas höher nur noch grau, dunkles, manchmal brackig riechendes Wasser, weil es keine wirklichen Zuflüsse gab. Die Krumme Lanke: eingefasst von einem bröckligen Rahmen aus grauem Sand. Steinige Ufer, wie ich sie jetzt von den Seen des Voralpenlandes kenne, die man, mit beiden Armen rudernd, mit städtisch geprägten Fußsohlen nur tänzelnd betreten kann, gab es überhaupt nicht. Steine waren in Berlin Mangelware. In Berlin gab es – das war auch beim Ausheben von Gräbern auf dem Waldfriedhof zu sehen, wo ich mir gelegentlich ein Taschengeld verdiente – keine Muttererde, sondern bestenfalls einen grauen Muttersand.

Am Schlachtensee

Auch der Wannsee hatte Seiten, die nicht gerade koscher waren, wie meine Mutter sich ausdrückte, vor allem der Kleine Wannsee mitsamt der Havel, aber er war den anderen Seen natürlich haushoch überlegen. Den Nikolassee suchte man auf, wenn man etwas zu verbergen hatte, es war mein Lieblingssee, an den Schlachtensee ging man täglich zum Schwimmen, der Wannsee war den großen Stunden der Existenz vorbehalten: Im geteilten Berlin war er der See des gehobenen Bürgertums, das seine kleinen Jollen und die ersten Motorboote der Nachkriegszeit zur Schau stellte, und es dauerte nicht lange, bis – »wie aus dem Nichts« – luxuriöse Privatboote auftauchten, die dann »In Flagranti«, »Paloma« oder »Lollipop« hießen. Besitzer waren, wenn man meiner Mutter glauben wollte, die Geschäftsinhaber, die den wohlanständigen Beamtenfamilien das Geld aus der Tasche zogen. Wie oft wurde beim Mittagessen am Sonntag darüber gesprochen, wie es kam, dass in dem sogenannten armen Berlin – arm im Vergleich zu Westdeutschland, nicht zur DDR – plötzlich reiche Leute auftauchten – oder, wieder meine Mutter, Leute, die so taten als ob. Denn natürlich mussten diese feinen Pinkel erstens nicht vier Kinder großziehen, und zweitens – so mein Vater – standen neunzig Prozent von denen bereits mit einem Bein im Gefängnis: »Das sind doch alles waschechte Betrüger!« Tatsächlich berichteten die Zeitungen immer wieder von einer ominösen Hand, die bei den lukrativen Wiederaufbaugeschäften gesehen wurde, um Vermittlungsgebühren einzustreichen, die ihr von der öffentlichen Hand auch gewährt wurden, bis man darauf kam, dass beide Hände zu einer Person gehörten. In »unseren Kreisen« jedenfalls hatte man kein Boot, das »Lollipop« hieß und von einem Motor bewegt wurde, wir paddelten selbstverständlich unsere zusammenklappbaren Klepperboote selber, wie es sich gehörte. Wir sind auch nicht bestechlich, sagte mein Vater oft, und manchmal wünschten wir uns, dass er ein klein wenig anfällig sein möge für eine saftige Bestechung, auch wenn wir uns nicht wirklich vorstellen konnten, wie so etwas vonstattengehen sollte. Unser Vater im Regenmantel unter einer Brücke, um wie Heinz Drache in den Edgar-Wallace-Filmen einen Umschlag entgegenzunehmen? Unmöglich.

An Sonntagen im Sommer fuhr man, wenn man etwas auf sich hielt, ins Strandbad Wannsee. Das Strandbad war unser Meer. Viele von meinen Freunden, wie ich in den letzten Jahren des Krieges geboren, in Berlin oder in Schlesien, im Sudetenland oder dem Banat auf die Welt gekommen, hatten noch nie in ihrem Leben ein Meer gesehen! Geschweige denn salziges Meerwasser getrunken! Der Wannsee war also Ersatz, aber was für einer! An Ersatz hatten wir uns gewöhnt, Kaffeeersatz und Buttterersatz, und in gewisser Weise auch an einen Lebensersatz.

Das Strandbad war Ostsee und Nordsee in einem. Aber während an unseren nördlichen Meeren das Wasser alle paar Stunden zurückging und eine endlose, farblich nicht besonders reizvolle, blasige, von bösen lauernden Krebsen bewohnte Fläche aus Schlamm zurückließ, hatte im Strandbad alles seine feste Ordnung: Das Wasser schwappte ohne große Ambitionen ans helle Ufer, wenn irgendwo ein Ruderboot vorbeiglitt. Ganz weit hinten blinkten gelegentlich Segelboote wie entfernte Träume, und manchmal zog einer der Dampfer der sogenannten Wannsee-Flotte mit qualmendem Schornstein vorüber. Wenn vom Dampfer aus gewinkt wurde, musste man in größter Ruhe auch einen Arm bewegen. Aber nie als Erster winken! Das ist spießig. Und wenn sich ein Ruder- oder sogar ein Paddelboot an das gleißende Gestade des Strandbads verirrte, wurde es augenblicklich von der weiß livrierten Wasserwacht umzingelt, belehrt und wieder auf See geschickt. Der Feind, der schon von weitem gesehen wurde, hatte keine Chance bei uns. Saß eine Frau mit im Boot, bildete sich augenblicklich ein großer Kreis von Experten, der sie, unter Missachtung jeglicher Zurückhaltung, mit Kennermiene unter die Lupe nahm: Aussehen insgesamt (eher Mutti oder eher Schnecke), Gesicht, Busen, Oberschenkel, Badeanzug oder Bikini. Da es damals noch nicht die farblich widerwärtigen Anzüge der Surfboardfahrer gab, sah man nur klare Farben: den preußisch blauen Himmel, den weißen Sand, den gelben, glasierten Stein des Strandbads und die vier oder fünf Farben, die damals das Sortiment der Bademoden ausmachten. Alles Schreckliche, Chaotische, Zwanghafte, was unser Leben bestimmte, von der Schule bis zur turbulenten Vier-Mächte-Politik, von den sozialen Unterschieden bis zu den Kleiderordnungen, schnurrte hier zusammen zu einer einzigen bewegten sozialen Plastik, in der Langnese-Eis am Stiel geschleckt und Fassbrause getrunken wurde, und wer wenig Geld hatte, brachte seinen Brausepulverwürfel mit und warf ihn wie die Oma ihre Zähne in ein Glas Wasser – das kostenlos abgegeben wurde: Wenn man gar nichts hatte, musste man den Kopf über ein Becken beugen und einen vernickelten Knopf drücken, dann sprang einem für drei Sekunden ein dünner Strahl Chlorwasser in den Mund.

So etwa musste, wenn es denn überhaupt eines gab, das Paradies aussehen. Das Wort kannten wir nicht, ich kann mich jedenfalls nicht erinnern, es damals im Mund gehabt zu haben. Paradiese gab es in Berlin nicht. Als ich, aus Sachsen-Anhalt kommend, in Berlin eintraf, um zur Schule zu gehen, wurde die Schulspeisung mit dem Flugzeug eingeflogen; und gleich nebenan war das Lager Düppel mit all dem Elend, das sich denken lässt. Die Nachrichten fingen immer mit dem Satz an, dass die vier Mächte, unbeschadet ihrer Rechtsposition, sich wieder einmal nicht einigen konnten. Es war schwierig, in Berlin zu leben. Was mein Vater beruflich genau machte, war nur schwer zu verstehen. Er kam jeden Abend hundemüde nach Hause, gefolgt von dem Chauffeur, der einen dicken Packen Akten nach oben tragen musste. Am nächsten Morgen holte der Chauffeur ihn wieder ab, nachdem er bei uns in der Küche seinen Kaffee getrunken hatte. Mir wurde aufgetragen, dem Chauffeur in einem »günstigen Moment« mitzuteilen, er solle beim Kaffee nicht seine Uniformmütze auf den Küchentisch legen. Ja, wohin denn dann, fragte mich der Chauffeur, der zur Familie gehörte, und weil er sie ja nicht auf den Spülstein legen konnte, blieb sie bis zu seiner Pensionierung auf dem Küchentisch liegen.

Nur einmal in diesen frühen fünfziger Jahren erlebte ich meinen Vater morgens sehr fröhlich beim Rasieren, es war der 5. März 1953, ich war neun Jahre alt. Als ich müde und missgelaunt das Bad betrat, sah ich in seinem schaumumrandeten Gesicht eine diebische Freude und war darüber so erschrocken, dass ich ihn fragte, ob etwas Schlimmes passiert sei. Wie man's nimmt, sagte er, Stalin ist gestorben. Natürlich wusste ich, wer Stalin war, jeder kannte Stalin, besonders in Berlin war sein

Gesicht bekannt wie ein bunter Hund, sein Schnauzbart, der enge Kragen seiner Uniform, seine stechenden Augen (meine Mutter), die immer akkurat geschnittenen Haare, und wenn in privater Runde von ihm die Rede war, dann nur als von einem Massenmörder, der den Rest seines Volkes hatte verhungern lassen. Warum ihn dieses Volk trotzdem liebte und zärtlich Väterchen Stalin nannte, war nicht herauszufinden. In Wirklichkeit lieben sie ihn gar nicht, sagte meine Großmutter, die in der DDR gewissermaßen unter Stalin lebte und ihn natürlich besser kannte als wir, sie tun nur so, als ob sie ihn lieben, weil sie Angst vor ihm haben. Das war schwer zu verstehen. Keiner verlangte von uns, dass wir Adenauer oder den Regierenden Bürgermeister Ernst Reuter liebten, wir liebten sie einfach oder eben nicht, aber keiner wäre auf die Idee gekommen, Angst vor ihnen zu haben. Als ob. Was heißt das, wenn jemand so tut, als ob … Liebten und verehrten wir Adenauer oder taten wir nur so als ob? Auf keinen Fall hätte jemand in unserer Familie Adenauer ein Väterchen genannt, das gehörte sich nicht. Wenig später gab es auf den S-Bahnhöfen in Berlin Aushänge einer Zeitung, die seltsamerweise »Die Wahrheit« hieß, aber nach Einschätzung meiner Eltern und der Großmutter eigentlich »Die Unwahrheit« hätte heißen müssen, auf der in der Kopfzeile gelegentlich die hintereinander gestaffelten Profile von vier verdienten Kämpfern für den Sozialismus abgebildet waren: Marx, Engels, Lenin und Stalin. Und dann verschwand Stalin ein paar Jahre in der Versenkung, um mit seinem Schnauzbart und den stechenden Augen in bestimmten Zirkeln der Studentenrevolte plötzlich wieder aufzutauchen. In einigen Parteien gehörte er wieder dazu. In meiner Zeit als Besucher des Strandbads Wannsee war er jedenfalls kein besonders beliebter Name, mit dem man sich brüsten konnte.

Vier Wochen vor Väterchen Stalins Tod war die Situation zum Verzweifeln, das bekam mein armer Vater natürlich hautnah mit. Zufällig liegt neben mir eine Ausgabe der »Neuen Zeitung« vom 12. Februar 1953, die ich aus der Kiste mit dem Nachlass meines Vaters gefischt habe. Darin steht auf der ersten Seite, dass am Vortag 1200 Flüchtlinge in West-Berlin gemeldet worden waren, allein im Februar etwa 13 000. Auch 1200 Flüchtlinge jüdischer Abstammung waren eingetroffen. »Obwohl die betreffenden Personen nicht zu den Mitgliedern der Jüdischen Gemeinde zählen, mussten sie befürchten, wegen ihrer verwandtschaftlichen Beziehungen zu maßgeblichen Juden verfolgt zu werden.« Es wird ein Brief des Regierenden Bürgermeisters Ernst Reuter an die »New York Herald Tribune« zitiert, in dem dieser die amerikanische Bevölkerung um Spenden für die Flüchtlinge aus der Sowjetunion bittet. Trotz aller Anstrengungen, so heißt es in dem Brief, fehle es an Wohnungen, Nahrungsmitteln und Bekleidung. Es gebe keine Hoffnung auf Arbeit und ein normales Leben für die Flüchtlinge. »Wir können sie nicht abweisen«, so schreibt Reuter, »denn das wäre ein Betrug an der Freiheit, die wir haben und die sie suchen.« Auf der letzten Seite dieser Ausgabe, die voller furchtbarer Fluchtgeschichten ist, steht ein Bild meines Vaters im grauen Anzug mit Krawatte. In der rechten Hand hält er eine japanische Sparbüchse in Form einer lackierten Puppe, in der linken eine Sparbüchse in Form eines kleinen gelben Blechbriefkastens. Der Text dazu lautet: »Diese kleine geschnitzte und bunt lackierte Sparbüchse in Form einer Geisha sandte der Leiter der japanischen Postsparkasse, Ischiro Hatakeyama, dem Finanzpräsidenten der Westberliner Senatspost als Dank für den Neujahrsgruß aus Berlin, der von einem der Liliput-Sparbriefkästen begleitet war. Die Senatspost will jetzt ihre Briefkasten-Sparkassen an alle befreundeten Postverwaltungen im Ausland senden und hofft, als Gegengaben eine Sparbüchsensammlung für das Postmuseum zu gewinnen.« Im Juni 1953 brach dann der Aufstand los, den konnten wir hören und riechen. Und danach hatten wir noch mehr Flüchtlingskinder in der Klasse. Bis dahin hatte ich immer gedacht, ich wäre in relativer Armut aufgewachsen, obwohl ich von meinen Großeltern mit so viel Liebe überschüttet worden war, dass ich es nicht wirklich gemerkt hatte, aber nun lernte ich, was Armut war. Einige der Neuzugänge in der Schule besaßen nichts. Sie waren mit einem Koffer im Lager Düppel angekommen, und da es für die Erwachsenen in Berlin keine Arbeit gab, blieben sie zunächst mal in den Nissenhütten kleben. Einige von ihnen brachte ich nach der Schule mit nach Hause, wo sie sich mit meiner Mutter sächsisch unterhalten konnten, ohne Spott befürchten zu müssen. Ich erinnere mich an einen dieser Klassenkameraden, Ewald, der für kurze Zeit unsere Schule besuchte und dann auf Nimmerwiedersehen verschwand. Er war mit seiner Familie bei Nacht und Nebel aus dem Erzgebirge getürmt, jetzt war er ein Düppelianer. Ewald – oder Erhard? – hatte eine besonders ekelhafte Form von Schuppenflechte und musste sich ständig kratzen, was aber angeblich nicht ansteckend war. Vom Turnunterricht war er befreit, da sein ganzer Körper mit einer Heilpaste bestrichen war, was wir hätten bedauern sollen. Trotzdem war er nicht gerade der beliebteste Schüler. Als er zu uns zum Mittagessen mit nach Hause kam, ging er schnurstracks zum Bücherregal meines Vaters, zupfte sich die Storm-Ausgabe heraus und begann nach kurzer Suche eine Novelle zu lesen – er hatte sie vor seiner Flucht im Erzgebirge begonnen, jetzt las er sie zu Ende, was ihm bei meiner Mutter drei schwere Pluspunkte einbrachte. Aus dem wird mal was, sagte sie am Abend zu meinem Vater, und zwar so laut, dass wir es bei geöffneten Türen im Nebenzimmer hören konnten. Wir Kinder lasen alle, aber eben nicht Storm, und hätten wir Storm gelesen, wären wir sicher nach Meinung meiner Mutter spökenkiekerische Einzelgänger geworden. Was aus ihm wohl geworden ist? Wenn ich in der U-Bahn gelegentlich Zeuge werde, wie sich ein älterer Herr kräftig kratzt, denke ich an Ewald, der aber hoffentlich nach einem guten Leben in Mallorca in der Sonne sitzt. Ohne Schuppenflechte.

Das geschah alles 1953, zu einer Zeit, da noch geschäkert werden durfte, eine hoch komplizierte, ungeschriebenen Regeln folgende Fertigkeit, die dann von dem etwas banaleren Flirten und schließlich vom brutalen Anmachen abgelöst wurde. Da man nicht allein auf ein Mädchen zugehen konnte, das ihrerseits auch nicht allein auftreten durfte, traten immer zwei Gruppen gegeneinander an, und natürlich stellte sich rasch heraus, wer der Schlaueste war und wer die am wenigsten auf den Mund Gefallene. Mir will beim besten Willen nicht mehr einfallen, was wir uns zugerufen haben. Ich weiß aber, dass es manchmal Sätze waren, die nur an uns selber gerichtet waren, Aufmunterungssätze, damit wir bei der Stange blieben, und dann wieder solche an die Mädchenformation, die mehr oder weniger klug, witzig, aufreizend oder auch nur kess beantwortet wurden. Wie sich die beiden Gruppen jeweils gebildet haben, habe ich vergessen, jedenfalls stand man plötzlich wildfremden Mädchen gegenüber. Aber die Gesichter hat man natürlich nicht vergessen, und am nächsten Wochenende hatte man bereits ein paar Punkte auf dem Glückskonto, wenn man eines der Mädchen erkannte oder von einem von ihnen erkannt wurde. Ich kann leider nicht behaupten, je der Anführer einer der Jungengruppen gewesen zu sein, die ja im Sommer, und ganz besonders in den Ferienzeiten, aus ganz Berlin nach Wannsee kamen. Darunter starke Kerle, die auch ein wenig älter waren und bereits »Erfahrungen gesammelt« hatten, wenn auch unklar war, um welche Erfahrungen es sich handelte und wie genau man sie erwerben konnte. Das Übliche eben, das nur für die etwas Jüngeren noch nicht üblich war. Die Generalerklärung lautete, die kommen aus den Flüchtlingslagern und haben schon alles gesehen. Aber wir hatten keineswegs vor, von ihnen zu lernen, wir wollten selber herausfinden, was »alles« war. Auf jeden Fall trugen sie die ekelhaften Dreiecksbadehosen, die wirklich verboten aussahen, kratzten sich ungeniert am Sack und benutzten ohne jede Scham saftige Ausdrücke, die wir nicht in den Mund genommen hätten. Bemerkenswert war, dass die Mädchen sich keineswegs von solchen Derbheiten, die man getrost auch als Schweinereien bezeichnen könnte, abgestoßen fühlten. Jeder probierte halt aus, wie weit er gehen konnte, und wenn man einen Schritt zu weit ging, wurde man als blöder Prolet bezeichnet, war man zu zurückhaltend, wurde man zum Gespött. Es kam also darauf an, die passenden Antworten parat zu haben. In der Schule war es anders, da wurde man gewissermaßen als Gesamtpersönlichkeit wahrgenommen, ob man bei den Hausaufgaben nützlich war, ob man abschreiben ließ oder insgesamt ein guter Kumpel war, mit dem man Zeit verbringen wollte – oder auch, ob man sich als Diener oder gar Sklave eignete. Ich selber hatte zeitweise einen Diener, Jürgen, ein lieber Freund, der als ein bisschen »zurückgeblieben« galt, weil bei einer Operation ein Stück Schlauch in seinem Hals verblieben war, was zu ständigen Gleichgewichtsstörungen führte. Ich musste für ihn sorgen. Er wäre für mich durchs Feuer gegangen und hätte alles für mich getan, wenn es etwas zu tun gegeben hätte. Stattdessen musste ich ihm helfen, damit er so halbwegs mitkam. (Er wurde als Sozialfall Bürobote beim Berliner Senat und hat mich bis zu seinem frühen Tod in München besucht, und wenn er wieder zurück nach Berlin fahren musste, hat er am Bahnhof laut geweint.) Jürgen war natürlich nie mit im Strandbad Wannsee, dafür habe ich ihm im Schlachtensee das Schwimmen beigebracht. Jürgens Vater hatte übrigens als »Siemensianer«, wie mein Vater es respektvoll ausdrückte, lange Zeit in China gearbeitet, in Tientsin und Shanghai, wovon er gerne und ein wenig umständlich erzählte. Er wusste alles über den Opiumkrieg, Lord Elgin und den Boxeraufstand und betonte immer die »grausame Veranlagung« der Chinesen. War der Chinese grausamer als wir? fragten wir ängstlich. Viel grausamer. Wenn sie zum Beispiel – was natürlich nicht jeden Tag vorkam, aber doch gelegentlich, also öfter, als man denkt, und dann ohne Hemmungen, also ohne spürbare Zurückhaltung – jemanden sehr hart bestrafen wollten ... dann trennten sie dem Delinquenten einfach mit einem Schwert, einem großen scharfen Säbel, der sogar einen bestimmten Namen hatte, den Kopf vom Körper. Wir saßen in der Wohnung von Jürgens Vater auf chinesischen Möbeln, deren Lehnen in Drachenköpfen endeten, und hörten uns die stockend vorgetragenen Schauergeschichten an, die allesamt zu einer Zeit, als es noch keine Fernseher gab und keinen »Weltspiegel«, so unwahrscheinlich klangen, dass wir den Mund nicht mehr zukriegten vor entsetztem Schaudern. Wir konnten uns nicht vorstellen, wie Jürgens Vater, der unscheinbare Herr im grauen Anzug, der am Abend zierliche chinesische Pantoffeln trug, als Mitarbeiter von Siemens dem hinterhältigen chinesischen Dieb einfach den Kopf abgeschlagen hatte. Dieser sanfte, liebenswerte Mann, der nicht einmal ein Messer richtig halten konnte und am liebsten mit Stäbchen aß? Andererseits sah ich mich mehr oder weniger gezwungen, diese Geschichten in der Schule auch noch auszuschmücken, um Jürgens soziale Aktien in die Höhe zu treiben. Denn wer wollte nicht zu einem eingeladen werden, dessen Vater eben noch dem gesamten chinesischen Verbrechertum den Kampf angesagt hatte und nicht zurückgeschreckt war, wenn es darum ging, dem gemeinen Dieb den Kopf vom Leib zu trennen?

Man musste damit rechnen, dass die Hälfte der Bevölkerung aus Mördern bestand, so könnte man meine damalige Vorstellung einer modernen Anthropologie zusammenfassen. Wie war das möglich? Ich selber war ja nur eine halbe Portion, die keiner Fliege etwas zuleide tun konnte, aber unsere Nachbarn? Ich musste noch oft an die Geschichten von Jürgens Vater denken, als ein paar Jahre später die grausame Geschichte des mil-

Schlachtensee mit Freund Rudi, Sommer 55

lionenfachen Mordes während der Kulturrevolution die Runde machte. Von den millionenfachen Morden im deutschen Namen war damals noch nicht die Rede.

Während ich alles tat, um meine sächsische Herkunft hinter wohlgeformter Sprache zu verbergen, benutzten die »anderen« ungeniert Mecklenburger oder pommerschen Slang, was selbst den ekelhaftesten Ausdrücken eine gewisse Eleganz verlieh – obwohl wir das natürlich um nichts in der Welt zugegeben hätten. Bei uns zu Hause waren bestimmte Wörter schlicht und einfach verboten. Sie wurden nicht in den Mund genommen. Selbst heute noch zucke ich zusammen, wenn ich in seriösen oder doch wenigstens halb-seriösen Büchern das Wort ficken oder Fotze lese – wie kürzlich bei Julian Barnes –, und erinnere mich, wie ich meine ein paar Jahre ältere Schwester abends im Bett – wir schliefen in einem Zimmer – gefragt habe, ob man es mit f oder v schreibt, und sogar ihre schnippische Antwort habe ich behalten: Das ist gehupft wie gesprungen. Na, dann gute Nacht.

Ich verfolgte zu jener Zeit das Projekt, mich als Fatalisten und Existentialisten auszubilden, und ging selbstverständlich davon aus, vom sozialen Leben ferngehalten und von den Mädchen übersehen zu werden. Ich hielt mich immer im Hintergrund, wenn die Reizschwellen getestet wurden, und gab nur gelegentlich einen ironischen Kommentar von mir, etwa in dem Sinne: Zungenküsse sind stark überschätzt. Und wenn die andern ohne messbares Ergebnis ihr Pulver verschossen hatten, konnte ich mit Ennui in der fast versagenden Stimme sagen, es hätte doch alles sowieso keinen Sinn. Ob ich den Sisyphos bereits gelesen hatte, weiß ich nicht mehr, aber ich wusste mit Sicherheit, was darin verhandelt wurde, weil mein sieben Jahre älterer Bruder ein Fan dieses Buches war. Es war natürlich bestenfalls immer nur eines der Mädchen, das bei solchen Sätzen hellhörig wurde, aber immerhin, der Satz war nicht umsonst gefallen. Wenn ich dann gelegentlich einen Schritt weiterging und vom Geworfensein faselte, was meinen Freund Rudi zur Weißglut brachte, der auf der Geburt bestand – man wird geboren, nicht geworfen –, war es dann meistens mit dem Interesse des Mädchens vorbei. In jener Zeit hatten in West-Berlin überspannte Typen mit durchtrainiertem Weltschmerz wenig Chancen. Gefragt waren die frechen Witzbolde mit Muckis, die gut aussahen in ihren knappen Dreiecksbadehosen – und wenn außer einem Auto oder zur Not auch einem Motorroller noch ein bisschen Geld im Hintergrund war – ganz gleichgültig, woher es kam, Hauptsache, »das Pferd hatte Weide« –, war die Sache geritzt. Wäre es je zum Ernstfall gekommen, will ich damit sagen, hätte ich keine Chance gehabt.

Man hatte den Eindruck, dass das gesamte jugendliche und jugendlich sich gebende westliche Berlin am Sonntag in Dreiecksbadehosen und Bikini auf dem Laufsteg des Strandbads flanierte, nur ich musste mir auf hoher See Fragen nach dem Standort Pekings und der Strategie Wallensteins stellen lassen. Mein Vater hatte sogar Zutrauen zu Wasser in fester Form. Einmal im Jahr stand er in der Bildzeitung, weil er zum Jahresende hin das Eis auf dem Schlachtensee aufhackte, um sich abzukühlen. Woher der Redakteur der Bildzeitung von dieser Aktion erfahren hatte, entzieht sich meiner Kenntnis, und ebenso, was meinen Vater, einen sehr zurückhaltenden, diskreten Menschen, an dieser durch und durch sinnlosen öffentlichen Aktion reizte. Wenn er uns damit beeindrucken wollte, hätte er schon nach dem ersten Mal aufgeben müssen, denn wir Kinder haben in seltener

Einmütigkeit das Gesicht verzogen. Es war uns peinlich, unseren Vater in Badehosen in der Bild zu sehen und darauf angesprochen zu werden, mal so und mal so, denn es gab natürlich auch Menschen, die es toll fanden, einen solchen Tausendsassa als Vater zu haben. Wenn sie ihn lobten, klang es immer so, als würden sie sagen: Nicht so eine Memme wie du! Auf jeden Fall war er am nächsten Tag in der Bild abgelichtet, wie er aus dem Eisloch steigt: Der Präsident geht baden, so stand es Jahr für Jahr darunter. Man kann sich vorstellen, was ich in der Schule auszuhalten hatte.

Ältere Herren, die auf jugendlich machten, waren – anders als heute, wo selbst überfällige Pensionisten wie Berlusconi oder Putin stolz ihre durchtrainierten nackten Körper zeigen – nicht so gerne gesehen. Ich erinnere mich noch mit Grausen daran, wie entsetzlich peinlich es für alle Beteiligten war, wenn man im Strandbad einen älteren Nachbarn oder gar den Mathe-Lehrer in Badehose und sonst nichts antraf, der auf dem begehrten Oberdeck sein Handtuch neben einer Gruppe von Mädchen ausgebreitet hatte, den Kopf auf ein gutes Buch gebettet, in das er natürlich nicht einen einzigen Blick warf. Eine Lehrerin in so exponierter Lage war vollkommen ausgeschlossen, das gab es nicht. Keine Ahnung, wo meine sehr kluge Lateinlehrerin baden ging. Aber außer den unverheirateten Lehrerinnen war alles im Strandbad Wannsee versammelt, was sich sehen lassen wollte oder konnte. Ich glaube, ich muss nicht eigens erklären, dass meine Eltern im Schlachtensee zum Schwimmen gingen und das Strandbad Wannsee nie betreten haben.

Der Schlachtensee war natürlich eine Alternative, vor allem kostete es normalerweise nichts, wenn man in ihm badete – nur gelegentlich das Leben. »Hier ertranken in den letzten zehn Jahren 34 Menschen«, stand groß auf einem Schild, von unterirdischen Strudeln, eiskalten Quellen und sogar von einem Riesenwels war die Rede, der nichts anderes im Sinn hatte, als die

Auf dem Schlachtensee

Die Schwane

romantische Idylle zu stören. Ein Riesenwels kann dir leicht einen Arm oder ein Bein abbeißen, behauptete Rudi, der so klein geraten war, dass man sich so etwas tatsächlich vorstellen konnte. Wir waren von unserer Wohnung in fünf Minuten am Schlachtensee, konnten ihn in zwanzig Minuten kraulend durchqueren und hatten dann immer noch Zeit für ein Schläfchen in der Nachmittagssonne. Sieht es hier nicht aus wie auf einem Bild von Leistikow, rief meine Mutter stets aus, wenn Besuch mit uns schwimmen ging, und immer antwortete mein Vater: Nein, auf den Bildern von Leistikow sieht es aus wie hier, und meine Mutter antwortete: Nichts anderes habe ich gesagt. Aber es gab eben keinen gelben, an afrikanische und arabische Wüsten erinnernden Sand, wie wir ihn aus den Romanen Karl Mays und vom Strandbad Wannsee kannten, sondern den grauen märkischen Sand aus der Sandbüchse, der schon Friedrich dem Großen und dem Schriftsteller Theodor Fontane auffiel, wie mein Vater, der in Koblenz aufgewachsen war, bei jeder Gelegenheit bemerkte.

Theodor Fontane war einer der Lieblingsschriftsteller meines Vaters. Du darfst dich darauf freuen, ihn eines Tages lesen zu dürfen, sagte er, und wenn ich sagte, warum darf ich ihn nicht gleich lesen, dann hieß es, ich weiß nicht, ob Ehebruch jetzt schon etwas für dich ist. Aber mich interessierte Ehebruch natürlich viel mehr als die römische Geschichte, die ich mit Henryk Sienkiewiczs Roman »Quo Vadis« zu mir nehmen musste, weshalb ich mir heimlich den Roman »Effi Briest« aus dem Bücherschrank holte und zu lesen begann, bis mir vor lauter bleierner Müdigkeit die Augen zufielen. Seltsam, dass Ehebruch, über den am Esstisch quasi nur hinter vorgehaltener Hand, dafür aber immer öfter, gesprochen wurde, bei mir keinerlei Erregung hervorrufen wollte. Ich kann mich erinnern, wie am Anfang Ehebruch und die dann folgende Scheidung zunächst noch ein relativ selten besprochenes Thema war, weil meine Mutter immer dann, wenn es zur Sprache kam, rhetorisch in die Runde fragte: Gibt es denn kein appetitlicheres Thema zu besprechen? Aber mit der Zeit wurde es geradezu chic, sich einmal oder sogar zweimal scheiden zu lassen, weil auch das liebe Geld sich sprunghaft vermehrte und dann naturgemäß leichter geteilt werden konnte. Wer wenig Geld hat, lässt sich nicht scheiden, hieß die Theorie, die dann am Esstisch in aller Breite analysiert wurde. Auch in meiner Klasse konnte ich den rasanten Anstieg der Scheidungswilligkeit unter den Eltern meiner Mitschüler feststellen. Wenn einer in der Klasse erzählte, der Vater würde jetzt in Bonn oder Stuttgart arbeiten, wusste ich sofort, wo der Hase im Pfeffer lag, und tatsächlich wurde der Mitschüler oder die Mitschülerin bei nächster Gelegenheit von einem anderen Mann abgeholt, der nicht mehr Vater genannt wurde. Wenn Frauen sich scheiden ließen, war das immer nur eine Reaktion auf die Eskapaden des Mannes, weil die Frau von Natur aus nicht zur Scheidung neigte, sondern diese ihr aufgezwungen wurde. Am Anfang kam hinzu, dass wegen des noch nicht so lange zurückliegenden Krieges Männer ein vergleichsweise knappes Gut waren, wenn man also einen Mann »erobert« hatte, behielt man ihn tunlicherweise auch dann noch, wenn er nicht mehr so ansehnlich war, so etwa formulierte es meine Schwester, mit der ich eine Zeitlang nicht nur das Zimmer, sondern auch die Überlegungen zur Ehe teilte. Mit anderen Worten, Fontane war damals für mich noch nicht der große Lebensbegleiter wie für meinen Vater, der allerdings bei der wiederholten Lektüre, wie ich selbst oft genug mit eigenen Augen gesehen habe, auch immer nach drei Seiten einschlief und am nächsten Tag zwei von ihnen noch einmal lesen musste, was dazu führte, dass er im Alter für den nicht besonders abenteuerlichen Ehebruch der Effi Briest ein ganzes Jahr brauchte. Meine Großmutter mütterlicherseits, Oma Else – die andere Oma war schon lange verstorben –, hatte als Kind noch auf den Knien des Schriftstellers gesessen, in Thale im Harz, wo ihre Eltern und die Fontanes Urlaub in einer Pension machten. Oma Elses Eltern waren schwer arbeitende Rittergutsbesitzer aus Sachsen-Anhalt, die sich das ganze Jahr auf die drei Wochen Ferien freuten. Deshalb fand es meine Großmutter nicht besonders freundlich von Fontane – »den wir als Hugenotten ja sehr freundlich aufgenommen haben und der sich im Harz uns gegenüber immer tadellos benommen hat« –, dass er sich in seinen Briefen ein bisschen über die Gäste in seiner Pension lustig macht. Auf jeden Fall hat er mit meiner Großmutter Hoppe hoppe Reiter gespielt und gelacht, das wollte sie ihm nie vergessen. Als ich einige Jahre nach meiner ersten Begegnung mit Effi Briest diese Großmutter-Episode dem irischen Schriftsteller und Fontane-Bewunderer Samuel Beckett erzählte, antwortete der mit dem sibyllinischen, unvergesslichen Satz in korrekter deutscher Sprache: »Das kann ich gut verstehen.« Was hatte dieser bewunderte Autor mit dem Profil eines Habichts gut verstanden? Da der Mann dafür bekannt war, nie viele Worte zu machen, fragte ich nicht nach und ließ es auf sich beruhen.

Weil die Ufer schmal waren und der Seeweg direkt am Ufer entlangführte, stand man am Schlachtensee quasi immer unter

Beobachtung. Wenn es keine Menschen waren, war es der Hund von Reiner Hildebrandt, der eigentlich das Büro der Kampfgruppe gegen Unmenschlichkeit bewachen sollte, das oben in der Straße am Schlachtensee untergebracht war (ein paar Häuser neben dem Haus, in das dann Norbert Miller mit seiner Familie eingezogen ist). Das Herrchen stand nahezu jeden Tag in der Zeitung, weil es zusammen mit dem späteren Präsidenten des Bundesverfassungsgerichts Ernst Benda und mit Ernst Tillich, einem Neffen des Religionssoziologen Paul Tillich, die rabiat antikommunistische Kampfgruppe leitete. Selbst mein Vater, dem man keine tieferen kommunistischen Sympathien unterstellen konnte, empfand die Art und Weise der Kampfgruppe als unappetitlich. Sie spielen mit dem Feuer, war sein Kommentar, und wenn es dann brennt, sind sie es nicht gewesen. Der Hund, mit einem Fell so weiß wie der Sand des Strandbads Wannsee auf die Welt gekommen, hatte zu all dem keine Meinung. Er saß mürrisch bei uns am Wasser und patschte gelegentlich nach einem der winzigen Fische. Die Angler, die hier das ganze Jahr über mit bösen Gesichtern vergeblich auf ihre Chance warteten, konnten ihn nicht ausstehen. Es gab natürlich Fische im Schlachtensee. Manchmal wurde sogar ein Hecht in der Zeitung abgebildet, der angeblich im Schlachtensee oder der Krummen Lanke gefangen worden war, aber die Angler, die uns den Badeplatz streitig machten, hatten immer nur die gemeine arme Plötze am Haken, ein bedauernswertes Fischlein mit einem so schlechten Ruf, dass es, mit blutendem Maul vom Haken gezogen, sofort zurück ins Wasser geschmissen wurde. Kein Mensch konnte sagen, ob es wirklich so ungenießbar war. Vielleicht war dieser fast durchsichtige Fisch der Gegenstand einer Verleumdung, wie im damaligen Berlin ja so viele Verleumdungen im Umlauf waren: Jeder verdächtigte jeden, mit einem Dritten zu fraternisieren. Ich habe damals eine leider verlorengegangene Geschichte über die Plötze geschrieben, über ihr blutiges Schicksal: wie sie jeden Tag von neuem sich den Menschen anbietet, um sofort wieder mit blutenden Kiemen im schäumenden Wasser zu landen. In meiner Geschichte färbt sich der Schlachtensee rot vom Blut der Plötzen, die mit zerrissenen Kiemen über den mit verrottetem Kriegsmaterial übersäten Grund des Sees schwimmen. Eine wirklich sehr ergreifende existentialistische Geschichte. Wahr daran waren die Bomben und andere Waffen, die gnädigerweise nicht auf die Häuser, sondern ins Wasser gefallen waren. Ich war ein sehr guter Schwimmer. Aber wenn ich auf der Mitte des Sees war, überkam mich manchmal die Angst, dass sich durch meine Kraulbewegungen eine Bombe vom Boden lösen und vor meinen Augen auftauchen könnte. Ich hatte einmal beim Pilzesuchen im Wäldchen hinter dem Kleist-Grab beobachten müssen, wie ein Karnickel auf der Grenze zwischen »uns« und dem sowjetischen Sektor einen versteckten Zünder auslöste und zerfetzt wurde. Ich ließ die Pilze fallen und rannte um mein Leben. Wenn ich nur daran denke, kann ich noch heute mein Herz schlagen hören, mein Hasenherz.

Ich las viel am Ufer des Schlachtensees. Während der Wannsee, und vor allem das Strandbad, der erotischen Bildung, dem Flanieren und Angeben vorbehalten blieb, der Nikolassee mit seinen verschilften, abgeschirmten Ufern meiner Neigung zur Melancholie günstig war, konnte ich mich am schnell erreichten Schlachtensee meiner Leselust hingeben. Hier las ich, unter den argwöhnischen Blicken der Angler, die Erzählungen von Hemingway, »Tortilla Flat« von John Steinbeck, in dem die jungen Hallodris den Wein in Gallonen kaufen, und die Griechenland-Bücher von Werner Helwig, wobei »Die Raubfischer in Hellas« das genaue Gegenstück bildeten zu den Anglern am Schlachtensee, die ersten Romane von Faulkner, die Gedichte und Hörspiele von Günter Eich, Knut Hamsuns »Hunger« und die Geschichten von Hermann Hesse: »Knulp« war mein Lieblingsbuch, aber auch »Unterm Rad« und »In der alten Sonne«, und schließlich die Stücke von Tennessee Williams und viele ganz und gar unverständliche philosophische Werke, die ich mit ernster Miene in mich aufnahm. Auf die Frage, was ich gerade läse, konnte ich, ohne zu blinzeln, sagen: Karl Jaspers. Und da keiner meiner Kameraden je diesen Namen gehört hatte, musste ich auch nicht erklären, worum es in dessen Büchern ging. Nichts konnte mich von Büchern abbringen.

Je mehr ich las, desto komplizierter wurde mein Leben. Es wurde so kompliziert, dass meine Mutter sich ernsthaft Sorgen um mich machte. Ich wollte etwas wissen, das den anderen nicht zugänglich war, konnte aber nicht erklären, was es war; es ließ sich nicht in Worte fassen. Es war eine unbestimmte Sehnsucht in mir, die unbestimmt blieb. Und da ich nicht zu den launischen Geschöpfen gehörte, die sich immer verkannt fühlten, konnte ich keinem begreiflich machen, wie es in mir aussah. Lies doch etwas Gescheites, hat meine Mutter mir geraten, nicht dieses überkandidelte Zeug. Zum Beispiel war ich – um ein schönes Beispiel für meine Verstiegenheit zu geben – wochenlang in eine Schwarte von Salomo Friedländer vertieft, die den Titel »Schöpferische Indifferenz« trug. Keine Ahnung, von was die Rede war. Aber ich saß im Schneidersitz in Badehose an den grausandigen Ufern des Schlachtensees und las mir die Augen aus dem Kopf. Schöpferische Indifferenz, das traf den Nagel auf den Kopf. Andere um mich herum versuchten, sich gegenseitig unter Wasser zu drücken oder die ersten Lungenzüge ohne zu husten zu überleben, in der Schule wurden so interessante Dinge wie die Entstehung der Anden oder Gerhart Hauptmanns tapferer Kampf für die Lohnerhöhung der schlesischen Weber durchgenommen, und ich konnte mich nicht von der schöpferischen Indifferenz losreißen. Es war tatsächlich besorgniserregend. Die schwierigsten Bücher übten einen Magnetismus auf mich aus, der nicht zu erklären war. Meine Eltern lasen gerne. Mein Vater bevorzugte historische Studien, um seine lange geplante, aber nie vollendete

Geschichte der Post von der Antike bis zur Gegenwart voranzutreiben, ein Mammutprojekt. Kurz vor dessen Tod habe ich dem Medienwissenschaftler und Philosophen Friedrich Kittler von diesem Projekt erzählt, der sofort Feuer und Flamme war: Ich sollte es unbedingt vollenden und veröffentlichen. Für ihn war der griechische Bote der erste Briefträger, und das Briefeaustragen der guten wie der schlechten Nachrichten das eigentliche Ferment der Entwicklung der Zivilisation. Mein Vater hätte erleben müssen, mit welchem Enthusiasmus der genialische Kittler seine Philosophie der Post aus der Lamäng entwickelte, fabelhaft, während der Vater in monatelanger Nachtarbeit herauszufinden versuchte, wie lange es brauchte, bis eine verschlüsselte Botschaft der Habsburger ihren Adressaten in Mexiko erreichte. Es war hoffnungslos. Meine Mutter bevorzugte den historischen Roman, Stucken, Sienkiewicz, den Hadrian-Roman der Yourcenar oder Mika Waltaris »Sinuhe, der Ägypter«, aber auch »Joseph und seine Brüder« von Thomas Mann oder Gustav Freytags Schwarte »Soll und Haben«. Sie liebte das Schwartige, die Eselsohrbücher, mit denen man sich einen Monat lang beschäftigen konnte. Ein Jammer, dass sie nie in ihrem Leseleben auf Balzac oder Stendhal gestoßen ist.

Nachschub von Friedländer, der unter dem Namen Mynona noch hundert andere, auch satirische Bücher geschrieben hat, aber auch von anderen Autoren, erhielt ich von einem Herrn, der in der Von-Luck-Straße in Nikolassee uns gegenüber wohnte und meinen Lesehunger bediente. (Vierzig Jahre später war ich mit dem einzigen Menschen befreundet, der sämtliche Bücher von Friedländer – und Mynona – gelesen hatte und trotzdem heil im Kopf geblieben war: Hartmut Geerken, ein Gelehrter in abseitigen Wissenschaften, ein Kenner der abgelegensten Musiken und ein Schriftsteller von klandestinen Botschaften, der mit heiterster Miene auf Leser verzichtete, indem er es vermied, seine eigenen Texte mit Kommata zu versehen.) Warum dieser Nachbar mich so generös mit Büchern versorgte, habe ich nie herausgefunden; ich will es auch gar nicht mehr wissen.

Ich weiß auch nicht, wie und mit welchem Vergil ich aus dieser abgrundtiefen Lesehölle wieder aufgestiegen bin, aber irgendwann nahm ich Abschied vom Schlachtensee – nein, nicht von dem See, sondern von m e i n e m Schlachtensee – und lernte einen kommoderen Umgang mit Büchern. Ich war gerettet. Der Schlachtensee selber ist mir bis heute im Gedächtnis und im Blick geblieben, weil meine Eltern nach der Pensionierung meines Vaters in eine Siedlung direkt über dem See zogen, ganz in der Nähe von der anderen Siedlung, wo Willy Brandt mit seiner Familie (und seinem Sohn Lars) wohnte und wo in einem gastfreundlichen Bücherhaus immer noch Norbert und Gabi Miller leben. Dass der See mir gewissermaßen für immer in den Knochen sitzt, merke ich daran, dass ich ihn, wenn sein Name fällt, rieche: Schien im Sommer die Sonne auf den See und seine Umgebung, roch es unverwechselbar nach einem Gemisch aus Kiefern und trockenem Sand, hatte es geregnet, stieg ein intensiver Schlammgeruch auf, der sich manchmal tagelang in dem Gebüsch rund um den See hielt, im Herbst roch es verfault, was auch dem Umstand zuzuschreiben war, dass die Entsorgung der Abwässer nicht richtig funktionierte. Ich höre, wenn ich an den Schlachtensee denke, wie die Vögel mit flappenden Geräuschen vom Wasser aufsteigen, und den Fisch, wenn er die Wasseroberfläche durchbrach und für eine kurze Zeit das Element wechselte. Es gab Abende im Herbst, da man am See glauben konnte, die Zeit würde stillstehen. Ich bin oft allein um den See herumgelaufen, etwa sieben Kilometer, wenn ich mich richtig erinnere, auch am späten Abend, weil es nicht ganz ungefährlich war und ich den Kitzel spüren wollte: Mehrere Male waren Menschen überfallen und einige von ihnen vergewaltigt oder ermordet worden. Aber wer sollte ausgerechnet mir nach dem Leben trachten?

Reichtum war damals noch eine seltene Angelegenheit. In meiner Klasse in der Dreilinden-Schule jedenfalls wurde Reichtum danach gemessen, was man auf dem Brot hatte. Bei mir war es Kochkäse, den meine Mutter einmal in der Woche in einem großen Topf herstellte und den wir dann Tag für Tag in der Schule wegessen mussten. Ich habe es immer als ein großes Glück empfunden, dass der einzige etwas betuchtere Mitschüler, Sohn eines Box-Promoters, einen Narren an meinem Kochkäse gefressen hatte – den ich aus Gründen des starken Geruchs nicht im Klassenzimmer aufbewahren durfte – und mit mir die Brote tauschte: Ich erhielt, neidisch beäugt von allen Leberwurstessern, seine Salamibrote. Salami! Mit den Lippen habe ich die roten, harten, nach Salz und Pfeffer schmeckenden Scheiben immer weiter nach vorne geschoben, um sie dann, kurz vor dem Abstürzen, mit einem einzigen Happs zu vertilgen. Die Würste kamen aus Ungarn. Wie sie von dort auf das Pausenbrot meines Schulkameraden gekommen waren, war ein Rätsel, das auch mein Vater, der sich für Handels- und Kommunikationswege interessierte, nicht lösen konnte. Er wusste, warum Ende des 19. Jahrhunderts ein Brief Nietzsches von Turin nach Leipzig nur drei Tage brauchte, während ein Brief innerhalb Berlins eine Woche unterwegs war, aber die Reise der Salami war ihm ein Mysterium. Frag doch mal den Vater deines Freundes, riet er mir, aber ich war natürlich nicht so dumm, durch dumme Fragen den Nachschub der Salami zu gefährden. Eine fette Gans aus Polen war in den fünfziger Jahren schon vorstellbar, aber eine Salami aus Ungarn überstieg unseren Horizont. Das Höchste an Gefühlen war eine Cervelatwurst, die nach Fett schmeckte und auch durch Salz nicht verbessert werden konnte, danach kam die (angeblich mit Thymian) gewürzte Leberwurst, eine höchst dubiose Angelegenheit, über deren Inhalt, der mit Leber angeblich fast nichts zu tun hatte, die wildesten Spekulationen im Umlauf waren, gefolgt von der Blutwurst mit den ekligen weißen Fettstücken und schließlich der roten, chemisch anmutenden Teewurst, deren hervorstechende Eigenschaft es war, gut auszusehen, aber nach nichts zu schmecken (schon gar nicht nach Tee!), und am Ende dieser schulischen Nahrungskette stand der Kochkäse, der aus unklaren Materialien zubereitet wurde, von denen nichts mehr erkennbar war außer den kleinen Kümmel-Samen, die für den Geschmack sorgten. Andere Käse fanden sich nicht auf den Pausenbroten, nicht einmal ein Harzer, und ich kann mich noch an das Geschrei erinnern, mit dem der erste Camembert in unserem Leben begrüßt wurde: ein weiches weißes Tier, das uns im Moment der Öffnung der eigens dafür mit einem farbig bedruckten Schild beklebten Spanschachtel entgegenlief und einen durchdringenden Geruch verbreitete, der in seiner den Gaumen kitzelnden Präsenz mit nichts auf der Welt zu vergleichen war. Neben dem Kochkäse waren wir noch für eine zweite Speise bekannt, die entweder für große Zustimmung oder vehementen Abscheu sorgte: paniertes Euter. Wer mit paniertem Euter groß geworden ist, kann nichts an diesem Essen finden, das in der Erinnerung ein wenig wie Leberkäse schmeckte, aber es gab Freunde, die im Nachhinein die Augen verdrehten, wenn sie hörten, was sie da gerade gegessen hatten. Euter! Erst später habe ich erfahren, dass es für das panierte, scharf angebratene Euter noch eine Steigerung gab, nämlich den in Scheiben geschnittenen Bullenhoden, der einem in den Schlachthöfen gewissermaßen nachgeschmissen wurde. In unserer Nachbarschaft lebte ein Bildhauer, der nicht verstehen konnte, wie man paniertes Euter kaufen (und essen) konnte, wo es doch den Bullenhoden umsonst gab. Er sammelte im noch ungenutzten Teil des Waldfriedhofs scharfe Kräuter, köchelte seine getrockneten Pilze auf und erzeugte so eine Sauce, die er über die Hodenscheiben goss. Der Geruch hielt sich eine ganze Woche lang in seinem Atelier und zwei Wochen in seinen Kleidern, um auch etwas Gutes über dieses Essen zu sagen.

Um noch einmal auf die Salami zurückzukommen: Boxen war Mitte der fünfziger Jahre eine größere Angelegenheit, größer und spannender auf jeden Fall als Leichtathletik oder Tennis. Von dem guten Nazi Max Schmeling über Hein ten Hoff bis zu Bubi Scholz, der später im Ruhestand, als es nichts mehr zu boxen gab, seine Frau umbrachte, boxte eine Reihe imposanter Faustkämpfer in Berlin, sogar einen einarmigen Boxer hatte der Vater meines Schulfreundes aufzubieten, der dieses Handicap, das den Gegner zur Rücksicht zwang, brutal ausnutzte, wofür jeder Verständnis aufbrachte. Warum dieser Mann mit dem abben Arm überhaupt noch boxte, wurde nicht weiter diskutiert, von gelegentlichen süffisanten Kommentaren im einzigen Intelligenzblatt West-Berlins, dem »Tagesspiegel«, abgesehen. Der »Tagesspiegel« wurde von Erik Reger herausgegeben, mit dem mein Vater bekannt war und dessen mit dem Kleist-Preis ausgezeichneten Industrie-Roman »Union der festen Hand« er schätzte. Reger schrieb unter vielen Pseudonymen, erzählte uns mein Vater, was uns natürlich interessierte: Also hatte er was zu verbergen. Der Nachfolger von Reger – der übrigens auf dem Waldfriedhof bei uns um die Ecke seine letzte Ruhe fand und den wir beim Pilzesuchen oft besuchten – wurde dann Walther Karsch, einer der letzten Redakteure der »Weltbühne«, den der sarkastische Fritz Kortner immer Walter K. Arsch nannte, so wie er den Intendanten des Schiller- und Schlossparktheaters, den tapferen Regisseur Boleslaw Barlog, grundsätzlich Boleslaw Barschloch nannte. Woher mein Vater Kortner kannte, habe ich vergessen, und als ich viele Jahre später den verehrten Regisseur selber in München kennenlernte, war ich zu eingeschüchtert, um ihn danach zu fragen. Er saß still vor sich hin brütend im Vestibül des Hotels Vier Jahreszeiten. Ich war mit seiner Tochter Manni und ihrem Mann, dem Komponisten Herbert Brünn, gekommen, um mit Kortner zu essen, aber nach dem Aperitif hatte er keine Lust mehr. Manni und Herbert lehrten in Illinois in den Vereinigten Staaten Musik und waren, was man sofort merkte, überzeugte Kommunisten. Sprich leise, ich glaube, man hört mit, hieß es, wenn man mit ihnen ein Restaurant betrat. Die pathologische Angst, denunziert zu werden, saß ihnen tief in den Knochen.

Walther Karsch habe ich meine erste Veröffentlichung in der Presse zu verdanken, die Rezension eines historischen Romans von Gore Vidal im »Tagesspiegel«, und unendlich viele Geschichten aus der großen Zeit der »Weltbühne«. So traurig sie waren, so waren sie doch allesamt interessanter als die Geschichten, die sich vor unseren Augen abspielten. Was waren die Boxkämpfe von Hein ten Hoff und Bubi Scholz gegen Joe Lewis oder Max Schmeling?

Was wollt ihr denn einmal werden? wurden wir in dem geschredderten Berlin sehr oft gefragt, und es klang so, als würde man uns nicht zutrauen, überhaupt etwas zu werden. Wer etwas werden wollte, ging nach Westdeutschland. Nach Gütersloh oder Köln, in Berlin konnte man nur Berliner bleiben, das war die einzige Aufstiegschance. Mein ältester Bruder studierte Germanistik in Göttingen und arbeitete an einem dortigen Theater; meine Schwester studierte Französisch in Grenoble und wollte Lehrerin werden; mein zweiter Bruder wurde von unserem Vater mehr oder weniger gezwungen, Jura zu studieren (mein Vater nannte es: Ich habe ihn sanft gedrängt!), was dazu führte, dass sich mein Bruder in Abendstunden an der Posaune ausbilden ließ und Klavierunterricht nahm, um uns jahrelang zu terrorisieren. Meine Antwort schwankte zwischen Philosoph (Friedländer) und Box-Promoter (Salami), aber es hätte auch noch schlimmer kommen können. Mein eigentlicher Berufswunsch, Landwirt zu werden – damals sagte ich immer noch: Bauer –, war mir in Berlin ausgetrieben worden. Man wurde in Berlin nicht Bauer. Es gab zwar noch einige von ihnen, zum

Beispiel in Lübars, die ich auch kennengelernt hatte, weil sie mich in den Milch-Lastern mitfahren ließen, in den Vor-Harz, wo meine Patentante einen Landwirt geheiratet hatte oder von einem Landwirt geheiratet worden war, damals war noch beides möglich, aber das waren keine Ausbildungsbetriebe. Eine Ausbildung bei Onkel Rudi dagegen, dem Mann meiner Patentante, schien lange Zeit erstrebenswert. Wenn ich die kurzen Ferien bei ihnen in Groß-Mahner verbringen durfte, Ostern oder Pfingsten oder die Herbstferien, zur Erntezeit, war ich immer Feuer und Flamme: die in ihren Grundfesten zitternde Mähmaschine, der aufkreischende Höllenlärm, wenn oben die Getreideballen hineingeworfen wurden, das sichtliche Behagen der Maschine beim Verdauen und schließlich das getrennte Ausspucken von Körnern und Stroh. Wer wirklich geholfen und nicht herumgestanden hatte, erhielt im Büro vom Verwalter ein Fünfmarkstück ausbezahlt. Der lief auch hinter der Gruppe her, die am nächsten Tag die Nachlese machte. Noch heute höre ich seinen lauten Ruf: »Komm zurüüüück«, wenn man ein paar Halme liegengelassen hatte. Danach das Duschen unter der Pumpe im Hof und das Abendessen, währenddessen ich manchmal eingeschlafen bin. Es war ein Leben, das ich liebte. Und wenn ich mich am Sonntag mit einem Buch unter den Apfelbaum verdrücken konnte, hatte ich wieder das Paradies-Gefühl. Ich war zwölf Jahre alt, hatte also noch Zeit, mich zu entscheiden. Was war überhaupt das Paradies? Die Antwort meines Großvaters klang einfach, war aber offensichtlich sehr kompliziert: Wenn man den Finger in die Erde bohrt und merkt, dass es ein guter Boden ist. Ich wusste, dass er die Wahrheit sprach, aber ich spürte auch, dass diese Wahrheit schwer zu erfassen war. Wenn ich diese Weisheit in Groß-Mahner zum Besten gab, schaute mich der Verwalter lange an und nickte dann mit dem Kopf. Ich nehme an, sagte er, du weißt, wie viele Mineralien einen guten Boden ausmachen? Wie groß die Niederschlagsmenge sein muss? Der gute Boden ist eine Utopie vom Paradies! Ich begriff langsam, dass man den guten Boden selber herstellen musste und dass dies mit Arbeit verbunden war. Utopie – ein Begriff, den wir damals gerne gebrauchten, ohne genau zu wissen, was er eigentlich bedeutete. Paradies und Utopie hatten etwas miteinander zu tun, aber es war zu kompliziert, sie beide auseinanderzuhalten. Ein Paradies schien mir auf jeden Fall erstrebenswerter zu sein als eine Utopie; einen Garten konnte man in ein Paradies verwandeln, aber eine Utopie? Zehn Jahre später habe ich mich stärker um die Abgrenzung von Paradies und Utopie gekümmert, und in besonders heiklen Diskussionen habe ich dann den Spruch meines Großvaters losgelassen: Ein Paradies erkennt man ganz einfach daran, dass, wenn man einen Finger in die Erde bohrt – aber das wollte keiner mehr wissen. Die damals richtige Antwort: Aufhebung der entfremdeten Arbeit … sollten die anderen geben, die in den Städten groß geworden waren, noch nie einen Finger in die Erde gebohrt hatten und nicht wussten, was ein guter Boden ist.

Der Beruf des Försters kam auch noch in Frage. Aber irgendwie gefiel mir die Vorstellung nicht, die ärmlichen Kiefern, ein verirrtes Wildschwein und die letzten hundert Karnickel im Grunewald zu bewachen, und wenn die Alliierten ihre Manöver abhielten und den Wald verwüsteten, war man als deutscher Förster sowieso machtlos. Natürlich wurde die Erinnerung an den verlorenen Hof, der immer noch Rittergut genannt wurde, wachgehalten, aber damals glaubte keiner an eine Wiedervereinigung. Der Hof war 1945 von den Russen enteignet worden; der Großvater durfte froh sein, nicht erschossen worden zu sein, hieß es hinter vorgehaltener Hand. Ein Aufruf hat sich erhalten, den mein Großvater, der bekannt für seine klugen landwirtschaftlichen Aufsätze war, unmittelbar vor dem Beginn der Nürnberger Prozesse (allein oder mit Kollegen) verfasst haben soll. Darin heißt es:

»Amerikaner!
Ihr seid über den Ozean gekommen, um Europa von der Diktatur zu befreien. Im Kampfe für Recht, Humanität und Freiheit tretet ihr in dieser Stunde in Nürnberg zusammen und sagt, ihr wolltet die Verbrechen gegen die Humanität für immer ausrotten!
Und zur gleichen Stunde, da der Kontrollrat ein Gesetz erlässt, dass niemand in seinem Eigentum beeinträchtigt werden soll, es sei denn im Wege eines ordentlichen Gerichtsverfahrens, werden unter euren Augen neue Verbrechen an wehrlosen Menschen begangen, die das Land wiederum in Elend und Unruhe stürzen werden.
Wendet euren Blick nach Thüringen, nach Sachsen, in die Provinz Brandenburg! Bauern, deren einzigstes Verbrechen darin besteht, dass sie einen Besitz von über 100 ha haben und die niemals Junker oder Großgrundbesitzer gewesen sind, werden dort entrechtet! Man nimmt ihnen auf Grund einer Verordnung über die Bodenreform, die ein paar Leute erlassen haben, die sich nicht auf den Willen des Volkes stützen können, ihr gesamtes Eigentum ohne Entschädigung und ohne gerichtliches Verfahren! Man treibt die wehrlosen Menschen mitten in der Nacht von ihrem alten Besitz und lässt sie nur das mitnehmen, was sie tragen können, man schiebt sie über die Grenzen der Kreise ab wie die Verbrecher oder man wirft sie in die Gefängnisse.
Ist das das Recht, für das ihr gekämpft habt?
Ist das die Humanität, der ihr zum Sieg verhelfen wollt?
Ist das die Demokratie, die ihr uns bringen wollt?
Nein! Es ist Unrecht, das in den Gebieten begangen wird, die mit dem Blute eurer Soldaten befreit worden sind.
Nein! Es sind Verbrechen gegen die Menschlichkeit und gegen eure Gesetze, die dort an wehrlosen Menschen begangen werden!

Nein, es ist nicht Demokratie, sondern die Diktatur des Mobs, der sich dort austoben darf.
Amerikaner!
Wir glauben nicht an die Begründung eures Kampfes, wenn ihr ruhig diesem Treiben zuseht! Ihr besitzt allein die Kraft und die Macht, auch dieses Übel zu beseitigen!
Helft uns!
Tausende von entrechteten Bauern, die nur noch diesen Weg wissen, um zu ihrem Recht zu kommen.«

Sollte ich wirklich Landwirt werden? Ich habe mir noch oft diese Frage gestellt, wenn ich nach der Schule in dem unzugänglichen Gelände um den Nikolassee herum nach einer Antwort suchte. Sofort hatte ich den Geruch von frisch gemähtem Heu in der Nase, einer meiner Lieblingsgerüche. Aber ich hatte das Heu nicht mähen müssen. Ich sah meinen traurigen Großvater vor mir, der, die brüchige Fliegenklatsche in der Hand, aus dem ersten Stock auf seinen ehemaligen Hof hinunterschaute und leise murmelnd den Verfall beklagte, den Unwissende, die von den Sowjets als neue Verwalter eingesetzt worden waren, anrichteten. Leute, die keine Vorstellung von Landwirtschaft hatten. Die nie ihren Finger in den Boden gesteckt hatten. In der Folge des großen Unglücks war ein weiteres Unglück über die Welt gekommen, das länger als das erste andauern würde.

Sollte ich vielleicht doch Philosoph oder Box-Promoter werden? Eines hatten alle Berufsziele gemeinsam: Ich hatte keinen blassen Dunst, auf was ich mich da einlassen würde. In meinen tiefen philosophischen Grübeleien im Schilfrohr des Nikolassees über die Existenz als solche erwog ich sogar, meinen Vater mit dem Wunsch, nichts zu werden, zu überraschen. Ich sah das freundliche Gesicht des Vaters vor mir, wie er meinen Wunsch zur Kenntnis nimmt. Nichts? Du willst nichts werden? Wirklich nichts? Und wie willst du von nichts leben?

Nach der deutschen Vereinigung, schreibt mein Vetter Klaus Garcke lakonisch in der Familienchronik, wurde das ehemalige Wohnhaus in Wittgendorf/Kreis Zeitz auf 243 qm Grund von der Treuhand-Liegenschaftsgesellschaft am 24. März 2000 auf einer Auktion angeboten und für 1000 DM verkauft. Schwamm drüber.

Meine Mutter war auch sportlich, aber nicht so ausdauernd wie mein Vater. Natürlich hatte sie mit ihrem Mann im Paddelboot den Rhein und die Mosel, die Weichsel und die Donau befahren, aber ohne den Ehrgeiz meines Vaters. Sie war mehr an der Kultur interessiert, die an den Ufern begann. Da sie auf einem Rittergut in Sachsen-Anhalt aufgewachsen war, fand sie es normal, auf einem Pferd zu reiten, was in meiner Schulklasse damals als die höchste Form von Exzentrik galt. (Auch ich bin auf diesem Rittergut zur Welt gekommen, Ende 1943, zu einer Zeit, als der vierzehnjährige Jude Imre Kertész, der in einem Außenlager von Buchenwald untergebracht war, gewissermaßen an meiner Wiege vorbei zur Arbeit getrieben wurde; aber das ist eine andere Geschichte, die Kertész und ich erst viel später herausgefunden haben, buchstäblich in einem See stehend: dem Starnberger See.) Das Pferd, auf dem meine Mutter ritt – das ihr aber nicht gehörte –, stand in einem kleinen Reitstall in der Nähe der Glienicker Brücke, direkt an der Grenze, und war mit dem Bus nur schwer zu erreichen. Man musste über die Brücke hinweg, die den Kleinen vom Großen Wannsee trennte, und durch ganz Wannsee hindurch bis zum Ende fahren. Rechts von der Straße lag das von Schinkel hergerichtete Schloss Glienicke, eine italienische Villa suburbana, in deren Mauern die schönsten Spolien eingelassen waren, und rundherum gab es den von Lenné gestalteten Park: neben der Pfaueninsel einer der schönsten zugänglichen Orte Berlins. Mein Vater hatte uns die Geschichte des Schlosses und seiner wechselnden Bewohner so oft erzählt, dass wir, wenn er sie Besuchern aus West-Deutschland verklickerte, leise mitsprechen konnten, wie ein Chor. Sie hörte natürlich mit der resignativen Feststellung auf, dass dieses einst preußische Kleinod als Offizierskasino der russischen Armee missbraucht worden sei, und natürlich hätten die Russen bei ihrem Auszug einen Saustall hinterlassen. Im Park gab es sogar ein Gehege für Wildschweine, und wann immer wir daran vorbeikamen, wurde die Frage gestellt, wer bitte schön in den Genuss dieser köstlichen Schweine käme, wenn sie einmal tot sein würden? Dass sie bald sterben würden, war jedem klar, der beobachten musste, wie die süßen Berliner Gören, unter Anfeuerung ihrer blöden Eltern, den Tieren Maoam, Vivil und Sahnedrops hinwarfen. Andererseits waren die Tiere auch nicht viel intelligenter, weil sie das ganze Zeugs mit großem Behagen auffraßen. Ein einziges Mal haben die Wildschweine ihre sprichwörtliche Intelligenz gezeigt, als nämlich zwei von ihnen, mit dem Hintern zum Besucherzaun, zwei weiche Haufen aus sich herausdrückten, die sie dann mit den flinken Hinterfüßen wegzukratzen versuchten. Die Schweinescheiße landete in gut versetzten Punkten auf den Sonntagskleidern einer Berliner Großfamilie, die nun wiederum uns anglotzte, als wären wir, nur weil wir schadenfroh lachen mussten, für diese Sauerei verantwortlich.

Links von der Straße standen die Pferde. Die Glienicker Brücke selber, auf der später berühmte Spione ausgetauscht wurden, wurde Tag und Nacht von russischen Soldaten und deutschen Vopos mit bitter-abweisenden Mienen bewacht. Sie sahen allesamt aus, als hätten sie zum Frühstück nur rohe Zwiebeln gegessen. Nun ist nicht einzusehen, warum ein Polizist oder gar ein Grenzschützer eine frohe Miene aufsetzen sollte beim Bewachen der Staatsgrenze, denn es galt ja, sowohl den Republikflüchtling aus den eigenen Reihen abzuschrecken als auch den Eindringling mit bösen Absichten abzuwehren. Aber wenn jemand klammheimlich die DDR verlassen wollte, würde er als

Fluchtweg natürlich nicht die Brücke nehmen, sondern sein Glück über das Wasser versuchen. Und wenn jemand freiwillig in die DDR überlaufen wollte, was selten, aber gelegentlich eben doch vorkam, wenn zum Beispiel im Westen enttarnte Spione sich im Osten eine neue Unterkunft suchen mussten, dann würde er es leichter haben, am S-Bahnhof Friedrichstraße den Staat zu wechseln.

Es war schon schwer genug für Heinrich von Kleist gewesen, bis zum Wannsee zu gelangen, um sich und Henriette dort umzubringen, wie viel schwerer aber war es, von westlicher Seite nach Glienicke zu kommen. Es gab keine S-Bahn, der Bus fuhr alle halbe Stunde, man brauchte so lange nach Glienicke, dass der Wunsch, den Westen für immer zu verlassen, bei Ankunft am Schloss bereits wieder verflogen war.

Solche und ähnliche Gedanken gingen mir durch den Kopf, wenn ich meine Mutter zum Reiten begleiten durfte. Dann stand ich gewissermaßen auf der Grenze und sah in den Osten hinüber, wo zu meinem Erstaunen auch geritten wurde. Wie bitte? Das war doch unmöglich! Man hatte zwar gelegentlich in einem der Berliner »Revolverblätter«, wie mein Vater die Boulevardzeitungen nannte – von denen es damals vier oder sogar fünf gab –, von dem ungeheuren Reichtum der »roten Barone« gelesen, die angeblich in riesigen Villen lebten und in Privatparks auf Jagd gingen, Wodka und Krimsekt aus der Flasche tranken und Frauen mit zweifelhaftem Ruf beherbergten, aber dass ihre Frauen oder Geliebten direkt an der mit Stacheldraht und Hundestaffeln bewehrten Grenze fröhlich ausreiten durften, das war doch ein starkes Stück. Es gehörte sich einfach nicht. Wenn es drüben Reichtum gab, dann sollte der gefälligst hinter verschlossener Tür genossen werden, im Schloss von Sanssouci, das nun skandalöserweise dem Russen gehörte, oder eben im Wald, wo die Nomenklatura auf eigens aus Bulgarien und Rumänien importierte Bären schoss und sich danach peinlicherweise mit den toten Tieren ablichten ließ. Es war, so diskutierten wir Kinder mit unseren Tanten aus Zeitz, die uns bis 1961 noch besuchen konnten, Verrat am Sozialismus. Umso mehr, als der Bär (und die tausend Hasen und Rehe und Rebhühner, die als kollateraler Beifang abfielen) nicht in die HO-Läden kam, also nicht dem Volkskörper zur Ernährung angeboten wurde. Es war eine Ungerechtigkeit sondergleichen, dass die von drüben Schloss Sanssouci erhalten hatten und wir uns mit dem vergleichsweise kümmerlichen Glienicke abfinden mussten. Eine Demütigung! Wes Geistes Kind diese Leute waren, sah man daran, dass sie uns die Kirche und das russische Blockhaus Nikolskoje belassen hatten, ein einmaliges Ensemble, das Friedrich Wilhelm III. von Preußen seiner Tochter Charlotte zum Hochzeitsgeschenk gemacht hatte. Wenn mein Vater nach einem langen, eigentlich immer zu langen Spaziergang diese Geschichte erzählte, hatte er Tränen in den Augen. Damals konnte ein Russe noch ganz einfach eine Deutsche heiraten, stellt euch das einmal vor! Charlotte hatte ohne Wenn und Aber den russischen Großfürsten Nikolaus Pawlowitsch geehelicht, trat zur russisch-orthodoxen Kirche über, hieß plötzlich Alexandra Feodorowna und wurde – weil die Brüder ihres Mannes keinen Bock auf den Thron hatten – Zarin! Und als sie eines Tages wieder einmal ihre Heimat besuchte, hatte ihr der Vater das Blockhaus an der Havel gebaut. Das wäre etwa so, kommentierte mein Bruder Peter die Ausführungen des Vaters, als wenn die Tochter von Adenauer sich unsterblich in Chruschtschow verliebt hätte, und Adenauer hätte zu Ehren des frisch getrauten Paars ein russisches Blockhaus samt Kirche über dem Rhein bauen lassen. Undenkbar! Wir wussten nicht einmal, ob Adenauer eine Tochter hatte. War er überhaupt verheiratet? Nicht so richtig. Meine Schwester wusste, dass seine Geliebte eine Frau Pappritz war, die in unserer Familie wegen der Veröffentlichung von Benimmbüchern keinen guten Ruf hatte. Woher sie das denn habe, fragte mein Vater streng, und meine Schwester Inge sagte: Das weiß doch jeder. Besonders beliebt war die rätselhafte Bemerkung des Königs gegenüber seiner Tochter, dass man in einem Holzhaus über den Wassern der Havel »ebenso vergnügt sein könne als in einem kaiserlichen Palaste«, was bei weiterem Spaziergang intensiv erörtert wurde: War der Russe, dem Sanssouci zugefallen war, nicht glücklicher als wir, die wir uns mit dem russischen Holzhaus begnügen mussten?

Später erfuhr ich durch den amerikanischen Schriftsteller Joel Agee, dass die schöne schwarzhaarige Frau, die drüben, auf der anderen Seite im Osten mit wehender Mähne ausritt, seine Mutter Alma gewesen war, die in Mexiko in zweiter Ehe den emigrierten kommunistischen Schriftsteller Bodo Uhse geheiratet hatte und nun mit ihrem Kind Joel in dem entsetzlich spießigen Ost-Berlin leben musste – was natürlich schiefging. Bodo Uhse war so ungefähr alles gewesen, was man im 20. Jahrhundert gewesen sein konnte, wenn man politisch hellwach und gleichzeitig behindert war. Er fing rechts außen an, war irgendwie als junger Spund am Kapp-Putsch beteiligt und Mitglied der NSDAP, wechselte dann aber 1933 zur Exil-KPD, beteiligte sich am Spanischen Bürgerkrieg und ging über Paris und die Vereinigten Staaten nach Mexiko, wie Anna Seghers. Nach dem Krieg gehörte der vielsprachige, in vielen Literaturen bewanderte Schriftsteller in der DDR zur kulturellen Nomenklatura, war Chefredakteur vom »Aufbau«, Abgeordneter der SED und erster Vorsitzender des Deutschen Schriftstellerverbands im Kulturbund zur Demokratischen Erneuerung Deutschlands, und schließlich, kurz vor seinem Tod, noch Chefredakteur der heute noch existierenden Zeitschrift der Akademie, »Sinn und Form«. Und er war natürlich Schriftsteller. Dazu war er Kettenraucher und schwerer Alkoholiker, der – vor allem nach dem XX. Parteitag – die Welt nicht mehr verstand. Man sollte eine Biografie über diesen unglücklichen, von allen Viren der Welt geplagten Menschen schreiben, der wahrscheinlich alles richtig machen wollte und dem das ganze Leben unter den Händen zerfallen war. In dieser Biografie müsste auch sein Bruder Erwähnung finden, ein Kampfflieger, der mit der später berühmt gewordenen Beate Uhse verheiratet war und bei einem Flugzeugabsturz ums Leben kam. Beate spielte später in unserer Familie eine besondere Rolle, weil es immer wieder vorkam, dass mein Vater über Postbeamte zu richten hatte, die Drucksachen des Sex-Versands von Beate Uhse statt in die Postkästen in die eigene Tasche steckten und mit nach Hause nahmen. Da saßen diese armen Tröpfe in ihren Zimmern zur Untermiete mit Hunderten von größtenteils nicht einmal geöffneten Prospekten des Beate-Uhse-Versands für Gleitcreme und Reizwäsche und litten an akuter Atemnot. Der Familienrat unter Vorsitz meines juristisch ausgebildeten Vaters empfahl, es mit einem Verweis gut sein zu lassen, weil vor allem wir Kinder der Ansicht waren, dass die instinktsichere Klugheit, mit der die Postler die nicht mit Absender versehenen Kataloge der Beate Uhse identifiziert hatten, belohnt werden müsse. Einmal traf es einen Schriftsteller, der mit dem Austragen – und Unterdrücken – von Post das Abfassen seiner »Satanischen Spielereien« finanzierte, eines Sonettenkranzes, den mein Vater als »erotisch-schlüpfrig« einstufte und uns nicht zum Lesen gab. Nie waren wir Kinder uns einiger, als es darum ging, den Mann zu entlassen oder nur zu ermahnen. Er wurde ermahnt, verließ aber die Berliner Post. Ich weiß nicht, was aus ihm und seinen erotischen Sonetten geworden ist. Viele Jahre später sah ich ihn noch einmal anlässlich einer Lesung des früheren Dadaisten Raoul Hausmann in einem Lese-Forum in Charlottenburg, das seltsamerweise »Massengrab« hieß. Müde und abgewirtschaftet sah er aus, als hätte er in den letzten Jahren sich ausschließlich mit den Katalogen des Uhse-Versands beschäftigt. Ich traute mich nicht, ihn nach seinem Befinden zu fragen, weil ich die Antwort vorhersehen konnte.

Joels Mutter Alma, die Reiterin, war in erster Ehe mit dem amerikanischen Schriftsteller, Filmkritiker und Drehbuchautor (»African Queen«, John Huston) James Agee verheiratet gewesen, Joels Vater, der auch den Text zu Walker Evans Jahrhundertbuch »Let Us Now Praise Famous Men« über amerikanische Landarbeiter während der Depression geschrieben hatte und in Kalifornien lebte. James Agee, ein wirklich großartiger Autor, gehört zu den wenigen Schriftstellern, die, wie zum Beispiel der leider bei uns ziemlich unbekannte, in den Staaten dagegen berühmte Lyriker Robert Lowell, der erste Mann der Herausgeberin der New York Review of Books, Elizabeth Hardwick, in einem Taxi gestorben sind. Wahrscheinlich nicht genug Material für eine Anthologie: Tod im Taxi. Sein Sohn Joel, der später Kleist übersetzen sollte und ein fabelhaftes Buch über die Berliner Zeit geschrieben hat, »Thirteen Years«, war bei der Mutter geblieben. Er ging später mit seiner Mutter Alma zurück in die Staaten. Bodo Uhse, inzwischen hundertprozentiger Alkoholiker und Melancholiker, vermerkt dazu in seinem Tagebuch vom 13. April 1960: »Im Augenblick, da ich diese Zeilen schreibe, rüsten sich Alma und Joel zur Abfahrt – ja, sie fahren, fahren in dieser Stunde. Merkwürdig, mit welchem Schmerz ich an Joel denke, wie glaskühl dagegen die Gedanken an Alma, der ich, als ich sie das letzte Mal sah, tödlich weh getan haben muss. Ach, Arme, so viel hast du verstanden, nur das eine nicht: die Liebe.«

Ich hoffe, dass Joel noch lebt, ich habe ihn lange nicht gesehen. Er erzählte mir die haarsträubende Geschichte seiner unglücklichen Eltern im »Peacock«, einem altmodischen Kaffeehaus im Village in New York, in dem man damals noch rauchen durfte. Draußen ging in der einen Richtung die aus Serbien stammende Drenka Willen vorbei, die noch mit Helen und Kurt Wolff gearbeitet hatte und nun die Bücher von Hannah Arendt, Calvino und Umberto Eco verlegte (und auch zwei von mir); sie hatte in einem russischen Exil-Laden eingelegte Pilze gekauft, die sie am Abend mit dem Dichter Charlie Simic, mit dem Herausgeber der New York Review of Books, Bob Silvers, und mir verspeisen wollte. Und aus der anderen Richtung kam, mit einem Netz voller leuchtendem Obst, Christiane Zimmer (Frau des Indologen Heinrich Zimmer und Tochter von Hugo von Hofmannsthal), die ihren Gästen, Max Frisch oder Hans Magnus Enzensberger, wahrscheinlich einen Obstsalat bereiten wollte. (Beide lebten – und Drenka lebt noch – im Greenwich Village in einer der mit Bäumen bestandenen Seitenstraßen, die noch Namen tragen, in diesen herrlichen rotbraunen Backsteinhäusern mit der Außentreppe und einem winzigen Garten nach hinten raus; Drenka hielt sich dort einen sehr aufmerksamen Hasen, dem ich nach langer Freundschaft unterstellte, dass er mich blendend versteht.) Und Joel und ich sprachen über die Glienicker Brücke …

Jedenfalls kam es meiner Mutter spanisch vor, dass schöne Frauen auf schwarzen Pferden hinter dem Eisernen Vorhang ausreiten durften, weil das nicht ins Weltbild passte. Es verstand sich von selber, dass es auf der anderen Seite auch kein Strandbad Wannsee gab, nicht einmal geben durfte, keinen weißen Sand und natürlich auch keine schönen Mädchen in Bikinis. Ach, der Sand des Strandbads Wannsee. Wenn man ihn zwischen den Zehen spürte, hatte der Sommer begonnen. Dann wurden die runden Brüstungen, auf denen man fläzte, warm, man schaute von der Galerie hinunter auf die unerreichbaren Mädchen, die noch nicht von Mallorca oder Ibiza träumten – die überhaupt nicht träumten, weil sie hellwach im strahlenden Mittelpunkt der Welt angekommen waren: dem Strandbad Wannsee.

Wenn ich morgens zur Schule radelte, fuhr ich ständig an den Schildern vorbei: »You are leaving the American Sector«, das waren die ersten englischen Worte, die ich lernte. Besonders aufregend waren die Schilder, wenn sie in der Mitte der Seen oder der Havel standen. Natürlich versuchten wir – nur dann, wenn mein Vater nicht dabei war – im Paddelboot die Grenze haarscharf zu überqueren, damit das Patrouillenboot der DDR auslaufen und uns zurückdrängen musste: Bitte verlassen Sie sofort das Gebiet der deutschen demokratischen Republik! tönte es dann blechern durch ein Megaphon. An den westlichen Ufern saßen verbohrte Angler in fleckigen Unterhemden neben einer Kiste Schultheiss-Bier und warteten auf einen Fisch, in der Regel bissen auch hier nur die ungenießbaren Plötzen an. Neben ihnen saßen ihre Frauen, die in meiner Erinnerung allesamt korpulent waren, wenn nicht fett, rauchten Kette HB und lasen die BZ. Die meisten von ihnen saßen in rosa Unterkleidern in Campingstühlen. »Chamois« hieß das viel zu elegante Wort für diese Art Unterwäsche, die wirklich verboten aussah. Auch die Frauen hatten diese ungemütlichen Gesichter, von denen ich annahm, dass sie irgendwie die Voraussetzung dafür waren, am Wochenende angeln gehen zu dürfen. Warum mussten alle Angler in Berlin ein solches Gesicht machen? Es musste eine Schule für Angler geben, die diese Physiognomie entweder zwingend vorschrieb oder in Abendkursen lehrte. Normalerweise heißt es im Berufsbild des Anglers doch, diese Tätigkeit führe zu Seelenfrieden und Nervenstärke, zu Ausgeglichenheit und meditativer Gelöstheit, in Berlin war aber alles anders.

Einmal habe ich von meinem Boot aus einem besonders böse aussehenden Mann mit schlaffer Angel zugerufen: Nur Geduld, in zehn Minuten kommt ein Aal vorbei, ich habe ihn vorhin bei der Brücke überholt! Der Angler fand das gar nicht komisch. Er griff neben sich, hob ein Luftgewehr aus dem Gras und schoss mir wortlos vorne ein Loch in mein Klepperboot, das ich schleunigst nach Hause paddeln musste, weil es voll Wasser lief. Der sogenannte Berliner Humor, der in den zwanziger Jahren bis zur Machtergreifung angeblich in Berlin verbreitet war, wenn man Polgar, Benjamin, Hessel oder Robert Walser glauben wollte, wurde in der Nachkriegszeit nicht mehr beobachtet. Er war mit den Autoren emigriert. Darüber wurde in unserer Familie oft gesprochen, besonders in den Zeiten, da die Zeugnisse verteilt wurden.

Was übrigens die Chamois-Unterröcke anging: Ich musste Kleidungsstücke tragen, für die ich mich schämte. Dazu gehörten in der ersten Schulzeit die kurze, aus kratzigem Stoff gefertigte Bleyle-Hose, die ich als Sonntagshose anziehen musste, und lange braune Strümpfe, die an einem Leibchen befestigt wurden. Ich weiß nicht, wer sich diese extreme Folter ausgedacht hatte, Kinder jedenfalls können vor der Herstellung nicht gefragt worden sein. Selbst im eisigen Winter, und es gab entsetzlich kalte Winter in der Nachkriegszeit, versteckte ich mich vor dem Schulgebäude hinter den Büschen, um die gehassten Strümpfe nach unten zu rollen, wo sie dann als dicke braune Wurst meine Knöchel wärmten. Es wäre mir nicht einmal im Traum eingefallen, mit langen Strümpfen in der Klasse zu erscheinen. Ich liebte die ollen Klamotten. Mein liebstes Kleidungsstück war ein Nicki, den ich von meinem Bruder geerbt hatte. Er machte in ihm Abitur, später ich. Manchmal trug ich ihn wochenlang hintereinander, so dass meine Mutter ihn nachts verstecken musste, um ihn anderntags waschen zu können. Ein mausgrauer, weicher Nicki! Natürlich habe ich ihn nach München mitgenommen, wo er sich eines traurigen Tages auflöste.

Vom Bootshaus fuhr ich mit dem Fahrrad in fünf Minuten zum S-Bahnhof Wannsee, von wo man wiederum in einer Viertelstunde am Strandbad war. Die breite Straße, die zum Strandbad führte und von lichten Birken und Erlen beschattet wurde! Ein Boulevard, den immer eine Aura von Sonnenöl überwölbte, dagegen konnten die Boulevards von Cannes oder Nizza, die ich natürlich nur vom Hörensagen kannte, nicht antreten! Wenn

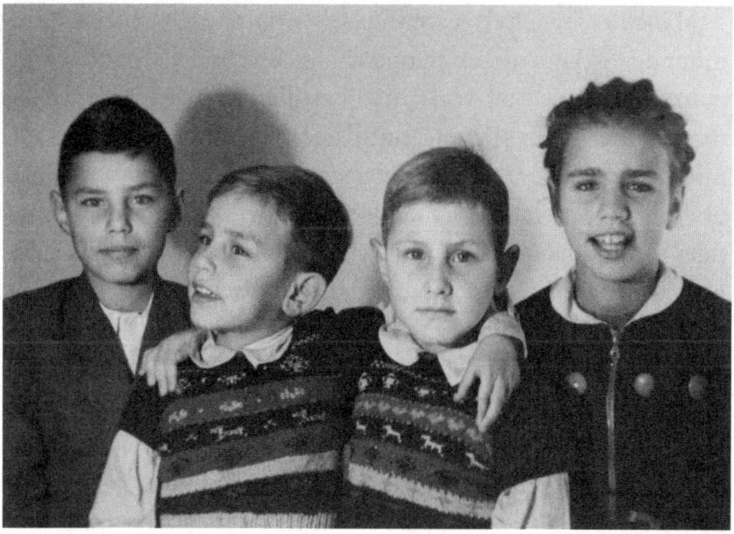

Von links nach rechts: Peter, Wolfgang, ich, Inge

nur der Berliner sich nicht wie ein Schwein aufgeführt hätte! In den fünfziger Jahren jedenfalls warf man die leere Brauseflasche einfach in die Büsche, Zigaretten ließ man fallen, ohne sich die Mühe zu machen, sie auszutreten, wer auf einer Bank eine Zeitung las, ließ sie beim Weggehen für den Wind liegen, was eben nicht an der Qualität der Zeitung lag, sondern an der auffälligen Gleichgültigkeit der Berliner an der Sauberkeit der Stadt. Es wurden viele Gründe für diese Haltung vorgebracht und in den Zeitungen diskutiert, von dem Bewusstsein, in einem Provisorium zu leben, bis zu der abenteuerlichen Theorie, nach der Zwanghaftigkeit der NS-Zeit müsse man die Sau rauslassen dürfen, um seine Freiheit zu genießen und zu demonstrieren. Und natürlich waren auch die Flüchtlinge schuld, weil im Osten die Hygienevorschriften usw. Die alte Leier. Im Strandbad Wannsee dagegen wurde man bestraft, wenn man Papier oder Sonnenölflaschen liegen ließ. Überall forderten Schilder dazu auf, dieses Juwel der Erholung ordentlich sauber zu halten.

Manchmal radelte ich vom Wannsee durch eine Unterführung unter der S-Bahn hindurch und an der Dreilinden-Schule vorbei zum Nikolassee und von dort über die Rehwiese nach Hause, immer über uraltes Kopfsteinpflaster. Es waren alte Fahrräder mit Stockbremse und ausgeleiertem Sattel, und das Wichtigste überhaupt waren die kleinen ledernen Werkzeugtaschen unter dem Sattel, weil man alle naslang den Reifen flicken musste. Wer klug war, nahm den Inhalt mit in den Klassenraum, denn es galt nicht wirklich als Diebstahl, wenn man sich beim Nachbarn den Knochen, den Aufrauer, den Flicken, das Öl und andere Teile ausborgte und dann vergaß, sie nach Gebrauch wieder zurückzulegen.

Als ich schon in der sogenannten Oberstufe war, machte ich gerne Halt bei dem Künstler Erhard Klepper. Er wohnte mit seiner Schwester und ihrem Mann, von dem es hieß, er sei ein berühmter baltischer Baron – beruflich betrieb er die Esso-Tankstelle an der Spanischen Allee –, in dem Haus, in dem sich sein Bruder, der Schriftsteller Jochen Klepper, zusammen mit seiner jüdischen Frau und der gemeinsamen Tochter das Leben genommen hatte. Erhard war wie Bodo Uhse Kettenraucher, hatte den gesamten Balzac und alles von Stendhal und Zola bis Flaubert und Chateaubriand und sogar Sue gelesen, mochte die deutschen Schriftsteller (Goethe inklusive) überhaupt nicht, auch nicht die Bücher seines Bruders, die mein Vater liebte – meine Mutter schätzte seine Kirchenlieder –, war Atheist und Ästhet und Professor an einer Kunst-Hochschule. Er konnte keinen Satz zu Ende bringen, weil ihn gewissermaßen nach jedem Komma ein entsetzlicher Hustenanfall überkam, den er aus Erstickungsnot nur mit offenem Mund und einem weiteren Zug überstehen konnte. Die Zigarette ging aus und musste mit zittrigen Fingern wieder zum Glühen gebracht werden, der Schweiß stand ihm auf der Stirn, aber sobald er mit dem feinen Pinsel in den winzigen Farbtöpfen fündig geworden war, entspannte sich die Lage wieder, und seine zarten Zeichnungen und Kostümentwürfe zum 18. Jahrhundert konnten wie durch Zauberei entstehen. Kein Mensch konnte diesen amourösen Capriccios ansehen, unter welchen Hustenanfällen sie entstanden waren. Kleist, nebenbei gesagt, fand er überschätzt, dessen Selbstmord töricht, und dass er auch für den Tod von Henriette verantwortlich war, fand er schlicht und einfach kriminell. Wir sind, konnte er zwischen zwei Krachern trocken hervorwürgen, ein unzivilisiertes Volk. Wir kommen aus dem Wald und haben bestenfalls den Waldrand erreicht, von wo aus die großen Städte und ihre Kultur in der Ferne als Schemen zu sehen sind. Hitler war für ihn ein roher Waldmensch, der die Zivilisation nicht einmal gerochen hatte, ein banaler dummer Wurzelesser. Aber auch die großen Dichter fanden nicht wirklich Gnade vor seinen Augen, auch wenn er tolerant genug war, mir meine Lieblinge nicht zu vermiesen. Wieland: langweilig – »es gibt keinen Menschen, der den Agathon ausgelesen hat«. Mörike: die Gedichte ja, der Roman »Maler Nolten« ein harmloser Schmarrn in romantischer Kulisse bei Vollmond; so ging es durch die Literatur- und die Geistesgeschichte: »Für eine Seite von Denis Diderot gebe ich fast den ganzen Hegel her; wenn man mich allerdings zwänge, Helvetius zu lesen, würde mich das wieder dem Hegel in die Arme treiben.« Nur Gottfried Keller kam mit dem »Grünen Heinrich« in beiden Fassungen völlig ungeschoren davon, vielleicht, weil der auch ein Maler war?

Meine Mutter sah es nicht gerne, dass ich zu Erhard ging, weil sie seinen schlechten Einfluss fürchtete. Erhard rauchte nicht nur (Juno; »Aus gutem Grund ist Juno rund«), sondern war auch noch schwul, ein bisschen viel auf einmal, wie sie fand. Aber ich hielt mich gerne in dem Bücherhaus auf, in dem die große Bibliothek von Jochen stand, und beobachtete, wie Erhard mit von Alkohol und Nikotin kribbligen Fingern seine Illustrationen zu Werken aus dem 18. Jahrhundert zeichnete und mir währenddessen die schwierige Psyche des Vetters Pons erklärte. Dann kamen seine Schwester und sein ölverschmierter Schwager nach Hause, der mit einem Wurf von der Tür aus seine speckige Mütze dem Engel in der Diele auf den Kopf warf und niemals sein Ziel verfehlte. Ein wunderbarer Typ! Ob er wirklich ein Baron war? Im Baltikum sind alle Menschen entweder Barone oder Sklaven, war Erhards nüchterne Analyse.

Natürlich sprachen wir auch über Erhards Homosexualität, eine Sache, die bei mir zu Hause nicht oder nur hinter vorgehaltener Hand diskutiert wurde. Selbst einer der Pfarrer aus der christlichen Jugendbewegung, der versetzt worden war, weil er sich Jungen »genähert« hatte, wie man sich erzählte, war kein Homosexueller, sondern einer, der sich vergriffen hatte. Man musste also auf der Hut sein, wie meine Mutter es ausdrückte, und ich war auf der Hut.

Ich war jedenfalls durch den freigeistigen Erhard Klepper bestens informiert, als ich Hans Joachim Schoeps kennenlernte, der, wie man damals sagte, ein Auge auf mich geworfen hatte. (Der von mir geliebte Dichter Günter Bruno Fuchs hat einmal ein kurzes Gedicht geschrieben: »Die Obrigkeit wirft ihr letztes Auge auf uns, / Nun tappt sie vollends im Dunkeln.«) Schoeps war Professor für Kulturgeschichte in Erlangen, war aber häufig in Berlin, um seinen Preußen-Tick auszuleben – und seine Studien über Homosexualität zu betreiben. Während Preußen am 20. Juli 1944 untergegangen war, wie Wolf Jobst Siedler einmal bemerkte, der wie Schoeps zu einem Kreis konservativer Intellektueller gehörte, die sich gelegentlich bei Horst Behrendt in der Vaganten-Bühne trafen, wo ich dann und wann als Mädchen für alles aushalf, waren die Homosexuellen gerade dabei, ihre Rechte in der Gesellschaft neu auszuhandeln. Schoeps war der aufrechte und mutige Kämpfer gegen den Paragrafen 175. Als ich ihn einmal in ein schwules Nachtlokal in Charlottenburg begleiten durfte, wurde eine Razzia der Polizei durchgeführt.

Alle Besucher des Etablissements mussten sich an der Wand aufstellen, wurden befragt und im wahrsten Sinne des Wortes »erfasst«, und mir war das Herz in die Hose gerutscht, weil ich plötzlich meine armen Eltern vor Augen hatte, die mich wahrscheinlich von diesen grell geschminkten, hochtoupierten »Damen« befreien mussten. Aber der kluge Professor Schoeps holte einen Brief des damaligen Berliner Polizei-Chefs aus der Tasche, der eigentümlicherweise Professor Sangmeister hieß, aus dem hervorging, dass Professor Schoeps und seine Begleitung sich zu Studienzwecken im Milieu aufhielten und gefälligst in Ruhe gelassen werden sollten. Der Brief wirkte Wunder! Wir wurden augenblicklich freigelassen, was mir auch wieder nicht recht war, weil mir durch das abrupte Ende eines spannend begonnenen Abends tiefere Einblicke in dieses Milieu verwehrt wurden. Nicht zu fassen, welche Vorstellungen und blöden Witze über Homosexualität im Umlauf waren. Wenn einer in der Klasse auch nur eine einzige »falsche Bewegung« machte, hieß es sofort, er sei höchstwahrscheinlich ein warmer Bruder. Deshalb ist es nicht verwunderlich, dass es offiziell keinen einzigen Schwulen in der Schule gab.

Von Erhard Klepper erfuhr ich alles über den französischen Roman des 18. und 19. Jahrhunderts, von Hans Joachim Schoeps erfuhr ich zum ersten Mal in meinem Leben etwas Genaueres über Kafka. Er schenkte mir sogar einen Band mit Kafkas Texten aus der Reihe »Der jüngste Tag« des Kurt Wolff Verlags, den ich noch besitze. In der Schule war Kafka nicht »durchgenommen« worden, weil der arme Deutschlehrer Dr. Taube es nicht weit über Gerhart Hauptmann hinaus geschafft hatte. Später erfuhr ich den Rest von meinem Freund Klaus Wagenbach. Aber da lag das Strandbad Wannsee mit seinen Versprechungen schon lange hinter mir.

Ein paar Häuser von Erhard Klepper entfernt wohnte – als Untermieter bei dem (baltischen) Kunsthistoriker Claus Zoege von Manteuffel – mein Freund Christian Diener, mit dem ich vorzugsweise sächsisch sprach. Er kam aus Leipzig, wo er bei der Fotografin Evelyn Richter gelernt hatte – die eben, als ich dies schreibe, in Leipzig gestorben ist –, jetzt studierte er bei Helmut Lortz an der HfBK Gebrauchsgrafik. (Später war er Assistent bei Willy Fleckhaus und wurde einer der gesuchtesten Grafiker, der vor allem Zeitungen modernisierte, und noch später leitete er die Fotogalerie »Camera Work« in der Kantstraße, einen Steinwurf von der Paris Bar entfernt, die in meiner Jugend mein billiges Stammlokal war: Ein Steak minute und ein Glas Pinot kosteten vier Mark fünfzig.) Christian war Republikflüchtling und folglich bekennender Antikommunist. Manchmal fuhren wir am Nachmittag ins Strandbad Wannsee, wo er Mädchen fotografierte. Da er mehrere Kameras und Stative dabeihatte, sah er auch wie ein Profi aus, dem tatsächlich alle Mädchen zuliefen, um sich ablichten zu lassen. Ich war sein etwas gelangweilter Assistent, der gelegentlich den Modellen zurufen musste, sie sollten sich etwas lässiger hinstellen und nicht denken, sie seien Gina Lollobrigida, nur weil sie fotografiert würden. Damals bedeutete es noch etwas, fotografiert zu werden. Der Fotograf war der Künstler, und Christian sah auch noch wie ein Künstler aus: Er hatte wie die Beatles einen Pilzkopf und trug auch im Strandbad Wannsee schwarze Klamotten. Glanzstück seiner Ausstattung war ein Jackett mit schwarzem Samtkragen, das sich besonders in einem Strandbad extrem künstlerisch ausnahm. Ich sah neben ihm tatsächlich wie der Assistent aus, aber es wurde zu meinen Gunsten angenommen, dass der Weg vor die Linse nur über mich ging. Um uns die Mädchen während der Arbeit vom Leibe zu halten, mussten wir nur sehr laut sächsisch miteinander sprechen, schon waren wir unter uns. Seltsam, dass das unschuldige Sächsisch, selbst unter Jungen und Mädchen in Badehosen gesprochen, eine so verheerende Wirkung zeigte. Ich musste mich oft zusammenreißen, um nicht in den sächsischen Tonfall zu verfallen, um nicht als einer von drüben identifiziert zu werden. Alles, was von drüben kam, war kontaminiert. In München war Christian bei der Zeitschrift »Twen«, für die ich auch gelegentlich schrieb, und als er die Fotogalerie »Camera Work« in der Kantstraße in Berlin leitete und Portfolios von den berühmtesten Fotografen der Welt herausgab, schrieb ich die Texte. Da Christian auch ein großer Leser klassischer Literatur war, hat er für den Hanser Verlag die Umschläge für die Klassiker-Ausgaben entworfen: Die Krönung war die große Goethe-Ausgabe mit dem Loch in der Mitte des Schutz-Kartons, aus dem Goethe herauslugte. Auch in München haben wir ausschließlich sächsisch gesprochen, was besonders bei Rezitationen in der U-Bahn gut ankam: Eichendorffs Gedichte in sächsischer Mundart, einen schöneren Auftritt hatten wir selten.

Die schönste (und gruseligste) Reise haben wir 1968 nach Sardinien machen dürfen, wo Hans-Jürgen Syberberg den Film »Wieviel Erde braucht der Mensch?« drehte, worüber wir einen Beitrag für die neue Zeitschrift »M« produzieren sollten. Was waren das für Zeiten! Als Fünfzehnjähriger war ich mit zweihundert Mark vier Wochen nach Sardinien getrampt, jetzt erhielt man ein Flugticket, ein Hotel und obendrauf noch ein Honorar, um Syberberg beim Drehen zusehen zu dürfen. Das Thema des Films (nach einer Novelle von Tolstoi) ist die Gier. Ich saß mit Christian am Strand, eine Flasche Wein stand zwischen uns, wir redeten in unserer Mundart darüber, dass wir hoffentlich nie der Gier verfallen würden, die hinter uns in ermüdenden Proben geübt werden sollte.

Mit meiner Mutter sprach ich bis zu ihrem Tod diese reizende Mundart, was mein Vater nicht besonders gern hörte. Waren seine rotarischen Freunde bei uns zum Abendessen, von meiner Mutter königlich bewirtet – als Vorspeise gab es unter anderem gekochte Eier mit »falschem« Kaviar, dessen scheußlich bitter schmeckende Reste wir danach mit dem Finger auftupfen durften –, sollte an seinem Tisch nicht gesächselt werden. Lieber gar nichts sagen und den Mund halten. Dass die Gäste, wenn sie endlich einen in der Krone hatten, manchmal auf die übelste Weise laut wurden, sollte besser nicht diskutiert werden. Die anderen sollen sich schlecht benehmen, wir halten uns zurück. Nicht steif, arrogant oder besserwisserisch, sondern natürlich, was immer er darunter verstand. Ihr wisst schon! Wir hatten verstanden.

Mein Vater kam aus Koblenz, wo er im Gymnasium am Ehrenbreitstein Griechisch und Latein gebimst hatte, Sprachen, die wir entweder gar nicht (Griechisch) oder nur sehr rudimentär beherrschten, um es höflich auszudrücken. Ich erinnere mich, dass mein Vater, wenn wir auf Sonntagsspaziergängen an den Seen entlang dem Gräzisten Uvo Hölscher oder dem Theologen Helmut Gollwitzer begegneten, die beide bei uns in der Nähe in Nikolassee wohnten, plötzlich griechisch oder lateinisch sprach, wie er auch zu Hause, wenn sein Bonner Studienfreund Hans Rudolf Schwyzer zu Gast war, der Herausgeber der Werke Plotins, mit diesem griechisch redete. Sein Schulfreund Joseph Breitbach und sein Jugendfreund Edwin Maria Landau, der Herausgeber der Werke Paul Claudels, sprachen fließend französisch, sein anderer Schulfreund, Gerhard Nebel, der bei Heidegger und Jaspers studiert hatte, war nicht nur ein gewaltiger Trinker vor dem Herrn, sondern ebenfalls Altphilologe. Wenn wir ihn fragten, was er beruflich so mache, kam die Antwort, er sei Essayist, ein Wort, das einen gewissen Schrecken verbreitete. Und wenn man nachfragte, welche Arbeit mit dem Essayist-Sein verbunden war, lachte Herr Nebel: Wenn ich es selber nur wüsste! Immerhin trugen einige Bücher seinen Namen, in denen »seine gründliche Kenntnis der griechischen Mythologie« ausgebreitet war, das müsse genügen. So war mein

Vater immer von vielen Sprachen umgeben. Außerdem konnte er perfekt Jura-Deutsch. Obwohl er seit seinem Studium sich nicht mehr mit Straf- und Völkerrecht und anderen Spezialrechten plagen musste, hatte er diese Sprache immer noch intus. Er hat uns aber nicht damit getriezt. Nicht, weil er wusste, dass er gewissermaßen Perle vor die Säue warf, wenn er uns über das Recht aufklärte, sondern weil er nach der NS-Zeit immer weniger an das Recht und die Gerechtigkeit glaubte. Oder war es gerecht, dass alle alten Nazis wieder die öffentlichen Ämter und Lehrstühle besetzten und eben auch ihm vorgezogen wurden? Er ähnelte darin den Theologen, die aus Gründen, die ich vergessen habe, damals bei uns ein und aus gingen. Es gab Monate, in denen jeden Abend ein Theologe mit am Tisch saß, gebildete junge Alttestamentler, die hofften, demnächst eine Professur zu erhalten. Ich glaube, sie hatten ein Auge auf meine Schwester geworfen und gaben nun mit ihrem Wissen an, um mich und meine Brüder auf ihre Seite zu ziehen. Aber was hatten sie zu bieten? Ich hatte lange daran zu kauen, dass keiner von ihnen an Gott glaubte. Warum wurden sie dann Theologen, das ging mir nicht in den Kopf. Warum wurden sie nicht Verkäufer oder Kraftfahrzeugmeister?

Manchmal hatte ich den Eindruck, dass mein Vater sich besser mit meinen Freundinnen verstand als ich. Wenn Regina kam, flippte er aus, unter anderem auch deshalb, weil sie angeblich so ein reines, reizendes, unverfälschtes Hochdeutsch sprach! Wahrscheinlich hat sie ihm nie gesagt, dass sie aus Agram kam, dem heutigen Zagreb, wo ihr Vater lebte. Und wahrscheinlich hat mein Vater sie auch nicht wegen ihrer Aussprache geliebt, sondern weil sie gelegentlich mit ihm um den Schlachtensee lief.

Wenn ich von einem aufregenden Nachmittag im Strandbad Wannsee nach Hause fuhr und es geschafft hatte, mein Fahrrad über die Treppen des S-Bahnhofs Nikolassee zu tragen, in dem

Mit den Cropeltons in Nikolassee

es damals weder eine Rolltreppe noch einen Fahrstuhl gab – sollten doch die alten Leute sehen, wie sie nach Hause kamen! –, machte ich noch einen Abstecher in die Gamba-Stuben am Bahnhof, die in einer umgebauten Garage untergebracht waren und einen wirklich hart erarbeiteten, dauerhaft schlechten Ruf zu verteidigen hatten. Man muss immer bedenken, dass Nikolassee, Schlachtensee und auch Wannsee bis nach Zehlendorf sogenannte kleinbürgerliche Wohngegenden waren, erst in Dahlem und im Grunewald wurde es etwas vornehmer. Da es noch keine wirklich reichen Leute gab, die ihren Reichtum auch zeigen wollten, keine Kunstsammler, Wirtschaftstycoons, Verleger (Axel Cäsar Springer war die Ausnahme, dafür liegt er jetzt neben meinen Eltern auf dem Friedhof in Nikolassee), versammelten sich die Halb-Ex-Reichen im Grunewald: Da wohnten die Preußen-Familie, Atze Brauner und Hilde Kubitschek und ein paar Architekten, die sich beim ersten Bau-Boom eine goldene Nase geholt hatten. Aber bei uns in der Straße: Rechtsanwälte, Beamte, Ärzte, Professoren, gehobener Mittelstand eben. Hatte einer ein neues Auto, wurde lange darüber nachgedacht, woher wohl das Geld kam: War es eine Isetta oder ein Messerschmitt Kabinenroller, dieser seltsame Autoersatz auf drei Rädern, den man von oben oder von vorne besteigen musste? Oder schon ein Goggomobil, das auch in geradezu sündhaften De-Luxe-Versionen angeboten wurde? Und wenn ein neuer Volkswagen oder gar ein Borgward vor der Tür stand, schossen die Spekulationen ins Kraut: denn unter »normalen Umständen« konnte man sich in unserer Gegend ein solches

Auto nicht leisten. Auch unsere Lehrer kamen mit dem Fahrrad in die Schule. Im Sommer wurde am Wochenende in den Gärten gegrillt, dann lag dieser beißende Geruch von verbranntem Fett über dem Viertel.

Am Bahnhof Nikolassee gab es eine winzige Buchhandlung, die ich einmal in der Woche aufsuchte, um in Büchern zu blättern, ich habe aber dort nie einen unserer Nachbarn getroffen, Bücher spielten keine Rolle. Von sogenannten »besseren« Restaurants, in die man am Wochenende, wenn meine Mutter nicht kochen sollte, einkehrte, konnte keine Rede sein. Wir sind, wenn meine Mutter krank war, manchmal zur Potsdamer Chaussee gegangen, wo gegenüber vom Waldfriedhof eine Kneipe war, in der man Würstchen mit Kartoffelsalat essen konnte – ein wunderbares Gericht für Kinder, das mein Vater nicht angerührt hätte. Manchmal – aber das waren schon die Höhepunkte der Berliner Gastronomie – gab es Rippchen mit Kraut, dazu Fassbrause oder Berliner Weiße ohne Schuss, die deshalb beliebt war, weil man noch Tage danach genussvoll (und laut) aufstoßen konnte. Das beliebteste Kochbuch der Zeit hieß »Was Männern so gut schmeckt« und war für den sogenannten »kleinen Hunger« konzipiert worden, Glanzstück war natürlich der Toast Hawaii, ein Sonntagsgericht erster Güte.

Die Gamba-Stuben waren die leuchtende Ausnahme in dieser bürgerlichen Welt. Hier traf sich alles, was zur Bohème zählte: ein paar Grafiker mit ihren wechselnden Frauen, ein gut verdienender Tapetenmaler, einige Schauspieler, die ihr Geld bei der Synchron-Anstalt Wenzel Lüdecke verdienten, aber von einer Rolle am Schiller-Theater träumten, und ein paar verkrachte Künstler, die ungern Auskunft über ihre dunklen Tätigkeiten gaben, sich dafür aber umso giftiger über die Frage gegenständlich oder ungegenständlich in die Haare gerieten. Mal du doch dein Reh, rief der beleidigte Tachist in Anspielung auf Renée Sintenis dem Realisten zu, während der gegenständliche Maler seinem informellen Kollegen empfahl, seine Leinwände einfach in den Garten zu legen und drauf zu pissen. Da beide kein Geld verdienten und nur hoffen konnten, von einer Senatskommission zur Förderung der kreativen Künste entdeckt zu werden, die Bilder aufkaufte und damit die Wände der städtischen Institutionen bestückte, musste am Ende immer der die Rechnung bezahlen, der zufällig ein paar Mark in der Tasche hatte. Angeschrieben wurde nicht. Es kam vor, dass sich einer der soliden Trinker beim Wirt ein paar Mark borgte, um ein Taxi nach Hause zu nehmen, aber Geld für Alkohol, das war das Gesetz dieses Etablissements, musste man selber mitbringen. Welche pädagogischen Absichten der fast immer stumme Wirt damit verband, gehörte zu den großen Rätseln dieser wenig einladenden Gaststätte. Der Ton war rau, aber nicht herzlich. Manchmal hatte sich ein Fremder in die Gamba-Stuben verirrt, der dann vor den immer tränenden Augen des Wirts kräftig ausgenommen wurde, um nach der Rückkehr erzählen zu können, er sei ins Zentrum der Auseinandersetzung um die richtige Richtung der modernen Kunst geraten, ganz toll, einmalige Atmosphäre, unerhört aggressive Diskussion, aber nie wirklich verletzend. Gelegentlich schaute auch ein Professor von der HfBK vorbei, der sich aus guten Gründen nicht nach Hause traute, oder einer der jungen Architekten des neuen Berlin, die sich nach den ersten Aufträgen bereits einen Sportwagen mit offenem Verdeck leisten konnten. Und natürlich gab es immer einige naseweise Jüngelchen, die sich wie ich für Kunst interessierten. Der Wirt, ein massiger Mann mit schweren Augenlidern über pechschwarzen Augen und Wasser in den Beinen, saß festgeschraubt auf einem Hocker hinter der Bar und zapfte, die Roth-Händle im Mundwinkel, vier oder fünf Biersorten, an drei oder vier Tischen saß die sogenannte Bohème oder sie stand draußen auf dem Vorplatz herum, wenn man sich wegen der Rauchentwicklung nicht mehr sehen konnte. War ein Fass leer, mussten die Gäste wegen der Unbeweglichkeit des Wirts ein neues aus dem Lager holen und erhielten dafür die ersten Gläser gratis, die aus Schaum bestanden. Nichts passierte. Manchmal gab es eine Schlägerei, die Gäste mussten dann die Scherben selber zusammenfegen, weil der Wirt keinerlei Anstalten machte, sich zu erheben. Dieses Lokal werde ich nie im Leben mehr betreten, schrie dann einer der Suffköppe, der natürlich am nächsten Tag wieder brav an der Theke hing, um einerseits den Kater zu besänftigen und andererseits den anderen ein Formproblem vorzulegen, an dem er sich gerade abarbeitete. Es ging nie um etwas Geringeres als um eine vollständige Neubewertung der Kunst. Der Wirt sagte nichts. Kein überflüssiges Wort. Schultheiss? Kindl? Pils? Bock? Mehr war von ihm nicht zu hören. Er rauchte wie blödsinnig vor sich hin, und manchmal sah es so aus, als würde er auch aus den Augen und den Ohren rauchen. Ein kompletter Rauchkopf. Einer verbreitete das Gerücht, der Wirt hätte im Krieg ein schweres Schicksal erdulden müssen, aber was das war, wusste keiner. War er ein Sinti, ein Roma? War er Jude? Kam er womöglich aus dem Osten? Die Stadt wimmelte damals von seltsamen und seltenen Vögeln, aber ein Gastwirt, der seine Gäste weder begrüßt noch verabschiedet und schon gar nicht mit ihnen sogenannte Konversation pflegt, das gehörte schon zu den extravaganten Nummern. Zum Abitur schenkte er mir eine Flasche Champagner – die erste meines Lebens – und sagte: Du schaffst das schon. Aus seinem Mund klang das wie eine lange vorbereitete Rede! Manchmal, wenn ich ihn mit seinem großen Kopf und den dunklen, traurigen Augen hinter seinem Tresen anschaute, hatte ich den Eindruck, er würde auch in der Nacht auf seinem Hocker sitzen.

Jeden Tag kamen Flüchtlinge in rauen Massen in die Stadt, und immer, wenn etwas passierte, waren es höchstwahrscheinlich Leute aus Düppel – auch wenn es unter denen natürlich auch anständige Menschen gab, wie immer wieder zu hören war. Was ist denn bitte ein anständiger Mensch, diese Frage wurde oft bei uns am Sonntag während des Essens diskutiert, und mein Vater begann die Darlegung seiner »ganz persönlichen Ansichten« immer mit dem Satz: Unter juristischen, gesetzlichen Aspekten …, während mein Bruder Wolfgang ganz unbefangen, wie es seine Art war, äußerte, es gäbe gar keine anständigen Menschen mehr, die letzten seien von den Nazis umgebracht worden. Willst du damit sagen, wollte meine Mutter aufbrausen, und mein Vater sagte: Luise, bitte! Meine Mutter, die nach meiner Auffassung weiß Gott zu den anständigen Menschen gehörte, war dann so erregt, dass sie meinen Vater um einen Zug aus seiner Zigarette bat. Ganz früh Mokri oder die in schönen grünen Schachteln liegenden Eckstein 5 oder Peer, später dann – nach einer kurzen Roth-Händle-Periode – Reval, ohne Filter. Das Gesicht, das mein Vater machte, wenn er die brennende Zigarette mit dem roten Lippenstiftrand zurücknehmen musste, will ich nicht beschreiben. Das ganze Elend der Welt war darin abgebildet.

Der Wirt der Gamba-Stuben ist ein Levantiner, behauptete mein Vater nach einem ersten und einmaligen Besuch, was nichts Gutes ahnen ließ, obwohl wir nicht genau wussten, wo der Levantiner zu Hause war und was ihn auszeichnete. An einem der drei Tische im winzigen Nebenraum des Schankraums saß der spindeldürre Dichter und Übersetzer Gerd Henninger den ganzen Abend über vor einem Glas Bier und übersetzte Michaux, Ponge, Daumal oder René Char und erledigte seine Korrespondenz. Er gab in dem kleinen, sehr feinen Verlag Karl H. Henssel die Zeitschrift »Das Lot« heraus, in der ich zum ersten Mal Texte von Blanchot, Bachelard, Artaud, dem dunklen Klossowski oder Bataille las (von dem Herbert Marcuse später behauptete, es sei kein Wunder, dass einer, der sein ganzes Leben Bibliothekar in der französischen Provinz war, zum Erotomanen geworden sei). Gerd Henniger wusste alles über den Surrealismus und seine Schulen und Dissidenten und konnte den gesamten Text von Eluards »Hauptstadt der Schmerzen« in beiden Sprachen auswendig. In Berlin gab es zu jener Zeit eine Menge interessanter Zeitschriften, vom »Monat« bis zu den »Neuen Deutschen Heften« und der »Neuen Rundschau«, aber damals, als ich noch auf die Schule ging, kam mir das »Lot« als die geheimnisvollste von allen vor: In diesen dünnen Broschüren erklang eine Musik, die man sonst nirgendwo hörte, schon gar nicht in Nikolassee. Diese Musik hatte nichts zu tun mit der modernen Musik, wie sie in Berlin gepflegt wurde, mit Boris Blacher und Heimo Erbse an der Spitze, aber auch nichts mit dem, was an Literatur in meinem Freundeskreis in der Schule diskutiert wurde. Der feine, leise auftretende Herr Henssel, der mit einer Frau von Moltke verheiratet war und in Wannsee wohnte und seinen Verlag betrieb, verdiente sein Geld mit den Gesammelten Werken von Joachim Ringelnatz und den Afrika-Büchern von Laurens van der Post, alle anderen Projekte mussten damit finanziert werden. Der »Monat« erklärte uns das politische Dilemma zwischen West und Ost, die »Neuen Deutschen Hefte« waren als Rezensionsorgan unverzichtbar, und in der »Neuen Rundschau« wurde der gepflegte Essay gedruckt, und die deutsche Avantgarde las die »Akzente« von Hans Bender und Walter Höllerer; ich auch (weil sie mein Bruder abonniert hatte). Hätte ich gewusst, dass ich sie selber eines Tages für mehr als dreißig Jahre redigieren würde, hätte ich sie sicher noch genauer gelesen.

Mit der Zeit lernte ich durch Gerd Henniger auch einige der Gründer des »Lot« kennen, unter anderem den phänomenalen Edouard Roditi. Er sprach zehn Sprachen fehlerlos, darunter Türkisch, weil sein jüdischer Vater in Istanbul gelebt hatte, schrieb und übersetzte Poesie und kannte alle bildenden Künstler der Gegenwart, mit denen er lange Gespräche geführt und in mehreren Bänden veröffentlicht hatte. Außerdem war er ein

Homosexueller, der sehr mutig einige Studien zu diesem Thema veröffentlicht hatte, die damals heftig diskutiert wurden. Warum du dich so gerne in Gesellschaft von Homosexuellen aufhältst, fragte mich meine Mutter, aber ich antwortete nicht mehr. Sie waren halt Außenseiter, wie Hans Mayer viele Jahre später seine Monografie betitelte, und Außenseiter interessierten mich mehr als die anderen, basta. Wie anders war dieser Roditi im Vergleich zu Professor Schoeps! Von Roditi hörte ich zum ersten Mal die Namen der Dichter St. John Perse oder Konstantinos Kavafis. Damals machte ein Büchlein von Roditi die Runde, das für mich ein Augenöffner war: »Drei hebräische Elegien«, natürlich bei Henssel erschienen. Er hatte die Texte schon in den dreißiger Jahren als Student in Deutschland geschrieben, in englischer Sprache, sie sollten auch in Deutschland veröffentlicht werden, das Manuskript ging 1933 verloren, einige Strophen überlebten im Exilgepäck von Lotte Eisner (der späteren Direktorin der Cinémathèque in Paris) und bei den Dichtern Karl Wolfskehl und Peter Gan – jede Mitteilung dieses Mannes war so durchtränkt von Zeitgeschichte, dass man nur mit offenem Mund zuhören konnte. Die erste Elegie hieß »Die Klage des Jehuda Abravanel«. Wer das war? Es war einer der großen jüdischen Renaissance-Dichter des 15. Jahrhunderts aus Spanien, der unter dem Namen Leone Ebreo die »Dialoghi d'amore« verfasst hat und gleichzeitig Arzt und Philosoph war, ein bedeutender Kenner sowohl der islamischen wie der jüdischen Kulturgeschichte und Religion. Die zweite Elegie handelte von Glückel von Hameln, die irgendwie mit Jud Süß verwandt war und außerordentlich wichtige Tagebücher hinterlassen hatte, die dritte von Habakuk. Wir hatten keinerlei Vorstellung von einer spezifisch jüdischen Literatur und schon gar nicht von einer jiddischen. Und dieser Mensch kannte dazu noch persönlich alle großen Maler, die damals verhandelt wurden, und auch der Surrealismus war ihm in allen Filiationen geläufig. Und schließlich seine haarsträubenden Geschichten vom Nürnberger Kriegsverbrechertribunal, an dem er als Übersetzer teilgenommen hatte. Wir hatten ja keine Ahnung. Als ich meiner Mutter einmal beiläufig erzählte, dass auch Homosexuelle unter den Opfern der Nazis waren, wurde das Thema nicht mehr erwähnt. Wir hatten ohnehin keinen blassen Dunst. Selbst ich, der sich für nahezu alles in der Welt interessierte, wusste nichts.

Auch die anderen Mitgründer vom »Lot« lernte ich kennen: den belgisch-amerikanischen Dichter Alain Bosquet, der russischer Abstammung war, in Paris lebte und dessen Texte von meinem damaligen Lieblingsschriftsteller Samuel Beckett ins Englische übersetzt wurden, und schließlich Alexander Koval, ein surrealistisch angehauchter deutscher Dichter, von dem ich die ersten Übersetzungen von Wallace Stevens gelesen habe, und schließlich den waschechten Surrealisten Lothar Klünner, der alle Blousons auf den weiblichen Körper hersagen konnte. Wie lächerlich klein kam ich mir in meiner Welt vor, die von der Von-Luck-Straße über die Rehwiese bis zur Dreilinden-Schule und zum Strandbad Wannsee reichte und ohne große Höhepunkte auskommen musste. Wir mussten uns mit Schillers Balladen herumschlagen und lateinische Grammatik büffeln, bis sie uns aus den Ohren herauskam. Ich empfand es als eine Demütigung, keine Sprachen sprechen zu können, verspürte aber auch keine Lust und kein Bedürfnis, in Abendkursen mir selbst welche beizubringen. Es gab zu viel zu lesen und zu viel zu verstehen, und gar nicht reden will ich von dem, was misszuverstehen war. Manchmal schien es mir, als wollte ich mich selbst bestrafen. Ich las Bücher, die ich kaum verstand, so zum Beispiel die Nikomachische Ethik des Aristoteles, ich liebte Günter Eich und Tennessee Williams und wusste nicht so recht, was aus mir werden sollte. Natürlich hatte ich nichts dagegen, ein berühmter Dichter zu werden! Eigentlich war die einzige erstrebenswerte Existenz, die ich mir vorstellen konnte, ein Dichter zu sein. Aber wie wird man ein Dichter? Ich las alle Gedichtbücher, die ich kriegen konnte, und schrieb Schulhefte, die für biologische oder physikalische Fragen reserviert waren, mit meinen unsterblichen Gedichten voll. Manche von ihnen schickte ich meiner Freundin Regina, damit nach meinem bereits erwarteten frühen Tod einige dieser Verse die Nachwelt erreichten. Sie las sie und übergab sie kommentarlos ihrer schönen Mutter, und als ich eines Abends Regina besuchen wollte, öffnete die Mutter die Tür und bat mich, ihr die Gedichte vorzulesen und darüber mit ihr zu sprechen. Wollte sie sich über mich lustig machen? Als Regina endlich von ihrem Tanzvergnügen nach Hause kam und mich erlöste, saß die Mutter wie aufgelöst auf dem Sofa: Ganz offensichtlich war sie zum ersten Mal in ihrem Leben von der Macht der Poesie berührt worden. Und als Regina eines Tages mit meinem Vater um den Schlachtensee ging, wurde sie von ihm gefragt: Und was soll aus dem Jungen mal werden? Und ihre Antwort war unverblümt: Ich glaube, er wird ein Dichter.

Schließlich musste ich mir von meinem Vater die Frage gefallen lassen, ob ich noch alle Tassen im Schrank hätte. Ich glaube, er fürchtete, dass ich trotz meiner miserablen Zensuren tatsächlich Philosophie studieren und Dichter werden wollte, und war dann seltsamerweise doch sehr enttäuscht, als ich ihm am Abend nach dem glücklich bestandenen Abitur und einer ausschweifenden Feier in den Gamba-Stuben mitteilte, einen großen Bogen um die Universität machen zu wollen. Gott sei Dank war noch genügend Zeit, ihm meine guten Gründe auseinanderzusetzen.

Ich lud Gerd Henninger gerne zu einem zweiten Bier ein, weil er mir dann ausführlicher von den Autoren erzählen konnte, die damals für mich wichtig waren und es bis heute geblieben sind: Neben den schon erwähnten Franzosen waren es vor allem Emily Dickinson, Hart Crane (den Paul Auster, wie ich heute las, für den bedeutendsten amerikanischen Dichter hält) oder Sadegh Hedayat oder auch Paul Celan, den Henninger von gemeinsamen Übersetzungsarbeiten kannte. Es war ein Wissen, das mich heraushob, weil ich es mit keinem sonst teilen konnte, schon gar nicht mit der Clique vom Strandbad Wannsee. Nur einbilden konnte ich mir darauf nichts, weil keiner wusste, was er mit Emily Dickinson anfangen sollte. Andererseits war es gut, die Freunde vom Strandbad zu haben, weil sie mich daran hinderten, »seltsam« zu werden. Aber ich war – offen gesagt – das schiere Gegenteil von seltsam; und solange nur Regina und ihre Mutter wussten, dass ich surrealistische Gedichte schrieb, war ich für die Welt noch nicht verloren.

Woher ich das Geld hatte, um Gerd Henniger auf ein Bier einzuladen? Ich trug Zeitschriften aus. Einen Nachmittag in der Woche fuhr ich mit dem Fahrrad meine Grand Tour durch Nikolassee, Schlachtensee und Zehlendorf, um all den betagten Kriegerwitwen in den unzähligen Altersheimen der Gegend, untergebracht in den einstmals stolzen, jetzt bröckligen Villen, die Illustrierten zu bringen: die Quick und die Neue Revue, die Hörzu oder Kristall, aber auch die Neue Frau und das Goldene Blatt und ähnliche, in meinen Augen minderwertige Druckerzeugnisse, die von den alten Damen besonders geliebt wurden. Sie waren zum allergrößten Teil noch in der Kaiserzeit geboren worden und wollten auch nach der Revolution und der Republik und vor allem nach den dürren Jahren des Krieges und des Faschismus die tolldreisten Geschichten des Adels und die Intrigen an den Höfen nicht missen. Viele von ihnen waren ja zum ersten Mal mit solchen Blättern in Verbindung gekommen. Ich hatte eine Kundin, die in Königsberg auf die Welt gekommen war, die sich fassungslos über die Titelblätter beugte, weil sie so etwas Schönes noch nie von nahem gesehen hatte. Mein Jott, rief sie jede Woche aus, und alles in Farbe, und damit sie auch die anderen Zeitschriften durchsehen konnte, die ich in meinem

Sortiment hatte, stand immer etwas zu trinken auf dem Tisch. In Königsberg gab es so etwas nicht, Kant hatte offenbar kein Interesse an Frau im Spiegel gezeigt. Frau von Bonin erhielt das Goldene Blatt, Frau von Walsleben die Quick und Frau von Doberschütz die Hörzu. Gerissene Abo-Werber – ein Beruf, der damals in Verruf stand und in seinen schlimmen Auswüchsen geächtet wurde – hatten den Alten das Zeug aufgeschwatzt, und da sie nicht wussten, wie man auch nur ein einziges Abo von den zehn, die man unterschrieben hatte, wieder kündigen konnte, war mein Rat begehrt. Drückerkolonnen hatten die Omas verführt, und ich wusste nur zu gut, wie gern sie sich hatten verführen lassen.

Es waren unglaubliche Lebensgeschichten, die ich zu hören kriegte. Manche der Damen waren schon verwirrt und hielten mich für ihren Sohn, den sie herzen wollten; andere baten mich, nach ihren Kindern zu suchen. Eine wunderbare alte Dame mit einem berühmten Namen hatte ihre mageren Ersparnisse und ihren kümmerlichen Rest an Schmuck in einem Taschentuch unter der Achsel versteckt, da sie Angst hatte, dass die anderen Mitbewohner sie bestehlen würden. Sie faltete es vor meinen Augen auseinander und gab mir zu den fünfzig Pfennigen noch fünf Pfennig Trinkgeld, danach verstaute sie es wieder sorgfältig unter der Achsel. Ich war trotz meiner nicht vorhandenen Lebenserfahrung ein wichtiger Ratgeber geworden. Für diese vertrauensvolle Tätigkeit wurde von manchen Damen mit besserer Rente der Betrag immer auf die Mark erhöht, und an guten Tagen, wenn ich auch noch die Marken der Nürnberger Versicherung verteilen durfte, sprangen sogar fünfzig Pfennige raus. Ich ging also, statt Latein zu lernen, einem Kleingewerbe nach und lernte das zum größten Teil erbärmliche Leben der Frauen kennen, von denen einige mich mit ihrer Zuneigung überschütteten: Wenn ich am Monatsanfang das »Neue Blatt« mit einer besonders schönen Hochzeit auf dem Titel brachte, wurde eine

Tasse Kaffee auf den Tisch gestellt, dazu ein Stück Bienenstich (nach der neuen Art, mit Sahne), und dann wurde zum hundertsten Mal erzählt, was ihnen »der Russe« genommen hatte. Hitler stand immer mit im Zimmer, irgendwo hinter der Gardine, man konnte ihn spüren, aber er trat nicht vor, er wurde nicht genannt. Nur der Engländer, der das Haus zerbombt, und der Russe, der ihnen den Rest genommen hatte. Eine Diskussion dieser Ansichten war nicht möglich und wurde auch nicht gewünscht. Man durfte nur nicken und manchmal: Mein Gott! rufen. Eine der Damen, die ich besonders gernhatte, weil sie mich an meine Großmutter erinnerte, zeigte mir jedes Mal die zerknitterte Fotografie eines Herrenhauses und erklärte mir, was hinter den Fenstern vor sich gegangen war: Hochzeiten, Geburten, Geburtstage, Duelle, Leichenschmäuse, hundert Personen Minimum, der ganze Adel Ostpreußens war über die mit Buchs gesäumten Wege gegangen, das kannst du dir gar nicht vorstellen. Das stimmte. Es war mir nicht möglich, mir etwas Größeres als den Hof meiner Großeltern vorzustellen, und, offen gesagt, wollte ich es auch nicht. Warum musste man fünfzehn Köche und zwanzig Dienstmädchen und drei Gärtner haben, ganz abgesehen von dem Personal, das sich um den Hof und die Tiere zu kümmern hatte. Jetzt, zehn Jahre später, war das ganze Leben auf dieses eine Titelbild zusammengeschnurrt. Jetzt wurden sehnlichst die dreihundert Mark Rente erwartet. Es war wirklich hart, diesen Frauen zuzuhören, die beim Blättern in dem adligen Kitsch der billigen Illustrierten Tränen in den Augen hatten. Die letzten Jahre ihres Leben mussten sie mit der Illusion zurechtkommen, betrogen worden zu sein. Dass in den Villen, in denen die Altersheime untergebracht waren und in denen heute die neue betuchte Oberschicht Berlins lebt, einstmals Berliner Juden gelebt hatten, kam auf meiner Zeitschriftentour nicht vor. Ich konnte nicht einmal sagen, ob es Antisemitinnen waren, mit denen ich meinen Nachmittag verbrachte. Wahrscheinlich. Mein älterer Bruder empfahl mir, sie ganz direkt zu fragen, was sie von Juden hielten, aber das ging mir zu weit. Über Juden wurde damals nicht gesprochen. Nur einmal, als eine Tante von mir aus Zeitz zu Besuch war und von meiner Mutter mit einer Tasse Bohnenkaffee von Tchibo beglückt wurde, sagte die Tante: Tchibo? Sach mal, Luise, iss das nich een jüdischer Gaffee? Und mein Bruder Peter, sieben Jahre älter als ich und geschichtlich schon geschult, fragte trocken zurück: Schmeckt man das nicht?

Von einer Wannsee-Konferenz war natürlich nie die Rede.

Über den Tanten lag sowieso der Unsegen. Wenn sie kamen, mussten wir Kinder in zwei Betten uns aneinanderschmiegen, was keinem gefiel. Die eigentliche Krönung unserer bürgerlichen Existenz bestand ja aus eigenen Betten, jetzt sollte ich mit meiner Schwester ein Bett belegen, damit die Tanten sich ausstrecken konnten. Aber schlimmer noch als diese Demütigung war die Tatsache, dass die Tanten jedes Mal Duftkerzen als Gastgeschenk mitbrachten, die für Wochen die Wohnung verpesteten. Rose, Flieder, Linde, alles, was entsetzlich roch. Und da mein Vater uns eingebläut hatte, uns ordentlich zu bedanken, wurde das Sortiment beim folgenden Besuch erweitert. Ich sehe noch, wie mein ältester Bruder in der Sekunde, als die Tanten die Wohnung verlassen hatten, die Kerzen aus dem Fenster warf.

Gelegentlich habe ich mich übrigens mit einer noblen Geste für die Gaben in den Altersheimen bedanken können. Mein Vater erhielt als Vizepräsident der Berliner Post – die einer der größten Arbeitgeber der Stadt war – zu Weihnachten eine Fülle von erstklassigen Geschenken, vom Kugelschreiber mit vier Farben zur Auswahl über Tischfeuerzeuge bis zu den beliebten Kunstkalendern, mit denen wir die Geschichte der Kunst, in der das Blaue Pferd von Marc und die Sonnenblumen von van Gogh eine herausragende Rolle spielten, lernen konnten. Höhepunkt der Geschenke war ein Baumkuchen mittlerer Größe, auf dem oben, unter einer Zellophanhaube, die wir um Himmels willen nicht zerreißen durften, ein mit Schokolade übergossener Volkswagen aus Blech stand. Da mein Vater eine panische Angst vor Bestechung hatte, mussten wir sämtliche Geschenke in die umliegenden Altersheime bringen, wo ich mir den Erhalt der Gaben quittieren lassen musste: Einen Baumkuchen mittlerer Größe erhalten zu haben bescheinigt ... Eine Frau von Weißnichtmehr quittierte mir dankbar den Erhalt eines Tischfeuerzeugs der Marke Rowenta, Frau Baronin dagegen war glücklich über einen neuen Füller, mit dem sie nun ihre Billets an Leidensgenossinnen schreiben konnte; auch die schönen Kalender fanden reißenden Absatz. Aber ich brachte es nicht übers Herz, den alten Damen auch den Volkswagen auszuhändigen, den wir, nachdem wir uns seiner vor dem Altersheim bemächtigt hatten, in umständlichen Operationen von seiner Schokolade befreiten, um ihn dann in seiner blechernen Pracht der eigenen Sammlung zuzuführen. Das war lange vor der Zeit, als der richtige Volkswagen auch in unserer Familie seinen Auftritt hatte. Als ein immer höher gleitender hoher Beamter hatte mein Vater einen Dienstwagen mit Chauffeur, einen alten Buckelmercedes mit den großen Samtschlaufen zum Festhalten. Aber dann machte der Vater doch noch den Führerschein und wurde fortan gefürchtet als der tollkühne Fahrer, der mit aufgerissenen Augen und dem Kopf an der Windschutzscheibe im zweiten Gang in ganz Europa herumfuhr, um Gott weiß wo Objekte für das von ihm mitgegründete Post-Museum einzusammeln. Er ist mit dem Volkswagen bis nach Portugal gekommen, und meine Mutter, die einen Führerschein besaß, aber nie selber ein Auto gefahren hatte, musste alles fotografieren, weil es keiner glauben wollte. Meine arme Mutter hatte ein Glasauge, und da auch ihr Vater, mein geliebter Großvater, ein Glasauge besaß, wollten einige der missgünstigen Tanten etwas von einer genetischen Missbildung wissen. Das war natürlich blanker Unsinn, und mein Vater vertrat die Ansicht, Tanten, die solchen Unsinn verbreiteten, nicht mehr bewirten zu sollen. Mit ihrem gesunden Auge fotografierte meine Mutter einmal alles durch, was Europa zu bieten hatte, und naturgemäß war auch mein Vater häufig auf diesen winzigen Fotografien zu sehen. Und natürlich der Volkswagen, der alle Misshandlungen seitens meines Vaters geduldig ertragen hatte.

Bei uns stand immer ein zusätzlicher Teller auf dem Tisch, der selten unbenutzt blieb; wir waren ein gastfreundliches Haus, und auf einen Esser mehr oder weniger kam es nicht an. Einer, der manchmal dreimal in der Woche bei uns mit am Esstisch saß, war der Maler Rainer Küchenmeister, dessen Vater als Mitglied der »Roten Kapelle« von den Nazis hingerichtet wurde und dessen Mutter bei einem Bombenangriff auf Berlin ums Leben kam. Er selber war als Bub in einem Jugendkonzentrationslager gewesen, wo man ihm, wie er sich selber ausdrückte, »die Fresse poliert« hat. Man konnte es immer noch an seinem etwas verrutschten Unterkiefer sehen. Eines Tages kam er wieder zum Essen und schmiss meiner Mutter kommentarlos eine Handvoll großer Scheine auf den Küchentisch. Meine Mutter dachte natürlich, der Rainer habe einen Raubüberfall begangen, und fing an zu klagen, aber er hatte den Prix des Jeunes für Malerei in Paris gewonnen und sich den Betrag in handlichen Banknoten auszahlen lassen, die er, abgepackt in kleinere Tranchen, so lange in seinen Hosentaschen aufbewahrte, bis sie verbraucht waren. Ich habe diesen wunderbaren Typ in Auteuil besucht, wo er ein Atelier in dem riesigen Atelierkomplex des Bildhauers bewohnte, der die Monumentalplastiken zur Erinnerung an die toten Soldaten am Trocadéro und in hundert anderen französischen Städten angefertigt hatte. Ein Kriegsgewinnler des Ersten Weltkriegs. In Rainers Atelier hingen an eigens gefertigten Schienen hundert Arme, hundert Beine und einige weitere Gliedmaßen en gros et en detail, die sich der Bildhauer in Serie hatte anfertigen lassen, um sie in seine großen Kriegspanoramen einzubauen. Rainer hängte sie tagsüber ab, aber am nächsten Tag hatte sie der getreue Hausmeister, der als junger Mann dem Bildhauer noch lebendig begegnet war, wieder an ihrem angestammten Platz befestigt. Ein deutscher Maler, ob begabt oder nicht, hatte nicht das Recht, das Andenken des großen Franzosen zu beschmutzen.

Warum zerrann diese Freundschaft eines Tages? Ich weiß es nicht, vielleicht gab es keinen expliziten Grund. Küchenmeister wurde Professor in Karlsruhe und starb, wie es hieß, unter schweren Qualen in Paris. Gelegentlich hat er noch in München in der Galerie Stangl ausgestellt, aber ich habe mir seine Bilder nur durchs Fenster angeschaut.

Einen anderen ständigen Mittagsgast muss ich bei dieser Gelegenheit erwähnen, Uli Steudemann. Er war angehender Arzt und fuhr eine Lambretta und war über zehn Ecken mit uns verwandt. Er brachte Küchenmeister zur Weißglut, wenn er ihn beim Essen fragte, was seine Bilder bedeuteten. Das siehst du doch, knurrte Küchenmeister. Aber ich sehe nur ausgefranste Flächen und Fäden, sagte Steudemann. Genau das wollte ich malen, antwortete Küchenmeister, ausgefranste Flächen und Fäden.

Bis 1961 konnte man auf dem Rücksitz von Ulis Lambretta nach Ost-Berlin ins Theater fahren, wenn man den Mut hatte, den Motorroller von hinten durch die Arme hindurch zu lenken, während Uli sich vorne die Krawatte band. Ich glaube, ich habe mit ihm die sensationelle Aufführung eines Stückes von Johannes R. Becher im Berliner Ensemble gesehen, »Winterschlacht«, bei der ein »richtiger« Panzer auf die Bühne rollt, aus dem ein russischer Soldat auftaucht, der, die Hand über den Augen, in den Zuschauerraum ruft: »Dies ist der Weg nach Füssen, den wir alle gehen müssen.« Tosender Beifall! Wer wollte nicht freiwillig nach Füssen?

In München habe ich diesen Exzentriker wiedergesehen. Er betrieb eine kleine Praxis für Allgemeinmedizin in Pasing und hatte sich ein Flugzeug zugelegt, mit dem er mich 1975 zur ersten Verleihung des Petrarca-Preises nach Avignon fliegen wollte; über den Vogesen kamen wir in ein so heftiges Gewitter, dass ich ihn, als die ersten Tannen in den vom Regen verwischten Fenstern auftauchten, gezwungen habe, in Basel zu landen. Das war das Ende unserer Freundschaft.

Einer, der mich immer wieder vor den verrückten Abenteuern von Uli gewarnt hat, war der Dokumentarfilmer Wolfgang Kiepenheuer. Er gehörte zu den großzügigsten Menschen, die mir begegnet sind. Mit seiner Frau Lore lebte er in einem »modernen« Bungalow drei Straßen weiter, eigentlich das einzige Haus, das irgendwie anders aussah als die anderen wieder hergerichteten Beamten-Villen. Über Außentreppen gelangte man ins Wohnzimmer, einen riesigen Raum mit Fenstern bis zur Erde, in dem er die Reste der Bibliothek seines Vaters aufbewahrte, des Verlegers Gustav Kiepenheuer. Eigentlich hatte mein Bruder Wolfgang das Privileg, zum innersten Kreis von Lore und Wölfchen zu gehören, aber ich wurde zugelassen, weil ich mich für die Bücher interessierte. Katja Wagenbach, die auch mit Lore befreundet war, erzählte mir kürzlich, dass Anrufern, die sich nach meinem Verbleib erkundigten, beschieden wurde: Der sitzt auf der Treppe und liest. Es ist vielleicht ungehörig, Familien zu vergleichen, aber damals dachte ich oft, dass die Kiepenheuers die ideale Familie wären. So ungezwungen, so lässig (wenn es das Wort damals schon gab?), so aufmerksam wie diese beiden, die selbst keine Kinder hatten, war kein anderer auf der Welt. Während meine Mutter mit tausend Problemen zu kämpfen hatte und ich nie auf die Idee gekommen wäre, meinen Vater zu bitten, mir zuzuhören, konnte man bei ihnen alles abladen, was einem das Herz beschwerte. Ich schäme mich, wenn ich dies so hinschreibe, denn ich habe weiß Gott keinen Grund, mich über meine Eltern zu beklagen. Lore und Wolfgang (der Morris genannt wurde, weil er als Erster in Berlin einen Morris fuhr) waren eben anders, dabei soll es bleiben. Außerdem traf man bei ihnen immer interessante Leute. Der schon erwähnte Komponist Heimo Erbse, der Musiken für die Filme von Morris schrieb – er komponierte normalerweise Symphonien, »und zwar mehr als Beethoven!«, und brauchte dringend Geld –, aber vor allem Friedrich Luft, damals der berühmteste Theaterkritiker Deutschlands, der nach seiner Sonntagssendung beim RIAS gerne nach Nikolassee kam. Über eines – das fällt mir jetzt gerade ein – wurde nie gesprochen: Warum Morris nicht Verleger geworden war.

Die Große Geschichte hatte auch uns Kinder bald eingeholt. An Sonntagen im Herbst, wenn es mal nicht regnete, musste ich meine Mutter auf den Waldfriedhof begleiten, wo wir Pilze suchten, vor allem die kleinen festen Maronen, die unter den Nadelbäumen auf dem noch nicht von Toten belegten Teil wuchsen, aber auch junge Hallimaschkolonien, die wir unerschrocken zwischen den Gräbern aus der Erde holten, und die guten Täublinge und Eichpilze. Besonders das Gebiet um das Grab von Ernst Reuter herum war voller essbarer Täublinge, und wenn ich, ohne von Schulkameraden gesehen zu werden, zu Hause die Schätze ausbreitete, fragte mich mein Vater, ob ich wüsste, wo Reuter sich während des Krieges aufgehalten hatte. Ich wusste es natürlich nicht. In Istanbul. Er war ein Flüchtling. Und vor wem oder was (und warum) musste er fliehen? Und dann erzählte mein Vater den Rest. Es war eine lange Geschichte, und es dauerte noch viel länger, bis ich mich endlich zu fragen getraute, was er, der Vater, eigentlich in dieser Zeit, die Ernst Reuter am fernen Bosporus verbringen musste (ich dachte natürlich: verbringen durfte), getrieben hatte ... Aber das ist eine andere Geschichte. Warum mein Vater so genau über die Emigration in die Türkei informiert war, erfuhr ich später: Er hatte sich »in den Wirren der Nachkriegszeit« um einen Posten in der Türkei beworben. Das war ein Schock, als das herauskam! Er wollte oder »nahm in Kauf«, dass wir in der Türkei aufwuchsen, unter Türken! Damals gab es in Berlin noch keine Türken, alles, was wir über diese Menschen mit den lustigen roten Topfhüten wussten, hatten wir aus den Zigarettenalben, und wer etwas auf sich hielt, hatte natürlich schon einmal eine plattgedrückte türkische Zigarette geraucht. Aber wie sollte man dort leben unter lauter Türken?

In einem Brief vom 10. August 1949 hatte mein Vater, damals Rechtsreferent der Abteilung PF des Magistrats von Groß-Berlin, an den Ministerialdirektor Dr. Schneider, z. Zt. Berlin, geschrieben, weil seine Behörde aufgefordert worden war, Vorschläge für die Verwendung eines Beamten der Laufbahngruppe D für den Postscheckdienst in der Türkei zu machen. Mein Vater hatte geschrieben: »Nachdem ich im Juni 1948 an dem Konklave der deutschen Währungssachverständigen zur Vorbereitung der Berliner Währungsreform teilgenommen hatte, erhielt ich im Juli 48 den Auftrag, binnen kürzester Frist das Postscheckamt Berlin-West einzurichten. Nach Einrichtung des Amtes hatte ich den Auftrag, den Postscheckdienst zwischen diesem Amt und Westdeutschland, der seit 1945 geruht hatte, in Gang zu bringen. Ich glaube sagen zu dürfen, dass ich diese beiden Aufträge zur Zufriedenheit meiner vorgesetzten Behörde erledigt habe. … Ich würde es als eine Auszeichnung betrachten, wenn mich die HPF in den Kreis der Bewerber einbeziehen würde. Ich gehe dabei von der Voraussetzung aus, dass es möglich ist, die Familie in die Türkei mitzunehmen. … Mit bestem Dank für Ihre Bemühungen bin ich Ihr sehr ergebener …« In dem Bewerbungsbrief hat er nicht erwähnt, dass er bereits 1937, zusammen mit dem Vater von Hans Magnus Enzensberger, das

Postscheckamt in Nürnberg aufgebaut hatte. Warum nicht? Musste man verheimlichen, dass es einem offenbar in die Wiege gelegt worden war, Postscheckämter aufzubauen? Was war daran zu verheimlichen?

Warum er nicht ausersehen wurde, in die Türkei zu gehen, weiß ich nicht, andere Briefe zu diesem Vorgang haben sich leider nicht gefunden, nur die für meinen Vater offenbar bittere Absage, die hat er aufbewahrt.

Die Türkei hatte bei meinen Freunden nur in einer Hinsicht gute Karten, nämlich beim Zigarettenpoker mit ausgeschnittenen Zigarettenschachteln. Es gab damals noch fünf oder sechs verschiedene Zigaretten mit türkischem Tabak, deren Schachteln zwei ganz verschiedenen Designkonzepten folgten: auf der einen Seite die asketische Nil, ein Muster an grafischer Zurückhaltung, Schrift auf blauem Grund, von dem einer meiner Klassenkameraden behauptete, das sei eine reine Lüge, der Nil sei kackbraun; auf der anderen Seite die verschwenderisch und irgendwie richtig orientalisch aussehenden Finas von der Firma Kyriazi Frères, natürlich ovaler Querschnitt, die angeblich ursprünglich aus Ägypten kamen, in Wahrheit aber in Deutschland hergestellt wurden. Das Hauptaugenmerk beanspruchte der Fez, dieser umgestülpte rote Topf mit dem Bommel, den der Türke oder der Ägypter – das konnte nicht eindeutig entschieden werden – auf dem Kopf trug. Das Türkische oder das Ägyptische kam in unserer Unterhaltung am Familientisch in der Regel nur dann vor, wenn von König Faruk von Ägypten und dem Sudan die Rede war, der in Rom im Exil lebte – und zwar, wie meine Mutter mit Empörung feststellte, in Saus und Braus. In jedem Heft meiner zu verteilenden Zeitschriften wurde dieser fette König abgebildet, der mit seinem roten Fez in römischen Nachtlokalen Nackttänzerinnen Geldscheine in das Oberteil steckte. Das gehörte sich nicht. Prinzipiell nicht – da waren wir Kinder allerdings anderer Meinung –, und für Könige schon gar nicht. Warum abgehalfterte Könige von dem an sich begrüßenswerten Brauch, Nackt- oder Bauchtänzerinnen Geld in die knappen Wäschestücke zu stecken, ausgenommen sein sollten, wurde nie ganz zu Ende besprochen, weil meine Mutter immer ein schlagendes Argument parat hatte: Stellt euch mal vor, Prinz Philip würde so etwas tun! Prinz Philip, sollte das heißen, war ja recht besehen ein deutscher König, der mehr oder weniger zufällig auf dem englischen Thron gelandet war – oder doch in dessen Nähe. Er hatte sicher gute Gründe, in England nicht weiter aufzufallen. Während dieser Faruk, wie meine Mutter es nannte, »jede Hemmung abgelegt hatte«, weil ihm sein Thron abhandengekommen war. Eigentlich waren wir fest entschlossen, diese fette, widerwärtige Schildkröte mit ihrer faschingshaften Kopfbedeckung heftig zu beneiden, die offenbar ohne zu arbeiten ein fideles Leben führte, aber der Gerechtigkeitsfanatismus meiner Mutter gab uns dann doch zu denken. Als dem aus seinem Land gejagten König später ein monegassischer Prinz die Staatsbürgerschaft antrug, brannten bei meiner Mutter die Sicherungen durch. Monaco ist nicht einmal so groß wie Zehlendorf, rief sie aufgeregt, stell dir mal vor, diese Herrschaften, die noch nie im Leben Steuern gezahlt haben, würden hier bei uns die Füße auf den Tisch legen. Wie gesagt, wir hätten nichts dagegen gehabt, fügten uns aber.

Ich habe die Frage nach der türkischen Herkunft dieser Zigaretten später mit meinem Freund Henning Ritter diskutiert, der als Junge ein paar Jahre in der Türkei gelebt hat (mit dem ich – wir waren beide Jahrgang 1943 – also fast in die deutsche Schule in Istanbul gegangen wäre, hätte mein Vater die Stelle in der Türkei gekriegt) und behauptete, alle orientalischen Zigaretten seien eine Erfindung des Deutschen Reiches gewesen, wo man nach der vom Kaiser emphatisch unterstützten Bagdad-Bahn sich ein türkisches Flair geben wollte; im Grunde aber sei alles Reemtsma gewesen, und die Tabake wären aus Bulgarien nach

Hamburg, Dresden und Berlin gebracht und verarbeitet worden. Im Zigarettenpoker jedenfalls war Finas begehrt, weil nach den endlosen Serien mit Juno, Eckstein und Overstolz es selten vorkam, dass man einen Pasch mit Finas auf der Hand hatte.

Wäre mein Leben anders verlaufen, wenn ich mit meinem Vater in die Türkei gegangen wäre? Daran habe ich oft gedacht, wenn ich in Istanbul auf die letzten Nachkommen der deutschen Emigranten gestoßen bin. Ein Studienfreund meines Vaters war Direktor der Deutschen Schule in Athen. Wenn er uns besuchte, brachte er die fabelhaften Postkarten der Akropolis mit, aber auch getrocknete Kräuter, Ziegenkäse und Anisschnaps, an dem wir riechen durften, bis uns ein Taumel ergriff. Mein Gott, wie großartig war das alles im Verhältnis zu Kochkäse und Schultheiss Pilsener. In mir stieg unaufhaltsam die Sehnsucht auf, dieses trübselige Berlin zu verlassen.

Aber wollte ich wirklich in die Türkei?

Da wir gerade beim Waldfriedhof und Ernst Reuter sind: Wenn ich es eilig hatte, um rechtzeitig zur Schule zu kommen, fuhr ich nicht an der Kirche vorbei über die Rehwiese und den Nikolassee nach Wannsee, wo es nur Kopfsteinpflaster gab, sondern über die asphaltierte Potsdamer Chaussee, auf der es immer geradeaus ging. Ich hielt gerne für einen Augenblick an auf der großen Autobahnbrücke, von der aus man den Kontrollpunkt Dreilinden sehen konnte, die Grenzstation: das Tor zur freien Welt. Dort standen wir am ersten Tag jeden Ferienbeginns, um per Anhalter in den Westen zu kommen, nach Westdeutschland. Ich war dreizehn, als ich mit Freunden aus der Christlichen Jungenschaft bis in die Bretagne trampte – je swi träsang e wiet a Berlin West hatte ich mir aufgeschrieben. Mit diesem verhältnismäßig kleinen Sprachschatz und 150 Mark ausgestattet, kamen wir – getrennt, wohlgemerkt! – im Handumdrehen nach Paris, wo wir drei Jungenschaftler uns vor dem deutschen Touristikbüro an der Place de l'Opéra treffen wollten – und tatsächlich auch trafen. Ich war als Erster angekommen. Nachts. Ich will hier nicht meine Überwältigung ausbreiten, es war einfach zu viel. Ein zunächst freundlicher, dann missmutiger Autofahrer hatte mich – nachdem er einsehen musste, dass ich für Zärtlichkeiten nicht zu haben war – bis zur Place de l'Opéra gebracht, wo ich meinen Affen ablegte, mich wie die Clochards um mich herum hinlegte und weinte. Es war zu viel. Zu viele Lichter, zu viel Architektur, zu viel Parfüm. Zu viel richtiges Leben. Die Vorstellung, dass Berlin auch einmal so ähnlich ausgesehen haben könnte, haute mich um. Ich sehe mich noch, wie ich um Mitternacht an den sich leerenden Cafés vorbeischlich und von den runden, mit Metall eingefassten Tischen, die elegant auf einem Bein standen – nicht auf dreien, wie bei uns –, die zurückgelassenen kleinen Kekspäckchen klaute. Ich kam aus dem geschredderten Berlin, aus dem kältesten der kalten Kriege, aus einer Dauerdiskussion über Atombewaffnung und Kriegsdrohungen und Aufstände; und in Paris gingen die Leute in die Oper und danach ins Café! Auch meine Eltern gingen ins Theater und in die Oper, aber sie saßen doch nicht danach auf dem Kurfürstendamm im Kranzler herum und lachten und tranken Wein. Gerade ich als frisch gebackener Existentialist hatte anderes erwartet. Rauchende Männer, die über die Sinnlosigkeit des Lebens nachdachten, Chansons oder Jazz hörten, in Mansarden lebten und sich mühsam vom Staub der Bücher ernährten. Sei zurückhaltend, hatte mich mein Vater vor Antritt der Reise ermahnt, fall niemals auf. Aber wenn einer zwischen all den herausgeputzten Menschen auffiel, dann war ich es in meiner kurzen Lederhose und der »Kluft« des Jungenschaftlers. Am nächsten Tag ließ ich meinen Affen mit der zur Wurst gerollten Zeltplane im Touristikbüro, wo ein Onkel eines der mitreisenden christlichen Kumpels arbeitete, und machte mich in Fahrtenhemd mit Halstuch und Lederknoten auf, Paris zu erkunden. Ich will hier nicht aufschreiben, was ich sah, weil es sowieso keiner glaubt. Der süßliche Geruch, der aus der Metro aufstieg, war so vollkommen anders als der Geruch der Berliner U-Bahn; der Lärm, den sie macht, wenn sie einem unter den Füßen dahinsaust; der Schwall nach frischem Brot, der einen aus jeder Bäckerei anwehte; die Croissants auf den Cafétischen, von denen ich zunächst zu meinen Gunsten annahm, sie seien kostenlos; die vollkommen unwahrscheinlich großen Bahnhöfe, die im Vergleich zum Bahnhof Zoo aussahen wie Regierungspaläste oder Banken; die Autos, vor allem aber: die Menschen. Es war mir unmöglich zu verstehen, wie zwei Tagesreisen von Berlin entfernt diese Menschen leben konnten. Ich saß mit offenem Mund vor Notre Dame und wollte nie mehr aufstehen. Meine Vorstellungen von einer großen Kirche maßen sich an der rußgefärbten Ruine der Kaiser-Wilhelm-Gedächtniskirche, diesem hohlen Zahn am Breitscheidplatz, für dessen Restaurierung mein Vater sich eingesetzt hatte. Er hatte mehr oder weniger persönlich Briefmarken gedruckt, von deren Erlös Professor Eiermann aus Stuttgart beauftragt werden konnte, der Kirche ein modernes Gesicht zu geben. Das Quartier Saint-Germain-des-Prés mit der ältesten Kirche von Paris und den vollen Cafés, in denen ein Omelett so viel kostete, wie mir für drei volle Tage an Etat zur Verfügung stand. Ich stand so lange glotzend vor dem Café Les Deux Magots, bis mich tatsächlich ein deutsches Ehepaar (aus Trier) ansprach und mich zum Kaffee mit Croissants einlud. Sehe ich denn deutsch aus, habe ich die beiden netten Menschen gefragt, die sich über diese Frage vor Lachen ausschütten wollten.

An der Seine fand ich bei einem der Bouquinisten ein deutsches Buch mit fast zerfleddertem Einband, »Flucht ohne Ende«, das ich, an die Quai-Mauer gelehnt, stehenden Fußes las. Eine vollkommen verrückte Geschichte über einen gewissen Leutnant Tunda, die zu meiner Verblüffung zum Teil in Berlin spielte und in Paris endete, mit Zeilen von so entsetzlicher

Traurigkeit, dass ich vor Erschütterung fast zusammengebrochen wäre. Klingt das übertrieben? Übertreib nicht so schamlos, hatte mein Vater mich mehr als einmal ermahnt. Aber ich war erschüttert, ich war von diesem Buch ins Herz getroffen. Der letzte Abschnitt beschrieb auf eine unheimliche Weise, was ich gerade erlebte: Während das Rad der großen Geschichte und des einzelnen Lebens mit riesigem Aufwand sich weiter drehte, die Menschen in die Bars und Restaurants strömten und die Mannequins auf der Treppe vor der Madeleine posierten, saß der Leutnant Franz Tunda, den der Krieg und die Revolution aus der Bahn geschlagen hatten, allein auf einer Bank vor der Madeleine und wusste nicht mehr weiter. Die Welt hatte für ihn jede Festigkeit verloren, jeden Schutz. Keiner war so einsam wie er auf der Welt, so etwa lautete der allerletzte Satz. Ich hatte den Namen des Autors, eines gewissen Joseph Roth, nie vorher gehört und wusste auch nicht, dass er ganz in der Nähe vor Einsamkeit und Verzweiflung am Suff gestorben war – aber ich wusste, dass ich, der frisch gebackene Existentialist, einen Bruder gefunden hatte. Es gehört zu dieser unglaubhaften, aber wahren Geschichte, dass mir der Bouquinist, der nach Hause gehen wollte, das Buch kurzerhand schenkte, eine Erstausgabe, wie ich später erfuhr. Ich war Leutnant Franz Tunda, der seine eigene Geschichte, erzählt von einem gewissen Joseph Roth, bei sich trug.

Am Ende der vierwöchigen Reise, die uns von Nantes bis zur Normandie gebracht hatte, kam es zu einem Zwischenfall, der mir schlagartig die grenzenlose Naivität zeigte, mit der wir uns durch Frankreich (aber auch durch unser Leben) bewegten. Wir hatten unser Zelt gegenüber dem aus dem Meer aufragenden Felsen von Mont St. Michel aufgebaut, auf einer windgeschützten Wiese außerhalb des Dorfes, und hatten zum Abschluss unserer Fahrt an der Küste entlang einen »über den Durst« getrunken, einen frischen Cidre, von dem wir zur Selbstberuhigung behaupteten, er enthalte praktisch keinen Alkohol. Bessere Brause, gewissermaßen. Wir fielen alle in einen todesähnlichen Schlaf. Am frühen Morgen wurden wir dann äußerst unsanft geweckt, weil der Bauer, dem durch unser aus Wehrmachtsbeständen stammendes Zelt die übelsten Erinnerungen an die deutsche Besatzung und das Ende des Krieges aufgestiegen waren, mit einer Harke unseren Schutz aus der Verankerung riss und uns unter Flüchen vertrieb. Zwölf Jahre war der Krieg vorbei, an den wir keine Erinnerungen hatten, der uns Berliner Jungen aber täglich gegenwärtig war, und erst in diesem Augenblick, nach einer langen, glücklichen Reise am Atlantik entlang, sah ich ein, dass nicht jeder Franzose froh sein konnte, endlich die neue deutsche Generation kennenlernen zu dürfen. Es regnete in Strömen. Buchstäblich wie die begossenen Pudel standen wir in Unterhosen bibbernd auf einer Wiese in der Normandie und mussten uns, um eine Erfahrung reicher, trollen.

Nach diesem Erlebnis musste zu Hause eine Frage gestellt werden, die in jedem von uns vier Kindern rumorte, aber nicht so recht hinauswollte: Was hast du, lieber Vater, während des Krieges gemacht? Warst du zufällig auch in der Normandie und hast dort zufällig auch bei dem Bauern übernachtet, der uns nicht auf seinem Grundstück schlafen lassen wollte? Nein, mein Vater war in Polen gewesen. In einer Rede meines Vaters anlässlich seiner Pensionierung heißt es dazu: »Für mich kam dann – 1939 – etwa ein Jahr Tätigkeit im Generalgouvernement, die ich auf Anforderung meines Nürnberger Präsidenten ergriff, weil die Wehrmacht auf meine Dienste verzichten zu können glaubte. Ich war Distriktspostleiter in Warschau mit einem Bezirk, der von der sowjetischen Demarkationslinie bis vor die Tore von Łódź reichte und von Südostpreußen bis zur Łyza Góra. Ich hülle meine damalige Tätigkeit heute nicht in diskretes Verschweigen. Meine braven Mitarbeiter haben in wenigen Monaten die Post in diesem riesigen Bezirk und in der nach damaliger

Sardinien 1955

Anschauung schwer zerstörten Großstadt Warschau wieder aufgebaut, alles unter Assistenz eines vorzüglich geschulten polnischen Personals, für das zu sorgen ich als selbstverständliche Pflicht betrachtet habe.«

Es klingt frivol, wenn ich sage: Ich war ziemlich erleichtert, als ich das las: Ich war beim Postschutz in Polen. Wir wussten nichts über Polen. Frankreich war mal ein Feind, den wir in drei Kriegen besiegen wollten, was uns aber nur zweimal gelang, jetzt war Frankreich unser Freund und sorgte dafür, dass wir mit Gitanes, Stangenweißbrot, Camembert, Rotwein und einem 2CV unser existentialistisches Lebensgefühl verbesserten. Aber Polen? Eine höchst unklare, politisch prekäre Angelegenheit. In Polen herrschten die Kommunisten, da biss die Maus keinen Faden ab. Auch in der Bretagne hatten wir Kommunisten getroffen, die mächtig auf Paris schimpften und unbedingt unabhängig sein wollten, weil sie mit Frankreich nichts am Hut hatten. Aber die Polen gehörten irgendwie zu Russland, und Russland begann an der Glienicker Brücke und arbeitete daran, uns auszulöschen.

Andererseits: Mein Vater schwärmte von Polen, manchmal so stark, dass meine Mutter den Verdacht äußerte, er wolle womöglich eine Liebschaft verbergen. Bis 1940 war der Vater Amtsvorsteher des Postscheckamts in Nürnberg gewesen, dann wurde er eingezogen, um die Post des Deutschen Reichs in Polen zu schützen. Auf Fotos trägt er einen Stahlhelm, aber an der Uniform ist nicht zu erkennen, was er in Warschau als Postschutzmann getrieben hatte. Er hatte die Post geschützt, na gut. Aber mit was schützt man die Post? Mit den Händen? Die Entnazifizierungsbehörde ließ ihn umgehend laufen, drei der vier Mächte brauchten sein Wissen, um Berlin wieder flottzukriegen, wie es mal in der Zeitung hieß: Er musste die Währungsreform organisieren. In dieser Hinsicht war alles klar, aber der Blick zurück verlor sich trotzdem in einem Nebel. Er hatte die Post geschützt.

Auf gar keinen Fall war er, seit ich etwas offener mit ihm sprach, ein Reaktionär, im Gegenteil: Er war ein überzeugter Sozialdemokrat. Aber warum wollte er dann ausgerechnet in die Türkei?

An Zeugen für den untadeligen Charakter meines Vaters hat es nicht gefehlt. Gerade die ausländischen Freunde aus seiner Bonner Studienzeit und die Emigranten erinnerten sich gerne an ihn. Einer von ihnen war James H. Oliver, inzwischen Professor für Classics an der Johns Hopkins University in Baltimore, an den sich mein Vater, offenbar in einem unerschütterlichen Glauben an die Post, unmittelbar nach dem Krieg um Hilfe gewandt hatte. Professor Oliver schrieb zurück: »Ja, ich kann mir gut vorstellen, wie man in Deutschland leidet. Ich habe die schrecklichen Leiden des besetzten Griechenlands kennengelernt. Obgleich ich es für gerecht und nötig halte, dass man die Anhänger des Hitler-Staates ausrottet, habe ich auf meine Deutschfreundlichkeit und auf die Liebe meiner alten Freunde nicht verzichtet. Im Gegenteil, ich bin sehr aufgeregt, ich leide mit. ... Lieber Otto, möge Dir alles besser gehen. Ich werde wieder mal schreiben. Dein Jim.« Ein anderer war der Romanist Manfred Sandmann, der schon 1947 meinem Vater schrieb: »Solltest Du irgend so einen Gesinnungswisch oder Ähnliches brauchen, ich bin Untertan keiner Majestät und will gern für Dich gutsagen.« Sandmann war in vieler Hinsicht auch für die Breite meiner Interessen verantwortlich. Er war als Emigrant nach Stationen in England 1950 Professor am University College of the West-Indies in Jamaica geworden, bis er dann seine letzte Professur in Berkeley antrat. Er hatte einst eine linguistische Doktorarbeit über »Die Bezeichnungen der Meise in den romanischen Sprachen« geschrieben, über den Vogel, der neben dem Sittich der prägende Vogel meiner Jugend war. Seine Briefe an meinen Vater waren deshalb so begehrt, weil er sie über und über mit extra für uns ausgesuchten exotischen Briefmarken beklebt hatte, die eine unbeschreiblich schöne Welt zeigten: Sie führten nicht nur bei mir zu Herzklopfen, sondern auch bei meinen Freunden, die mir für einen farbenprächtigen Kakadu aus Jamaika jeden griesgrämigen Hitler und jeden miesepetrigen Hindenburg eintauschten. Bei einem seiner Besuche bei uns hatte er mir im Handgepäck drei kleine Schildkröten mitgebracht, wahrscheinlich die ersten Schildkröten von den West-Indies in Nikolassee nach dem Krieg. Zwei von ihnen befanden sich in einem beklagenswerten Zustand und blieben in der Wohnung, wo sie im Stall der Meerschweinchen meines Bruders Wolfgang eine wenn auch begrenzte Unterkunft fanden und bis auf die mahlenden Kaubewegungen, mit denen sie Kopfsalat fraßen, sich nicht mehr bewegten. Der dritten Schildkröte, die ich nach ihrem Überbringer Onkel Manfred nannte, bohrte ich ein kleines Loch durch den Panzer, durch das ich eine fünf Meter lange Schnur zog, die am anderen Ende am Wasserhahn unseres winzigen Gartens angeschlossen wurde. Sie hatte nun genügend Auslauf und konnte nach den tropischen Vegetationen ihrer Heimat sich in Ruhe mit der mitteleuropäischen Pflanzenwelt und dem Linnéschen System beschäftigen. Zum Entsetzen meiner Mutter interessierte sich Onkel Manfred in der Hauptsache für Erdbeeren, deren Blätter er mit sicherer Präzision bis an den Halm auffraß, wodurch die Erdbeere sich ungeschützt den Augen der Schnecke anbot, die dann den Rest besorgte. Das Problem wurde auf die denkbar brutalste Weise gelöst, und zwar durch den Hund der unter uns lebenden Familie des Oberpostrats Röhlicke, einen Pudel, der auf den Namen Anton hörte. Anton war der Ansicht, Schildkröten hätten in Berliner Kleingärten nichts verloren. Er knurrte Onkel Manfred an, schubste ihn mit der Pfote herum und benahm sich insgesamt ihm gegenüber in einer Weise, die mit den Gesetzen der Gastfreundschaft nicht zu vereinbaren war. Eines Tages – ich war in der Schule – hatte Anton sich, so das Ergebnis der Rekonstruktion des feigen Angriffs, hinter Onkel Manfred gelegt, dessen träger Bewegungsapparat schnelle Bewegungen nicht zuließ, und in dem Moment, da die Schildkröte ihren runzligen Kopf aus dem Panzer streckte, um sich ein weiteres Erdbeerblatt anzueignen, zugebissen: Anton hat Onkel Manfred den Kopf abgebissen, man kann es nicht weniger grausam ausdrücken. Das hatte, neben der grenzenlosen Trauer, die mich wochenlang gepackt hielt, zwei Folgen: Erstens beherbergte ich die Reste von Onkel Manfred in meinem Zimmer, um die Dekarnation beobachten zu können, durch die sich ein beißender Gestank in der ganzen Wohnung verbreitete, was zu endlosen Diskussionen führte, bei denen ich aber um keinen Millimeter nachgab; zweitens dachte ich mir eine Strafe für Anton aus, wie sie schlimmer nicht hätte sein können – und für die ich mich bis heute schäme. Dazu muss man vorweg sagen, dass der besserwisserische Anton weder im Haus noch im Garten sonderlich beliebt war. Er mischte sich in alle Angelegenheiten ein, stand immer blöd herum, wenn man gerade mit dem Fahrrad losfahren wollte, und hatte insgesamt das Benehmen eines Schoßhunds, der von Frau Röhlicke auf eine Weise verzogen wurde, die wir vier Kinder verabscheuten. Ich kaufte für eine volle Mark fünf Päckchen Maoam, eine entsetzlich süß schmeckende, viereckig abgepackte Kaumasse, die aus unerfindlichen Gründen damals beliebt war – aber eigentlich nur bei Menschen. Daraus formte ich eine tennisballgroße Kugel, die ich Anton nach der Schule, während Frau Röhlicke ihren Mittagsschlaf abhielt, anbot. Anton schnappte in seiner unendlichen Gier auf alles Süße zu – und hatte eine Woche lang diesen entsetzlichen Klumpen im Rachen, der sich nur mit allergrößter Langsamkeit auflöste. Anton lag im Gartenteil von Röhlickes auf dem wie mit der Nagelschere geschnittenen Rasen – der Oberpostdirektor zog natürlich weder Erdbeeren noch Tomaten, Bohnen und Kartoffeln auf seinen zwanzig Quadratmetern wie wir – und versuchte auf eine herzzerreißende Weise, das klebrige Zeug aus dem Maul zu kriegen. Scheinheilig kniete ich mich neben ihn und sagte: Armer Anton, armer Anton, bitte nicht sterben, aber ich dachte auch, das geschieht dir ganz recht, du Teufel, du hast Onkel Manfred auf die ekelhafteste Weise getötet. Irgendwie kam die Sache heraus, ich wurde gescholten. Und Frau Röhlicke, die von den intellektuellen Ambitionen der Familie über ihr sowieso nichts hielt, erzählte bei Feinkost Dietrich herum, Kindern, die in Theaterstücke gehen, in denen Leute in Mülltonnen wohnen, ist durchaus zuzutrauen, dass sie sich auch an unschuldigen Hunden vergreifen – dass Anton Onkel Manfred vorher den Kopf abgebissen hatte und die geheime Mission Maoam nur eine Rache für begangenes Unrecht war, behielt sie wohlweislich für sich. Mein Vater jedenfalls, der wie schon erwähnt nur in Maßen an Gerechtigkeit glaubte, vergalt ihr diese Auslassung, indem er am Sonntag in der Frühe seinen Tschaikowski so laut auf unser nie wirklich fachmännisch gestimmtes Klavier drosch, dass die gesamte Familie Röhlicke unter uns aus dem

Bett zu fallen drohte. Die Musikausübung in unserer Familie beschränkte sich nicht auf die gelegentlichen Angriffe meines Vaters auf das Klavier. Mein Bruder Peter, der Arke gerufen wurde, spielte Gitarre und sang dazu russische und französische Lieder, vor allem Georges Brassens hatte es ihm angetan. Meine Schwester sang im Kirchenchor, der von Pastor Geisel – den wir natürlich die Geisel Gottes nannten – und einem berühmten Organisten geleitet wurde, dessen offen bekannter Atheismus ihn nicht daran hinderte, einer der besten Bach-Spieler im damaligen Berlin zu sein. Er hatte rechts einen Klumpfuß und war folglich der Teufel. Die teuflische Musik aber kam von meinem Bruder Wolfgang, der in der Kirche die Posaune spielte, zu Hause aber zu stärkstem Tobak griff: Er hatte sich, was noch erträglich war, von Pastor Geisel ein ausgedientes Harmonium erbettelt, auf dem er stundenlang Bach, Schütz und Pachelbel übte, dann aber, als er es einigermaßen beherrschte, zwei weitere dieser für eine Etagenwohnung zu klobigen Möbel angeschafft, die er mit einem ausgeklügelten Staubsaugersystem unter permanenten Druck setzte. Auf dem rechten Harmonium stellte er die Höhen ein, auf dem linken die Tiefen, in der Mitte spielte er. Dieses hässlich dröhnende, brummende, in den Tiefen röchelnde, in den Höhen quiekende Trio versetzte nicht nur das gesamte Haus in Schwingung, sondern kostete auch noch einen Haufen Strom, der nicht über das Taschengeld abgewickelt wurde. Es war eine laut tönende, nicht nur für Röhlickes unzumutbare Katastrophe, die irgendwann von meinem Vater brutal abgewürgt wurde.

Zu Weihnachten verbanden sich alle musikalischen Ambitionen der Familie zu einem unharmonischen Ganzen: Meine Mutter, die wirklich sämtliche Advents- und Weihnachtslieder mit allen Strophen auswendig singen konnte und uns dies jedes Jahr wieder beweisen wollte, wurde von Wolfgang auf dem Harmonium, von Peter auf dem Klavier und von meinem Vater auf der Ziehharmonika begleitet. Meine Schwester Inge und ich spielten Blockflöte, aber wir hätten es auch bleiben lassen können, weil die Flöten, die die Ankunft von der Heyden Heyland hätten feiern sollen, in dem Lärm der anderen Instrumente untergingen. Am schönsten war es, wenn mein Vater ganz in sich versunken die Toccata und Fuge in d-Moll von Bach auf der Ziehharmonika spielte: Auch wenn sich der Kantor Bach im Grabe herumgedreht hat – es war damals die schönste Musik, die ich mir vorstellen konnte.

Es hat übrigens nicht viel gefehlt, dass wir auch noch reich geworden wären, denn mein Vater war offenbar nicht nur ein gewitzter Finanzexperte und ein begnadeter Organisator, sondern verfolgte seit Kriegsende eine Idee, die, wäre sie aufgegangen, nicht nur Salami, sondern auch gekochten Schinken auf unser Pausenbrot gezaubert hätte. Er war der erste Erfinder der elektrischen Zahnbürste. Viele Jahre nach dem Tod des Vaters habe ich dem Philosophen Hans Blumenberg, der damals den oft unterschätzten Fortschritt der Zivilisation an den immer geringer anfallenden Schmerzen beim Zahnarzt messen wollte, von dieser bahnbrechenden Erfindung erzählt. Blumenberg hat wortreich bedauert, dass ein Mann, der sich zeitlebens – vergeblich, wie Blumenberg sich ausdrückte – für die schnellere Beförderung von Poststücken eingesetzt habe, nun in der Zahnbürstenverbesserungsfrage leer ausgehen musste, weil die Patentschriften zwischen den Vereinigten Staaten und Europa zu langsam befördert worden waren. Er forderte mich auf, darüber eine Novelle zu schreiben, deren Inhalt ich hiermit in wenigen Worten umreißen will.

Es ist die Geschichte eines Kriegsheimkehrers, der darüber nachsinnt, wie er den fürchterlichen Erfahrungen des Krieges eine positive Richtung geben könne. Er erfindet mit einem technisch begabten Freund die elektrische Zahnbürste, eine

Erfindung, die fast zur Vernichtung seiner Existenz führt, weil er die Kosten der Patentanmeldung mit allen kollateralen Imponderabilien nicht berücksichtigt hat. Im Jahre 1957 schreibt ihm der Patentanwalt: »Ich hielt es für meine anwaltliche Pflicht, Sie bei der Besprechung darauf aufmerksam zu machen, dass die wirtschaftliche Verwertbarkeit Ihrer Erfindung entscheidend davon abhängt, ob Sie die in Betracht kommenden Fabrikanten (Firmen, die elektrische Kleingeräte herstellen) davon überzeugen können, dass das Gerät beim Publikum anschlagen wird. Nach meinem Gefühl wird Zahnpflege auch heutzutage als eine lästige und zeitraubende Körperpflegehandlung angesehen. Daher wird eine Zahnreinigungshilfe nur dann vom Publikum angenommen werden, wenn sie die bisherige Handhabung erleichtert. Sie müssen also Ihre Entwicklungsüberlegungen in dieser Richtung lenken. Fernerhin erörterten wir die Notwendigkeit, das Gerät so auszubilden, dass es leicht zu reinigen ist und selbst bei lässiger Reinigung nicht zu Schimmelbildung oder Bakterienanhäufung Anlass geben kann.«

Mein armer Vater. Hätte er gewusst, dass in den Vereinigten Staaten ein ganzes Heer von Wissenschaftlern an seiner Erfindung arbeitete, und ein Heer von Patentanwälten und Juristen an deren Ermöglichung, er hätte nicht wochenlang am Abend an seinem Schreibtisch an der Beschreibung seines Modells geschuftet. Er hatte herausgefunden, dass alle herkömmlichen Versuche des Zähneputzens ins Leere gingen, »da es praktisch unmöglich ist, mit normalen Zahnbürsten die Schneide- und Eckzähne beider Kiefer auf der Zungenseite vorschriftsmäßig zu bearbeiten, weil Mundöffnung und Zahnbogen das Einführen der Stabbürste erschweren. Eine optimale Zahnpflege, mit der insbesondere Zahnkaries und Paradentose bekämpft werden kann, verlangt das Bestreichen der Zähne mit der Bürste in Richtung Zahnfleisch zur Zahnkrone hin unter gleichzeitiger Schleimhautmassage.«

Um es kurz zu machen: Von allen bekannten Zahnbürsten unterscheidet sich die Zahnbürste meines Vaters mit ihrer umlaufenden Walzenbürste und dem im Handgriff untergebrachten Antriebsmechanismus dadurch, dass »die Walzenbürste in beträchtlichem, 90 Grad betragendem Winkel zur Handgrifflängsachse angeordnet ist und eine axiale Außenlänge besitzt, die kleiner als der Abstand der Eckzähne im Unterkiefer ist. Infolge ihrer Winkelstellung gegenüber dem Handgriff kann die Walzenbürste bequem der Innenseite der Vorderzähne genähert und infolge ihrer angepassten Querdimensionen an sie herangebracht werden. Um die bevorzugte Bestreichrichtung vom Zahnfleisch zur Zahnkrone hin sowohl am Ober- als auch am Unterkiefer einzuhalten, wird in weiterer Ausgestaltung der Erfindung der Bürstenantrieb drehrichtungsumkehrbar ausgestaltet.«

Vorbei. In meiner Novelle bringt sich der Kriegsheimkehrer, den ich nach dem Vorbild von Borcherts Heimkehrer in »Draußen vor der Tür« gestaltet hatte, um. Mein Vater jedoch ertrug heroisch sein Los, auch wenn er noch jahrelang seine rotarischen Freunde von Siemens damit triezte, dass sie nicht schnell genug auf seine revolutionäre Verbesserung der Zahnpflege reagiert hätten. Es gab also weiterhin Kochkäse mit Kümmel, der allerdings bald mit besserem Käse und weiteren delikaten Zugaben hergestellt wurde.

Eine bescheidenere Quelle, zu Reichtum zu kommen, waren die Rabattmarken, die damals aufkamen. Die großen Ketten wie Butter Beck oder Kaiser's Kaffee am Bahnhof Nikolassee hatten sie eingeführt, deshalb blieb auch Feinkost Dietrich bei uns gegenüber zur Kundenbindung nichts anderes übrig, als nachzuziehen, wobei Herr Dietrich einen schon wissen ließ, dass mit der Einführung der Rabattmarken sein einziger Verdienst flöten ging. Er stand gewissermaßen nackt vor uns, der hagere Mann, der in der ganzen Welt Einkäufe machte, um uns ein schönes

Essen zu garantieren. Und wie dankten wir es ihm? Wir zogen ihm den mit bloßem Auge kaum sichtbaren Gewinn mit Rabattmarken wieder aus der Tasche. Im Grunde, hieß das, waren seine besten Kunden seine Feinde.

Das Geld, das mit den Rabattmarkenheften erzielt wurde, gehörte ausschließlich unserer Mutter. Sie wachte mit peinlicher Sorgfalt darüber, dass wir auch nicht eine der begehrten Marken vergaßen – und wenn das der Fall war, mussten wir zurückgehen und sie einfordern. Wehe, Herr Dietrich saß an der Kasse! Ein Donnerwetter brach los, er wisse noch genau, dass er mir die Marken mit dem Wechselgeld gegeben habe, er sei nicht dafür verantwortlich, dass wir alle schlampige Nichtsnutze seien, die ihn in den Ruin treiben wollten – und so weiter, und natürlich in Anwesenheit all der Damen, die schon immer wussten, dass mit uns etwas nicht stimmte. Einzig eine Frau verteidigte uns! Sie war ein Unikum, nuschelte einen seltsamen Dialekt, den sonst keiner in der Gegend sprach, war nicht gerade das, was man eine Schönheit nennen mochte, aber für uns war sie die strahlende Göttin der Gerechtigkeit. Sie hieß Frau Ebert, war die Frau eines Komponisten und hatte als Jüdin den Krieg in Berlin überlebt. Ihr Sohn Wolfgang, ein langer Lulatsch, stand immer hinter ihr und machte nie das, was er machen sollte, vor allem passte er nicht auf, ob das Wechselgeld und die Rabattmarken stimmten. Mit Wolfgang habe ich mich viele Jahre später in München befreundet. Er war Kolumnist bei der ZEIT geworden, schrieb Bücher (u. a. ein berührendes über seine Mutter: »Das Porzellan war so nervös«), las alle Zeitungen und konnte trotzdem sehr komisch sein. Er war unfähig, das alltägliche Leben zu »meistern«, weil er von seiner Mutter zur Abhängigkeit erzogen worden war, konnte diese Unfähigkeit aber so überzeugend darstellen, dass er mit Hilfsangeboten überschüttet wurde. Dafür lud er alle hundert besonders hervorgetretenen Hilfswilligen einmal im Jahr in seine 60 qm große Wohnung in

Nymphenburg ein, und tatsächlich kamen auch fast alle, weil die Nichterschienenen dann ein Jahr grausam geächtet wurden.

Ich zum Beispiel musste mit dem Besitzer der ZEIT, Dr. Bucerius, im Café Roma auf der Maximilianstraße die Frage erörtern, ob die Zeitung ihrem Kolumnisten nach zig Jahren nicht eine Rente zahlen könne, was, da der schlaue und nicht unsympathische Dr. Bucerius durchaus als geizig bezeichnet werden konnte, zu einem längeren Briefverkehr führte. Wolfgang erhielt eine Rente. Das werde ich dir nie vergessen, sagte er dann später zu mir, als ich ihn zum Essen einladen musste.

Von Wolfgang erfuhr ich, dass Nikolassee ein Versteck für sogenannte Halbjuden war. Die Adams zum Beispiel, die gegenüber der Irrenanstalt an der Potsdamer Chaussee lebten, oder die Böllings, deren Sohn Klaus später Regierungssprecher wurde. Renate Adam habe ich in meiner Zeit als Stipendiat der Villa Massimo in Rom wiedergetroffen. Sie war mit Professor Winner verheiratet, dem Direktor des Kunsthistorischen Instituts Hertziana an der Spanischen Treppe, einem Raffael-Spezialisten, und sprach immer noch dieses wunderbare Berlinerisch, das in Rom nur noch auf der Terrasse der Hertziana zu hören war, wenn Renate und ich uns über Wolfgang, Nikolassee, die Rehwiese und das Strandbad Wannsee unterhielten. Manchmal mussten wir so laut und dreckig lachen, dass alle feinen Kunsthistoriker neidisch wurden. Mit Peter, ihrem Bruder, der als BBC-Reporter eine Weltkarriere hingelegt hatte, war ich bis zu seinem Tod befreundet. Er lebte auf italienischen Inseln, in London, Paris und der Provence, kannte die Welt und alle Menschen von Fidel Castro bis zu Hans Werner Henze, und konnte mit ernster Miene Sätze sagen wie: »Ich beneide dich um deine Erinnerungen an Feinkost Dietrich, das ich leider selber nie betreten habe.«

Das bringt uns zurück zu den Rabattmarken. Denn eines Tages rückte meine Mutter mit der sensationellen Nachricht heraus, sie hätte einen ganzen Packen Rabatthefte angespart und sich mit einem Zuschuss meines Vaters – ein Vortragshonorar, das nicht direkt in die Haushaltskasse fließen musste – eine Nerzjacke gekauft. Wie bitte? Ja, eine Nerzjacke, das war ihr Traum gewesen, nachdem sie, das Mädchen vom Lande, in der zerbombten Stadt vier Kinder großgezogen, ertragen und ernährt hatte! Man hatte ihr nach einer bösen Infektion ein Auge entfernen und – wie bei meinem Großvater – durch ein Glasauge ersetzen müssen, und es bedurfte großen Zuspruchs von uns, sie über diesen Verlust und eine beginnende Depression zu trösten. Aber jetzt hatte sie, gegen die Knauserigkeit des Herrn Dietrich und gegen die Kälte der Welt allgemein, die in Berlin ihr Zentrum hatte, ein Nerzjäckchen erworben, in das sie sich hüllen konnte. Es fällt mir schwer, das Schicksal dieses schönen Stücks – das meine Mutter zum Post-, zum Juristen- und zum Sportball, ja sogar zum Filmball, wo der Film-Mogul Atze Brauner ihr Tanzpartner war, getragen hat – zur Sprache zu bringen, aber es gehört natürlich dazu: In den sechziger Jahren hatte sich bis zu den Ganoven herumgesprochen, dass auch in den Häusern in Nikolassee ein gewisser Reichtum eingezogen war, und weil im Dunkeln alle Häuser grau sind, wurde auch in unsere Wohnung eingebrochen und das verdammte Nerzjäckchen gestohlen. Es war grausam! Meine Mutter, die zusammen mit ihrem Bruder, meinem Onkel Werner, unter normalen Umständen den Hof, das Rittergut in Wittgendorf geerbt hätte, die Sammlung Meissener Porzellan und die Diehl'sche Enzyklopädie der Apfelsorten, war todtraurig über den Verlust ihrer Nerzjacke! Das war auch das Ende der Rabattmarken. Die Briefmarken dagegen (für die mein Vater zuständig war), die gewissermaßen direkt neben dem Nerz lagen, blieben unangetastet. Die Diebe hatten keine Ahnung, dass sie sich mit dem Verkauf der Berliner Sonder-Marken, einer Erfindung meines Vaters, die ihm viele Ehrungen eingebracht hat, einen ganzen

Schrank voller Nerzmäntel hätten kaufen können. Trotzdem wurden auch die Briefmarken immer weniger, Gott weiß, wer sich daran bereichert hat. Irgendwann wurden sie dann verhökert, den Erlös vom Verkauf haben sich meine Nichten geteilt.

Noch eine Fußnote zu den Bällen, die meine Eltern besucht haben, während wir Kinder meines Wissens nie das Bedürfnis verspürten. Im Gegenteil, ich habe meine Mutter bitter enttäuscht, weil ich das Geld, das für die Tanzschule vorgesehen war, in Büchern anlegte. Es kam heraus, als der sogenannte Abschlussball nahte. Das ganze Jahr über hatte ich steif und fest behauptet, im Foxtrott und im Paso Doble nicht üble Fortschritte gemacht zu haben, aber nun wollten mich meine Eltern zum Abschlussball in der Tanzschule Haase am Hohenzollerndamm begleiten, um meine Tanzkünste zu bewundern. Die Lüge brach krachend zusammen. Nur der Umstand, dass ich das Geld tatsächlich in einem Antiquariat in der Motzstraße gelassen hatte und die Bücher vorzeigen konnte, hat meinen Vater halbwegs beruhigen können. Unter anderem hatte ich ein zweibändiges Werk erworben, das außer mir keiner gelesen hatte: »Nordlicht« von Theodor Däubler, ein schwer verdaulicher Brocken von einem Buch in Versen. Mein Vater kannte es, weil einer seiner Lehrer oder Tutoren in Bonn ein Buch über diesen in Triest geborenen Schriftsteller geschrieben hatte. Däubler lag auf dem Friedhof an der Heerstraße. Bei dem Dozenten handelte sich um den antisemitischen Juristen Carl Schmitt, über den ich kein Wort hier verlieren will, weil er in allen geisteswissenschaftlichen Büchern unserer Zeit eine herausragende Rolle spielt. Ich habe später spaßeshalber einen Preis ausgelobt für ein Buch, in dem Carl Schmitt *nicht* vorkam, was meinem Freund Henning Ritter, der sonst für derlei Späße leicht zu haben war, nicht gefiel.

In meiner Kindheit wurde wenig über Juden gesprochen, nicht zuletzt deshalb, weil wir keine kannten. Einmal kam der Vorsitzende der Jüdischen Gemeinde, Heinz Galinski, in einer geheimen Mission zu Besuch, wahrscheinlich ging es um Sondermarken. Er strich mir freundlich über den Kopf und redete seltsam, das war alles. Und meine Mutter tanzte auf dem Filmball mit Arthur »Atze« Brauner, der ihr außergewöhnlich gut gefiel. Er hat etwas Östliches an sich, behauptete sie, was immer das heißen mochte. Das Gegenteil von östlich waren die Minister, mit denen meine Mutter tanzte. Besonders Erich Mende gefiel ihr (»so elegant und vornehm«), den wir vehement ablehnten. Er trug auch, wie später Walter Scheel, eine Spange unter dem Schlipsknoten, damit war er bei uns schon durchgefallen.

In unserer Klasse gab es keinen einzigen Juden, und ich kann mich nicht erinnern, dass wir über Antisemitismus gesprochen hätten – das habe ich mit Edouard Roditi in den Gamba-Stuben getan, der mir von dem Antisemitismus der Weimarer Republik erzählte. Erst lange nach der Schule, in London, lernte ich Juden persönlich kennen.

Meine Mutter hatte ich mit meiner Tanzschulenlüge tief verletzt. Dabei hatte ich ihr immer gerne zugeschaut, wenn sie sich für die Bälle zurechtmachte, wenn sie, um das Geld für den »großen« Friseur zu sparen, sich ihre Haare nur legen ließ, um sie dann zu Hause mit essigsaurer Tonerde aufzuhellen und danach zu fixieren; wenn das kleine Täschchen mit den Schminksachen gefüllt wurde und zusammen mit den sogenannten Pumps in der Einkaufstasche verschwand, und noch lieber hörte ich den Schilderungen meines Vaters zu, wenn er am nächsten Morgen beim Frühstück erzählte, wie meine Mutter bella figura gemacht hatte. Man musste den Eindruck gewinnen, dass nicht nur der Postball – was ja selbstverständlich war –, sondern auch der Filmball eigens für meine Mutter ausgerichtet worden war.

Es gibt ein Foto in den unzähligen ungeordneten Fotokisten meiner Eltern, das sie mit mir vor der Schultheiss-Gaststätte am Wannsee zeigt. Ein sogenannter Schnappschuss, der nichts von Bedeutung enthält. Kein Mensch erinnert sich mehr, von wem und warum er aufgenommen und warum er aufbewahrt wurde. Aber er rührt mich in seiner tiefen Bedeutungslosigkeit. Ich muss etwa siebzehn Jahre alt gewesen sein, das kann ich an meiner Größe erkennen, und ich glaube, er ist nach einem Besuch in der Schule »geschossen« worden. Meine Eltern, die kein großes Interesse an Schulbesuchen oder Elternabenden zeigten und froh waren, wenn ich immer versetzt wurde, erhielten kurz vor dem Abitur die Aufforderung, sich mit mir zur Sprechstunde des Klassenlehrers einzufinden. Deshalb sehe ich auf dem Foto so ordentlich gekleidet aus, im Mantel, den ich sonst nie trug, ja sogar verachtete. Die Besprechung ging glimpflich für mich aus, weil man meine Eltern lediglich darauf hinweisen wollte, dass ihr Sohn, wenn er sich nicht augenblicklich bessere, wohl das Abitur nicht schaffen würde.

Der Grund für meine Unaufmerksamkeit war die Ablenkung durch eine französische Austauschschülerin, die aus mir nicht mehr erinnerlichen Gründen in einem Zimmer im Keller des Hauses wohnte, in dem später Walter Höllerer das Literarische Colloquium eröffnen durfte, meine Universität – neben dem Radio, in dem mein Bruder eine gewisse Rolle spielte. Diese Französin, eine gute Kennerin der französischen Poesie von Baudelaire und Mallarmé bis in unsere Tage, war so klein geraten, dass ich sie liebevoll *la microbe* nannte. Hoffentlich liest sie nicht diese Zeilen in ihrer Wohnung in Arles oder Nerac, wo sie – nach langen und am Ende mühseligen Jahren im Schuldienst – sich jetzt mit der süßen Langsamkeit des Alters noch einmal Günter Eich und Johannes Bobrowski, Ingeborg Bachmann oder Paul Celan vornimmt – oder eben Walter Höllerers »Der lag besonders mühelos am Rand ...«. Diese Gedichte hatte ich ihr im Austausch gegen ihre französische Poesie vorgelesen. Ich las sehr langsam und betonte jedes Wort, damit sie die wunderbaren Verse verstehen konnte, und wenn sie mich dann aus ihren schwarzen Kulleraugen ansah, wusste ich, dass sie nichts verstanden – wohl aber den Geist der Poesie aufgenommen hatte. Sie kam aus Aigues-Mortes, einer Stadt aus dem Mittelalter bei Nimes, die durch ihren Hugenottenaufstand berühmt geworden war und wegen ihrer imposanten Festungsanlage bis heute die Architekten begeistert. Ich war viele Jahre später einmal dort und habe mich in das beste Café auf dem Hauptplatz gesetzt, in der Hoffnung, dass *la microbe* vorbeikommt und mich erkennt. Es war der 10. November 1970. Woher ich das noch weiß? Es war einen Tag nach dem Tod von General de Gaulle. Jeder im Café hatte eine Zeitung vor Augen mit einem ganzseitigen Foto des Präsidenten vorne drauf: Es sah aus, als säßen Hunderte de Gaulles in sämtlichen Cafés um den schönen Hauptplatz herum. Natürlich war es unmöglich, in diesem Meer von Generälen de Gaulles mich zu erkennen, den deutschen Liebhaber der französischen Poesie.

Ich fuhr, statt ins Bett zu gehen, nach dem Abendessen mit dem Fahrrad nach Wannsee zur Poesiestunde mit der Mikrobe. Heimlich natürlich. Da das Grundstück direkt an den See grenzte, gingen wir in der Nacht schwimmen, leise wie die Otter, dann fuhr ich über die stille Rehwiese zurück. An Schlaf war nicht zu denken. Das Gute am Schüler-Austausch war, dass er befristet war, so dass ich mich den Rest des Jahres mit Mathematik, Biologie und anderem Kram beschäftigen konnte und das Abitur als Jüngster in der Klasse schaffte – wenn auch mit Not und sehr viel Glück.

Aber das kleine lächerliche Foto rührt mich auch deshalb, weil ich mit der Schultheiss-Gaststätte am S-Bahnhof Wannsee viele Erinnerungen aus der Schulzeit und aus der Zeit des Colloquiums verbinde, unter anderem an den französischen Schriftsteller (und späteren Nobelpreisträger) Claude Simon, den ich in diesem Lokal in die Geheimnisse des Berliner Sol-Eis eingeweiht habe. Simon war ein bis zur Bedächtigkeit zurückhaltender, freundlicher Mann aus dem Süden, ein Mann des Weins und der Olive, den nichts in der Welt davon abhalten konnte, den Rhythmus seiner Prosa selbst zu bestimmen. Er hatte sich mir vertrauensvoll angeschlossen, weil ich ihm erzählt hatte, dass ich in meiner Zeit als Buchhändler in London versucht hatte, das einzige Exemplar eines Romans von ihm in englischer Übersetzung zu verkaufen (»The Palace«) – was mir auch fast gelungen wäre. Nur war der Käufer leider der Bibliothekar von Westminster, der das Buch am übernächsten Tag im Second-Hand-Department wieder abgab, weil er die vollständige Abwesenheit von Kommata für einen Fehler in der Druckvorlage hielt – ein solches Buch war in der königlichen Bibliothek nicht tragbar. Die englische Verlegerin Marion Boyars, eine Emigrantin aus Berlin, lobte mich für meinen Mut – und warnte mich vor weiteren Experimenten, weil sie um meine Stelle fürchtete. Ihr gehörte der Verlag zusammen mit John Calder, der einen großen Teil des Werks von Samuel Beckett betreute. Eines Tages … Aber das ist eine andere Geschichte.

Es ist fast siebzig Jahre her, dass ich zum ersten Mal das Strandbad Wannsee betreten habe. Aber ich sehe, wenn ich daran denke, sofort die gelben Klinkersteine vor mir, ich spüre den Sand am ganzen Körper, der sich tagelang nicht aus den Kleidern schütteln lassen wollte und aus den Haaren rieselte, wenn man in der Schule über unlösbaren geometrischen Problemen verzweifelte. Ich habe den überwältigenden Geruch nach billigem Hautöl in der Nase, der wie eine solide Aura über der ganzen Anlage lastete. Ich habe das Lied »Pack die Badehose ein« im Ohr, gesungen von Cornelia Froboess, mein Jahrgang, die auch auf dem Land groß geworden ist, weil in Berlin ein Bombenangriff drohte, und wahrscheinlich in der Gruppe stand, mit der ich zum ersten Mal den weißen Sand des Strandbads Wannsee berührt habe, der mit keinem Sand der Welt zu vergleichen ist. Ich werde sie fragen, sie wohnt nicht weit von hier, wo ich dies schreibe.

Lehre bei Herbig, das literarische Berlin, Diagonale

Wenn man Anfang der sechziger Jahre in Berlin eine Verlagslehre machen wollte, war die Auswahl beschränkt. Es gab ein paar bedeutende Wissenschaftsverlage wie Walter de Gruyter oder Paul Parey (bei dem die illustrierte »Flora von Deutschland« meines Urgroßonkels Christian August Friedrich Garcke erschienen war, dem Nachfolger von Adelbert von Chamisso am Königlich Botanischen Museum in Berlin); es gab den Kunstverlag Gebrüder Mann, den Karl H. Henssel Verlag und den winzigen Wolfgang Fietkau Verlag, aber die großen literarischen Verlage waren entweder in Ost-Berlin oder in West-Deutschland. Also war ich glücklich, sofort von der F. A. Herbig Verlagsbuchhandlung genommen zu werden. Mein Vater hatte bis zuletzt gehofft, dass ich mich doch noch für ein Studium entscheiden würde, und wäre am Ende sogar nicht dagegen gewesen, wenn ich mich für Philosophie entschieden hätte, aber ich blieb aus mir unerklärlichen Gründen bockig. Wir schlossen einen Kompromiss: Ich sollte mich um eine Lehrstelle bemühen, mich gleichzeitig aber an der Freien Universität einschreiben. Gerne wäre ich nach wie vor Landwirt oder Förster geworden und habe mir (was einfach war im geteilten Berlin) eine Karriere als Viehzüchter in Argentinien vorgestellt. Aber das war nun alles Schnee von gestern. Jetzt hatte ich mich für die Herstellung und Verbreitung von Büchern entschieden. Natürlich hatte ich mich mit der Geschichte des Verlages beschäftigt, der im 18. Jahrhundert von dem rührigen F. A. Herbig gegründet worden war, in dessen Programm nicht nur eine Handbibliothek für Gärtner gepflegt wurde, sondern auch die Werke von Ewald Christian von Kleist, eine Schulgrammatik von Ploetz und Bücher von Fe-

Herbig Verlag (1. Büro)
An der Wand, von links nach rechts: Schnitzler, Montherlant, Freud, (VauO Stomps), Cocteau

lix Dahn, den meine Mutter verehrte. Aber mein Lieblingsbuch war die »Götterlehre« von Karl Philipp Moritz, dessen Roman »Anton Reiser« ich gerade verschlungen hatte. Warum wird er, wenn von großen Romanen die Rede ist, nur selten genannt? Der »Émile« von Rousseau wird nie vergessen, der Anton Reiser verschwindet gerne in der dritten Reihe, eine Diskretion, die ganz im Widerspruch steht zu seinen Qualitäten. Wer einen solchen Autor im Programm hatte, musste eine strahlende Zukunft haben.

Wenige Wochen nach dem Abitur begann ich meine Lehre beim F. A. Herbig Verlag, der in einem zweistöckigen Haus am Hohenzollerndamm untergebracht war. Der Verleger, Walter Kahnert, ein leicht exzentrischer, in jeder Hinsicht unkonventioneller Mann, lebte mit seiner Frau Emmy im Hochparterre, der Vertrieb war im Keller untergebracht, Herstellung, Lektorat und Verwaltung arbeiteten im Obergeschoss. Kahnert, Jahrgang 01, hatte im Sortiment gelernt und dann bei Paul Cassirer gearbeitet – die schönen Erstausgaben von Robert Walser standen in seiner Bibliothek – und war schließlich als Herstellungsleiter bei Rowohlt gelandet, wo er auch für Typografie und Umschläge verantwortlich war. Manchmal findet man in alten Rowohlt-Büchern seinen Namen, zum Beispiel in den schönen Polgar-Ausgaben. Er wurde 1935 Teilhaber und unmittelbar nach dem Krieg Alleininhaber von Herbig. Er verstand also etwas vom Geschäft, konnte rechnen und kalkulieren, hatte aber genug Phantasie, sein Programm auch gegen die eigene Knauserigkeit durchzusetzen.

Herr Kahnert war in mancher Hinsicht nicht nur leicht exzentrisch, sondern schwer neurotisch. Er glaubte zum Beispiel, dass keiner im Verlag wusste, dass er ein Verhältnis mit einer Französin hatte, die als Außenlektorin für den Verlag tätig war. Alle wussten es, auch seine Frau Emmy. Selbst der Postbote wusste es, weil die Französin vor ihren Besuchen in Parfum badete und auch im Winter alle Fenster aufgerissen werden mussten, wenn sie im Haus war. Ah, die Französin ist da, rief er fröhlich aus, während sich alle auf die Post stürzten. Am meisten unter der Französin litt – neben Emmy natürlich – mein unmittelbarer Vorgesetzter, der Prokurist und Herstellungsleiter Hans-Karl Konheiser, ein schwerer Asthmatiker, der sich manchmal auf die Treppe setzen musste, um zu Luft zu kommen. Er war der Ästhet im Haus: hellbraune Lederweste über einem taubengrauen Hemd, Goldkettchen um den Hals und um das linke Handgelenk, Slipper, hellrote Socken, der in gehauchte Entsetzensschreie ausbrach, wenn der Satzspiegel eines Buches nicht im goldenen Schnitt angelegt war. Seine Frau, die zehnmal am Tag anrief, nannte er Täubchen, und wenn sie nicht anrief, geriet er in Panik: denn das junge Täubchen fuhr mit seinem offenen VW durch Berlin und hatte sicher einen Unfall verursacht. Damals konnten bekanntlich Frauen noch nicht richtig Auto fahren.

Herr Kahnert und Herr Konheiser haben mir auf die unkomplizierteste und freundlichste Weise alles beigebracht, was ich wissen musste, aber auch, was ich wissen wollte. Generösere Lehrherren kann man sich nicht vorstellen. Als ich sagte, ich würde gerne während der Ausbildung auch noch den Druckerlehrgang machen – bitte sehr. Um zu den Vorlesungen von Walter Emrich (Rilke, Kafka, aber auch Goethe), Peter Szondi (Hölderlin) oder Michael Landmann (George) zu kommen, musste ich schon vor Arbeitsende den Verlag verlassen: selbstverständlich. Während alle anderen sich in einer altmodischen Stechuhr verewigen mussten, war ich gewissermaßen vogelfrei.

Bei Herbig erschienen nur Bücher, die Walter Kahnert gefielen. Norman Mailers »Die Nackten und die Toten« war ein großer Erfolg, vom Verleger selber übersetzt; oder die Romane von Nikos Kazantzakis (alles bis auf »Alexis Sorbas«, zu Kahnerts Grimm); der »Kulturfahrplan« seines Schwiegersohns und späteren Kultursenators Werner Stein, an dem auch ich mitgearbeitet habe: Welches Buch, welches Theaterstück, welche Ausstellung sollte in die Neuauflage aufgenommen werden, was konnte man weglassen? Eine Arbeit, die vor der Erfindung des Computers entsetzlich aufwendig war: Jede Notiz wurde auf einer Karteikarte festgehalten, geprüft und in einer der zehn Kategorien eingeordnet; ein voluminöser Blumenatlas mit Aquarellen von Elsa Felsko; die fürchterlich albernen Bücher von Joachim Fernau (»Rosen für Apoll«, »Disteln für Hagen«), die den Verlag finanzierten; entsetzliche Sexualitätsratgeber; aber auch eines meiner Lieblingsbücher, nämlich »Die Seele der weißen Ameise« von Eugène Marais, über das Leben, die Krankheit und den Tod der Termiten, die großen Architekten der Wüste; ein anderes Buch, das mich damals faszinierte, war William Prescotts »Eroberung von Mexiko«, das Gerdt Kutscher herausgegeben hatte, der das iberoamerikanische Institut in Berlin leitete, ein unglaublich gebildeter Mann, der mir auf der Terrasse des Verlags Vorträge über indianische Vasenmalerei hielt, von dem ich zum ersten Mal den Namen Aby Warburg hörte und der mir in aller Ruhe erklärte, dass auch die Deutschen ein koloniales Problem hätten: Von ihm wusste ich von dem Mord an den Hereros, während man offiziell immer so tat, als hätten wir mit »solchen Sachen« nichts zu tun.

Mit anderen Worten: ein »buntes« Programm. Bei »uns« erschien auch eine Taschenbuchreihe, die »Non-Stop«-Bücherei, die in der Geschichte des Taschenbuchs gerne übersehen wird, obwohl sie herstellerisch gar nicht zu übersehen war: Sie war aus Haltbarkeitsgründen mit einem leinenen Rückenfalz versehen. Als ich viele Jahre später Wolfgang Koeppen erzählte, dass ich seine frühen Romane als Non-Stop-Taschenbücher gelesen hätte, sagte er melancholisch, ich sei sicher der einzige Leser gewesen, was wahrscheinlich kaum übertrieben war. Bestseller in der Reihe waren neben den Klassikern »Der Blumengarten«, »Der Zimmergarten« und »Der Nutzgarten« die Romane »Die Frau Abt und ihr Reich« und »Frauen und Mönche« des russischen Autors Josef Kallinikow. Ein Quatsch mit Sauce, behauptete ich gegenüber dem Verleger, der mir daraufhin eine Belehrung in Verlagsgeschichte im 20. Jahrhundert zuteilwerden ließ, die sich gewaschen hatte. Die beiden Romane waren ursprünglich im Verlag Julius Kittl in Mährisch-Ostrau erschienen, neben Querido einer der bedeutendsten Verlage der deutschsprachigen Emigration. Zu seinen Autoren gehörten Friedrich Torberg und der immer wieder neu zu entdeckende Ludwig Winder und Ernst Weiß und viele andere, und Franz Hessel – den Kahnert noch persönlich gekannt hatte – hat dort seine Übersetzung von Julien Greens »Geisterseher« veröffentlicht. Kallinikow – wurde ich belehrt – war also in bester Gesellschaft, deshalb landete er auch bei den Nazis auf der »Schwarzen Liste« der auszusondernden Bücher, wo ihm ein Platz zwischen Mascha Kaleko und Alfred Kantorowicz zugewiesen wurde. Der Verleger des Julius Kittl-Verlags, Paul Fischel, war ebenfalls ein Freund von Kahnert, der wiederum – solange es noch ging – als Herstellungsleiter von Rowohlt einen großen Teil der Produktion in der Druckerei des Kittl Verlages in Mährisch-Ostrau drucken ließ. Es war unglaublich, was Kahnert alles wusste und aus dem Ärmel schütteln konnte, und als er merkte, dass ich ein dankbarer Zuhörer war, gingen seine Unterrichtungen am Abend stundenlang weiter, was mir oft noch ein Abendessen eingebracht hat.

Schließlich gingen wir hinunter in seine Wohnung, wo er die Bücher des Kittl-Verlags aufbewahrte, unter anderem die erste deutsche Ausgabe von Célines Roman »Reise ans Ende der Nacht« und die berühmten Übersetzungen des Korans und des Babylonischen Talmud von Lazarus Goldschmidt. Den Verleger Fischel hätte ich fast noch in London kennengelernt. Von ihm war viel die Rede bei Kurt Maschler, dem Verleger des Atrium-Verlags, der mit Fischel in London einen Verlag gegründet hatte. (Der Sohn von Maschler, Tom, wurde als Verleger von Cape Publishers später mein Kollege; er war der Erfinder des Booker-Prize.) Weil Kahnert so viel wusste und noch so viele Autoren der Vorkriegszeit von Rowohlt her kannte, bekam er viele Anfragen von Emigranten, die ihm ihre Bücher anvertrauen wollten. Ich sehe noch die freundlich-bittenden Briefe von Albert Ehrenstein vor mir, der dringend wieder in Deutschland verlegt werden wollte. Aber Herbig war zu klein und ökonomisch zu schwach. Immerhin haben »wir« ein Buch von Gabriele Tergit (mit Zeichnungen von meinem Freund Erhard Klepper) veröffentlicht und den »Geist der Despotie« von Peter de Mendelsohn, aber auch das Heine-Buch von Max Brod, dem Freund Kafkas. Und er hatte ein Buch veröffentlicht, dessen

Lektüre meine Liebe zur jiddischen Welt und ostjüdischen Literatur entfachte: Alexander Granachs herzzerreißenden Lebensbericht »Da geht ein Mensch«, der zusammen mit Joseph Roths »Juden auf Wanderschaft« meine ersten Begegnungen mit der ostjüdischen Welt ermöglichte. Die Schauspielerin Tilla Durieux, die im Verlag ein und aus ging, hatte es als Freundin von Granach empfohlen. Und schließlich muss ich noch ein Buch des Herbig Verlages erwähnen, das uns alle verändert hat: »Ein Tag im Leben des Iwan Denissowitsch« von dem damals unbekannten Autor Alexander Solschenizyn. Ich erinnere mich noch daran, dass die Seiten der Übersetzung einzeln eintrafen und sofort von allen gelesen und redigiert wurden, weil auch andere Verlage die Absicht hatten, das lizenzfreie Werk zu veröffentlichen: Die Sowjetunion hatte sich nicht der Copyright-Vereinbarung angeschlossen. Ich weiß nicht mehr, ob wir die Ersten waren, aber ich weiß noch, wie erbittert darum gestritten wurde, wer nun die Tantiemen von diesem Buch erhalten sollte, die am Ende über Heinrich Böll dem Autor zugeschrieben wurden. Ich konnte viel lernen in diesem Verlag.

Kurz vor seinem Tod 1964 habe ich Walter Kahnert zum letzten Mal gesehen. Er stand am Küchentisch, als ich nach oben in den Verlag ging, und piekste mit einem Messer in seinen Unterarm. Kein Gefühl mehr, rief er mir fröhlich zu, ich könnte mir den Arm abschneiden, ohne etwas zu spüren. Er hatte einen Schlaganfall erlitten, an dem er wenig später starb.

Emmy Kahnert war wütend, weil sie ihn nun nicht mehr wegen seiner Seitensprünge quälen konnte. Als ich einmal ein paar Wochen nach dem Tod des Verlegers bei ihr auf eine Zigarette vorbeischaute, warf sie gerade alte Aktenordner mit seiner privaten Korrespondenz weg, die er in der Wohnung aufbewahrt hatte. Ich fiel ihr buchstäblich in den Arm und konnte gerade noch ein paar Briefe von Emigranten retten, die sie der Müllabfuhr übergeben wollte. Ich erinnere mich an Briefe von Erwin

Piscator und Albert Ehrenstein, die ich herausfischte, bevor die Leitz-Ordner in einem Müllsack verschwanden. Es war furchtbar! Davon, dass sie die »Seele« des Verlages vernichtete, wollte sie nichts wissen. Der Mann hatte keine Seele, knurrte sie, und damit Schluss. Ein Jahr nach Walter Kahnert war diese temperamentvolle und liebenswerte Frau auch tot. Manchmal, wenn ich an die beiden denke, stelle ich sie mir schreiend im Himmel vor: er mit dem Messer in der Hand, sie mit einer Bratpfanne bewaffnet, die auf ihn niedersaust, ohne dass er etwas spürt.

Als ich mit der Lehre fertig war, ging ich nach London, wo mich eines Tages ein Telegramm Konheisers erreichte: ich solle zurückkommen, Kahnert ginge es schlecht. Meine Zeit in England war ohnehin abgelaufen, das Home Office fahndete schon nach mir.

Also ging ich zurück und arbeitete etwas lustlos an Büchern, die mich allerdings nach den Londoner Erfahrungen nicht mehr besonders interessierten. Der Verlag wurde verkauft, die neuen Eigentümer taten alles, um sich unbeliebt zu machen. Aber damals begann in Berlin gerade in literarischer Hinsicht eine neue Zeit: Günter Grass und Uwe Johnson waren nach Berlin gezogen, die Ford-Foundation brachte mit Stipendien Künstler in die Stadt, Klaus Wagenbach gründete seinen Verlag, vor allem aber entfaltete Walter Höllerer seine organisatorischen Talente als literarischer Menschenfänger.

Mittags ging ich gelegentlich bei der Dependance des Fischer Verlags ein paar Häuser stadtauswärts vorbei, wo mich der freundliche Herr Domzalski mit neuen Büchern versorgte, oder ich trank einen Kaffee mit Rudolf Hartung, der in den selben Räumen in einem Meer von Neuerscheinungen die »Neue Rundschau« leitete. Er war sehr gebildet, sprach ein vornehmes Bayrisch, schrieb Gedichte und war fanatischer Raucher. Ich habe viel von diesem unermüdlichen Leser profitiert. Auch Rudolf Hartung hatte entsetzliche Probleme mit seiner Frau. Leider, sagte er einmal sinngemäß zu mir, kann man aus der Literatur nicht für das Leben lernen. Da war ich allerdings anderer Ansicht.

In dieser Zeit lernte ich Joachim Seyppel kennen, der nach zehn Jahren als Hochschullehrer in den Vereinigten Staaten wieder nach Berlin zurückgekehrt war – als Amerikaner und mit einer amerikanischen Frau, Jeannette Lander, einer Schriftstellerin. Joachim hatte kleine Bücher über Faulkner und T.S. Eliot geschrieben, mittelalterliche Texte zur Mystik herausgegeben, Baldwin und Vonnegut übersetzt und schrieb neben Romanen und Erzählungen Texte für deutsche Zeitungen. Er kam auf die grandiose Idee, eine Zeitschrift zu gründen, und da ich durch meine Kaffee-Mittage bei der »Neuen Rundschau« gewissermaßen prädestiniert dafür war, sollte ich die sogenannte Chefredaktion übernehmen. Joachim, Jeanette und Konheiser wurden Herausgeber. Die eigentliche, aber nicht offen ausgesprochene Idee der Zeitschrift bestand darin, Reklame für Joachim Seyppel zu machen, da aber kein Mensch unsere Zeitschrift lesen oder gar haben wollte, wurde ihr Zweck verfehlt. Ein paar meiner Freunde gaben mir Texte, Franz Tumler oder der gerade in Berlin eingetroffene Nicolas Born, und erhielten dafür eine Menge Freiexemplare. Wir planten große Dossiers zum europäischen Modernismus, und wenn ein Platz frei war, den wir nicht besetzen konnten, füllte ihn Joachim mit seinen Texten unter Pseudonym. Sie hieß »Die Diagonale« und sollte dementsprechend quer durch die Republik gehen, die – laut Joachim – von den Autoren der Gruppe 47 dominiert wurde. Da wir kein Geld hatten, begannen wir mit zwei oder drei Heften im Jahr und wollten uns eigentlich steigern, aber dazu ist es nicht mehr gekommen. Trotz meiner Bemühungen, sie nachts in den Kneipen anzubieten, kam sie nie so recht auf die Beine. Als sie bald darauf wieder eingestellt wurde, hat ihr keiner eine Träne nachgeweint. Joachim Seyppel ging – weil er sich im

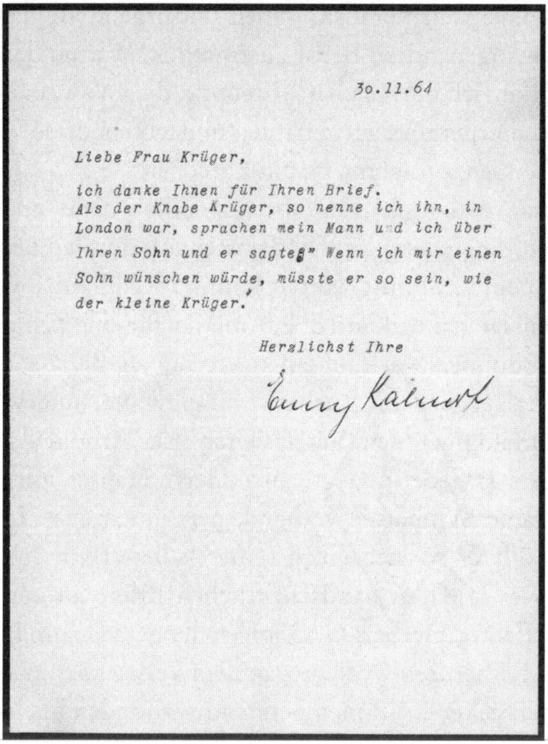

30.11.64

Liebe Frau Krüger,

ich danke Ihnen für Ihren Brief.
Als der Knabe Krüger, so nenne ich ihn, in London war, sprachen mein Mann und ich über Ihren Sohn und er sagte: "Wenn ich mir einen Sohn wünschen würde, müsste er so sein, wie der kleine Krüger."

Herzlichst Ihre

Emmy Kahnert

Brief von Emmy Kahnert an meine Mutter nach dem Tod von Walter Kahnert

Westen nicht verstanden fühlte – in die DDR, kam aber nach der Ausbürgerung von Wolf Biermann wieder zurück, 2003 ist er verbittert in Wismar gestorben.

Wann immer ich Zeit hatte, las ich, und zwar so schnell und so viel, als würde ich an einem Wettbewerb teilnehmen. Es fand eine Zeitdehnung statt, wie ich sie nie vorher und nie nachher wieder erlebt habe. Ein Exemplar der edition suhrkamp am Abend war sozusagen Pflicht, dazu noch Kino, Theater, Musik, Politik und Freunde. Es war unglaublich, was man alles in einem Tag unterbringen konnte. Aber ich musste aus meiner wunderbaren Ziellosigkeit herauskommen und irgendwie daran denken, einen sogenannten Beruf zu ergreifen. Warum das so sein musste, ahnte ich nur. Ich hatte Freunde, die im zwanzigsten Semester studierten und gar nicht daran dachten, diese Form der stetigen Wissensaufnahme zu unterbrechen.

In dieser zwar unklaren, aber eigentlich nicht unangenehmen Situation gingen plötzlich Fenster auf, durch die ich einen Blick in meine Zukunft werfen konnte: Reinhard Lettau, der nach einem langen Aufenthalt in Amerika für eine Zeitlang nach Berlin gekommen war und einen Vertrag als Berater mit dem Hanser Verlag, der seine Bücher veröffentlichte, unterschrieben hatte, empfahl mich dem Verlagsleiter Fritz Arnold als Lektor; Günter Grass wiederum legte mich Herrn Hanser, mit dem ihn eine seltsame Sympathie verband, persönlich ans Herz; und Walter Höllerer schrieb einen seiner kalligrafisch einmaligen, aber schwer lesbaren handschriftlichen Briefe an den ehemaligen Cheflektor Herbert G. Göpfert, der gerade zum Professor an der LMU berufen worden war, dem Verlag aber in allen Fragen der Klassiker-Editionen beratend verbunden blieb. Es war also eine Art Zangenangriff, dem sich der Verlag nicht widersetzen konnte. Er kapitulierte. Ich zog nach München, und mein Leben als Erwachsener begann.

Auf den folgenden Seiten will ich an die Zeit in England erinnern, die so vollkommen anders war als die zu Ende gehende Jugendzeit in Berlin; ich will die Ankunft in München beschreiben, das als Stadt mit dem geteilten Berlin nicht zu vergleichen war; und ich will an die Freunde Reinhard Lettau, Walter Höllerer, Norbert Miller und Klaus Wagenbach erinnern, mit denen ich zu meinem großen Glück in den folgenden Jahren Bücher machen durfte. Eigentlich habe ich meine Arbeit im Verlag bis zum Ende als nachgeholtes Studium verstanden: Ich war der lebenslange Student, der sich die besten Lehrer suchen durfte und dafür sogar noch ein Gehalt bezog.

London

In Berlin-Kreuzberg, in der Skalitzer Straße, wohnte in den frühen sechziger Jahren ein Engländer, mit dem ich den zweiten Versuch startete, eine Zeitschrift herauszugeben. Diesmal sollte es eine internationale Literaturzeitschrift werden. Er hieß Alastair Hamilton, war der Sohn des Londoner Verlegers Hamish Hamilton und dessen schöner italienischer Frau Yvonne Pallavicino, sprach viele Sprachen, hatte schon in Tunis und New York gelebt und verdiente seinen Lebensunterhalt mit komplizierten Übersetzungen. Alastair war nicht gerade das, was man einen geborenen Koch nennen möchte, weshalb es bei ihm in der Hauptsache Dosennahrung gab, die in einem Topf mit heißem Wasser zubereitet wurde. Einmal war Louis Fischer zu Gast in der winzigen Wohnung, der Autor einer großen Stalin-Biografie, der gerade mit einem Buch über Lenin beschäftigt war und außerdem an seiner Autobiografie arbeitete. Einer großen Öffentlichkeit in Deutschland und der ganzen Welt aber ist er mit einem Beitrag in dem Buch »The God That Failed« bekannt geworden, einer Anthologie antikommunistischer Essays, die in den fünfziger Jahren, nach Stalins Tod, für Aufsehen sorgte. Außer Fischer waren André Gide, Arthur Koestler, Ignazio Silone, Stephen Spender und Richard Wright an diesem intellektuellen Putsch beteiligt. Als ich viele Jahre später einmal auf der Hampsteader Heide dem Dichter Stephen Spender begegnet bin und ihn auf den gescheiterten Gott ansprach, sagte er traurig, dass sein Beitrag zu diesem Buch seine bekannteste Veröffentlichung gewesen ist.

Ich freute mich auch deshalb so auf diesen Abend mit dem berühmten Journalisten, weil ich von ihm etwas über den Spanischen Bürgerkrieg erfahren wollte, an dem er teilgenommen hatte. Was für ein Lebenslauf! Von Trotzki angeklagt, ein Speichellecker Stalins gewesen zu sein, Berlin in den dreißiger Jahren, Mitglied der Jewish Legion in Palästina nach dem Krieg, Kenner des Öl-Imperialismus, der aber auch die Getreidepreise in der Ukraine kannte! Alastair hatte natürlich schon alles gelesen, und natürlich immer im Original, und ich hatte, wenn es gutging, noch alles vor mir. Ich hatte keine Vorstellung, wie man ein Leben *führt*, ich hatte kein Geld und zu wenig Phantasie, einfach wegzulaufen. Aber ich musste weg aus Berlin, sonst würde ich an dieser spießigen geteilten Frontstadt verzweifeln.

Alastair hatte eine Büchse mit Rouladen und eine mit Bohnen gekauft, die Kartoffeln wurden in dem zweiten zur Verfügung stehenden Topf gekocht. Die Roulade gehörte (und gehört immer noch) zu meinen Lieblingsspeisen, natürlich mit Gurke und Ei, wie meine Großmutter sie zubereitete. Aber keiner von uns hatte je Erfahrungen mit einer Roulade in der Büchse gesammelt. Um es kurz zu machen: Die drei in der Büchse eingesperrten Rouladen sprangen, kaum war der Deckel mit einem Büchsenöffner angehoben, aus ihrem Gefängnis auf den Tisch und von dort auf den Boden, wo wir sie mit unseren Gabeln wieder aufsammeln mussten. Unnötig zu sagen, dass es trotzdem ein wunderbarer Abend wurde.

Über Alastairs Vater, den Verleger Hamish Hamilton, erhielt ich einen Job in dem Kaufhaus Harrods in Knightsbridge, wo man dabei war, ein International Book Department aufzubauen. Nicht Paris, nicht Rom oder gar Berlin war das Zentrum der Welt, sondern London, und Harrods war gewissermaßen das Herz des damals immer noch großen British Empire. Man bezahlte nicht schnöde mit Geld, sondern mit Kreditkarten. Jeder bessergestellte Bürger des Empire kam einmal im Jahr nach London und kaufte bei Harrods ein: Man ging von Stockwerk zu Stockwerk, vom Porzellan zu den Kleidern, von den Kleintieren – es gab natürlich auch Elefanten zu kaufen, aber die musste man bestellen – zu den Papierwaren, von der Hochzeitsausstattung zu den Büchern –, und überall gab man diskret seine Karte ab, um dann am Abend, wenn man in der Cafeteria saß, die Gesamtrechnung ausgehändigt zu bekommen. Ich erinnere mich an einen feinen Herrn aus Südafrika, der ziemlich gut Deutsch sprach, der eine ganze Kiste mit Kriminalromanen kaufte und ausgerechnet von mir wissen wollte, welche Krimis aus Deutschland ich ihm empfehlen könne. A difficult question, weil ich diesem offenbar guten Kunden nicht mitteilen wollte, noch nie im Leben einen Kriminalroman gelesen zu haben. Nicht aus Hochmut, sondern weil es keine bei uns zu Hause gab und ich kein Geld dafür ausgeben wollte. Ich werde die besten bestellen, versprach ich ihm, und wenn Sie das nächste Mal hier sind, können Sie eine ganze Kiste davon abholen. Hätte er gesagt, bringen Sie mir die Bücher zu Hause in Johannesburg vorbei, ich hätte es getan, und mein Leben hätte eine andere Wendung genommen.

Jeden Morgen, wenn ich das riesige Gebäude durch den Personaleingang betreten hatte, ging ich, in meinem einzigen Anzug, in dem ich schon konfirmiert worden war, in die Kantine, um bei gebratenem Fisch und Rührei einen Kriminalroman durchzublättern. Wenn in den Sonntagszeitungen einer der berühmten Kritiker einen Kriminalroman empfohlen hatte, standen bei uns am Montag ab zehn Uhr die Ladies mit den Blumen-Hüten auf der Matte, die mich fragten, ob der Roman eher so sei wie die von Ngaio Marsh oder mehr in die Richtung von Ian Fleming gingen, der damals gerade in Mode kam. Nach einem Monat hatte ich so ungefähr raus, nach welchen Kriterien die Bücher einzuteilen waren, und vor allem war ich ein Spezialist für die aus Neuseeland stammende Dame Ngaio geworden und wusste, welches Stück von Shakespeare in welchem Roman von ihr eine Rolle spielte. Die auftretenden Inspektoren von Scotland Yard waren alle irgendwie nach Sherlock Holmes modelliert, aber es war wichtig, ob »Hamlet« oder »Was ihr wollt« im Zentrum der Aufklärung standen. Oder war es Richard III. oder gar »Wie es euch gefällt«? Offen gesagt, habe ich den Inhalt aller dreißig Bände vollkommen vergessen. Und nach Johannesburg bin ich auch nicht gekommen, trotz der Einladung einer Universität, dort Seminare zu halten.

Kunden, die sich für internationale Literatur interessierten, kamen erst ab Mittag, zunächst Studenten, die Lehrbücher haben wollten, dann Touristen, von denen einige froh waren, einen Deutschen zu treffen, der London wie seine Hosentasche kannte – ich war gerade angekommen –, aber dann am Nachmittag auch immer mehr Kunden, die sich tatsächlich für europäische Literatur interessierten. Einer meiner berühmtesten Kunden war der Librarian of the Queen, ein snobistisch aussehender Herr mit Nelke im Knopfloch, der sich von mir in die neue deutsche Literatur einführen ließ. Ich empfahl ihm »Cat and Mouse« von Günter Grass, »The Third Book about Achim« von Uwe Johnson, den »Marat/Sade« von Peter Weiss und die »Strudlhof Steps« von Heimito von Doderer, und weil ich gerade beim Verkaufen war, ließ er sich noch zu »The Palace« von Claude Simon überreden. Und weil er der Königin (und ihrem deutsch sprechenden Gemahl) nicht nur mit dem ausländischen Zeug unter die Augen treten wollte, nahm er noch Bände über romanische und gotische Architektur mit, insgesamt ein ordentliches Paket, das auch so ungefähr den Stand meiner Bildung anzeigte. Großes Lob! Mein Chef, Mr. van Dantzig, war sehr zufrieden. Ich war nicht nur ein Spezialist für die seltsame europäische Literatur, sondern auch ein Kenner der Architektur und des englischen Kriminalromans, nicht schlecht für den ersten Monat. Leider kam der Librarian nach einigen Tagen wieder in unser Haus, allerdings diesmal einen Stock höher, wo er die ihm verkauften Bücher im Second-Hand-Book-Department gegen Gutschrift wieder zurückgab. Ein Schriftsteller wie Claude Simon, der nicht einmal Kommas setzen konnte, war der Königlichen Bibliothek nicht zuzumuten; ein Schriftsteller wie Grass, in dessen Buch ein hoher Orden über ein Geschlechtsteil gehängt wurde, war ein Pornograf; Uwe Johnson und Heimito von Doderer waren schlicht und einfach unlesbar. Nur die Bücher über Architektur hatten Gnade am Hof gefunden.

Aber dass im Herzen des Empire jemand versucht hatte, europäische Literatur an den Hof zu bringen, sprach sich herum. Es kamen vor allem die deutschen Emigranten, um mir Glück zu wünschen.

In einem kleinen Nachwort zu den Aufsätzen des englischen Literaturwissenschaftlers und Schriftstellers Jeremy Adler schrieb ich viele Jahre später:

»Eine umfassende Geschichte der deutschen und österreichischen Emigration nach England ist noch nicht geschrieben. Gewiss, es gibt eine Menge von Lebensgeschichten, Briefwechseln, Tagebüchern und Memoiren, aber kein Standardwerk, das uns über das Schicksal der Künstler und Gelehrten wie der Handwerker und der sogenannten kleinen Leute unterrichtet, die seit 1933 auf der Insel Zuflucht gefunden haben. Die deutsche Prominenz in Kalifornien und New York ist bestens dokumentiert, von Bert Brechts und Hanns Eislers Aussagen vor dem Committee on Un-American Activities bis zu den Lebens- und Arbeitsbedingungen der Familie Mann; dem Institut für Sozialforschung sind ausführliche Studien gewidmet worden; die vielfältige Rezeptionsgeschichte der bedeutenden Kunsthistoriker wie zum Beispiel Erwin Panofsky ist abgeschlossen. Die Reputation der deutschen Geisteswissenschaften an amerikanischen Universitäten wurde nie in Zweifel gezogen, ihr enormer und tiefdringender Einfluss stand nie zur Debatte. Das Repertoire an kritischer Theorie und europäischer Bildung, das die deutsche Emigration in das Lehrangebot der amerikanischen Universitäten einbrachte, von Erich Heller bis zu Ernst Kantorowicz, von Erich Fromm bis zu Herbert Marcuse, hat die amerikanische Alma mater schon zu einer Zeit verändert, als der Wissenstransfer sich noch altmodischer, langsamer Medien bedienen musste. Auf fast allen Feldern intellektueller Arbeit ist die Wirkung der Emigranten abzulesen, und wahrscheinlich kann man ohne Übertreibung sagen, dass sie das geistige Klima an den Universitäten der USA entscheidend mitgeprägt haben. Liest man zum Beispiel die Tagebücher von Susan Sontag, so wird man dort wie selbstverständlich die Namen von Herbert Marcuse oder Hannah Arendt finden, die gleichberechtigt neben den Namen der amerikanischen Lehrer stehen.

Für die Arbeit der deutschen Schriftsteller, Geisteswissenschaftler und Künstler, die England als Fluchtort gewählt haben, ist ein solcher Einfluss viel schwerer nachzuweisen. Wie wurden sie aufgenommen, wie haben sie sich durchgeschlagen? Natürlich waren die Bedingungen andere als in den USA. Allein die Vorstellung, dass die deutsche metaphysische Tradition in Oxford oder Cambridge sich ausgebreitet hätte, lässt noch heute einen englischen Positivisten schaudern. Aber auch die ökonomischen Bedingungen, die die deutschen Emigranten bei ihrer Ankunft vorfanden, waren alles andere als rosig. Es grenzt an ein Wunder, dass bei der herrschenden Wirtschaftskrise so viele Flüchtlinge aufgenommen wurden, und es soll diese noble Geste nicht schmälern, wenn man sagt, dass viele unter der Bedingung ins Land gelassen wurden, dass sie es nur als Durchgangsstation auf ihrer Weiterreise nach Palästina oder die Vereinigten Staaten ansahen. Wir wissen aus akademischen Einzeluntersuchungen über den Exil-PEN oder den Freien Deutschen Kulturbund oder aber auch über die Kindertransporte, wie die soziale Situation für die meisten Emigranten aussah, aber eben kaum etwas über die Wirkungen, die sie im Gastland entfalteten. Über den Einfluss der Psychoanalyse in Amerika gibt es ganze Bibliotheken, aber welchen Einfluss der Emigrant Sigmund Freud und seine Lehre in England ausübten, muss man in spezialistischen Publikationen nachschlagen. Die Emigration in die USA ist – wenigstens an der Oberfläche – eine einzige success-story, die in bestimmten Kreisen bis heute anhält, während diese Erfolgsgeschichten aus England kaum zu hören sind.

Wissen wir Genaueres über den Einfluss von Karl Mannheim auf die englische Soziologie, von Norbert Elias auf die englische Kulturanthropologie, von Alfred Sohn-Rethel auf die ökonomische Theorie, von George Steiner auf die Literaturkritik? Welche Wirkung hatte der Maler Oskar Kokoschka, der von 1938 bis 1953 in England lebte, auf die englische Malerei? Wissen wir, dass einer der berühmtesten englischen Maler, Lucian Freud, 1922 in Berlin geboren wurde, genauso wie der Maler Frank Auerbach (1931)? Welche Rolle spielten der Dadaist Kurt Schwitters und der Bauhaus-Künstler Moholy-Nagy in ihrem Gastland, das sich ja nicht sonderlich für DADA und Bauhaus interessierte? Und Fred Uhlmann oder Ludwig Meidner? Kann man von einem messbaren Einfluss der Architekten Mendelsohn, Marcel Breuer oder Walter Gropius auf die englische Architektur sprechen? Haben die Schauspieler Elisabeth Bergner, Fritz Kortner oder Adolf Wohlbrück sichtbare Spuren auf der englischen Bühne hinterlassen? Hat ein Schriftsteller wie Richard Friedenthal Einfluss auf die englische Biografik gehabt? Kennen wir den englischen Hintergrund der politischen Schriftsteller Sebastian Haffner und Richard Löwenthal? Kennen wir die Wirkung von Jesse Thoor oder Theodor Kramer, der nach seiner anfänglichen Internierung erst nach dem Krieg die britische Staatsbürgerschaft erhielt? Und so weiter, und so fort.

Als ich 1963 in London eine Stelle als Buchhändler in dem damals noch als Inbegriff alles Englischen geltenden Kaufhaus

Harrods antrat, wusste ich als junger Bursche nicht, dass die britischen Leser sich gar nicht oder nur am Rande für kontinentale Literatur interessierten.

[...]

Aber ich fand Leser für ›meine‹ Literatur, und weil nun ausgerechnet bei Harrods die wenigen deutschen Übersetzungen bestellt und auch verkauft wurden, interessierten sich auch die englischen Verleger für mich und kamen vorbei, um den seltsamen Vogel persönlich in Augenschein zu nehmen. Zu meiner Überraschung handelte es sich bei fast allen um deutsche Emigranten, und alle sprachen dieses klare und ausdrucksvolle Deutsch, als hätten sie das Land, das sie vertrieben hatte, gerade erst verlassen. Ich lernte Marion Boyars kennen, die die deutsche Avantgarde von Peter Weiss bis Reinhard Lettau verlegte; Tom Maschler vom Verlag Cape, dessen Vater Kurt Leo Maschler in der Nazi-Zeit die Rechte von Erich Kästner nach Zürich verbracht hatte; den großartigen Verleger André Deutsch; Frederick Ungar, der einst in Wien den Phaidon Verlag gegründet hatte; die Neuraths, die den schönsten Verlag für Kunst leiteten, Thames & Hudson; George Weidenfeld aus Wien, Mitinhaber des Verlags Weidenfeld & Nicholson; Tom Rosenthal, dessen Vater ein berühmter Arabist in Berlin gewesen war; Paul Hamlyn, den Bruder des Dichters Michael Hamburger, der als Verleger der Pan-Taschenbücher zu den größten Gewinnern der Branche gehörte – und viele andere. Sie alle, vielsprachige Europäer und gute Kaufleute, waren englische Verleger geworden, die in den sechziger Jahren, als England sich dem Kontinent öffnete, dem Verlagsbuchhandel ein internationales Flair gaben. Ich bin, um es übertrieben auszudrücken, immer mit offenem Mund herumgegangen, weil ich es nicht begreifen konnte, dass man diese Menschen vertrieben hatte. – Es ist seltsam, dass ich heute, über siebzig Jahre nach Ende des Krieges, nur noch einen Menschen im englischen Verlagsleben kenne, der ein deutsches

Buch lesen kann, während ein großer Teil der englischen Verlage von deutschen Großkonzernen aufgekauft wurde. Aber das gehört in das Kapitel der kapitalistischen Logik, die sich um Geschichte nicht besonders viel schert.«

Harrods war so berühmt, dass es eine Ehre war, dort zu arbeiten, das heißt: Die Belohnung war lausig. Ich erhielt neun Pfund in der Woche, von denen fünf für die Miete draufgingen und drei für den Bus, meine kümmerlichen Ersparnisse waren also bald aufgebraucht. Gelegentlich schrieb ich ein Gutachten für die an meinem Schicksal interessierte Marion Boyars, und auf Vermittlung von Hamish Hamilton durfte ich gelegentlich für den obersten Zensor Englands deutsche Filme ansehen und bewerten, aber diese Tätigkeiten waren so schlecht bezahlt, dass sie mir nicht wirklich aus der Not helfen konnten. Ich lebte in einem heruntergekommenen Haus auf der Camden High Street, das aus einem Dickens-Roman zu stammen schien. Ich teilte mir die zwei Dachzimmer mit einem österreichischen Bildhauer, dessen Ziel es war, keine Kunst herzustellen. Er tat, soweit ich das sehen konnte, nichts. Um die Miete aufzubringen, hatte er ein Verhältnis mit der Besitzerin des Hauses angefangen, die sehr darauf achtete, dass er seine Miete auch ordentlich abarbeitete. Ich beneidete ihn nicht. Wenn Mrs. Garcia, die unter uns wohnte, am Wochenende nach ihm rief, trollte er sich mit einem so bekümmerten Gesicht in ihre Wohnung, dass er mir leidtat. Unter Mrs. Garcia war ein Stockwerk frei, in dem Mäuse lebten, und ganz unten hatte ein griechisch-zypriotischer Schneider seine Werkstatt, der mir zur Behebung meiner schlechten finanziellen Lage vorschlug, in sein Geschäft einzusteigen. Bis zu meinem Einzug produzierte er neben kleinen Ausbesserungsarbeiten etwa fünf Anzüge im Monat, jetzt würde er einen Kollegen einstellen, um die dreifache Menge zu nähen, die ich als Repräsentant auf dem Kontinent verkaufen sollte. Der schrittweisen Erweiterung des Geschäfts sollte nichts im Wege stehen, und als Krönung unseres Hosenimperiums war daran gedacht, die leerstehende Etage über dem Griechen in eine große Werkstatt zu verwandeln und unten einen show room einzurichten. Alle diese Pläne wurden mit einer glasklaren Logik entwickelt, wie sie nur griechisch-zypriotischen Schneidern zu Gebote steht, so dass ich eine Zeitlang tatsächlich an die Realisierbarkeit glaubte. Dabei war das kleine Geschäft in seiner Existenz bedroht, weil in Camden Town eben nicht nur Iren lebten, die nur am Freitag nach Schließung des Pubs Krawall machten, sondern neben den griechischen auch noch eine Gruppe von türkischen Zyprioten, die für und gegen den Erzbischof Makarios demonstrierten, sich gegenseitig beleidigten, die Fenster beschmierten und andere Gemeinheiten verübten. Nur im Pub und beim Inder an der Ecke (in dessen Fenster ich Jahre später, als ich das Lokal dem inzwischen in London lebenden Karl Heinz Bohrer zeigen wollte, eine Maus entdeckte, die so aussah, als sei sie dort aufgewachsen) hatte man seine Ruhe.

Alle finanziellen Probleme lösten sich auf, als ich zufällig auf der Straße den Schauspieler Krikor Melikyan traf, den ich von der Vagantenbühne in Berlin kannte. Er empfahl mich dem Besitzer eines kleinen Lokals in der Wardour Street mitten in Soho, das den einprägsamen Namen »St. Moritz« trug und aus einem ebenerdigen Restaurant und einem im Keller befindlichen sogenannten Club bestand. Im Restaurant gab es als Stammgericht ziemlich fettes Hammelfleisch, das man einmal in der Woche auch runterkriegte, und einige nicht näher bezeichnete Beilagen, die man auch als Hauptgericht bestellen konnte. Das Essen wurde als englisch bezeichnet. Aber der Clou waren die Nachspeisen und die Torten. Otto, der Besitzer, mit dem ich mich schnell anfreundete, ein Jude, dessen Familie aus Zürich stammte, kannte ein paar Frauen in Finchley Road, Emigranten, die ihm die Torten und Beeren und Cremes herstellten, eine wahre

Pracht, die nach meinem Geschmack die Süßigkeiten haushoch übertraf, die in den Cafés am Bahnhof in Hampstead angeboten wurden, wo damals immer noch viele Emigranten aus Deutschland, Wien und Prag lebten.

Der Club im Keller, den man über eine halsbrecherische Treppe erreichte, lief nicht mehr. London war dabei, sich zu verändern. Das traditionelle Soho, eine Mischung aus Pub, Puff und Fish and Chips, wurde abgelöst von angesagten Clubs. Gegenüber dem St. Moritz hatte zum Beispiel eine Kneipe aufgemacht, in der statt Tischen Särge standen, und wer besoffen war, durfte sich in einem Sarg ausruhen, bis ihn die Musik von Acker Bilk und Chris Barber aufschreckte. Und um die Ecke, gleich neben dem Haus, in dem einst Karl Marx gewohnt hatte, und ein paar Schritte von den Hammer Studios entfernt, wo die Dracula-Filme mit Bela Lugosi gedreht wurden, begann schon die Beat-Musik.

Der St.-Moritz-Club, das war Otto und mir klar, brauchte eine Auffrischung, um die vielen Schweizer Jugendlichen, die in London Sprachen studierten, anzulocken. Ich empfahl, gegen den Trend zu renovieren, also nicht auch eine dunkle Kaschemme anzubieten, sondern einen hellen Raum mit gedimmtem Licht, in dem an den Wänden die Wappen der Schweizer Kantone al fresco abgebildet werden sollten. Das wurde gemacht – und siehe da, die Schweizer Buben und Mädchen kamen, sie konnten sich sehen, wenn sie ihr Bier tranken, und die Berner hockten sich unter ihr Wappen und die Graubündner hatten ihren eigenen Tisch. Um elf wurde geschlossen, dann zählte ich das Geld und machte sauber, und wenn es schnell ging, setzte ich mich noch eine halbe Stunde in das dunkle Fenster und beobachtete die verdrucksten Männer, deren Blicke mit Lichtzeichen nach oben gelenkt wurden, wo im letzten Stockwerk unseres Hauses zwei sogenannte Rubens-Models ihrer Arbeit nachgingen, zwei dicke Mädchen aus Manchester, die manchmal, wenn sie zur Arbeit antraten, bei uns noch eine Sacher-Torte mit Sahne einfuhren. Ich schlief im Keller in einem winzigen Zimmer hinter der Bar, stand morgens sehr früh auf, stieg in meinen Anzug und fuhr nach Knightsbridge zu meinen Büchern. Dreimal in der Woche hatte ich Dienst, und am Sonnabend nahm ich so viel ein, dass ich Mrs. Garcia ohne Wimpernzucken ihre Miete zahlen konnte. Ich führte, wenn ich so sagen darf, ein Doppelleben: Tagsüber arbeitete ich im pulsierenden Herzen des Establishments, abends in einer Kneipe in Soho. Am Sonntag ging ich früh ins Museum und dann gerne zu den Hamiltons, die, was ich besonders exzentrisch fand, in Hamilton Terrace lebten. Dort saß ich einmal neben Arthur Koestler, auch so ein Sprachenwunder, der mich nach Lukács ausfragte. Ich wusste wohl, wer Lukács war, aber ich hatte nie eine Zeile von ihm gelesen, wie übrigens alle anderen am Tisch, die mit Interesse zusahen, wie ich mich aus der Sache herauszuwinden versuchte. Koestler wollte mich quälen und bohrte immer tiefer, wohl weil er der Ansicht war, alle jungen Deutschen läsen von morgens bis abends nichts anderes als die Schriften von Lukács, weil sie entweder für oder gegen ihn waren. Mit Adorno, dessen Noten zur Literatur ich 1962 aufmerksam gelesen hatte, konnte ich seltsamerweise nicht punkten. Keiner kannte ihn, Koestler hatte natürlich von ihm gehört, aber nicht mehr. Überhaupt war es schwer, außer mit den Emigranten mit jemandem über deutsche Literatur zu sprechen. Das galt nicht nur für den Bibliothekar der Krone, sondern eigentlich für alle. Ich durfte einmal ein langes Gespräch mit Cyril Connolly führen, damals der berühmteste Kritiker in England, eine Art britischer Marcel Reich-Ranicki, was die Wirkung betraf. Ganz gleich, welches Buch er am Sonntag in der Sunday Times besprach, ob einen Roman, einen Krimi oder ein Buch über Gartenpflege, am Montag rannte man bei uns die Bude ein. Man brauchte es nicht gelesen zu haben, sondern nur sagen: Connolly hat es gelobt, dann ging es weg wie warme Semmeln. Er war ein bulliger Typ mit einem runden roten Gesicht, der mehrere Gläser Whisky hintereinander trinken konnte, ohne Schaden an Leib und Seele zu nehmen. Mit Stephen Spender hatte er einst die einflussreiche avantgardistische Zeitschrift »Horizon« herausgegeben, war mit Orwell befreundet und hatte, was man weder auf den ersten noch auf den zweiten Blick vermuten konnte, einen unglaublichen Schlag bei den Frauen, was selbst mir, der nichts über den Betrieb wusste, zu Ohren gekommen war. Und er hatte nichts übrig für deutsche Literatur. Kafka? Ja, aber der kommt aus Prag. Robert Musil? Der hat doch keinen einzigen Roman abgeschlossen! Thomas Mann? Ja, aber immer ein wenig overrated. Schnell war man bei Goethe, der ja nun nicht gerade ein Dickens war – und immer so weiter. Wenn es auch sinnlos war, ihn für die deutsche Literatur zu erwärmen, so machte es doch Vergnügen, mit ihm Listen aufzustellen – ein Spiel, das in England gerne gespielt wurde. Von den hundert Büchern, die auf diese Weise zusammenkamen, hatte ich siebzig noch nicht gelesen, ich musste mich also sputen. Eitel wie er war, fühlte er sich geschmeichelt, dass ich sein unter dem Pseudonym Palinurus erschienenes Buch »The Unquiet Grave« gelesen hatte, auch nicht gerade ein Roman, sondern eine Sammlung von aphoristischen kurzen Stücken von großer Intensität, ein ganz und gar unenglisches Buch, das von meinen Bekannten in England buchstäblich keiner kannte.

Kurz nach dieser Begegnung kam der Schriftsteller Christopher Isherwood in unsere Abteilung bei Harrods, um die Neuausgabe eines älteren Romans von ihm vorzustellen. Er war am Beginn des Krieges mit seinem Freund W. H. Auden nach Amerika gegangen und lebte irgendwo in Kalifornien. Als er hörte, dass ich aus Berlin kam, war er nicht mehr zu halten. Er wollte unbedingt deutsch mit mir sprechen. Ganz besonders schien ihn das Schicksal schwuler Kneipen in der Gegend des Nollendorfplatzes zu interessieren, und da er so aufgeregt war, über seine Erlebnisse im Vorkriegs-Berlin zu berichten, hat er hoffentlich nicht mitgekriegt, dass ich vor seinem Besuch weder von ihm noch von den von ihm gepriesenen Gasthäusern je gehört hatte. Ich sehe noch meinen Chef vor mir, Mr. van Dantzig, der Isherwood lange vergeblich aufforderte, endlich seinen Pflichten nachzukommen und die Bücher zu signieren, weil es etwas Besonderes war, bei Harrods ein Buch vorstellen zu dürfen. Schließlich nahm er den Stapel Bücher, schubste mich weg und hielt sie Isherwood geöffnet unter die Nase. Schade, denn der spitznasige Isherwood hatte gerade begonnen, über seine Freundschaft mit Strawinski zu erzählen.

Aber das wirklich gute Deutsch habe ich natürlich nur mit den Emigranten gesprochen, eine Lektion, die ich nicht vergessen werde. Ein Emigrant war es auch, der mich beim Abschied von England beraten hat. Mein Visum war abgelaufen, meine Tätigkeit, internationale, also auch deutsche Bücher bei Harrods zu verkaufen, war (erfolgreich) beendet, ich war gezwungen, England zu verlassen. Das Home Office hatte schon zweimal bei Mrs. Garcia hinterlassen, meine Aufenthaltserlaubnis sei abgelaufen, ich solle mich dringend melden, denn wenn nicht ... usw. Warum das Königreich eine solche Anstrengung unternahm, gerade mich, einen glühenden Verehrer, loszuwerden, weiß ich nicht. Aber ich musste handeln. Ich hatte eine Liebelei mit einer Schweizerin begonnen, deren Zeit in London ebenfalls abgelaufen war. Sie wollte nach Paris gehen, um nach Englisch nun auch Französisch zu lernen – ich glaube, sie wollte später bei einer Bank arbeiten –, und ich sollte mitkommen. Ich hatte aber eine zweite Liebelei mit einem Mädchen, das ich im Pub in Camden Town kennengelernt hatte. Um mich zu halten und um mich in England zu halten, schlug sie vor, mich zu heiraten. Ich war zweiundzwanzig Jahre alt, ein junger Mann mit allerhand unklaren Talenten, aber ohne einen Pfennig Geld, wenn man von den Trinkgeldern im St. Moritz-Club absieht. Erich Fried, den ich in meiner Not besuchte, gab mir ohne lange Zögern den wunderbaren Rat: Wenn dir beide Möglichkeiten sinnvoll erscheinen und du nicht selber entscheiden kannst, was du tun sollst, gehst du, bevor du verrückt wirst und eine falsche Entscheidung triffst, noch an diesem Abend in Soho zu einer Wahrsagerin deiner Wahl. Aber dann musst du ihrer Empfehlung auch folgen!

In Soho gab es damals in jedem dritten Haus eine Wahrsagerin. Sie hatten Schilder auf die Straße gestellt, auf denen sie ihre übersinnlichen Fähigkeiten zum Teil sehr drastisch anboten; einige dieser abenteuerlich aussehenden Damen waren nachmittags Kunden des Restaurants. Ich fragte also meinen Freund Otto, welche von ihnen er empfehlen könne. Alle und keine, war die diplomatische Antwort, es sind alles durchtriebene Hexen, aber sie sind natürlich allesamt sehr intelligent, und wenn du sie fragst, was du tun sollst, sehen sie an deinem Gesicht, was du eigentlich willst. Nur darfst du nicht allgemein werden und sie nach deinem Leben fragen, sondern glasklar die Alternative benennen: Soll ich auf der Insel bleiben oder sie verlassen?

Ich ging zu einer der Damen um die Ecke, die alles anbot, vom Handlesen über die Glaskugel bis zu Tarot, legte eine Fünf-Pfund-Note – für mich ein Vermögen – auf das wacklige Tischchen und sagte, dem Sinn nach: Soll ich, als Ausländer, hier in London bleiben, wo es mir gut geht und ich eine Perspektive habe, oder soll ich, weil ich keine Aufenthaltserlaubnis mehr habe, das Land verlassen. Von Liebe kein Wort. Die Dame schaute, ihren Kopf in die rechte Hand gelegt, in ihre Kugel, mich an, die Kugel, mich – und sagte dann trocken: Ich sehe ein Schiff, das die Insel verlässt. Drei Tage später hatte ich meine gerade mal sieben Sachen zusammengepackt, meine Bücher zum Versand zu Harrods gebracht und war mit meiner Schweizer Freundin nach Paris aufgebrochen. Wir stiegen im Hotel Printemps ab, in einer Gegend, die nicht viel besser als Soho war. Als ich mich erleichtert in einen tiefen Sessel fallen ließ, fühlte ich, wie üblich, in den Ritzen des Möbels nach, ob jemand dort etwas vergessen hatte, und holte eine sechsschwänzige Peitsche hervor. Schau mal, was ich hier gefunden habe! Daraufhin ergriff meine Freundin ihre Koffer und ward nicht mehr gesehen. Ich hatte also Zeit, mir zu überlegen, was ich mit meinem restlichen Leben anfangen sollte.

Reinhard Lettau

Es ist ein Jammer, dass das schmale Werk von Reinhard Lettau von den Regalen und von der Bildfläche verschwunden ist. Ohnehin scheint sich kaum etwas im Gedächtnis zu halten, das älter als zwanzig Jahre ist, von ein paar Romanen und einigen wenigen Gedichten abgesehen. Es muss also, obwohl es erst gerade eben untergegangen ist, wiederentdeckt werden. Manchmal denke ich, dass Reinhard Lettaus Kampf gegen den Vietnam-Krieg dazu beigetragen hat, dass er nicht mehr gelesen wird. Mit Büchern, Aufsätzen, Reden und Aktionen hat er versucht, den mörderischen Krieg in Vietnam und seine Folgen zu analysieren und zu brandmarken, und vielleicht hat diese politische Tätigkeit den Schriftsteller, der so unerhört filigrane Figuren wie »Manig« erfunden hat, in den Hintergrund gerückt. Es muss einmal ein Kritiker kommen, der den Witz, den Schalk, die böse und die heitere Ironie seiner Erzählungen sich noch einmal vornimmt, der versucht, das »gestische« Schreiben, wie es Lettau an Kafka beobachtet hat, gegen das inhaltsschwere Schreiben abzusetzen, also eine Position zu finden, die eher in den Gärten von Kafka und Robert Walser zu verorten ist als auf den gut gedüngten Feldern von Thomas Mann oder Günter Grass.

Dabei war er schon mit seinem ersten Buch, »Schwierigkeiten beim Häuserbauen« (1962, in dem Jahr lernte ich ihn über meinen Bruder kennen), ziemlich erfolgreich, nicht zuletzt deshalb, weil viele Leser dachten, es sei eine Anleitung, wie man mit den damals hoch angesehenen Bausparkassen umgehen solle. Dann kam ein Jahr später das Strichmännchen in »Auftritt Manigs« zu Wort und fünf Jahre später, 1968, die siebzig Seiten von »Feinde«, einer grimmig-komischen Sammlung von kurzen Dialogen hoher Militärs über den Feind. Während alle anderen

Schriftsteller um ihn herum dutzendweise Preise einheimsten, ging Reinhard Lettau leer aus. Das hing vielleicht damit zusammen, dass er (mit einem amerikanischen Pass) immer wieder in Amerika lehrte und lebte, zuletzt in San Diego in der Nachbarschaft von Sándor Márai.

In San Diego habe ich meinen dreißigsten Geburtstag gefeiert. Unvergesslich. Herbert Marcuse, der engste Freund Lettaus, hatte zu einem Fest-Essen eingeladen. Marcuses alter Volvo wurde aus der Garage geholt, wo er unter tausend ungeöffneten Paketen aus aller Welt mit Lizenz-Ausgaben seiner Bücher schlummerte, dann fuhren wir – ich fuhr, Marcuse hatte keinen Führerschein – zu einem Drive-in-Restaurant, das »Der Wienerschnitzel« hieß und wo man in eine Art Röhre seine Bestellung rufen musste, um schließlich bei der Ausfahrt wiederum aus einer Röhre ein paar rote Würste in den Schoß »gespuckt« bekam. Damit fuhren wir an den diesigen Strand – es war Dezember, man musste eine dicke Jacke anziehen, um nicht zu frieren –, wo Lettau bereits mit einer Flasche Wein und ein paar Hummern auf uns wartete, um, wie er sich ausdrückte, meinen Schock über »den Wienerschnitzel« im Alkohol aufzulösen. So saßen wir also am 9. Dezember 1973 an einem klapprigen Tisch hoch über den Wellen und unterhielten uns – weil wir am nächsten Tag ein Seminar dazu machen sollten – über Büchners »Lenz«, eine Novelle, die Lettau über alles liebte. Marcuse war begeistert. Man merkte ihm an, wie froh er war, sich endlich einmal nicht zur Weltrevolution äußern zu müssen, die nun ohne ihn auskommen musste. Es war sowieso ein Rätsel, warum er nicht nein! sagen konnte, als die Revolutionäre der ganzen Welt von ihm Ratschläge haben wollten.

In den neunziger Jahren kam Lettau wieder ganz nach Europa zurück. Er hatte 1988 seinen unerhört komischen Text »Zur Frage der Himmelsrichtungen« veröffentlicht, in dem alle Fragen nach Osten und Westen aufgehoben werden im Mittelpunkt der Welt, nämlich Erfurt, Lettaus Geburtsort. Jetzt schrieb er, in Berlin lebend, sein letztes großes schmales Buch, »Flucht vor Gästen« (1994). Zwei Jahre später starb er unter großen Schmerzen in Karlsruhe, in Berlin wurde er beerdigt. Ich hielt am Grab folgende Rede:

»Liebe Freunde, jetzt, wo wir unseren lieben Freund nicht mehr sehen können, fallen uns die Bilder ein, die wir von ihm behalten haben. Es sind – über dreißig Jahre verstreut – viele kleinformatige Bilder von einer eigentümlichen Schärfe, die jedes Detail hervortreten lässt: der ein wenig schleppende, ein wenig tastende Gang, als müsse er mit jedem Schritt prüfen, ob die Erde tatsächlich festgefügt sei; die Eidechsen-Augen hinter der Brille, manchmal fast geschlossen vor lauter Erschöpfung, dann wieder, von einem Augen-Blick zum nächsten, hellwach und immun gegen jederlei Beeinflussung, die Augen eines klaren Träumers; die prächtigen Ohren unter dem Haarschopf, auf den er so stolz war, und die durchgedrückte Hand, mit der er die Haare an der Seite befestigte; sein weißer Sommermantel über dem Jeanshemd mit Druckknöpfen, sein graues T-Shirt, seine amerikanischen Schuhe, seine Uhr an der Kette, sein Gürtel: Es gibt keinen anderen Freund, der sich so präzise über die Dinge und den Umgang mit ihnen beschreiben lässt wie Reinhard. Ich erinnere mich an einen Anruf aus San Diego, wo er mir mit tieftrauriger Stimme erklärte, er könne wegen eines schweren Verlusts nicht weiterschreiben. Was war geschehen? Er hatte seinen Lieblingsbleistift, den mit dem metallenen Schutz, einem Stück noch aus Erfurter Schultagen, verloren. Er weigerte sich, über diesen Verlust hinwegzukommen, und er weigerte sich, über etwas anderes zu reden: Der kleine Bleistift mit der Metallkappe war in das mahlende Getriebe des Universums geraten und hatte es außer Kraft gesetzt. Nach einer Woche dann die frohe Botschaft, der Bleistift sei wieder aufgetaucht, nach einem langen

Ausflug in den Garten, die Welt durfte sich wieder drehen. Der Lieblingsbleistift, die Lieblingstasse, der Lieblingslöffel: Diese Dinge hatte Reinhard mit einer morandihaften Aura versehen – und wehe, man nahm sie nicht wahr oder zerstörte sie durch tölpelhaften Umgang wie jene Besucher aus Deutschland, die die Steingut-Ente vom Kaminsims nahmen, um ihre Echtheit zu prüfen: Noch nach Jahren wurde auf dieses barbarische Verhalten angespielt.

Man mag dies für spleenig halten oder exzentrisch. Für ihn war dieses hartnäckige Festhalten an den Dingen wichtiger als die Erörterung des Untergangs des Abendlandes. Reinhard war der größte Verschwender seiner Zeit, wenn es darum ging, die wenigen Dinge richtig zu gebrauchen. Seine Tugend hieß Sorgfalt und erinnerte gelegentlich an Umständlichkeit. Als wir, vor vierundzwanzig Jahren, gemeinsam Ferien in Südfrankreich machten, in Cabris, im Haus von Rudolf Springer, konnte ich zum ersten Mal miterleben, wie die Sorgfalt sich zum fundamentalen Lebensprinzip entfaltete. Reinhard wollte schreiben. Da die Welt aber in diesen drei Wochen nur zu dem einzigen Zweck geschaffen worden war, Reinhard von der Arbeit abzuhalten, mussten strategische Vorkehrungen getroffen werden, die schädlichen Einflüsse der Welt abzuwehren. Hauptfeind war die Sonne. Fenster und Türen mussten abgedichtet werden, so dass wir im Dunklen durch das stille Haus tappten auf der Suche nach einem letzten Sonnenfleck. Positionsrufe, Anrennen gegen Tische und Stühle, Versorgung der dadurch entstandenen Wunden, schließlich kurzfristige Kapitulation: Die Hintertüre wurde einen Spaltbreit geöffnet, um Kaffee kochen zu können. Danach Ruhepause, Besprechung des Menüs, das für den Abend geplant war, Entdeckung einer Ameise, die auf weitere Ameisen schließen ließ, Entdeckung einer Ameisenstraße und deren sorgfältige Beseitigung, das heißt Untersuchung und schließlich Entfernung sämtlicher Ameisen anziehender Speisen, Konferenz über die zukünftige Unterbringung notwendiger neuer Nahrungsmittel, Kauf von luftdicht abschließbaren Behältnissen, in denen zum Beispiel der Bienenstich aufbewahrt werden konnte, zu dessen Herstellung wir in den drei Wochen leider nie kamen. Das erste Glas Rotwein, und schon beim ersten Schluck die Entscheidung, die jeden Moment erwarteten Gäste – Inge und Herbert Marcuse und ein, wie sich Reinhard ausdrückte, französischer Strukturalist – dazu zu überreden, im Restaurant zu essen. Der Abend endete damit, dass Inge Marcuse und der sogenannte französische Strukturalist, hinter dem sich kein anderer als der Soziologe Lucien Goldmann verbarg, das Essen in unserer Küche zubereiteten, natürlich bei geöffneten Fenstern und Türen, während Reinhard und Marcuse sich in den Salon zurückgezogen hatten zu einem Gespräch mit Whisky, und die Ferien endeten mit einem Brief an mich, in dem er behauptete, noch nie so gut gearbeitet zu haben wie in den drei Wochen in Cabris.

Tatsächlich – und entgegen anderen Meinungen – arbeitete Reinhard immer. Aber die Verfertigung seiner hochartistischen Sätze brauchte Zeit. Ich sehe ihn – auch dies ein Bild – über seine Mappen gebeugt, über die gelben Papiere, die, mit vielen Farbstiften beschrieben, oft wie strategische Skizzen aussahen. Ich sehe ihn streichen, das Gestrichene mit Punkten wieder auflösen, ich sehe die oft englisch geschriebenen Befehle am Rand, Selbstaufforderungen, etwas noch knapper und eleganter zu formulieren. Ich höre seine bittende Stimme, noch im Umbruch etwas verbessern, Streichungen und Hinzufügungen vornehmen zu dürfen, als hinge sein Leben davon ab. Die vielen Briefe, die wir gewechselt haben, stehen alle unter der bittenden Überschrift, die vorliegende Fassung nicht als endgültig anzusehen. Die ganze Welt war für diesen begnadeten Baumeister eine permanente Baustelle, und er setzte alles daran, dass das Haus nicht fertig würde. Als ich ihm einmal vorschlug, seine Dissertation zu drucken, gewissermaßen als Pausenfüller zwischen zwei literarischen Büchern, schrieb er mir, er wolle versuchen, die rund dreihundert Seiten auf zehn herunterzukürzen, um die Idee dieser Studie über den utopischen Roman deutlicher hervortreten zu lassen. Er hatte bei dem deutschen Emigranten Bernhard Blume in Harvard promoviert, den er mit Geschwätzigkeit nicht enttäuschen wollte. Nicht enttäuschen wollen – auch das war ein Antrieb für seine unendliche Penibilität. Aus Scham hat er viele Dinge nicht publiziert, aus Scham sind seine Texte immer kürzer geworden. Scham hatte er bei Kafka studiert.

Über einen Roman von Salinger hat er einmal geschrieben, er handle von den Maßstäben und der Verantwortung beim Schreiben. Würde er – sagte er – zur Pflichtlektüre für Schriftsteller, dann müssten diese ringsum sehr stutzen, zweifeln, die Feder aus der Hand legen, Ruhe träte ein in Druckereien, Buchmessen würden veröden, Feuilletons verdorren, dies auch. – Kein Wunder, dass er, der Perfektionist, am liebsten die kurzen Stücke las, von Kafka und Robert Walser, Kleist und Büchner, denn er wusste: Kein Roman kann sich auf der Höhe seiner besten Stellen halten, er muss seine Schritte kalkulieren, damit das Beabsichtigte, das aus irgendeinem Grund statt auf fünf auf fünfhundert Seiten gesagt wird, hervortrete. Wo andere – Unverfrorene, wie er sie nannte – auch dann noch schrieben, wenn ihnen nichts mehr einfiel, schwieg er. Der Preis, auch das muss gesagt werden, war hoch. Er litt darunter, keiner Akademie anzugehören, er, der nicht neidisch war, fragte oft, warum er nie einen Preis erhalten habe – und als er endlich den Bremer Literaturpreis zugesprochen bekam, freute er sich wie ein Kind und ließ, generös wie er war, seine Freunde an dieser Freude teilnehmen. Er war, auf diesen Festen, einer der besten mündlichen Erzähler.

Wir haben – das ist das vorletzte Bild – oft miteinander gelacht; vielleicht war ich sein dankbarster Lacher. Seine Selbstironie, seine sprachlichen Umwege, seine misanthropischen

Ausflüge waren oft so unmittelbar komisch, dass wir Pausen vereinbaren mussten, um Luft zu schnappen. Manchmal rief er mich deprimiert aus Amerika an, um mich lachen zu hören. Er war niemals kalt, dünn, zynisch oder geizig im Gespräch, sondern überschwänglich und freigiebig: das Gegenteil seiner minimalistischen Literatur.

Aber man darf nicht vergessen – und dies ist das letzte Bild –, dass hinter dem Clownesken und Verwegenen, unter dem Leichten und Virtuosen, das er wie kein anderer beherrschte und kunstvoll inszenierte, dass all diese Rollen um einen tragischen Kern herumgewickelt waren. Und sosehr er sich auch bemühte, andere damit zu verschonen, sosehr ihm daran gelegen war, diesen Kern hinter Höflichkeit und Diskretion zu verbergen – er wurde in den letzten Jahren seines Lebens immer spürbarer. Die Krankheiten hinderten ihn zunehmend daran, seine exzentrischen Rollen vorzuführen. Dawn, Reinhards Frau, weiß, wie sehr er gelitten hat und wie dieses Leiden den anderen Reinhard zum Vorschein brachte, den düsteren Sonderling, der mit der Welt zerfallen war.

Ohne dieses Bild ist das andere nicht vorstellbar und nicht vollständig. In einem Nachruf auf Herbert Marcuse erzählt Reinhard von seiner letzten Mahlzeit mit ihm in La Jolla eine Anekdote, die auch auf ihn selber zutrifft:

›Plötzlich hörte Marcuse auf zu essen und erzählte mir, dass einst Beckett von einem Kritiker gefragt worden sei, was die Struktur seiner Dichtung sei. ‚Die Struktur meines Schreibens kann ich Ihnen erklären‘, antwortete er. ‚Ich lag einmal im Krankenhaus und im Zimmer nebenan schrie eine Sterbende die ganze Nacht. Dieses Schreien ist die Struktur meines Schreibens!‘‹

Wer in dem Schreiben und Wirken unseres toten Freundes Reinhard immer auch das Echo dieses Schreis mithört, der hat ihn ganz verstanden. Beides, den virtuosen Gesang und den Schrei, wollen wir nicht vergessen.«

Walter Höllerer

Wenn in meiner Jugend zwei oder drei beisammenstanden und über Literatur redeten, tauchte nach spätestens fünf Minuten der Name Walter Höllerer auf, und wenn dann von ihm die Rede war, dauerte es nicht lange, bis sein Lachen erwähnt wurde. Es war ein leise beginnendes, quietschendes Feixen, das sich dann ziemlich schnell zu einem lauten, meckernden Lachen steigerte, das nicht aus dem feingliedrigen Körper kam, sondern aus dem Kehlkopf; es sprang gewissermaßen aus dem Stand aus seinem Mund, und wenn es draußen war, war es auch schon verschwunden. Ein Lachen, das die bösen Geister vertrieb: Bürokratie, Kleinlichkeit, Langeweile. Wer Walter Höllerer nicht kannte, konnte einen Schreck kriegen. Und wer dieses Lachen hervorgerufen hatte, musste rasch überlegen, welchen Blödsinn er gesagt hatte. Bei keinem anderen Schriftsteller habe ich je dieses Lachen gehört. Es gab in mehreren Exemplaren die Pruster, die Kicherer, die überlegen Hüstelnden, die Schenkelklopfer, die Wieherer, die Daueironiker, die sich zu einem knappen Lachen herablassen, die Haha-Macher und natürlich die lustigen Vögel, die alles komisch fanden – aber es gab im damaligen Literaturbetrieb kein anderes Lachen, das sich mit dem von Walter Höllerer hätte messen oder gar vergleichen können. Ich erinnere mich an eine Fahrt nach Sulzbach-Rosenberg, seiner Heimatstadt, in der er 1922 geboren wurde und in der er ein Literaturarchiv aufgebaut hatte. Ich hatte ihn in meinem Deux chevaux in München am Hauptbahnhof abgeholt und fuhr ihn durch die wunderbare helle bayerische und oberpfälzische Landschaft, und weil wir endlich mal vier Stunden ohne weitere Zuhörer ganz für uns hatten, gingen wir sämtliche Schriftsteller, Bücher und auch ein paar Nebensächlichkeiten durch, und manchmal musste er so laut lachen, dass die an sich für solche Anfälle klug konstruierte Federung des Autos zu kippen drohte. Und während wir gemeingefährlich über die damals vor der Wiedervereinigung noch nicht so stark befahrene Straße dahinschaukelten, fragte ich ihn nach seinem Leben aus: nach seinen Eltern, seinem Studium, nach Frankfurt mit Suhrkamp (wo er Berater war), der Uni und Adorno, den Freunden und Kollegen. Während er sprach, machte er sich ständig Notizen. Statt eines ordentlichen Kugelschreibers benutzte er nur die Mine, statt in ein Notizbuch zu schreiben, kritzelte er auf Briefe und Briefumschläge, auf die Auskunft der Deutschen Bahn und auf Hotelrechnungen. Alles Papier, das ihm in seinem perfekt sitzenden Jackett unter die Finger kam, wurde mit seiner vogelartigen Krakelschrift kreuz und quer beschriftet, unterstrichen, mit Pfeilen, Kreisen, Schnörkeln versehen, ein Labyrinth entstand, aus dem nur er herausfinden konnte. Die ganze Welt bestand aus Zeichen, und es brauchte ein ganzes Leben, sie zu deuten – und sie zu vermehren. Jede Form der später so genannten »Komplexitätsreduktion« war ihm zuwider. Das galt auch für die Literaturwissenschaft und die Literaturkritik. Ich höre ihn noch, wie er einmal auf das Buch »Statt einer Literaturgeschichte« von Walter Jens schimpfte, weil dort ständig die Wendung »Literatur muss …« vorkam – Literatur muss nicht müssen. Er selbst hat einige literaturwissenschaftliche Bücher veröffentlicht, die bis heute lesbar geblieben sind: eine Studie über Gottfried Kellers »Seldwyla« und vor allem die anregende Untersuchung »Zwischen Klassik und Moderne. Lachen und Weinen in der Dichtung der Übergangszeit«. Für mich waren auch seine Entdeckungen bedeutsam, nämlich die Auswahlausgaben von Rudolf Borchardt und Robert Walser, die zu einer Zeit erschienen, als buchstäblich keiner von diesen »Heroen« der deutschsprachigen Literatur sprach. »Statt immer vom Tod der Literatur und des Autors zu reden, sollte einer mal ein Buch schreiben über den tatsächlichen Tod von Autoren«, sagte er zu mir. Er hatte es immer noch nicht aufgegeben, mich zum Abschluss meines nie richtig begonnenen Studiums zu animieren. Ich blieb sein uneingeschriebener Schüler über seinen Tod hinaus, und jedes Mal, wenn ich einen Band der von ihm herausgegebenen (und ein paar Jahre von mir redigierten) Reihe »Literatur als Kunst« in die Hand nehme, muss ich an ihn denken. Auf seine extrem individualistische Weise brachte er uns bei, dass »Verstehen« in den meisten Fällen »Zurichtung« heißt, »also pass auf, dass du nie zu schnell verstehst«, rief er mir zu, bevor wir dann im »Sperber« von Sulzbach-Rosenberg den Bürgermeister trafen, mit dem er befreundet war und der bald die Trinksitten der gesamten deutschen Literatur analysieren konnte (wobei Walter Höllerer als sparsamer Trinker mit sehr schlechtem Beispiel voranging): denn alle Schriftsteller kamen nach Sulzbach, um im Amtsgericht zu lesen.

Merkwürdig war, dass er all die Papiere mit seinen Notizen aufhob, in Umschläge, Mappen und Plastiktüten stopfte, die zusammen ein riesiges Gebirge ergaben, Zettels Albtraum, der einem uneingeweihten Betrachter Angst einflößen musste. Wenn noch ein Zettel hinzukommt, dachte ich manchmal beim Blick in sein Arbeitszimmer, bricht das Gefüge über diesem mageren Kerl zusammen. Äußerte man diese Besorgnis, bekam man sein Lachen zu hören, denn er wusste natürlich, wie man diesem Verhängnis entgehen konnte.

Keiner hat so viel für die Literatur der Nachkriegszeit getan wie er. Denn er war ja nicht nur Professor für Germanistik und Direktor eines »Instituts für Sprache im technischen Zeitalter« an der Technischen Universität Berlin, wo er die besten Mitarbeiter hatte, die ihm, wie Norbert Miller (mit dem zusammen er die Jean-Paul-Ausgabe betreut hat), auch nachfolgten. Er war zugleich Erfinder einer Literatursendung im Fernsehen, und er zauberte ständig neue Lesungsreihen aus seinem unerschöpflichen Zylinder, die uns die gesamte zeitgenössische Weltliteratur in unsere etwas biedere Berliner Wirklichkeit brachten. Während andere immer neue Kästchen aufbauten und pflegten, um die auseinanderlaufende Literatur einzuhegen, schuf er die Foren, auf denen sie sich zeigen und vergleichen konnte. Ob Yves Bonnefoy oder Ingeborg Bachmann, Zbigniew Herbert oder Helmut Heißenbüttel, Günter Bruno Fuchs oder Allen Ginsberg, Friederike Mayröcker oder Susan Sontag, Günter Grass oder Tomas Tranströmer – wenn Walter Höllerer einlud, kamen alle, und wann immer man diese Autoren irgendwo auf der Welt traf und auf Berlin zu sprechen kam, erinnerten sie sich an diesen quirligen Geist (und seine Frau, die Fotografin Renate von Mangoldt, die alle Autoren »festgehalten« hat).

»Transit« und »movens« hießen die zwei bahnbrechenden Anthologien, die den Aufbruch der Nachkriegsmoderne dokumentierten; »Akzente« und »Sprache im technischen Zeitalter« waren die von ihm gegründeten Zeitschriften; die »Akzente« hat er eine Weile mit Hans Bender herausgegeben, der sie dann allein und später zusammen mit mir redigierte, bis sie schließlich ausschließlich von mir betreut wurden; »Literatur als Kunst« hieß die schon erwähnte Reihe, in der nicht nur die akademischen Anfänge der neuen Schriftstellergeneration veröffentlicht wurden – von Hans Magnus Enzensberger (Brentano), Joachim Kaiser (Grillparzer), Herbert Heckmann (Barock) und Reinhard Baumgart (Thomas Mann) bis zu Hans Christoph Buch (Ut pictora poesis), Friedrich Christian Delius (Der Held und sein Wetter) und Christian Enzensberger (Tennyson und Swinburne, aber auch eine materialistische Literaturtheorie) –, sondern auch Studien zur Literatur von dem großartigen Ideenhistoriker Gaston Bachelard, von Georges Bataille oder Michail Bachtin (Dostojewski). Damals völlig neue Türen hat er aufgestoßen mit der großen Anthologie »Junge amerikanische Lyrik«, die er mit Gregory Corso herausgegeben hat. Aber die

Krönung war das »Literarische Colloquium«, das zunächst in der Stadt untergebracht war und dann an den Wannsee zog, ein Stück deutscher und vor allem auch internationaler Literaturgeschichte. Irgendwann haben alle wenigstens einmal dort übernachtet und am Morgen über den friedlichen Wannsee geblickt.

Bei Walter Höllerer fühlte man sich sicher oder aufgehoben, weil ihm jedes falsche Pathos abging. In der düsteren Kneipe unter dem S-Bahn-Bogen neben der Akademie der Künste saß der Riese Per Olov Enquist neben dem schüchternen Claude Simon; im glasüberdachten Frühstücksraum des Colloquium löffelte Günter Eich sein Ei neben dem russischen Hünen Jewgenij Jewtuschenko; und Inger Christensen betrachtete versonnen das graugrüne Berliner Sol-Ei, das nie so aussah, als würde man es auch essen können.

Und schließlich war Walter Höllerer auch selber ein hervorragender und sehr eigenwilliger Dichter, der meines Erachtens viel zu wenig Aufhebens um seine Gedichte gemacht hat. »Er lag so mühelos am Rand des Weges« – einige seiner Gedichte konnten wir auswendig. Warum hat bisher keiner eine Biografie über diesen Schriftstellerprofessorkulturunternehmer geschrieben? Der Nachlass von Walter Höllerer – unter anderem Tausende von Briefen – liegt in Sulzbach-Rosenberg, die nächste Universität ist Regensburg, man kann die Strecke mit dem Fahrrad bewältigen. Titel der Dissertation, die später als Buch erscheinen müsste: »Zwischen Krieg und Frieden. Lachen und Weinen in der Berliner Literatur der Übergangszeit. Über Walter Höllerer«. Das Nachwort müsste Norbert Miller schreiben. Wenigstens ein Literatur-Preis sollte nach ihm benannt werden!

Ich habe Walter Höllerer viel zu verdanken. Meine Jugend in Berlin wäre ohne die herzliche Freundschaft zu diesem ungewöhnlichen Menschen anders (und sehr provinzlerisch) verlaufen.

Klaus Wagenbach

Als ich noch in Berlin, aber schon auf gepackten Koffern für München saß, fragte mich Klaus Wagenbach, ob ich mit ihm ein literarisches Jahrbuch herausgeben wolle. Wir hatten uns über Kafka kennengelernt, nämlich über dessen erste Veröffentlichungen, die ich in Franz Bleis Zeitschrift »Hyperion« gelesen und zu denen ich Herrn Dr. Wagenbach befragt hatte. Das war 1965, lange vor Wikipedia, als man noch nicht im Handumdrehen die Publikationsgeschichte der großen Autoren nachlesen konnte. Und ich hatte kein Geld, mir alle Bücher zu kaufen, die ich unbedingt und sofort lesen musste. Ich litt darunter, nicht alles lesen zu können, was ich lesen wollte, auch wenn ich mir mit meinem etwas angeberischen Eifer in nicht-literarischen Kreisen nicht nur Freunde gemacht habe. Erklärt habe ich mir mein zeitweiliges Strebertum damit, dass ich das versäumte Studium »kompensieren« wollte, wie das damals hieß. Mit dieser Attitüde war es Gott sei Dank bald vorbei, geblieben ist die Bewunderung für Menschen, die so viel mehr als ich gelesen haben – und die auch im Alter noch wie geübte Jongleure darüber verfügen können: Norbert Miller, Volker Klotz, Peter von Matt, George Steiner, Hans Blumenberg, diese Gedächtnisweltmeister. Es hat etwas gedauert, bis ich begriffen hatte, dass man weder alles gelesen haben muss – George Steiner: »Du kennst doch sicherlich das gewaltige Werk über Hiob von Mordechai Ginsberg?« – noch gelesen haben kann: Selbst Canetti, der sich fest vorgenommen hatte, nicht zu sterben, bevor er nicht alle bedeutenden Bücher gelesen hätte, musste irgendwann aufgeben. Sogar über die schmerzliche Tatsache, dass man – aus welchen Gründen auch immer – einen Haufen fürchterlicher Bücher gelesen hat, kommt man eines Tages hinweg, wenn man begriffen hat, dass sie das Unterscheidungsvermögen stärken.

Wagenbach hatte auf meine Kafka-Frage sehr freundlich geantwortet, wir lernten uns kennen, als er von Frankfurt (wo er beim Modernen Buch-Club und bei S. Fischer gearbeitet hatte) nach Berlin zog und seinen Verlag gründete, ich lernte durch ihn seine ersten Autoren (und Autorinnen) kennen oder besser kennen, wir tauschten uns aus. Und natürlich sagte ich zu, als er mich fragte, ob ich mit ihm ein noch unbenanntes Jahrbuch herausgeben wolle. Es gab damals kaum Verlage in West-Berlin, alle großen Unternehmen der Vorkriegszeit hatten sich über Deutschland verstreut, und die kleinen waren wirklich klein. Aber von Anfang an hat mich – abgesehen von seinen Kafka-Kenntnissen – Wagenbachs Humor angezogen, der immer über seine gelegentlichen Anfälle von Besserwisserei siegte. Wir entwickelten einen Leselistenaustausch, der einmal im Monat stattfand, und trafen uns in der heißen Phase der Endredaktion drei- oder viermal in seiner Wohnung in Berlin, die auch sein Büro war, um das sogenannte »Gemetzel« auszuführen: was muss rein, was kann rein, was sollte rein. Es ging ja nicht nur darum, ein Bild zu geben von den zum Teil sonderbaren Auseinandersetzungen über die Frage, ob die Literatur das Leben ändern könne, sondern auch darum, ob man die vielen Bücher überhaupt brauche und was man – wenn man sie nicht auf den Müll befördern wolle – mit der Literatur anfangen könne. Und im Anschluss daran musste geklärt werden, ob die Produktionsmittel nicht ganz in die sauberen Hände der Autoren gelegt werden sollten. Da wir beide »ausgebildete« Verlagsbuchhändler waren, beantwortete sich für uns die letzte Frage von selber: Nur wir wussten im Detail, wie ein Verlag funktionierte. Selbstverständlich durften Autoren Einblick nehmen in die Geschäfte, aber die Geschäfte selber ... Ich erinnere mich, in einer der vielen vielleicht notwendigen, gleichwohl entsetzlich langweiligen, vor allem aber nicht enden wollenden zähen Diskussionen um Mitbestimmungsmodelle, wie sie damals geführt wurden, in meiner Not gesagt zu haben: Nur weil ihr ein Sparbuch habt, wollt ihr doch auch keine Bank leiten! Tumult, Geschrei, Durcheinander, denn natürlich waren viele der Ansicht, sie seien als geborene Banker auf die Welt gekommen. Ich war froh, mit heiler Haut den Saal verlassen zu können. Als ein paar Jahre später der Wagenbach Verlag nach ähnlichen Diskussionen sich spaltete in Wagenbach und Rotbuch – unvergessen die Rede von Alain Finkielkraut, der den Spruch von Mao: Lasst tausend Blumen blühen, abwandelte in: Lasst tausend Verlage entstehen –, standen auch Fragen danach im Mittelpunkt, wem ein Verlag eigentlich gehöre. Dass er nicht den Autoren gehört, wurde in der Folge lebhaft bewiesen, als nämlich eine nach amerikanischem Vorbild einsetzende Konzernbildung begann, an deren Ende ein großer Teil der unabhängigen literarischen Verlage zu gewaltigen international operierenden Konglomeraten umgeschmolzen wurde: Man schlief als Autor des Limes Verlages ein und erwachte bei Bertelsmann, der dann wenig später Random House und schließlich sogar Penguin hieß oder umgekehrt. Neben Wagenbach hat unser Freund André Schiffrin, Sohn des Pléiade-Gründers und selbst Verleger von Pantheon in New York, dazu das Nötige gesagt: Kartellbildung fördert nicht gerade die literarische Qualität. Dass in dieser Lage, die ja bis heute andauert, den kleinen oder großen unabhängigen Verlagen eine besondere Rolle zufällt, liegt auf der Hand.

Ich habe zu allen runden Geburtstagen von Klaus Wagenbach, der auch meine ersten Erzählungen druckte, Geburtstagsartikel geschrieben. Zum Fünfzigsten erschien im Buchmarkt sogar ein »Sonett auf meinen Freund Klaus Wagenbach«, mit erklärenden Fußnoten, zum Sechzigsten und Siebzigsten Artikel in der FAZ, zum Neunzigsten im Börsenblatt. Und zum Tod im Dezember 2021 ein Nachruf in der »Welt«. Da ich in meinem Leben viele Nachrufe geschrieben habe, frotzelte Klaus schon als junger Mann gerne, dass ich um Himmels willen nicht vergessen solle, einen Nachruf auf ihn zu schreiben: Er bestehe darauf! Ich habe mich daran gehalten.

Ich zitiere aus einer meiner Geburtstagsreden:

»Es muss – wenn mich mein lückenhafter werdendes Gedächtnis nicht trügt – im Juni 1967 gewesen, als wir hier in Berlin, in der Jenaer Straße, beschlossen, ein Jahrbuch für schöne Literatur herauszugeben, das ein Jahr später, im Monat Mai 1968, unter dem Titel TINTENFISCH erscheinen sollte. ›Ich glaube, meine Sammlung historischer Gummiknüppel aus Ost und West war die einzige ihrer Art‹, schrieb Günter Eich fröhlich in der ersten Ausgabe, in der Uwe Johnson den Leuten empfahl, das Maul zu halten: ›Auch diese guten Leute‹ – schrieb er – ›werden demnächst ihre Proteste gegen den Krieg verlegen bezeichnen als ihre jugendliche Periode, wie die guten Leute vor ihnen jetzt sprechen über Hiroshima und Demokratie und Kuba.‹ Reinhard Lettau bat in seinem Beitrag um Verzeihung dafür, dass er als Resultat seiner Berliner Presseanalyse die Berliner Zeitungen öffentlich zerreißen müsse, Martin Walser ersuchte die im Bundestag vertretenen Parteien, Vietnam auf die Tagesordnung des Deutschen Bundestages zu setzen, die deutschen Schriftsteller unterzeichneten die Resolution gegen Springer, Hartmut Lange schrieb: ›Wer ein Sonett verschlingt und nebenan wird geknüppelt, oder wer hinter die Mühen eines Dramenschreibers kommen will, und nebenan wird wieder geknüppelt, und er nimmt keine Notiz davon, der ist nicht wert, dass ihm auch nur eine Zeile Literatur unter die Augen kommt.‹

Das war, wie gesagt, vor etwas mehr als zwanzig Jahren, ich war noch nicht vierundzwanzig Jahre alt, hatte langes Haupthaar und eine ausgeprägte Schwäche für ältere Herren, die ihr Objekt fand in dem 37-jährigen Dr. Klaus Wagenbach, Verleger zu Berlin, der es schon damals, als einziger rechtmäßiger Witwer des früh verstorbenen Schriftstellers Dr. Frank Kafka, zu historischer Bedeutung gebracht hatte. Heute ist ein Drittel der Autoren des ersten TINTENFISCH tot – Uwe Johnson, Günter Eich, Günter Bruno Fuchs, Johannes Bobrowski, Herbert Marcuse, Erich Fried, Heinrich Böll, Nicolas Born, Arno Schmidt und Axel Springer –, ein Drittel ist in den Nischen des Betriebs auffällig verstummt, der Rest ist wohlbehalten und ein wenig traurig über die Zeit gekommen, hochdekoriert und auf der Suche nach einem Thema, Berlin hat eine neue reißfeste Tageszeitung, der Krieg in Vietnam ist, ohne den Bundestag länger zu verwirren, lange vorbei, geknüppelt wird seltener, das Sonett hat – freilich ironisch gebrochen, wie heute üblich – Konjunktur und immer weniger Leser, der Verlag Klaus Wagenbach feiert sein 25-jähriges Jubiläum.

Wir haben allen Grund zum Feiern.

Manchmal, beim Blättern in den neuen Büchern des Verlags, stelle ich mir vor, was du wohl gesagt hättest, wenn ich dir damals, 1967, den Vorschlag gemacht hätte, ein Buch über den Einfluss des Islam auf das europäische Mittelalter zu verlegen, eine Studie über den Alltag von Florenz in Macchiavellis Briefen oder eine über Gnadengesuche und ihre Erzähler. Du hättest mich, milde ausgedrückt, für verrückt erklärt; die Untersuchung über Zeitvorstellungen im England der frühen Neuzeit hättest du mir an den Kopf geworfen, mit den exemplarischen Beiträgen zum Verständnis des kulturellen Unterbaus der Epoche zwischen Hochrenaissance und Barock wäre ich auf der Straße gelandet. Vielleicht hätte ich mit einer Geschichte des Geruchs den Fuß noch einmal in die Tür gekriegt, aber mit dem Vorschlag einer 300-seitigen Studie über Leonardo hätten sich unsere Wege für immer getrennt. Und zwar nicht deshalb, weil du eine Studie über Leonardo für verachtenswert gehalten hättest – im Gegenteil –, sondern weil wir so maßlos damit beschäftigt waren, einen zeitgemäßen Begriff des Politischen zu formulieren, eine soziale Anschauung zu entwickeln, dass wir die Geschichte – der Politik, der Kunst, der Gesellschaft – nur in den Maßen sehen konnten, wie sie unseren Zwecken nützlich waren: eindimensional – wenn auch auf andere Weise, als Herbert Marcuse es gemeint hat. Wir waren – vielleicht uneingestanden – froh, dass Bertaux seine Studie über Hölderlin und die französische Revolution veröffentlichte, weil er uns uneingeschränkt gestattete, Hölderlins Gedichte zu lesen. Wir waren froh über jede Rettung dieser Art, weil sie uns, den Ästheten, Gelegenheit ab, die enganliegende Maske des Politischen ein wenig zu lüpfen. Ich erinnere mich gut, wie wir endlich wieder lachen konnten über die Interpretation von Goethes ›Wanderers Nachtlied‹, die uns die Zeile ›Über allen Gipfeln ist Ruh‹ als Ausdruck der Klassenlage verkaufen wollte, weil von dem, was unten, an den Wurzeln, vor sich ging, geschwiegen wurde.

Und gar nicht zu erinnern brauche ich dich an die vielen quälenden Diskussionen über das rasche Ende dessen, was heute erst unangefochten in voller Blüte steht: des Kapitalismus. Nach dem dritten Bier konnte der Zeitpunkt seines Verlöschens genau bestimmt werden. War das alles nur ein Witz? Gibt es die Dritte Welt noch? Ist sie immer noch so furchtbar arm? Wenn es ein Witz war, dann hat er uns viel Zeit gekostet. Vielleicht war es ein notwendiger Witz, ein blutiger, notwendiger Witz mit kathartischer Wirkung. Jedenfalls haben wir uns, als es vorbei war, verändert wiedergefunden: als Erzähler unter anderem von vergangenen Zeiten, von radikaler Demokratie, Mitbestimmungsmodellen, Rätesystemen. Weil es nicht allzu viel war, haben wir ein bisschen übertrieben, das Flugblatt wurde gern zum Stein. Aber *weil* es nicht allzu viel war, waren wir etwas resistenter geworden. Die Rentenreform kann uns nun nicht mehr auf die Palme bringen, die Abtreibungsfrage ist nicht abendfüllend, Ski und Wasserski lassen uns nicht nur deshalb kalt, weil du aufrecht auf die sechzig zugehst, ich auf die fünfzig zukrieche, auch dem Greifen der Quotenregelung schauen wir gelassener zu als vor fünfundzwanzig Jahren. Der Kampf um die dritten Welten wird von anderen gekämpft. Bleibt der Kampf um den festen Ladenpreis und die Kunst.

Auch wir, lieber Klaus, haben ein paar Avantgarden verzucken und verflattern sehen und in ihrem Rücken die Heraufkunft der alten Formen. Heute müssen wir uns nicht mehr Gedanken darüber machen, wie und ob die Kunst an- und eingreift, wie und ob ihre Form die Utopie verspricht oder der Vorschein des Neuen ist – das quält nur noch die Börse. Heute zählen die harten Tatsachen: Kann der Mann erzählen, beherrscht das Kind die Kunst der Fuge? Wir haben in den vergangenen fünfundzwanzig Jahren den Übergang vom bittersten Ernst zur heitersten Ironie mitangesehen, den Übergang vom Rand zur Mitte, von der Kälte in die Wärme. Und diese Bewegung zur Mitte hin hat uns ganz ohne Frage entlastet, Zeit geschenkt, die sich beschleunigende Zeit etwas geruhsamer anzuschauen. In dem Maße, in dem die Literatur, das Schreiben, an den Rand der gesellschaftlichen Aufmerksamkeit gedrängt wurde, in die unmittelbare Nachbarschaft der früher verpönten Freizeitbeschäftigung, in dem Maße sie Konkurrenz erhielt und sich strecken musste, wollte sie mithalten – in dem Maße ist sie zu einer Sache einer Minderheit geworden, die sich nach viel subtileren Auswahlkriterien richtet als früher. Plötzlich ist der junge Autor nur noch der junge Autor, nicht mehr das Hätschelkind des Marktes. Plötzlich ist aber auch die politische Äußerung eines Autors nur noch eine Marginalie, eine Fußnote, und nicht mehr ein substantieller, moralisch bedeutsamer Einwurf, plötzlich laufen die Forderungen und Appelle ins Leere, in den Schatten. Es hängt auch damit zusammen, dass die Verlage heute anders aussehen als noch vor zwanzig Jahren, dass die Qualitätskriterien sich verändert haben, die Ansprüche andere sind: Ob man sich darüber freut oder diese neue Situation bedauert, ist gleichgültig. Ich selber freue mich natürlich darüber, dass ich bei dir nun Bücher über John Aubrey oder die Kunst der Renaissance lesen kann, über Giorgiones ›Gewitter‹ oder über Piero und seine Auftraggeber. Von Giotto bis zum elektronisch herstellbaren Bild sind knapp siebenhundert Jahre vergangen, rund dreißig Generationen, eine lächerliche Zahl, und jede hat von dem mächtigen Mosaik des Anfangs ein paar Steine abgetragen, so dass man sich wundert, dass überhaupt noch etwas zu sehen ist. Wir sind dabei, im Moment des Verschwindens die Strecke noch einmal abzulaufen, die ganze Strecke, auch wenn dieses Unterfangen angesichts der Akzeleration am Ende, in der Gegenwart, verrückt anmutet. Andererseits bin ich davon überzeugt, dass heute nur aufgeklärte Verrückte, wie du einer bist, imstande sind, eine solche Arbeit zu leisten.

Ich erinnere mich gut an die Zeit in der Jenaer Straße, wo Leben und Arbeit eine bizarre Einheit ergaben. Die Vorzüge und Nachteile einer hedonistischen Lebensweise wurden aus naheliegenden, um nicht zu sagen durchsichtigen Interessen diskutiert, aberwitzige Diskussionen entbrannten um sozialistisch dürftige und weniger dürftige Papers, und Günter Bruno Fuchs trompetete in die bierernste Runde die klassischen Sprüche der Scheerbart'schen Katerpoesie: Charakter ist nur Eigensinn, es lebe die Zigeunerin. Da lachten die verräkelten Töchter, da überlachte sie der Vater, da machte Katja ein ernstes Gesicht, wenn ein aufgeregter Revolutionär seine chiliastischen Gedanken über das Ende der bevorstehenden Verhältnisse zum Besten gab, weil die Rechnungen noch bezahlt werden mussten; da wurde die Frage erörtert, ob Tanja trotz einer schulischen Entgleisung mit einem SEW-Buben zum Tanzen gehen dürfe – von Katja ein langer Seufzer, von Klaus ein ›Muss das sein‹, von mir ein Kompromissvorschlag, mit dem man gewiss keine Revolution gewinnen konnte: Bis 11.00 und keine Minute länger. In diesem Ambiente entstanden – mit Verspätung, antizyklisch –

die Bücher, und mit den wechselnden Wohnungen traten andere Farben zum Schwarz der Quarthefte hinzu, erst das Rot, dann das Blau, inzwischen ist man, nach fünfundzwanzig Jahren, mit der Kleinen Kulturwissenschaftlichen Bibliothek beim Weiß angekommen – der Farbe, mit der alles anfängt und wohl auch aufhört.

Ein Verleger zeugt. Wenn es keine Kinder sind, dann sind es – nach Art der Junggesellenmaschine – Bücher, die seinen Namen tragen. Je mehr Bücher seinen Namen tragen – so das narzisstische Gesetz, unter dem er antritt –, desto besser für die Unsterblichkeit. ›Die Buchmacherei‹ – so Kant 1798 – ›ist kein unbedeutender Erwerbszweig in einem der Kultur nach schon weit fortgeschrittenen gemeinen Wesen: wo die Leserei zum beinahe unentbehrlichen und allgemeinen Bedürfnis geworden ist ... Ein erfahrener Kenner der Buchmacherei wird als Verleger nicht erst darauf warten, dass ihm von schreibseligen, allezeit fertigen Schriftstellern ihre eigene Ware zum Verkauf angeboten wird; er sinnt sich als Direktor einer Fabrik die Materie sowohl als die Façon aus, welche mutmaßlich – es sei durch ihre Neuigkeit oder auch Skurrilität des Witzes, damit das lesende Publikum etwas zum Angreifen und zum Belachen bekomme, – welche, sage ich, die größte Nachfrage oder allenfalls auch nur die schnellste Abnahme haben wird, wo dann gar nicht danach gefragt wird: wer oder wie viel an einer dem Persiflieren geweihten, sonst vielleicht dazu wohl nicht geeigneten Schrift gearbeitet haben mögen, der Tadel einer solchen Schrift aber alsdann doch nicht auf seine (des Verlegers) Rechnung fällt, sondern den gedungenen Buchmacher treffen muss.‹«

Klaus Wagenbach starb am 17. Dezember 2021 in Berlin, wo er am 11. Juli 1930 geboren wurde.

Carl Hanser Verlag

Mit Fritz Arnold als Cheflektor des Carl Hanser Verlags hatte ich Glück. Er war belesen, neugierig, nur mäßig ehrgeizig, selten besserwisserisch, schwul, ein eleganter Literat, der gerne lachte (auch über sich). Kaum aus der Kriegsgefangenschaft entlassen, war er Mitarbeiter bei literarischen Zeitschriften, danach ging er zum Insel Verlag in Frankfurt (wo er und Wieland Schmied Thomas Bernhard entdeckt haben), landete bei Kindlers Literaturlexikon und schließlich bei Hanser. Mittags holte er sich beim Bäcker ein Stück Kuchen, das er bei der Lektüre der Münchner »Abendzeitung« verspeiste. Natürlich las er auch die seriösen Blätter, aber nur die Abendzeitung konnte ihm mitteilen, was in der Stadt los war. Über den Gesellschaftskolumnisten Hunter, der täglich dokumentierte, wer wo und mit wem in welcher Kleidung gesehen wurde, sagte er, der sei heruntergekommener Goncourt, mehr sei in unserer Gesellschaft leider nicht drin. Er las Hofmannsthal und Reinhold Schneider, Gide – in dessen Tagebuch eine Begegnung mit dem Soldaten Arnold in Nordafrika festgehalten ist: »Der Krieg wird es nicht fertigbringen, dass ich solche Vertreter Deutschlands als Feinde betrachte« – und Auden, Green und Montherlant. Die 68er-Bewegung sah er mit einem gewissen Amüsement, als hätte er sie schon längst erwartet. Auch mit ihrem Ende, das ihn nicht besonders traurig machte, hatte er gerechnet. Mit einem Wort, mit Fritz und seinem sarkastischen Witz war gut auszukommen. Er blieb übrigens bis zu seinem Lebensende bei Hanser, weil ich keineswegs auf sein Gedächtnis, seine Ironie und seine Freundschaft zu den Autoren verzichten wollte. Er war besonders gut im Einsatz bei Witwen, die er mit großer Geduld über ihre Rechte informieren konnte. Ich erinnere mich an die letzte Begegnung in einem Krankenhaus in Starnberg, wo er – der Dandy im Nachthemd – mich fragte, ob wir uns mit Rita Gombrowicz geeinigt hätten.

Fritz war das krasse Gegenteil von Herrn Dr. Carl Hanser, der in einem roten Klinkerhaus um die Ecke vom Verlagshaus wohnte, wo er uns auch zu Lektoratssitzungen empfing. Der boshafte Dichter Eugen Roth, neben dem ich bei einer Weihnachtsfeier sitzen musste, knurrte unermüdlich, Hanser hätte das Haus mit dem Geld erbaut, das er mit seinen, Roths, Ein-Mensch-Gedichten verdient hatte. Da der Architekt des Hauses der Bruder von Eugen Roth war, fragte ich, ob er auch so ein schönes Haus hätte, denn als Autor verdiene er doch mehr als der Verleger. Ein Schwall der Klagen ergoss sich über mich, der so eindrücklich war, dass ich bis zum letzten Tag meiner Anwesenheit im Verlag immer neue Roth-Sammlungen angeregt habe, die hoffentlich noch den Enkeln einen Haufen Tantiemen einbringen.

Dr. Carl Hanser war ein Herr, den ich nur in Anzug und Krawatte gesehen habe, also immer etwas zugeknöpft, zurückhaltend, vorsichtig. Er hatte in Freiburg bei Edmund Husserl und Heinrich Rickert studiert (über den Ernst Bloch seine Dissertation geschrieben hat) und eine Doktorarbeit über Hermann Lotze verfasst, früh seine Frau Lotte geheiratet, eine Buchhandelslehre absolviert und 1928, mit siebenundzwanzig Jahren, in München seinen Verlag gegründet. Maschinenbau, Werkstoffkunde und später Zahnmedizin waren die Säulen seines Erfolgs, nebenbei gab es ein paar belletristische Werke. Sein erstes literarisches Buch war 1928 Fedor Stepuns »Die Liebe des Nikolaj Pereslegin«. Stepun, 1884 in Moskau geboren, hatte bei Windelband promoviert, dem Lehrer von Hansers Lehrer Rickert, hatte mit Max Weber und Georg Simmel die Zeitschrift »Logos« gegründet, war im Ersten Weltkrieg russischer Offizier und Mitglied des Arbeiter- und Soldatenrats, hatte die Sowjetunion aber nach der Revolution verlassen und wurde 1926 Professor für Soziologie in Dresden, bis die Nazis ihn rauswarfen. »Was verliert Europa, wenn es Russland verliert?«, war eine seiner Fragen, die wir bis heute nicht richtig beantwortet haben.

Ich weiß nicht, warum Herr Hanser nie auf diese philosophischen und politischen Fragestellungen zurückgekommen ist. Obwohl wir bei aller Verschiedenheit ein sehr gutes Verhältnis miteinander hatten, blieb er immer der zurückhaltende Gesprächspartner, der lieber zuhörte als selber sprach. Er riskierte nichts bei den Unterhaltungen, als hätte er etwas erlebt, was er auf keinen Fall teilen wollte oder konnte. Ich erinnere mich an einen Besuch von Günter Grass, der seinen Verlag, Luchterhand, verlassen wollte. Wir hatten uns um ihn beworben, er kam nach München, wir trafen uns bei Hansers zum Mittagessen, das Ehepaar Hanser, Grass und ich. Es gab Reh mit Spätzle und Rosenkohl, eines meiner Lieblingsessen, weshalb ich es nicht vergessen habe, dazu Wein in sehr kleinen Gläsern. Ein mühsames Essen, die SPD, die Zukunft von Luchterhand, ein Autorenstatut für die Verlage, Krankheiten. Es wurde nicht einmal lachend erwähnt, dass Hanser einmal das Manuskript der Blechtrommel abgelehnt hatte, das über Höllerer auf Hansers Schreibtisch gelandet war. Es wurde überhaupt nicht gelacht. Grass war froh, als er wieder draußen war. Als ich wenig später in meinem Büro saß, rief mich Herr Hanser an, ob wir denn nun über einen Verlagswechsel gesprochen hätten ...

Mit anderen Worten: So richtig glücklich schien er mir nicht zu sein. Dabei kann ich mich nicht beklagen: Wenn es mal brenzlig wurde, gerade um 1968 herum, hat er stets zu uns gehalten, auch gegen den Druck eines Teils seiner Zeitschriftenherausgeber, die uns nicht gerade gerne hatten. Und wenn man, mit einer Flasche badischem Wein als drittem Mann, länger mit ihm alleine sprach, erzählte er einem auch persönliche Dinge. Sie waren derart, dass noch eine zweite Flasche geöffnet werden musste und von oben der Ruf von Lotte Hanser zu hören war: Carl, trinkt ihr noch?

Hanser wurde etwas lockerer, als Christoph Schlotterer die Verlagsleitung des literarischen Verlags übernahm. Dessen Draufgängertum und dessen Arbeitskraft imponierten ihm. Vielleicht erinnerte Schlotterer ihn auch an seinen verstorbenen Sohn, der ja eigentlich die Verlagsleitung hätte übernehmen sollen.

Mit Christoph Schlotterer machte der Verlag einen gewaltigen Sprung nach vorn und befreite uns aus der Abhängigkeit vom Hanser-Fachbuch. Aber Schlotterer übernahm sich. Dr. Hanser starb am 10. Mai 1985, nicht einmal ein volles Jahr später, am 25. April 1986, starb Christoph Schlotterer. Mitten in den turbulenten Folgen des Vorfalls im Atomkraftwerk von Tschernobyl haben wir ihn beerdigt.

Meine Totenrede lautete:

»Jeder Mensch ist eine kleine Gesellschaft, heißt eine Überlegung von Novalis, die als Motto in einem von Christoph Schlotterer sehr geliebten Roman von Barbara König steht. Von einigen Mitgliedern jener geheimen Gesellschaft, die sich durch den Verleger Christoph Schlotterer öffentlich vertreten ließen, haben wir eben gehört: allesamt zielstrebige, weltoffene Personen, die gerne lachten, Wirbel machten, lange diskutierten, umtriebig und zugleich häuslich waren und sich vor allem schonungslos verausgabten – und die gleichzeitig sonderbar empfindlich, verletzlich und grüblerisch veranlagt waren. Die Mitarbeiter, die zum Teil schon sehr lange mit ihm zusammengearbeitet und Bücher produziert haben, kennen noch eine ganze Reihe anderer Schlotterers, aufbrausende und ängstliche, und nach dem Tod von Carl Hanser und nach dem Infarkt Ende letzten Jahres kamen wieder andere zum Vorschein, die die naiv-herzlichen und bubenhaften Schlotterers zu verdrängen suchten. Mir fällt es jedenfalls schwer, die erstaunliche Menge von Personen, die seinen Namen trugen, unter einen Hut der Identität zu zwingen, wie es eine instrumentelle Psychologie so gerne haben möchte.

Wir kennen einen Schlotterer, den wir morgens, wenn man selber noch ratlos und verlegen sich den Büchern näherte, noch ehe wir ihn sahen, bereits hörten, wie er sich mit energischen Schritten, lautem Türenschlagen, empörten Ausrufen, entsetztem Stöhnen und anderen vitalen Äußerungsformen eine Welt organisierte, von der dieser Morgenschlotterer annahm, dass sie in der Nacht zuvor von fremden Mächten durcheinandergebracht, wenn nicht gar bedroht worden war. Diesen Mächten musste Einhalt geboren werden: mit Briefen, Telefonaten, Besprechungen – insgesamt mit einer Aktivität, die vergessen ließ, dass hier Gedichte, Romane und Essays verteidigt werden mussten. Jeder Morgen war also ein absoluter, an den Kräften zehrender Neubeginn, die Sisyphos-Arbeit musste getan werden, bis der Tisch wieder leer war. Gegen Mittag war das Gröbste geschafft: die einzelnen Teile seiner Welt saßen ungefähr da, wo er sie hinhaben wollte, er hatte seine Fäden gesponnen und vernäht. Wenn man um diese Zeit sein Zimmer betrat, konnte es geschehen, dass ein freundlicher, friedlicher und häufig sogar zufriedener Mensch hinter seinem Schreibtisch saß, rechts ein Häufchen Vorgänge für den Nachmittag, links, unter einem Glasbeschwerer, die Tagesstatistik, dazwischen eine Zeitschrift, in der er alle Namen anstrich, die mit dem Verlag irgendwie zu tun hatten, am liebsten Autorennamen. Er lehnte sich dann zurück, steckte sich die unvermeidliche Gauloise an, die er vorher sorgfältig anfeuchtete, hustete einmal kräftig und berichtete gelassen, aber nicht ohne Stolz, wie es ihm trotz allgemein schlechter Bedingungen wieder einmal gelungen war, das Schiff durch die heftigsten Stürme zu manövrieren. Wenn man ihn dafür bewunderte oder lobte – und keiner im Verlag war empfänglicher für Lob als er, wie auch keiner rückhaltloser loben und sich freuen konnte –, dann wurde dieser schwere Mann ganz leicht, lachte, fragte, machte Pläne, als gehöre ihm unendlich viel Zeit. Wenn mittags der Tisch leer war – und er musste um jeden Preis leer sein, so wollte es der mächtige Morgenschlotterer –, dann kam eine Person ans Licht, mit der man am liebsten Umgang hatte: Nun wurde über Bücher gesprochen, wie es sich für einen Verlag gehört.

Und am Abend dann, besonders im Winter, wenn es draußen schon dunkel war und das Haus fast leer und unnatürlich still, saß häufig einer in seinem schwarzen Sessel, der, wenn man eintrat, aufblickend tief aufseufzte und den späten Gast mit einer Klage begrüßte. Da war nichts mehr, was an die vitale Person des Morgens und die heiter-offene Person des Nachmittags denken ließ. Manchmal wird mir angst und bange, kam es dann von ihm, und aus dem selbstbewussten Kapitän schaute einer heraus, dem die Unendlichkeit des Meeres einen Schrecken einjagte. Er ließ dann eine Aufzählung dessen folgen, was ihm Sorgen machte, und kein Zuspruch konnte ihn daran hindern zu glauben, dass uns eine schwere Zeit bevorstünde. Ich selbst stand auch gelegentlich auf seiner Liste, wenn ich unfreundlich oder unbeherrscht war, und ich werde sein betrübtes Gesicht nicht vergessen, wenn er mich abends, bei einem Schnaps, fragte, warum wir nicht endlich wieder freundschaftlicher miteinander umgehen können. Ich kann, glaube ich, gut ermessen, wie schwer ihn Unfreundlichkeiten, Ungerechtigkeiten oder auch nur Rempeleien trafen – und wehe, es war keiner zur Stelle, der solche Situationen neutralisieren konnte. Diesem Energiekoloss und Unermüdlichkeitsfanatiker, ausgerechnet diesem unerschöpflichen Aktivisten konnte es passieren, dass er buchstäblich bis ins Herz getroffen wurde. Denn natürlich liebte er die andere, die helle Seite, er liebte den Erfolg, den er mit seinen Autoren und ihren Büchern hatte, und er wusste – und wollte, dass es alle wissen –, wie viel Arbeit er in diesen Erfolg gesteckt hatte. Glück und Erfolg stimulierten ihn. Unglück, schlechte Laune, Depressionen waren nur dazu da, bearbeitet und schnellstmöglich verwandelt zu werden. Bis zum Mittag sollte der Tisch leer sein.

Mit den Jahren – und ganz besonders in den letzten Jahren – wusste er wohl immer genauer, dass in ihm mehrere Personen gleichen Namens wohnen, die in dem Maße, in dem er sie zu akzeptieren begann, deutlicher wurden und Rechte beanspruchten. Je größer derjenige wurde, der Lebensfreude und Heiterkeit verbreitete, je schneller wuchs in dessen Schatten auch der andere, der sich nicht, wie früher, so erfolgreich abdrängen ließ. Der hat nun gewonnen, lange vor der Zeit.

Jeder Mensch, so hat eine moderne Gewinn-und-Verlust-Ethik uns erstaunlich erfolgreich eingeredet, ist austauschbar. Wo individuelle Erfahrung auf ein Minimum zusammengeschrumpft ist, kann jede Person ersetzt werden. Eines der letzten Bücher, die wir alle zusammen mit großer Begeisterung veröffentlicht haben, opponiert heftig gegen diese Auffassung: Ich meine die ›Enzyklopädie der Toten‹ von Danilo Kiš. Dort wird von einem unermesslich großen Archiv berichtet, wo alle Leben aufgezeichnet sind: alle Details, aus denen sich ein menschliches Leben zusammensetzt.

›Diese Enzyklopädie der Toten‹ – schreibt Kiš – ›sorgt sich jedoch nicht um materielle Güter, es ist weder eine Kladde für doppelte Buchführung, noch eine Namensliste, wie das Buch der Könige oder das Buch der Schöpfung, obwohl es beides ebenfalls ist; in ihr ist von den seelischen Zuständen des Menschen die Rede, von seinen Weltanschauungen, Meinungen über Gott, seinen Zweifeln gegenüber der Existenz einer anderen Welt, es geht um moralische Normen. Aber das, was am meisten verwundert, ist doch diese einzigartige Verbindung des Äußeren mit dem Inneren, dieses Bestehen auf materiellen Tatsachen, die später in logischer Verbindung mit dem Menschen gebracht werden, mit dem, was man seine Seele nennt.‹

Für Christoph Schlotterer, unseren Verleger und Freund, dessen Leben nun in dieser Enzyklopädie verzeichnet wird, werden die Archivare viel Platz brauchen. Aber ich bin sicher, dass wir alle dann bei der Lektüre der vielen Leben in einem zu der Überzeugung kommen werden, dass er ein unverwechselbarer und deshalb nicht austauschbarer und schon gar nicht ein ersetzbarer Mensch gewesen ist.

Adieu.«

Nach Christoph Schlotterers Tod wurde ich von den Mitarbeitern des Verlages dem Aufsichtsrat als Nachfolger vorgeschlagen; zusammen mit Felicitas Feilhauer und Dirk Stempel und den anderen haben wir wunderbar gearbeitet, und weil immer die Drohung im Raum stand, dass der feste Ladenpreis aufgehoben werden würde, haben wir – um besseren Kontakt zum örtlichen Buchhandel und der Presse zu haben – den Nagel & Kimche Verlag in Zürich, den altehrwürdigen Zsolnay- und den vormals noch berühmteren Deuticke-Verlag in Wien gekauft und den Hanser Kinderbuchverlag gegründet und den Hör-Verlag mitgegründet. Aber das ist eine andere Geschichte.

Bis zu seinem Tod mit dabei war Fritz Arnold, weil wir uns gar nicht vorstellen konnten, ohne ihn und sein Wissen auskommen zu können. Er starb im Frühjahr 1999. Auch auf ihn habe ich die Totenrede gehalten:

»Als ich Fritz das letzte Mal sah, am Wochenende vor seinem Tod, in der Klinik in Feldafing, schmal und zerbrechlich in seinem weißen Bett, musste ich an unsere erste Begegnung denken, die mehr als dreißig Jahre zurückliegt und ebenfalls an einem Wochenende stattfand. Ich war mit dem Zug aus Berlin angereist, verschwitzt und müde und dennoch aufgeregt, in einem geborgten Anzug, weil man damals in Berlin in meinen Kreisen keinen Anzug trug. Ich sollte mich bei Fritz Arnold vorstellen, dem Verlagsleiter von Hanser, empfohlen von Reinhard Lettau,

Walter Höllerer und Günter Grass. Lettaus Bücher erschienen bei Hanser, und er schwärmte von Arnold, Grass war von Hanser abgelehnt worden, aber nicht von Arnold, den er von der Gruppe 47 her kannte. Ich war nicht einmal vierundzwanzig Jahre alt und suchte Arbeit, weil die kleinen Verlage in Berlin mich nicht ernähren konnten und der einzige große Verlag Axel Springer gehörte. Als ich an der Haustür in der Berliner Straße 5 klingelte und über die Gegensprechanlage ein fröhliches Hallo! hörte, fiel mir das Herz in die Hose – und als mir oben ein Herr im weißen Bademantel und in Sandalen die Tür aufhielt, mich auf seinen Balkon bat, mir einen Campari einschenkte und mich aufforderte, das verschwitzte Jackett abzulegen, das er mit spitzen Fingern in die Wohnung zurücktrug, als könnte es unser nun beginnendes Einstellungsgespräch stören, ruckelte mein Herz langsam an seinen biologisch korrekten Platz zurück: Einen solchen Menschen hatte ich weder in Berlin noch sonst irgendwo gesehen. Das war Fritz Arnold. Der feine, schlagfertige, skeptische, agile Herr – und der verstrubbelte Jüngling. Eine Kurzgeschichte, denn verschiedener konnten zwei Menschen auf den ersten Blick nicht sein. Was dann folgte, war die völlige Umkehrung eines sogenannten Vorstellungsgesprächs. Ich kam mir bald vor, als hätte *ich* einen Job zu vergeben. Denn der Herr Arnold fing nun an, mir mit beredten Gesten seine Lieblingsautoren vorzustellen: Valéry und Celan, William Blake und den mittleren Rilke, Hofmannsthal, Auden und Thomas Bernhard und immer so weiter, und er nannte auch gleich die Autoren, die am besten über seine Lieblingsautoren geschrieben hatten, allen voran Peter Szondi. Ich brauchte nur Rudolf Borchardt zu murmeln, da begann er sofort über ›diesen sehr schwierigen Fall‹ zu reden, Bücher zu holen und vor allem Anekdoten zu erzählen, als hätte er Borchardt noch am vergangenen Tag gesehen. Er sprach über seine Schriftsteller wie über Menschen in naher und ferner Umgebung. Und dann seine Anekdoten: Rilke und die Dienstmädchen, Borchardt und der nicht enden wollende Redefluss, Curtius und die Nazis in Rom, Adorno und die Häkeldecke. Er war der festen Überzeugung, dass mit solchen Anekdoten, ja sogar Klatsch, sich schneller und treffender etwas zur Charakterisierung von Menschen sagen lässt als mit langen Abhandlungen. Eines seiner Lieblingsbücher war Aubreys Sammling biografischer Stücke aus dem 17. Jahrhundert, und er hat nie verstanden, warum die deutsche Ausgabe nicht bei uns erschienen war. Interessant für mich war, dass er seine Geschichten nie in herabsetzender Absicht erzählte – wie ich das von Berlin her bis zum Überdruss kannte –, sondern zur Verdeutlichung, insofern war er ein Physiognomiker alter Schule – und das ist auch der Grund, warum er sich so gut mit Elias Canetti verstanden hat. Am nachdrücklichsten aber war ich begeistert von seiner Ignoranz aller Grenzen. Fritz, der als Soldat in Rom und Nordafrika und als Kriegsgefangener in den Staaten gewesen war, konnte mit einer unbefangenen, neugierigen Behändigkeit die Länder, Zeiten und Literaturen wechseln, als seien Grenzen unsichtbare Markierungen für einen Mann von Welt.

Nachdem *er* sich also *mir* vorgestellt hatte, lud er mich zu einem Spaziergang durch Schwabing, das damals gerade noch Schwabing war, und zu einem frühen Abendessen in ein russisches Restaurant in der Kaiserstraße ein. Schon wieder eine seiner Verwandlungen. Aus dem mondänen Liegestuhl-Literaten wurde ein adrett angezogener Spaziergänger, mit blitzenden Augen, gut parfümiert. In diesem Haus hat Klee gelebt – Anekdote –, hier Ibsen – übrigens taugen alle lieferbaren Übersetzungen nichts –, hier Rilke. Und wie zur Bestätigung, dass auch alles wahr und nichts erfunden ist, sitzen in dem russischen Restaurant am Nebentisch Christiane Zimmer – eine Tochter von Hofmannsthal, flüstert er mir zu – und Werner Vordtriede – Übersetzer von Yeats, sehr gut! –, und schon geht es von Tisch zu Tisch weiter, denn natürlich hat die mächtige Frau Zimmer einst auf Rilkes Schoß gesessen und Herr Vordtriede hatte Eliot getroffen, und Erich Heller aus Komotschau, jetzt Evenston/Illinois, der erwartet wurde, aber nicht kam, hatte über beide einen großartigen Essay geschrieben, den alle drei natürlich gelesen hatten. Und was ich denn so triebe, wurde ich von Frau Zimmer gefragt – und die Antwort wurde ohne Zögern von Fritz gegeben: Das ist unser neuer Lektor. Und während noch über die hehren Dinge der Literatur gesprochen wurde, wurde die Abendzeitung vom nächsten Tag gekauft, die aus unerfindlichen Gründen am Abend vorher ausgeliefert wurde, und der feine Herr vertiefte sich in die Klatschkolumne eines gewissen Hunter, der über die Partygewohnheiten der Münchner besseren Kreise Auskunft gab. Alles geschah gleichzeitig, alles war wichtig.

So begann unsere dreißigjährige Zusammenarbeit und Freundschaft – und ich schwöre, es wurde an diesem Tage nicht ein einziges Mal über Vorschüsse, Auflagen, böse Kritiker und ihre Niederträchtigkeiten gesprochen, für die unser Berufsstand heute so berüchtigt ist. Nein, Fritz war kein Mann des Geschäfts. In all den Jahren, die wir uns kannten und in denen wir von ihm lernen konnten, hat er diese Dinge anderen überlassen. Mochten die sich die Haare raufen über Kalkulationen und Bilanzen, seine Haare blieben immer akkurat in Façon. Unser erstes gemeinsames Projekt war – zum anfänglichen Schrecken des Verlegers – eine mit Norbert Miller geplante Bibliotheca Dracula, in der die gotischen Schauerromane erschienen, die nun, zu seinem nicht geringen Vergnügen, neben den deutschen Klassikern ihr fahles Licht verströmten. Miller, dessen schönes Piranesi-Buch er liebte, Richard Alewyn, Klaus Völker, Dieter Sturm – es waren die besten Namen, die wir für die von Uwe Bremer in Leuchtfarben gekleidete Bibliothek suchten und fanden. Aber Fritz war auch die Serie der internationalen Klassiker zu verdanken, die er mit Norbert Miller und Friedhelm Kemp konzipierte: Rabelais, die spanischen Schauerromane, Fielding, Marivaux und Mark Twain und viele andere. Und gleichzeitig entwickelten wir – Fritz und Jürgen Kolbe, Schlotterer, Seitz und ich – die Gelbe Reihe Hanser, derentwegen Fritz mehr als einmal zu Herrn Hanser gerufen wurde, um sich den Kopf waschen zu lassen. Er hat – das kann ich bezeugen – nie gezuckt. Es war für ihn selbstverständlich, dass er den Kopf für das hinhielt, was wir gemeinsam ausgeheckt haben, obwohl er nicht alles, was wir ihm vorschlugen, gut finden konnte. Es war für ihn selbstverständlich – das ist der richtige Ausdruck, denn ein Kämpfer war er nun überhaupt nicht. Zu tief war er von Skepsis durchtränkt, und als Ironiker und Spötter war er für Moden, Schulen und Parteiungen ohnedies ungeeignet. Hinzu kam, dass er stets darauf bedacht war, sich seine Zeit nach eigenen Vorgaben einzuteilen. Zu lange Diskussionen ödeten ihn an, ganz gleich, was verhandelt wurde. Das galt auch für unsere Lektoratssitzungen, bei denen er bis zuletzt zugegen war, immer mit einem milden Lächeln im Gesicht, wenn wir – und ganz besonders ich – uns monologisierend über irgendetwas langatmig ereiferten. Rief ich eine Minute nach dem Ende solcher Sitzungen durch die offene Tür meines Zimmers seinen Namen, weil mir die wichtigen Dinge natürlich zu spät eingefallen waren, gab es aus seinem Zimmer keine Antwort mehr. Ich brauchte dann nur aus dem Fenster zu schauen, um Fritz zu sehen, der, auch noch mit achtzig Jahren, in Sekundenschnelle die Treppen hinuntergelaufen war und nun schon neben seinem Fahrrad stand, ein drahtiger Mann mit breitkrempigem Hut und Anorak, der sein rechtes Hosenbein über einen irrsinnig gelben Socken hochkrempelte, den linken Fuß aufs linke Pedal setzte und mit einem unglaublichen Schwung das rechte Bein nach hinten ausgestreckt über den Sattel warf und in Position brachte, um dann aufrecht seinem anderen Leben zuzuradeln, von dem wir alle nicht viel zu wissen brauchten. In solchen Momenten war ich, in sprachloser Bewunderung, stolz auf ihn: Da fuhr der Mann, der uns in den ›Perspektiven‹ die moderne amerikanische Lyrik vorgestellt hatte, der bei Fischer das Taschenbuch mit entwickelt hatte, der bei der Planung von Kindlers Literaturlexikon, zusammen mit Wolfgang von Einsiedel, dabei war, der bei uns dreißig Jahre lang Bücher betreut hatte, von Eva Demski und Ivan Nagel, von Isaak Singer und Susan Sontag, von Borges und Canetti bis Gombrowicz, da fuhr dieser Mann, den manche für arrogant hielten und den ich als einen der bescheidensten kannte, den viele beneideten, weil er so unabhängig war und in einem silbernen Döschen eine Droge gegen das Altern verwahrt hatte, da fuhr dieser König Fritz, mit Schlapphut und gelben Socken, und manchmal, wenn es ganz schlimm kam, sogar noch mit bunter Fliege, so eigentümlich vergnügt die Kolbergerstraße hinunter, dass man nur stolz sein konnte, mit ihm befreundet zu sein.

Was er außerhalb des Verlages trieb, kam gelegentlich doch zum Vorschein. Einmal ließ er sich, in einem Tanztheaterstück von Johann Kresnik, durch die Manege des Marstall-Theaters kugeln, einmal trat er im Müllerschen Volksbad in einer Feuchtwanger-Revue auf, und als wir ihm als Überraschung zum siebzigsten Geburtstag eine Edition seiner frühen Essays schenkten, hatten wir seine Schreiblust noch einmal geweckt. Sein Buch *Freundschaft in Jahren der Feindschaft* ist ein bleibendes Zeugnis seines unabhängigen Geistes und seiner lebenslangen Liebe zu den Büchern. Und ganz zuletzt noch erschienen – worauf er sehr stolz war – in einer Edition des Lyrik Kabinetts seine Erinnerungen an die Zusammenarbeit mit Celan. Ich möchte den letzten Abschnitt aus seinem Auden-Essay zitieren, von 1951, erschienen in der ›Neuen Zeitung‹: ›Die Bedeutung Audens wird nicht durch die Frage geklärt, wie lange diese Gedichte in der Zukunft bestehen werden, oder ob sie vielleicht mit ihrer

Zeit vergehen. Sie entsprechen einem Weltgefühl, dessen Aussagen immer verstanden werden. Ihre Bedeutung für das Hier und Jetzt kann jedoch kaum überschätzt werden. Zumal für die deutsche Lyrik der Gegenwart, die sich nur in wenigen Einzelfällen von epigonischer Tradition und provinzieller Romantik freizumachen versucht, sind sie eine strenge Mahnung. Sie zeigen, dass Lyrik nicht nur Schönschreibekunst und Gefühlsdekoration ist, sondern dass unsere Welt in dem gleichen Maße erfahrbar wird, in welchem sie Sprache wird. Audens Gedichte stehen mitten im Leben, und die deutsche Lyrik kann sich ihre Errungenschaften und Möglichkeiten nicht ersparen, wenn sie wieder Anschluss an die Wirklichkeit des Lebens finden will.‹

Dass Fritz seinen Wunderpillen für die ewige Jugend doch nicht trauen konnte, musste er, mussten wir schmerzlich erfahren. Aber auch hier zeigte sich wieder, dass Fritz nicht nur ein Meister der Anekdote und der Geselligkeit war, sondern auch ein Meister der Diskretion, der Abschirmung. Er wusste oder ahnte doch, dass er nicht mehr lange zu leben habe, als er seinen Befund erhielt. Kein Wort der Klage, kein einziger larmoyanter Ton. Helga Nerlich, seine engste Mitarbeiterin im Verlag, hat uns zwar von seinen Schmerzen berichtet, aber es klang nie so, als kämpfe er mit dem Tode. Im Gegenteil: Selbst als er schon in seinem Wägelchen saß, hat er noch Manuskripte gelesen und Fahnen korrigiert und Briefe geschrieben, damit die Bücher nicht durch sein Verschulden zu spät erscheinen mussten.

Wir wissen von seinem Bruder Hans, dass sich Fritz damals ein Grab gekauft hat. Und es existiert auch eine von ihm auf der Schreibmaschine getippte Regieanweisung – selbstverständlich konnte dieser Herr keinen Computer bedienen –, wie er sich seine Totenfeier wünschte. Er machte uns also zu Darstellern seiner letzten Inszenierung. In dieser Regieanweisung heißt es:

Wünsche für Trauerfeier und Grab

Beim Städtischen Bestattungsinstitut habe ich ein Einzelgrab im Nordfriedhof bestellt und die Bestattungskosten bezahlt.

Die Trauerfeier soll schlicht und ohne Geistlichkeit sein.
Als Musik schlage ich vor

Mozart Piano Concerto Nr. 21 KV 467
2. Satz (7 Minuten)
CD mit Robert Casadesus

Johann Sebastian Bach Kantate 82, »Ich habe genug«
(41 Minuten)
CD mit Nicolaus Harnoncourt

Zum Auszug der Gäste, damit es nicht zu traurig wird:
Keith Jarrett The Köln Concerto Nr. 4 Köln 1975
(7 Minuten)

Auf dem Grab eine einfache Platte mit Geburts- und Todesdatum.

Alle CDs sind bei mir vorhanden und durch einen roten Punkt gekennzeichnet.
F. Arnold

Zu seinem 60. Geburtstag habe ich auf Fritz die erste Rede gehalten, bei seinem 80. habe ich ihm gesagt, wie sehr ich mich freue, die große Rede zu seinem 90. halten zu dürfen. Seine Antwort: ›Dann musst du aber von jetzt an ganz gesund leben.‹ Nun hat er es doch nicht geschafft. Wir werden ihn nicht vergessen.«

Meine römischen Winter *oder* Über das Ende des Neorealismus in Italien

Der erste Mensch, mit dem ich in Rom ein paar Worte wechselte, war der damals berühmteste Schriftsteller Italiens, Alberto Moravia. Und das kam so:

Ende der siebziger Jahre erhielt ich durch das bayerische Kultusministerium das begehrte Jahres-Stipendium für die Villa Massimo in Rom. Ich war außer mir vor Freude! Ich war vorher nur ein einziges Mal für zwei Tage in Rom gewesen, war besinnungslos durch ein paar Kirchen gestolpert und hatte mit hunderttausend Touristen zusammen auf der Piazza Navona einen Espresso getrunken und bei Tre Scalini ein Eis gegessen, und jetzt sollte ich ein ganzes Jahr Zeit haben, die Stadt zu erkunden. Ich machte sofort Pläne, was ich anschauen wollte: alle Bilder Caravaggios, die Vatikanischen Museen, die Antiken, die Hadrian-Villa, natürlich Neapel, rund zweihundert Kirchen, ein Programm, das ich in zehn Jahren nicht hätte abarbeiten können. Und eigentlich wollte ich alles zu Fuß machen: Ich wollte mir das Zentrum der Welt erlaufen. Da ich nicht ein Jahr Urlaub nehmen konnte, wurde mir erlaubt, drei Jahre hintereinander im Winter nach Rom zu kommen, immer von Dezember bis März (und wenn das Studiolo frei war, sogar bis zum April).

Ich brach also am 1. Dezember 1981 in der Frühe in München auf und fuhr an allen bedeutenden Städten, Landschaften und Kunstwerken vorbei direkt nach Rom, wo bei meiner Ankunft gerade die Dämmerung begann. Ich fand, zitternd vor Aufregung, auf meiner Straßenkarte tatsächlich die berühmte Via Nomentana, die ins Zentrum führte, und die Piazza Bologna, über der die Deutsche Akademie thronte, aber wie man durch das Gestrüpp der Einbahnstraßen zur Viale di Villa Massimo kommen sollte, war nicht zu ermitteln, nicht zuletzt deshalb, weil um diese Zeit im Winter in den besseren Wohngegenden nur wenige Menschen unterwegs waren. Als ich zum zehnten Mal an dem Haus vorbeigekommen war, in dem Luigi Pirandello gelebt hatte, musste ich handeln. Außerhalb der Stadtmauern blies ein eisiger Wind, mir wurde schockartig klar, dass Rom nicht weit vom Meer liegt. Später erzählte mir Italo Calvino, dass der russische Schriftsteller Nikolai Gogol im Winter in Rom stärker unter der Kälte gelitten hätte als zu Hause in Russland, weil es in seiner Bude in der Via Sistina keinen gescheiten Ofen gab; wenn also in den »Toten Seelen« die russische Kälte beschrieben wird, dann verdankte sie sich einer römischen Erfahrung.

Schließlich parkte ich (wie alle anderen auch) mein Auto im Halteverbot vor einer Klinik, der Villa Margherita, um nach dem Weg zu fragen. Der erste Mensch, den ich ansprechen konnte, war ein hoch aufgeschossener älterer Herr mit eisgrauem Haar und Adlerblick, der seinen roten Schal über die Schulter geschlagen hatte. Dovä ä la Academia Tedesca, fragte ich mit meinem in Restaurants in München gelernten Italienisch, und seine Antwort bestand in einer lässigen Armbewegung und den zwei Worten: Next door. In dem Moment fiel bei mir der Groschen: Es war Alberto Moravia! Und noch im ersten Schock der Überraschung fragte ich: Sind Sie zufällig Alberto Moravia? Si, si, lautete die kurze Bestätigung. Und während ich ihm erklären wollte, dass ich viele seiner römischen Erzählungen gelesen hätte, war er schon verschwunden, ich sehe noch, wie er ein Bein etwas nachzog, als er die wenigen Stufen vor dem Portal des Hospitals hinauflief.

Das fing ja gut an. Da ich nicht annehmen durfte, dass man Moravia eigens zu meiner Begrüßung am 1. Dezember 1981 gegen 17 Uhr in die Nähe der Villa Massimo gebeten hatte, wollte er wahrscheinlich jemand im Krankenhaus besuchen. Ein paar

Wochen später wusste ich auch, wer es war: Elsa Morante, die schon lange von Moravia geschiedene Ehefrau, die nach einem Sturz und einem komplizierten Oberschenkelhalsbruch in der Villa Margherita gepflegt wurde. Zwei Jahre später, 1983, als ich zum letzten Mal als Stipendiat in der Villa Massimo war, hatte sie einen gescheiterten Selbstmordversuch unternommen, im November 1985 ist sie an Herzversagen gestorben. Da ich ihren Roman »La Storia« gelesen und geliebt hatte, wollte ich sie unbedingt kennenlernen, was durch Vermittlung von Natalia Ginzburg auch möglich wurde. Als pünktlich Anfang Februar überall in Rom die Mimosen zu blühen begannen und über Nacht den grauen, vom Regen glitschigen Stein der Macht mit ihrem knalligen Gelb überzogen, durfte ich in der ersten Frühjahrssonne Elsa Morante in ihrem Krankenstuhl über den knarrenden Kies der Villa Massimo schieben. Natürlich fragte ich sie, ob Gunther, der deutsche Soldat, der die traurige Heldin von »La Storia«, Ida, vergewaltigt, ein Vorbild in der Realität hatte, aber ich spürte, dass sie darüber nicht reden wollte. Ida überlebt den Krieg in einer Nervenheilanstalt in Rom, der ältere Sohn, Nino, wird von Amerikanern auf dem Schwarzmarkt erschossen, nur das »deutsche« Kind überlebt – irgendwie hatte ich den Eindruck, dass diese Geschichte sie eingeholt hatte. Sie wollte nicht über sich reden. Also ließ ich diese schöne, traurige Frau mich fragen.

Beide, Moravia wie Morante, kamen aus jüdischen Elternhäusern, bei Morante war es die Mutter, bei Moravia, der eigentlich Pincherle hieß, der Vater, beide mussten sich, seit 1941 verheiratet, in den Bergen vor den Deutschen verstecken. Man hat das Schreiben – und die Filmarbeit – dieser Generation bekanntlich als »neo-realismo« bezeichnet, um einen Deckel zu haben für den Topf, in dem dann doch sehr heterogene Elemente für ein National-Gericht zusammenkamen. Die Wirkung jedenfalls war enorm. Es gab in Deutschland keine vergleichbaren Autoren mit so viel Einfluss auf die Einbildungskraft der gesamten Leserschaft. Ausgenommen vielleicht Heinrich Böll und Siegfried Lenz. Aber schon die Filmarbeit hätte sie in Deutschland verdächtig gemacht. Von Alberto Lattuada über de Sica bis zu Bertolucci hatten alle Stoffe von Moravia verfilmt, und jeder wusste, dass der auf Capri in der exzentrischen Villa Malaparte gedrehte Film »Die Verachtung« von Jean-Luc Godard (mit Brigitte Bardot und Michel Piccoli) auf einem Drehbuch von Moravia beruhte. Und dann saß Moravia, der zusammen mit Pier Paolo Pasolini die linke Zeitschrift »Nuovi Argomenti« gegründet hatte, auch noch für die Kommunisten im Parlament. Um den Einfluss der Kommunistischen Partei richtig einzuschätzen – hat mir Umberto Eco einmal erzählt –, muss man folgende Überlegung anstellen: Hätten alle Mitglieder der KPI damals ihr Konto bei einer Bank der Partei gehabt, wäre die reicher und mächtiger gewesen als alle anderen Banken Italiens. Aber die Angst davor, sich die Hände am Geld schmutzig zu machen, und der dann einsetzende Zerfall der kommunistischen Idee haben aus der Partei einen Scherbenhaufen gemacht. Kein Geld mehr, kein Einfluss und keine Ideologie. Nur die berühmten Feste haben noch eine Weile überlebt und die Zeitung *Il Manifesto*.

Dass ich Elsa Morante durch den kleinen, wohlgepflegten Park der Villa Massimo schieben durfte, hatte ich Natalia Ginzburg zu verdanken. Ginzburgs lakonische Chroniken der italienischen Familie unter dem Faschismus gehören für mich zu den schönsten Büchern meiner »italienischen Erziehung«; ihr atemberaubender Minimalismus, der keinen falschen Psychologismus zulässt, die Abwesenheit jeglicher Besserwisserei, der Witz, der durch das Aufeinandertreffen der verschiedenen Stimmen, Charaktere, Hoffnungen und Glücksvorstellungen entsteht, ohne dass es je »gewollt« klingt, all das macht ihre Bücher – von »Alle unsere Gestern« bis zu »Caro Michele« – einzigartig. Und trotz der Konzentration auf den Alltag ihrer Personen entsteht im Hintergrund ihrer Bücher ein Panorama der jüngeren italienischen Geschichte, vom Afrikafeldzug bis zur Verfolgung der Juden, von der Verbannung bis zu sozialen Problemen. Chichita Calvino, Italos argentinische Frau (auch aus einer jüdischen Familie, ihr Mädchenname war Esther Judith Singer), der ich von meiner Bewunderung für die Bücher von Natalia Ginzburg vorgeschwärmt hatte, griff sich das Telefon und rief sie an, ein deutscher Verehrer stehe neben ihr, der sonst nichts von ihr wolle, wann sie Zeit habe?

Ein paar Tage später stand ich dann vor ihrer Tür in einem dunklen Palazzo ganz in der Nähe des Pantheons. Es dauerte eine gewisse Zeit, bis die verschiedenen Schließvorrichtungen geöffnet waren, die damals noch jede Tür in Rom vor Einbrechern verriegelten. (Es gab auch kein Auto, das nicht mit zusätzlichen Lenkradschlössern ausgestattet war!) Kommen Sie rein, schließen Sie die Tür fest zu, ich bin gerade am Telefon, und lassen Sie Ihren Mantel an, es ist sehr kalt in der Wohnung. Wohnung! Das Zimmer, der Raum, in dem ich auf sie wartete, war sicherlich sechs Meter hoch! Und überall Bücher, und in allen Sprachen. Ihr erster Mann, der Slawist Leone Ginzburg, in Odessa geboren, der im Gefängnis von Regina-Coeli von der Gestapo zu Tode gefoltert worden war, hatte ihr seine russischen Bücher hinterlassen, ihr zweiter Mann, Gabriele Baldini, der 1969 starb, war Anglist mit einer Bibliothek englischer Bücher, sie selber besaß viele französische Bücher und hatte Proust ins Italienische übersetzt, und natürlich standen überall die schönen Bücher des Verlags Einaudi aus Turin, für den sie als Lektorin tätig war. (In Rom gab es damals keine interessanten Verlage.) Kommen Sie, wir holen uns Kaffee, rief sie mir zu, und dann begann eine zauberhafte Komödie, in deren Verlauf sie und ich mehrere Male in die Küche liefen, um Wasser aufzusetzen, zu erhitzen, Kaffee in die Maschine zu geben, Milch zu holen, dann noch Zucker, und schließlich hatten wir die Löffel vergessen. Eigentlich waren wir die ganze Zeit unterwegs, bis wir endlich mit unseren winzigen Tässchen am Fenster standen und sie mir eine wunderbare soziologische Einführung in die Probleme Roms gab, über die Menschen, die vor allem Moravia – aber natürlich auch sie selber – so genau beschrieben hatte: Sehen Sie dort die macelleria, die Metzgerei? Der erste Sohn ist an einer Überdosis gestorben, hier unten vor der Tür, die Tochter hat einen Mann geheiratet, der wegen eines Einbruchs im Gefängnis sitzt, der zweite Sohn, ein liebenswerter Junge, ist vor ein paar Jahren verschwunden und nie wieder aufgetaucht; und dort das Eisenwarengeschäft, diese Leute hatten vier Kinder, von denen das erste ... mit anderen Worten, sie kannte jeden Menschen in der Straße und wusste von sämtlichen Problemen zwischen Eltern und Kindern, und da sie für eine Splittergruppe der Kommunistischen Partei im Parlament saß, hatte sie immer die richtigen Beispiele zur Hand, wenn es um Erziehung, Schulprobleme, Drogenbekämpfung oder soziale Schichtung ging: immer präzise, anschaulich, unaufgeregt, mitfühlend, korrekt – und unerbittlich. Die meisten Abgeordneten im Parlament hielt sie für korrupte Banditen – ganz besonders Andreotti, der an mehr als zwanzig Regierungen beteiligt war und dem es immer wieder gelingen sollte, allen Amtsenthebungsverfahren zu entwischen. Für Natalia Ginzburg, die übrigens aus einer jüdischen Triestiner Familie stammte, aber in Palermo zur Welt gekommen war, stand zweifelsfrei fest, dass er mit der Mafia unter einem Hut steckte. Überhaupt die Mafia!

Natalia Ginzburg hatte – neben ihrer Arbeit im Verlag, neben der Schriftstellerei und der Arbeit im Parlament – selber fünf Kinder großgezogen. Jetzt stand sie mit ihrer Kaffeetasse am Fenster und entschuldigte sich, nicht mehr Zeit zu haben, um mir das System der Mafia zu erklären, aber sie musste – natürlich zu Fuß! – ins Parlament. Deutsche Politiker sah man im

Fernsehen immer entweder aus einem Auto aussteigen oder in ein Auto einsteigen, die italienischen Politiker sah ich immer auf der Straße. Kommen Sie wieder vorbei, rief sie mir in dem hallenden Treppenhaus nach, dann koche ich etwas und Sie erzählen mir, was in Deutschland los ist ... Tatsächlich habe ich versucht, bei späteren Besuchen etwas von Deutschland zu erzählen, in meinem völlig unzureichenden Italienisch, aber ich bezweifle, ob sie mich wirklich verstanden hat. Sie schaute mich jedenfalls immer mit einem sorgenvollen, betrübten Gesicht an, wenn ich mir Mühe gab, die Probleme meiner Generation darzustellen, murmelte »incredibile« und zog die Stirn in noch tiefere Falten. Eine beeindruckende Frau. Aber Deutschland war ihr fremd geblieben.

Die Calvinos lebten um die Ecke. Neben ihrer Wohnung besaßen sie noch einen mit den seltensten Pflanzen bewachsenen Dachgarten, von dem aus man, ein Glas Wein in der Hand, über ganz Rom blicken konnte. Es gab eine gewisse Konkurrenz, wer den schönsten Dachgarten in Rom hatte, jedenfalls gehörte der von den Calvinos zusammen mit dem des Direktors der Biblioteca Hertziana an der Spanischen Treppe zu den schönsten, die ich betreten durfte. Als ich zum ersten Mal den Klingelknopf der Calvinos drückte, schaltete sich oben die Gegensprechanlage an, aus der mir ein lautstarker argentinischer Tango entgegenschwappte. Ich war richtig. Und ich ahnte, wer hier die Hosen anhatte. Chichita war eine Wucht: klug, witzig, voller Sprachen und Anekdoten, niemals müde. Sie hatte Italo in Paris kennengelernt, auf Kuba, wo Italo 1923 als Kind von Biologen auf die Welt gekommen war, hatten sie geheiratet. Ich sollte ihr durch den Flur, in dem mehrere schöne Bilder und Objekte von Italos Freund Saul Steinberg hingen, in die Küche folgen, durfte zwischen Gin und Wodka Tonic, einem Kräuterschnaps und Wein wählen, dann ging es, weil das Wetter es an dem Nachmittag im Januar gut mit Rom meinte, auf die Terrasse, wo mir

Chichita und später dann der leise und unauffällig hinzugetretene Italo Rom erklärten: die Hügel, die Stadtteile, die Himmelsrichtungen. Während Signora Ginzburg nach unten geschaut hatte, in die dunklen Ecken und die dunklen Schicksale einer uralten Stadt, schauten die Calvinos nach oben, und als plötzlich die Sterne sichtbar waren – ein seltenes Ereignis in der von Smog hermetisch eingepackten Stadt –, erklärte Italo auch noch die Sternenbilder. Von den Sternen ging es nahtlos über zu den Etruskern, zu deren Sprache und Mythologie, über die er alles gelesen hatte, und wären die beiden nicht zu einem Abendessen eingeladen gewesen, hätte er wahrscheinlich in seiner drängenden Sprache die ganze Nacht lang erzählt. Da ich mein eigentliches Anliegen noch gar nicht vorgebracht hatte, nämlich eine Gesamtausgabe seiner bis dahin veröffentlichten und natürlich der kommenden Werke, verabredeten wir uns gleich für einen der nächsten Nachmittage. Er war ein wunderbarer, manchmal kauziger, manchmal hochfahrender Erzähler, und was immer ich wissen wollte, er gab stets ausführlich Auskunft: über seinen geliebten Pavese, über Vittorino und die ganze Einaudi-Gruppe, über seine Zeit bei den Partisanen, als er als jüngstes Mitglied der Brigate Garibaldi gegen die Faschisten und die deutschen Besatzer gekämpft hatte, über seine Mitgliedschaft in der PCI und seine Trennung von der Partei, über OULIPO und Raymond Queneau, aber genauso präzise und witzig über Paris und seine Autoren oder über Kuba und Che Guevara, und wenn er einmal eine Lücke ließ, sprang Chichita ein und übernahm. In den drei Jahren habe ich die beiden so oft wie möglich gesehen, manchmal kamen andere dazu wie zum Beispiel der von Calvino zu Recht hochgelobte Schriftsteller Daniele del Giudice oder der Philosoph Giorgio Agamben (der damals gerade für Einaudi Walter Benjamin übersetzte) und seine Freundin Ginevra Bompiani, Tochter des Verlegers Valentino Bompiani, die an der Universität von Pisa englische Literatur unterrichtete und eine unvorstellbar gute Pasta-Köchin war – und mit der ich Englisch reden konnte. Es war immer eine inspirierende Atmosphäre in diesem Haushalt über den Dächern von Rom, und viele der Menschen, die ich dort traf, wurden Autoren des Verlags, für den ich arbeitete.

Italo Calvino starb – wie die zehn Jahre jüngere Elsa Morante – 1985, dreiundsechzig Jahre alt. Es war eine nationale, eine internationale Tragödie. Wir haben zwar noch nach meinem letzten Besuch Briefe gewechselt, als er an seinem letzten Buch schrieb, den nicht mehr vollendeten »Sechs Vorschlägen für das nächste Jahrtausend«, uns aber nicht mehr gesehen. An den letzten Abend kann ich mich komischerweise noch genau erinnern. Wir hatten über die Philosophen der Frankfurter Schule gesprochen, die Agamben natürlich alle, von denen Calvino die meisten gelesen hatte, und bei dieser Gelegenheit wurde die für mich überraschende Feststellung getroffen, dass auch die italienische Philosophie strikt hegelianisch beeinflusst sei. Auch Croce? Natürlich auch Croce. Wir sind nicht so romantisch, wie die Deutschen offenbar denken. Aber ich merkte, dass Calvino – wir standen schon im Flur – noch etwas sagen wollte, etwas über Hegel hinaus sozusagen, und schließlich rückte er damit heraus: Ich sollte bei meinen französischen Verlagskollegen etwas für Giorgio Manganelli tun, den er für den gegenwärtig allerbesten Schriftsteller in Italien hielt. Von Hegel zu Manganelli, einen solchen Sprung konnte nur Calvino, das Eichhörnchen, wie Pavese ihn liebevoll genannt hat. Ich bin nie wieder einem Schriftsteller wie Calvino begegnet: dieses Temperament, dieser Wissensdurst, diese Kenntnisse auf den verschiedensten Gebieten, diese Freude am Austausch: Es war einmalig, was an einem Abend mit ihm zur Sprache kam. Und keine Neigung zum Kitsch, zum Pathos, zur Selbstbeweihräucherung. Als wir eine Auswahl seiner Erzählungen besprachen, kam bei jeder zweiten der Einwurf: Soll die wirklich aufgenommen werden, ist sie nicht zu dumm oder zu nachvollziehbar oder zu zeitbezogen – obwohl er sonst eine genaue Vorstellung hatte, was gut und was weniger gut war. Und immer nach einem Besuch bei ihm hatte man die Taschen voller Zettel, auf denen er notiert hatte, was und wen man alles lesen sollte.

Ich war nur zu gerne bereit, den verehrten Giorgi Manganelli zu treffen. Damals war bei Wagenbach gerade die deutsche Übersetzung seines Buches »Centuria« unter dem deutschen Titel »Irrläufe. 100 Romane in Pillenform« erschienen, das ich enthusiastisch besprochen hatte: hundert Romane von jeweils einer bis zwei Seiten Länge, und der Leser war aufgefordert, durch Aufgießen mit eigener Phantasie sich eine ganze Bibliothek zusammenzustellen. Iris Schnebel-Kaschnitz hatte diese extremen Schrumpfformen von Romanen wunderbar ins Deutsche gebracht, und die Literaturkritik durfte die Frage beantworten, ob die »wirklichen« Romane dahinter noch erkennbar waren.

Manganelli, 1922 geboren, lebe (noch) bei seiner Mutter, hieß es. Er war Dozent für englische Literatur und Kritiker beim Corriere de la Sera. Mit dem Telefon kam ich nicht durch, also schrieb ich ihm einen Brief, legte, als Beweis meiner Verehrung, eine Kopie meiner Rezension bei, und war erstaunt, dass er sofort einem Treffen zustimmte. Ich sollte unten klingeln, er käme dann herunter, die Reservierung im Restaurant würde er übernehmen. Was dann folgte, war eine Groteske, und zwar nicht in Pillenform, sondern in voller Länge. Denn Manganelli hatte nicht reserviert, weil man dann gezwungen sei, das ganze Menu zu essen, sondern ging mit mir im Zentrum von Lokal zu Lokal und unterzog die draußen ausgehängten Speisekarten einer hermeneutischen Lektüre: bei dem einen war die metaphernreiche Ankündigung von schlichten Tortellini ein Beweis für ein Potemkinsches Dorf, beim nächsten vermutete er hinter den angepriesenen Kaninchen nichts anderes als Katzen, beim dritten konnte er sich nicht mit dem gebackenen Gemüse anfreunden, und beim vierten sagte ich, inzwischen hungrig geworden, dass ich dort schon einmal sehr gut gegessen hätte, und erhielt zur Antwort: Sie können froh sein, dass Sie noch am Leben sind. Zwischen den Lokalen unterhielten wir uns über »gothic novels«, die er alle gelesen hatte und die auch ich kannte, weil sie in unserer Bibliotheca Dracula erschienen waren: von »Melmoth, der Wanderer« bis zu der zum Himmel schreienden Schwarte »Der Mönch« von Matthew Gregory Lewis. Keine Rede von Sprachspielen, Strukturalismus, Neoavanguardia, von der ganzen aufgedrehten Theorie der Literatur, die damals dabei war, einem die Lektüre von Literatur zu vergällen. (»Literatur als Lüge« hieß das Manifest von Manganelli für eine alle Grenzen sprengende Literatur.) Nach einer langen gelehrten Wanderung durch das alte Rom landeten wir vor einer winzigen Trattoria am Tiber, die gerade dabei war, die Küche zu schließen. Wenn der Wirt gedacht hatte, noch schnell ein Geschäft vor der Nachmittagspause zu machen, dann hatte er sich geirrt, denn der *professore* fragte den Mann auf eine vielleicht nicht gewollte Weise aus, dass mir das Lachen (und der Appetit) vergingen – und nachdem er alle Köstlichkeiten verworfen hatte, bestellte er einen Teller gekochte Erbsen. (Ich hatte da meine *pasta* schon längst verdrückt.) Dass der Wirt den Teller *piselli* tatsächlich vor Manganelli abgesetzt und ihm nicht einfach über den Kopf gestülpt hat, war eines dieser römischen Wunder. Und wer jetzt geglaubt hat, Manganelli hätte folgsam seine Erbsen gegessen, der ist im Irrtum. Um es kurz zu machen: Am Ende unseres Essens war der ganze Tisch von Erbsen übersät, die Manganelli einzeln mit der Gabel verfolgte, bis sie im Dunkel zwischen unseren Beinen verschwanden.

Es war schon dämmerig, als wir das Lokal verließen, nachdem wir dem Wirt, der die ganze Zeit über auf einem Stuhl neben der Tür zur Küche geschlafen hatte, für das großartige Essen gedankt hatten. Manganelli wollte eigentlich mit mir Deutsch lernen, musste aber nach Hause (zu Mama), ich ging über die nächste Brücke nach Trastevere hinüber, um meinen Freund Peter Berling zu treffen, mit dem ich ein richtiges Abendessen verabredet hatte. Gerade hatte ich das Ende der von Cesare Pavese und seinem Kreis geforderten »humanistischen« Literatur der Nachkriegszeit erlebt, nun würde ich in eine Literatur eintauchen, die von Schulen, Gruppen, ideologischen Zirkeln und dementsprechenden Manifesten nichts mehr wissen wollte.

Peter Berling, genannt »der dicke Peter« oder »Mutti«, lebte in einer kleinen Wohnung auf dem Dach eines Hauses hinter der Piazza di Santa Maria, zwei winzige, ineinandergefaltete Zimmer – aber eine große Terrasse, deren Bäume und Büsche es durchaus mit dem Dachgarten der Calvinos aufnehmen konnten. Wir hatten uns als Trauzeugen bei dem Filmer und Schriftsteller Uwe Brandner in München kennengelernt, wo Peter in der Filmwelt bereits eine ziemlich große Nummer war, dann war er, angeblich, weil die Steuerbehörde ihm auf den Fersen war, nach Rom gezogen, weil Steuern dort noch unbekannt waren oder keine lebenswichtige Rolle spielten (was sich gerade zu ändern begann), und wir hatten uns aus den Augen verloren. Gelegentlich hatte ich ihn in Filmen von Fassbinder oder Herzog auf der Leinwand gesehen, einen dick gewordenen Mann, der als solcher besetzt wurde: Er hatte dick und meistens auch sehr böse zu sein. Nun hatte er mich in der Villa angerufen, ich solle ihn unbedingt besuchen, er kenne in Trastevere die besten Restaurants und hätte viel zu erzählen.

Der dicke Peter kannte in seinem Kiez nicht nur jedes Restaurant und seine Besonderheiten, sondern alle Restaurants kannten auch ihn. Das war deshalb günstig, weil er kein Geld bei sich haben musste. Trastevere war zu jener Zeit noch ein Eldorado der Rauschgiftsüchtigen, da kam es ständig vor, dass man beklaut wurde. Wenn man im März oben bei ihm in der ersten wärmenden Sonne des Jahres auf der Terrasse saß, hörte man von unten ständig die Scheiben von Autos klirren, die gerade ausgeräumt wurden, und wenn wenig später die Touristen nach einem Rundgang durch das malerische Trastevere ihr Ach und Weh schrien, beugte sich der dicke Peter über die Brüstung und rief ihnen in ihrer Landessprache zu, wo sie ihr Radio wieder zurückkaufen konnten: gleich um die Ecke bei Luigi.

Der dicke Peter war Co-Produzent für deutsche Filme, das heißt, er kannte sich in allen bilateralen Steuerschlupflöchern aus und hat so manchen Film »zum Erscheinen« gebracht, aber offenbar kam nicht viel rum. Nach Fassbinders frühem Tod wurde es noch viel weniger, so dass er dringend eine neue Lebenserwerbsquelle suchte, nicht zuletzt deshalb, weil er seine Wohnung kaufen musste, um sicher zu sein, dass er nicht eines Tages vor die Tür gesetzt werden würde. Er arbeitete wie besessen an einer vielteiligen Serie über die Kreuzzüge, die er einer amerikanischen Produktionsfirma verkaufen wollte, aber es klappte nicht. Mit anderen Worten, er war froh, mit jemand essen zu gehen, der die Rechnung bezahlte, das war also in meinen drei römischen Wintern ich. Diese Essen waren unbeschreiblich! Kaum hatte der Kellner eine riesige Schüssel mit Pasta (als Vorspeise) auf den Tisch gestellt, wurde er von Signore Pieter so flehentlich-unterwürfig angeschaut, dass er gar nicht anders konnte, als noch einen Nachschlag in Aussicht zu stellen. Brot in Massen, Salate schüsselweise, ein Teller voller aufgetürmter Lammkoteletts, alles, was kaum den Tisch berührt hatte, wurde eingeschoben, und weil er sich wegen seines Leibesumfangs nicht so stark nach vorn beugen konnte, musste ihm der Kellner eine an einer silbernen Kette befestigte Serviette um den Hals hängen. Ein Gargantua! Wenn ich nur an den mit ein paar Erbsen zufriedenen Giorgio Manganelli dachte, musste ich so laut lachen, dass mir die Tränen kamen. Im Verlauf der vielen Nachtessen habe ich den dicken Peter dazu überredet, seine Energie nicht weiter in das zweifelhafte Exposé für eine Mittelalter-Serie zu investieren, sondern Romane zu schreiben! 1980 war ja Umberto Ecos Roman »Der Name der Rose«, in dessen Verfilmung Peter dann mitspielte, erschienen und hatte den historischen Roman wieder salonreif gemacht, warum sollte er nicht seine Kenntnisse der Zeit der Kreuzzüge und seine Liebe zu esoterischen Verschwörungen in Romanen ausleben? Vor allem musst du dich nicht bewegen, sagte ich zu ihm, du musst nur an deinem Schreibtisch sitzen! Romane? fragte er mich. Er war ja alles andere als ein Literat, aber er war ein geborener Erzähler. Er schrieb dann tatsächlich mehr als ein Dutzend Romane – den ersten hatte er mir gewidmet –, ein Buch über seinen Freund Fassbinder und seine Truppe und eines über Astrologie, er wurde zum Schriftsteller, dessen Bücher auf der ganzen Welt gelesen wurden. Ich musste ihm ständig helfen und tat das auch gerne, obwohl er in seiner Egozentrik außerordentlich anstrengend sein konnte. Als ich ihn viele Jahre später das letzte Mal sah – der Tod saß schon mit am Tisch –, in seiner Lieblingstaverne, die ihm einen eigenen Platz mit einem Schrein aller seiner Bücher darüber reserviert hatte, sagte er zu mir: Ohne dich hätte ich all diese Bücher nicht geschrieben, aber ich weiß, dass du keines davon gelesen hast. Wie kommst du denn da drauf? Du hast mich nie gefragt, ob ich nicht Autor in deinem Verlag werden wolle! Er war wirklich ein Unikum. Wer sich eine Vorstellung von ihm machen will, der schaue sich in Alexander Kluges Fernseharchiv die fünfzig Filme an, die er für und mit Kluge (bei dessen erstem Film der dicke Peter übrigens Produzent war) gedreht hat. Immer wenn ich Mario Adorf sehe (der damals auch in Rom lebte und ein besonders guter Kenner der Stadt war), muss ich daran denken, wie wir zu viert um dessen winzigen Fiat standen und überlegt haben, zum Essen zu fahren, um einmal aus dem Kiez herauszukommen. Wegen des dicken Peter ging es nicht, wir blieben in Trastevere hängen.

Peter hatte einen Freund, den ich oft besuchte (auch ohne Peter, was wir geheim halten mussten). Er hieß Leo Pescarolo, war Filmproduzent und wohnte in der Via Giulia gleich neben dem Haus, in dem Ingeborg Bachmann gelebt hatte. Er war ein großer Literat, der mit Regisseuren wie Fellini und Rosi Bücher von Primo Levi und Giorgio Bassani verfilmt hatte, ein sehr liebenswürdiger Mensch, der sorgfältig und langsam formulieren konnte, aber er war noch mehr: nämlich ein guter Koch, der auch als Restaurantkritiker tätig war (seine Frau leitete ein kleines Restaurant in der Universität). Leo nahm mich eines Tages mit zu einem Essen zu Ehren einer Direktorin des Schwedischen Filminstituts, die den Film »Nostalghia« von Andrei Tarkowski mitproduzieren wollte (oder mitproduziert hat), es muss 1983 gewesen sein, in meinem letzten Winter in Rom. Und zwar deshalb, weil ich Leo erzählt hatte, dass Ingmar Bergman, von dem wir einige Bücher verlegt hatten, eine Zeitlang in München (bei mir um die Ecke) lebte, um sich von Schweden und dem dortigen Finanzamt zu erholen. Kurzum, ich sollte mich neben die Schwedin setzen, damit er aus welchen Gründen auch immer woanders sitzen konnte. Leider konnte ich kaum mit der liebenswürdigen (und trinkfesten) Schwedin über die Steuerprobleme in ihrer Heimat sprechen, weil auf meiner linken Seite Tarkowski Platz genommen hatte, ein grüblerischer, in sich gekehrter, von Krankheiten gezeichneter Mann, der normalerweise seiner schönen Frau die Konversation überließ. Warum er unbedingt neben mir sitzen wollte, hatte einen einfachen Grund. Als wir vor dem Essen (im Ristorante Canova, warum bloß habe ich mir das gemerkt) einander vorgestellt wurden, hatte ich beiläufig erwähnt, dass ich die Gedichte seines Vaters Arseni liebe, die ich in einem Band der Weißen Lyrik-Reihe des Ost-Berliner Verlags Volk und Welt gelesen hatte. Er war völlig aus dem Häuschen! Noch nie hatte er erlebt, dass außer Exil-Russen jemand sich für diese von ihm geradezu kultisch verehrten Poeme interessierte, und fing, wie alle Russen der alten Zeit, sofort an, die Gedichte seines Vaters zu deklamieren. Das hatten weder die Kellner noch die etwas spießigen Gäste im Canova je erlebt: russische Gedichte, vorgetragen von einem hohläugigen Mann, den jeder aus der Zeitung kannte.

Tarkowski lebte damals in Palestrina, außerhalb Roms, und was er von seiner Existenz dort erzählte, klang in meinen Ohren wie der schlimmste russisch-römische Winter. Es war kalt, das Wasser war eingefroren, die Frau war ausgerutscht, eine Katastrophe reihte sich an die andere. Aber das Beste an seiner Klage war: Tarkowski sprach kein Italienisch, kein Französisch und kein Englisch und nur zehn Worte Deutsch, wir warfen uns also nur Brocken zu, von denen wir annahmen, dass sie der andere schon irgendwie verstehen würde. Ich verstand alles. Am Ende dieses denkwürdigen Abends gab ich ihm meine Adresse in der Villa Massimo und bat ihn, sich zu melden, wenn er wieder in der Stadt war. Er kam tatsächlich einige Male und ruhte sich bei mir aus, bevor er ins Studio fuhr. Wir redeten über alles, über Filme, über Russland, über Literatur und immer wieder über Frauen. Sein Frauenbild war so verehrungsvoll und stockkonservativ, dass ich manchmal so tat, als würde ich nicht verstehen. Es hatte keinen Sinn, mit ihm zu streiten. Er war das genaue Gegenteil des geradezu streitsüchtigen Pasolini.

Nach einem dieser Besuche brachte ich ihn bei strömendem Regen zur Piazza Bologna, wo es eine winzige Bar gab, in der ich morgens manchmal Kaffee trank und die Zeitung las, da wollten wir auf das Taxi warten. Wir redeten sogenanntes Italienisch miteinander, mit Mund und Augen, Händen und Füßen. Dann brachte ich ihn zum Taxi, und als ich zurückkam, um zu bezahlen, fragte mich der Mann hinter der Bar, der Tarkowski natürlich erkannt hatte, ob wir uns Russisch unterhalten hätten, Russisch sei eine so schöne Sprache. Ich werde sein Gesicht nicht vergessen, als ich ihm mitteilen musste, dass wir uns in seiner Muttersprache Italienisch unterhalten hätten. Italianorusso! Ah, sagte er und zog die Stirne kraus, Italianorusso! Die beiden Espressi gingen aufs Haus.

Meine römischen Winter in der Villa Massimo gehören zu den schönsten Aufenthalten in meinem Leben, trotz der oft bitteren Kälte, wenn der Wind vom Meer kam, und trotz des manchmal durchdringenden Regens, der so gesättigt war von der Verschmutzung der Luft, dass er in dicken Schlieren am Fenster hinunterglitt. An manchen Tagen war es Sahara-Staub, wie mich die Zeitung belehrte, darauf wäre ich als Pessimist nie gekommen. Mit großer Ehrfurcht habe ich die fette Schicht von den Fenstern gekratzt, um einen Blick in den gepflegten Garten der Villa werfen zu können. Ich wohnte im sogenannten Villino, einer von den Ateliers abgetrennten kleinen Einheit, die um einen winzigen Garten herum gebaut war. In dem Gärtchen wuchsen zwei Zitronenbäumchen, die immer, wenn ich ankam, Früchte trugen, dicke gelbe Zitronen, die natürlich nicht gepflückt wurden, um das südliche Bild nicht zu zerstören. An den Wänden Spolien mit mythologischen Rätseln, die mich morgens begrüßten. Das Schönste an diesem Eckhaus war aber die Tatsache, dass es neben dem Parterre, wo Bad, Küche und Gästezimmer untergebracht waren, noch einen Stock obendrauf gab, bis zur Höhe der Ateliers, in denen die Maler lebten. Und dort oben gab es neben zwei Arbeitsräumen eine kleine Terrasse, von der aus ich sowohl den Garten wie die Villa selber, in der die Leiterin mit ihrer Familie und zwei schwarzen Hunden lebte, überblicken konnte. Um die Hunde gab es ewig Krach, weil sie angeblich überall hinschissen, wo es nicht angebracht war, denn sie bevorzugten mit ihrem sicheren Instinkt natürlich die Plätze, wo die kleinen Kinder der Stipendiaten spielen sollten. Überhaupt die Villa! Eine einzige Gerüchteküche! Wer war bevorzugt, wer war dort zum Essen eingeladen, wer erhielt Privilegien – aber vor allem: Wer wurde immer übergangen! Die Villa war wie Kafkas Schloss: Manche warteten ihr ganzes Stipendiatenleben vergebens darauf, Einlass zu erhalten. Mir war es, offen gesagt, ziemlich egal, ob ich ins »Haupthaus« eingeladen wurde oder nicht, und Privilegien wollte ich sowieso nicht haben. Ich war eigentlich froh, wenn man mich in Ruhe ließ. Ich hatte ja nur jeweils zwölf bis vierzehn Wochen Zeit und nicht ein ganzes Jahr wie die anderen.

Auf »meiner« Terrasse gab es Blumenkästen aus Plastik, in denen nichts mehr wuchs, weil mein Vorgänger, der kauzige Berliner Schriftsteller Ingomar von Kieseritzky, dort aus guten Gründen seine Bierdosen eingegraben hatte, weil er nicht wollte, dass Paula, die Hausbesorgerin, von seinen Trinkgewohnheiten erfuhr. Der Arme vertrug keinen Wein! Also kaufte er sich die schillernden Dosen Birra Peroni im Sechserpack, hob die Geranien und Mimosen und anderen schönen Pflanzen, die der Gärtner ausgesucht hatte, aus den Blumenkästen und legte die leeren Dosen unter die Erde. Ein großes Rätselraten setzte ein. Die wunderbar geduldige Paula, die mit mir Italienisch sprach wie mit einem lieben Haushund – ja, was haben wir denn da? Ein paar Schuhe; wo gehört die Gabel hin? Die Gabel gehört ins Fach –, wusste sich nicht mehr zu helfen, ein großes Unglück war über die Blumenkästen hereingebrochen, una grande sfortuna! Der unglückliche, immer rauchende, immer Bier trinkende Ingomar hatte sie verhext. Mit mir hatte Paula keine Probleme. Zu Weihnachten vernaschten wir gemeinsam bei Kerzenschein die eintreffenden Pakete mit deutschen Keksen und Lebkuchen, Bierdosen mussten nicht entsorgt werden, weil es bei mir nur Wein gab. Nur ein Rätsel im Zusammenhang mit mir bereitete Paula mal di testa, Kopfschmerzen: Warum sah das Bad am Montag manchmal aus wie nach einer Schlacht, und warum waren an manchen Wochenenden sämtliche Handtücher im Haus gebraucht? Arme Paula! Denn natürlich konnte ich ihr das Geheimnis nicht erklären, das ich hier lüften will: Es hatte sich in den einschlägigen Kreisen in Rom herumgesprochen, dass ich über eine Dusche und eine Badewanne mit heißem Wasser verfügte. Die einschlägigen Kreise waren deutsche Student/innen oder Stipendiaten in Rom, die in zum Teil schlecht oder gar nicht beheizten Zimmern lebten. Ich traf sie – heute wahrscheinlich emeritierte Professorinnen oder pensionierte Kuratorinnen – im Palazzo Zuccari an der Spanischen Treppe, wo die »Hertziana« untergebracht war, das deutsche kunsthistorische Institut. Der Direktor des Instituts war ein Professor Winner, ein großer wohlgeratener Mann, der sich besonders bei Raffael auskannte, und ein wenig von dessen Schönheitsideal war auf Herrn Winner übergegangen. Aber eine noch größere Attraktivität für mich hatte seine Frau Renate. Ach, sie sprach manchmal das schönste Berlinisch, und selbst wenn sie auf der Dachterrasse des Instituts mit feinen Herren sich Italienisch unterhielt, war ihre Herkunft nicht zu überhören. Ich kannte Renate Adam aus meiner Jugend in Berlin, nein: Ich kannte sie damals nur vom Sehen – weil ihre Familie in Nikolassee lebte, wo ich aufgewachsen war. Ihr Haus lag schräg gegenüber einer Heilanstalt für Nervenkranke, und manchmal schauten wir Jungen nach der Schule dort über den Zaun, um den seltsam versponnenen, in sich versunkenen oder hektisch gestikulierenden Menschen zuzuschauen, die dort in einem großen Garten herumspazierten. Wenn Renate kam, hatten wir natürlich nur Augen für sie. Sie ist lange tot, aber immer wenn ich an sie denke, habe ich das unglaublich fette Berlinisch im Ohr, das sie auch in Rom nicht ablegen konnte. Ihr Bruder Peter, mit dem ich bis zu seinem Tod im vergangenen Jahr befreundet war, ging damals nach England und wurde einer der bekanntesten Reporter der BBC, der von Fidel Castro bis Muhammad Ali alle vor seiner Kamera hatte. Die Kinder kamen aus einer jüdischen Familie, die den Krieg und die Verfolgung in Berlin überlebt hatte.

Aber nicht nur das Berlinische zog mich zum Palazzo Zuccari, sondern auch die riesige Dachterrasse. Man schwebte über der Stadt. Die Calvinos mögen mir verzeihen, aber eine schönere Aussicht über Rom habe ich nie erlebt: Man sah die Hügel um Rom herum, man konnte jede Kirche sehen (die Herr Winner auch identifizieren konnte), jedes architektonische Meisterwerk, ich kam mir manchmal wie ein Kind vor, dem man ein Papierpanorama von Rom geschenkt hat. Und natürlich sah ich auch die Terrasse der Calvinos, auf der Italo wahrscheinlich gerade dabei war, seine Eloge auf eine Dachterrasse in seinem Buch »Herr Palomar« zu schreiben. Und Renate freute sich an meiner Freude, die sie noch dadurch anheizte, dass sie mir gerne immer wieder Wein nachschenkte, so dass am Ende die ganze Stadt, bewacht von St. Peter – dem höchsten Bauwerk, das man nicht übertreffen durfte –, wie in einer Schale zu schwimmen schien.

Der Deal mit den Studentinnen bestand darin, dass ich einkaufte, was sie aufgeschrieben hatten, während sie sich auf Kosten der deutschen Steuerzahler duschten und föhnten und salbten, und dass sie dann kochen mussten, während ich an der Piazza Bologna den Wein holte. So kam ich einmal in der Woche zu Schupfnudeln und Rehbraten und ähnlichen Leckereien, während ich unter der Woche streng darauf achtete, mich von Pasta zu ernähren. (Viel später erzählte mir ein amerikanischer Dichter, dass er als Stipendiat der American Academy auf dem Gianicolo ebenfalls einen Waschtag für Bedürftige eingerichtet hatte.)

Für Schriftsteller war die Deutsche Akademie ideal! Das ganze Anwesen mit seinen antiken Versatzstücken war großartig, und es war großzügig angelegt. Und wenn man wie ich in Rom ein paar Freunde hatte, war es noch angenehmer. Dann war man nicht darauf angewiesen, den anderen Stipendiaten auf den Wecker zu fallen, die ja auch oft und besonders um Weihnachten herum unter melancholischen Schüben litten. Und außerdem wollte ich auch nicht ständig von den Problemen hören, die die anderen hatten. Man glaubt nicht, wie viele Klagen sich aufeinandertürmen, wenn zehn Künstler an einem Ort zusammenkommen – es kann der schönste Ort der Welt sein.

Aber nicht nur Venedig, auch Rom kann sehr kalt sein. Wenn es schon morgens schüttete und nicht wirklich hell werden wollte, wenn alle unter Regenschirmen verkrochen waren oder mürrisch in den Bars am Tresen hingen, wenn keiner anrief, um frohe Botschaften zu überbringen (Preise, Auszeichnungen, gute Besprechungen, Ankäufe), oder anrief, um schlechte Nachrichten loszuwerden, habe ich mich ins Auto gesetzt, um der nagenden Melancholie zu entkommen – die natürlich gut fürs Schreiben war –, und bin der Kälte und dem Wind entgegengefahren, also nach Ostia, oder in die andere Richtung, woher der Regen kam, in die Hadriansvilla und in die Berge. Und wenn ich eine andere Stadt (und andere Bilder) sehen wollte, habe ich mich in den Rapido gesetzt und war in einer Stunde in Neapel und in weniger als drei Stunden in Florenz. Nie werde ich ein böses Wort über die italienischen Züge verlieren, selbst wenn sie nur meinetwegen pünktlich waren (was ich nicht glauben kann).

In Ostia war ich immer (fast hätte ich geschrieben: magisch) angezogen von dem Ort, an dem Pasolini ein paar Jahre vorher ermordet worden war. Über Weihnachten war kein Mensch am Strand zu sehen, die Geschäfte und Bars waren geschlossen, die Rutschen und Karussells für Kinder klapperten mürrisch im Wind, und mit jeder Bö flogen einem Fetzen von alten Zeitungen und anderer Papierkram ins Gesicht. Und überall Schuhe und Sandalen, als sei kürzlich eine Masse von Menschen gerade hier für immer ins Meer gegangen. Schuhe und leere Flaschen. Am Nachmittag öffnete dann doch eine Bar, die man durch ein halb heruntergelassenes Eisengitter betreten musste, aber die

Kaffeemaschine war angestellt und brummte einladend vor sich hin, und die Flaschen in den Regalen funkelten einen in den phantastischsten Farben an – wer da nicht zugegriffen hat, war für die Zivilisation verloren.

Aber was war das für eine Zivilisation, die uns aus dem Norden so viel wert war und die gleichzeitig jeden Tag die furchtbarsten Opfer forderte – das fragte man sich, wenn man der Gegenwart damals etwas näher ins Gesicht blickte. Ich las in jener Zeit – und bis heute – viel in den Büchern von Jean Starobinski, dem Genfer Mediziner und Ideenhistoriker, den ich damals kennengelernt hatte. Er gehörte zu jenen Wissenschaftlern, die ohne Poesie nicht auskommen, was ihn für unsereinen so attraktiv machte. In seinem großen sprachgeschichtlichen Essay über »Das Wort Zivilisation«, in dem man alles findet, was je Kluges darüber gesagt wurde, zitiert er auch Benjamin Constant: »Die Wirkungen der Zivilisation sind zweierlei Art: Einmal vermehrt sie die Entdeckungen, und jede Entdeckung ist eine Macht. Dadurch vermehrt sie die Masse der Mittel, mit deren Hilfe die menschliche Gattung sich vervollkommnet. Auf der anderen Seite macht sie die Genüsse leichter zugänglich und vielartiger, und die Gewohnheit, die der Mensch durch diese Genüsse annimmt, macht sie ihm zum Bedürfnis, das ihn von allen höheren und und edlen Gedanken abwendet. Folglich erscheint das Menschengeschlecht jedes Mal, wenn es eine ausschließliche Zivilisation erreicht, in wenigen Generationen verdorben. Danach erhebt es sich von dieser vorübergehenden Verderbnis wieder und macht sich sozusagen auf den Weg mit den neuen Entdeckungen, mit denen es sich bereichert hat, und erreicht einen höheren Grad der Vervollkommnung. So sind wir im entsprechenden Verhältnis vielleicht ebenso verdorben wie die Römer zur Zeit des Diokletian, aber unsere Verdorbenheit ist weniger empörend, unsere Sitten sind sanfter, unsere Laster verschleierter.« Und wenig später: »Das Wort Zivilisation ist heute in verschiedenen Bedeutungen im Umlauf, die parallel oder widersprüchlich sind, mehr oder weniger vertraut und alle gleichermaßen erschöpft. ... Der Gegensatz von Zivilisation und Barbarei gleicht sich aus in einer fragenden Schwebehaltung. Das hat nicht zur Folge, die Zivilisation zu leugnen, wohl aber zu erkennen, dass sie von ihrer Kehrseite nicht zu trennen ist.« Was für ein großartiger Schriftsteller! Seine Klugheit hat mir manches Mal aus einer Depression geholfen, so dass ich froh war, ihm später persönlich für seinen Beistand zu danken. Seine Bücher gehören zu den besten, die ich verlegen durfte.

Für mich war es von großem Vorteil, dass die Wirte in Ostia daran gewöhnt waren, dass ein Teil ihrer Gäste ein saumäßiges Italienisch sprach, und manche konnten sogar nicht selten mit deutschen Wörtern aushelfen. Gute Kellner und gute Putzfrauen sind dafür verantwortlich, dass die Sprachenvielfalt in Europa auf hohem Niveau bleibt, der Rest spricht halt saumäßiges Englisch. Mein Kellner an diesem Nachmittag im Februar war nur zu gerne bereit, mit seinem einzigen Gast ausführlich über Pasolini zu reden. Während er mit beiden Händen sprach, um mir die Tragik dieses Todes auseinanderzusetzen, putzte er gleichzeitig – ebenfalls mit beiden Händen – das Geschirr, das vom Vormittag in rauen Mengen übrig geblieben war. (Ich habe übrigens nie gesehen, dass in einer solchen Bar je eine Tasse oder ein Glas auf die Erde gefallen wäre!) Hat er gesagt, dass der verehrte Pasolini just in seiner Bar einen Kaffee getrunken hatte, oder hat er gesagt, dass es nicht unwahrscheinlich sei, dass er, bevor ein habgieriger Stricher ihn erschlug, genau an diesem Tresen einen Espresso getrunken hatte – in solchen Situationen ist es von Vorteil, eine Sprache nicht genau zu verstehen. Er hatte also da gestanden, wo ich jetzt stand (und ein paar Jahrhunderte zuvor der Maler und Raufbold Caravaggio), eine Tasche mit Schnittmaterial aus seinem letzten Film und gefährlichen Passagen aus seinem letzten Roman, »Petrolio«, an sich gedrückt, ein nervöser Mensch, dessen Gesicht natürlich alle kannten, der auf etwas oder auf jemand wartete und eine Stunde später, aus einer Kopfwunde blutend und von schlammigen Reifenspuren überzogen, tot gefunden wurde – una vita violenta. Damals gehörte PPP – Pier Paolo Pasolini – zu meinen bevorzugten, geliebten Künstlern. Ein Romancier, der politisch dachte, ohne dem närrischen Maoismus oder dem mörderischen Stalinismus zu verfallen, ein politisch denkender Mensch, der in erster Linie die Kultur im Sinn hatte, einer, der die bäuerliche oder ländliche Kultur (die Volkskultur, wenn das noch erlaubt ist zu sagen) der Region gegen die Massenkultur der Städte verteidigte – und dazu einer, der sich nicht scheute, sich selbst zu widersprechen, weil er die Wahrheit nicht kannte; und natürlich liebte ich seine frühen Filme von »Ragazzi di vita« bis »Mamma Roma« (die späteren nicht so sehr). Sein Typus eines intellektuellen Künstlers, der jeden Tag in eine neue Debatte verwickelt war und trotzdem große Werke hervorbrachte, war in Deutschland kaum vertreten; in Italien wahrscheinlich auch. Ich bezahlte (meinen Espresso, meinen Aperitivo und meinen Wein, die drei Schalen Nüsse waren gratis) und ging zu der Stelle, wo es angeblich geschehen war. Demnächst sollte der (angebliche?) Mörder, ein inzwischen nicht mehr ganz junger Mann, wegen guter Führung aus der Haft entlassen werden, stand in der Zeitung.

Der letzte spektakuläre politische (und damit nicht minder ekelhafte) Mord lag zwei oder drei Jahre zurück, als die Brigate Rosse den ehemaligen Ministerpräsidenten Aldo Moro und fünf seiner Leibwächter erschossen. Man ging an dem Ort vorbei, wenn man die Chiesa di Santa Caterina besuchen wollte. Was hatte der Mann getan? Er war, in der bleiernen Zeit, den anni di piombo, für den compromesso storico eingetreten, den Waffenstillstand zwischen rechts und links. Ich habe diesen Fanatismus in meiner Generation nie verstanden, weder den linksextremen Messianismus, der tatsächlich davon ausging, dass noch eine Revolution möglich wäre, noch den rechtsextremen Machtpoker, der es einem zwielichtigen Typen wie Andreotti erlaubte, an dreiunddreißig Regierungen der Nachkriegszeit beteiligt zu sein und ewig und drei Tage auf dem Stuhl des Ministerpräsidenten kleben zu bleiben. Immerhin war dieser unangenehme Spieler der Macht in verschiedene Geschäfte mit der Mafia verwickelt (und am 17. November 2002 zu vierundzwanzig Jahren Haft wegen Anstiftung zum Mord verurteilt worden). Wenn man in Natalia Ginzburgs Gegenwart den Namen Andreotti nannte, verzog sich ihr Gesicht vor Schmerz: Um solche wie ihn auszustechen, hat sie sich ins Parlament wählen lassen.

Über die Unfassbarkeit des Terrors und die für einen halbwegs gut erzogenen Deutschen vollkommen unverständlichen Abgründe der italienischen Politik konnte ich am besten mit Enrico Filippini sprechen, der auch in der Nähe des Pantheons wohnte und Redakteur bei der Zeitung Repubblica war. Enrico war unfassbar gebildet, sprach alle gängigen Sprachen und war in allen möglichen Disziplinen der Geisteswissenschaften und der Literatur zu Hause. Er war ein passionierter Kettenraucher. Ich erinnere mich, dass ich ihn einmal höflich darauf aufmerksam machte, dass er gerade seine Kippe über die Brüstung des Balkons auf den Platz vor dem Pantheon geschnippt hatte, während er mir irgendwelche Mafiageschichten erzählte. Er sprang auf, schaute über die Brüstung und sagte: Keiner der Japaner wurde getroffen! Enrico war Schweizer, aus dem Valle Maggia, einem Nebental zum Valle Onsernone, wo Frisch, Andersch und Golo Mann ihre Steinhäuser hatten und sich gegenseitig in herzlicher Abneigung verbunden fühlten. (Als Max Frisch, den ich dort einmal besucht habe, hörte, dass ich nach ihm noch zu Andersch gehen wolle, sagte er: Trinken Sie noch einen Grappa, bei Andersch kriegen Sie nichts Gutes!) Er hatte in Paris bei dem Phänomenologen Merleau-Ponty studiert und am Seminar von Lacan teilgenommen, hatte mit allen europäischen Philosophen berühmte Interviews gemacht, war Übersetzer von Walter Benjamin und Max Frisch und tausend anderen und hatte auch »Die Blechtrommel« von Günter Grass übertragen. Außerdem war er eine Zeitlang Lektor im Verlag Feltrinelli – ein rundum gebildeter, sehr freundlicher, nervöser und überhaupt nicht überheblicher Mensch, den ich so häufig wie möglich aufsuchte, um Aufklärung über das Land zu erhalten, in dessen Hauptstadt ich meine Winter verbrachte – und auch in Zukunft verbringen wollte, wozu es leider nicht gekommen ist.

Die deutsche Literatur hatte immer Glück mit den italienischen Germanisten, Übersetzern und Lektoren, von denen ich einige kennenlernen durfte, auf die ich noch zu sprechen kommen will: von Claudio Magris und Luigi Forte bis zu Giuseppe Bevilacqua und Enrico Filippini und Enrico Ganni.

Aber vorher will ich, nach dem menschenleeren Ostia, in dem der Mörder von PPP sich versteckte, noch einen Abstecher nach Nordosten machen, nach Tivoli und zu einem meiner Lieblingsorte in der römischen Umgebung, nämlich zur Villa Adriana, der Villa d'Este und in die Berge, die sich dahinter auftürmen.

Nichts ist erhebender, als wenn man im Winter das riesige Areal der Adriana ganz für sich hat. Es ist ein Abbild des Römischen Reiches in seiner größten Ausdehnung, und mit ein wenig Phantasie kann man sich vorstellen, wie der Kaiser Hadrian hier gelebt hat – zur Anregung sollte man den Hadrian-Roman »Ich zähmte die Wölfin« von Marguerite Yourcenar lesen. Und als Kontrast zur ruinösen Antike die prächtige Villa d'Este mit ihren tausend Springbrunnen, die das Wasser erst einmal spielerisch beleben, bevor es den Römern serviert wird. Man muss es einmal erlebt haben, wenn das Wasser rieselt und rinnt, plätschert und sprudelt, tropft und brandet, rauscht und träufelt, wenn man akustisch aus einem Wasser-Dom in einen rauschenden Wasser-Palast wechselt, in dem nicht einmal die Vögel zu hören sind. Und dann muss man sich als einziger Gast in einem teatro niederlassen und Dante lesen. Etwas Schöneres konnte ich mir (wenigstens damals) nicht vorstellen.

Aber war ich nicht eigentlich nach Rom gekommen, um italienische Gedichte zu studieren, von Petrarca aufwärts bis zu den Dichtern, die ich fast noch hätte erleben können – Giuseppe Ungaretti und Eugenio Montale (Montale liebte ich fast noch mehr als Ungaretti; manchmal so und manchmal so, je nach Stimmung). Ungaretti, der 1970 starb, hatte ich in den Übersetzungen von Ingeborg Bachmann, Paul Celan und Michael Freiherr von Bieberstein gelesen, außerdem besaß ich eine Ausgabe aus der DDR. Am meisten war ich von »L'allegria« begeistert, den frühen Gedichten aus der Zeit des Ersten Weltkriegs, die ich mir zum größten Teil selbst übersetzte, ohne natürlich jene schöne Klarheit zu erreichen, wie sie Ingeborg Bachmanns Übertragung auszeichnet. »Mattina« heißt das kürzeste Gedicht dieser Sammlung, das zum sprichwörtlichen Programm moderner Lyrik geworden ist und das jeder, der sich für »solche Sachen« interessiert, schon einmal gehört hat: »M'illumino/d'immenso«. Wie soll man das übersetzen? Man kann diese zwei kurzen Zeilen nicht nur als emphatische Begrüßung eines neuen Tages lesen, sondern auch als lakonische Antwort auf die Frage, wie es nach dem Inferno des Ersten Weltkrieges mit der Dichtung weitergehen sollte. Auf jeden Fall musste mit der »abgemühten, überladenen und dekorativen Sprache im italienischen Gedicht« (Ingeborg Bachmann) gebrochen werden, und auch die festen Formen, wie sie vor allem D'Annunzio und seine Nachfolger mit so hoher Perfektion beherrschten, sollten den Aufbruch nicht länger behindern dürfen. Ingeborg Bachmanns klassisch gewordene Übersetzung lautet: »Ich erleuchte mich / durch Unermessliches.« Viele Jahre später befreundete ich mich mit Hanno Helbling, dem damaligen Kulturchef der Neuen Zürcher Zeitung, einem kleingewachsenen Menschen mit großem Humor und neben vielen anderen guten und merkwürdigen Eigenschaften einer unerschütterlichen Liebe zur Poesie, der vorschlug, für Hanser die großen frühen Zyklen von Ungaretti zum ersten Mal vollständig zu übersetzen. Die erste Frage nach meinem Ausbruch der Begeisterung: »Und wie willst du ›Mattina‹ übersetzen?« Ich solle mich gedulden wie weiland Papst Xyz. Keine Ahnung, wen er meinte. Er kannte jeden Papst und wusste, durch welche guten und vor allem schlechten Eigenschaften und Taten er in die Geschichte eingegangen war, ein Interesse, das mir völlig abging. Als gutem Protestanten, dessen Großmutter noch mit Gott persönlich gesprochen hatte, war es mir schon seit Kindertagen unmöglich, an einen Stellvertreter Gottes auf Erden zu glauben. Aber ich habe nie die innere Wut entwickeln können, die die Papstkritiker wie Karlheinz Deschner aufgebracht haben, um dem Papsttum die Leviten zu lesen. In der römischen Zeit bin ich oft, wenn ich zufällig einen Parkplatz in der Nähe von St. Peter gefunden habe, in den Dom und in den Vatikan gegangen, um eine stille Stunde nachzuhorchen, aber es gab andere Kirchen in Rom, die mir lieber waren und wo eine größere Chance bestand, ein paar Worte mit Gott zu wechseln, der im Übrigen ja auch oft genug Gelegenheit hatte, sich über seine Stellvertreter grün und blau zu ärgern.

Als Hannos Übersetzung kam, habe ich natürlich als erstes »Mattina« aufgeschlagen. Er hatte übersetzt: »Ich erhelle mich / aus Unendlichem.« War das nun besser als der Vorschlag von Ingeborg Bachmann? Im Lauf der Jahre kamen noch weitere Übersetzungen hinzu, so dass dieser Zweizeiler zu einem der am häufigsten übersetzten Gedichte aus dem Italienischen seit Petrarca wurde: »Ich erleuchte mich / aus Unermesslichem«, hatte Michael Marschall von Bieberstein geschrieben, und der Münchner Übersetzer Michael von Killisch-Horn: »Ich erleuchte mich / in Unermesslichem«. Ich selber habe es auch versucht und mich nach tausend abenteuerlichen Varianten für »Ich erleuchte mich / durch Unermessliches« entschieden, auch wenn die Tantiemen immer auf das Konto von Ingeborg Bachmann gingen. Für jede Fassung gab es gute Gründe, Hauptsache, man war für eine kurze Sekunde erleuchtet. Ich habe mich oft gefragt, woher die Wirkung mancher Gedichte kommt, warum gerade sie und nicht andere in der ganzen Welt für Aufmerksamkeit sorgen. Warum gehörte gerade »Wanderers Nachtlied« von Goethe – so hat ein anderer meiner Schweizer Freunde, Peter von Matt, gefragt – zu den fünf am meisten übersetzten Gedichten der deutschen Sprache? Ein Gedicht, dessen Niederschrift auf eine Holzwand in einem Gartenhäuschen an der Ilm gerade mal eine Minute gedauert hat? Was muss zusammenkommen, um in der Rezeptionsmühle aus den Millionen von Gedichten gerade dieses eine auszusortieren? Vielleicht kann ein Algorithmus der Zukunft das herausfinden, nur bitte erst nach meinem Tod. In meiner Lebenszeit sollen die elektronischen Maschinen gefälligst die Hände von so kostbaren Dingen lassen.

Der vielbeschäftigte Hanno hat – neben Übersetzungen von Shakespeare bis Ramuz und gelehrten Büchern über Katharina von Siena bis zu dem oben schon erwähnten Benjamin Constant und Leopardi, Marcel Proust und den Päpsten – auch noch weitere Klassiker der italienischen Poesie der Moderne für die »Edition Akzente« übersetzt, eine kleine Buchreihe für Poesie und Essay, die ich neben der Zeitschrift »Akzente« bei Hanser herausgeben durfte. Das Glanzstück war die Ausgabe der gesammelten »Gedichte 1920–1954« von Eugenio Montale. Was hätte ich darum gegeben, einmal mit diesem melancholischen Genueser durch seine ligurische Heimat zu wandern. Es gab lange keinen, der mich mehr angezogen hat. Sein Interesse an den winzigsten Naturgegenständen, an den Bewegungen des Windes, der Blätter, der Farbe des Meeres und den Wirkungen auf die eigene Seele, das war für mich im wahrsten Sinne des Wortes herzergreifend. Und außerdem hätte ich ihm gerne die Gedichte von Mörike vorgelesen.

Viele Jahre später habe ich mit dem italienischen Dichter Federico Italiano eine Anthologie italienischer Gedichte der Gegenwart zusammengestellt, für die ich als Einleitung die Gedichte der großen alten Männer aussuchen durfte: Ungaretti, Montale, Dino Campana, Umberto Saba, Salvatore Quasimodo und Cesare Pavese. Im Nachwort schrieb ich dazu: »Sieht man von den närrischen Spielereien des jungen Aldo Palazzeschi ab, der sich im Clownskostüm von dem faulen Zauber der Idylliker und Pathetiker absetzen wollte, so ist es die Poesie der vier noch im 19. Jahrhundert geborenen Dichter Umberto Saba, Dino Campana, Giuseppe Ungaretti und Eugenio Montale, die allen Strömungen der non-poesia, der anti-poesia wie der nuova-poesia des 20. Jahrhunderts Glanz verliehen hat. Aus diesem Quartett fällt vielleicht der unglückliche Dino Campana heraus, ein unruhiger Geist, der auf seinen ziellosen Reisen durch Europa und Lateinamerika seinen einzigen Gedichtband, die ›Canti orfici‹, fertigstellte, der in der ursprünglichen Version allerdings in der Druckerei verlorenging und erst sechzig Jahre nach dem Tod des Autors wieder auftauchte. Campana hat eine zweite Fassung aus dem Gedächtnis rekonstruiert und in seiner Heimatstadt Faenza mit einer Widmung für Kaiser Wilhelm II. und dem berühmt gewordenen Untertitel: ›Die Tragödie des letzten Germanen in Italien‹ drucken lassen. Die Wirkung dieses halluzinatorischen Einzelgängers vom Format eines Rimbaud konnte erst nach Jahrzehnten einsetzen, weil dieser von Nietzsche berauschte unbürgerliche Visionär schon bald nach der Veröffentlichung seines Buches in eine psychiatrische Heilanstalt eingewiesen wurde, die er bis zum Tod nicht mehr verlassen hat. Hanno Helbling hat den letzten Versuch unternommen, die dunklen Wege dieses Sonderlings im Deutschen nachzuzeichnen.«

Auch der Triestiner Dichter und Buchhändler Umberto Saba gehörte zu meinen Lieblingsdichtern, sein Gedicht über eine Ziege konnte ich damals auswendig. Als Sohn einer jüdischen Mutter und eines das Weite suchenden Vaters im damals noch habsburgischen Triest geboren, verbrachte er fast sein ganzes Leben in seiner vielsprachigen Heimatstadt, die Jahre nach 1938 ausgenommen, in denen er sich aus Angst vor den Faschisten versteckt hielt. Saba ist von Leopardis Geist – dem Unglück, geboren zu sein – durchtränkt, dennoch ist er in großen Teilen seines »Canzoniere« nicht dessen zehrender Melancholie verfallen. Er erinnert mich manchmal an die kindlichen Verse des böhmischen Dichters Jan Skácel aus Brünn, wenn er seine Verse tapfer »Auf dem Tisch«, »Obst Gemüse« oder »Welkes Blatt« nennt, als ginge es einzig und allein darum, diese alltäglichen, eben nicht banalen Dinge zu retten. Erst später habe ich durch Claudio Magris von den anderen Dichtern aus der Region erfahren, von denen mir besonders der auch im Gradeser Dialekt schreibende Biagio Marin – der mit Saba befreundet war – ans Herz gewachsen ist: ihn hätte ich noch kennenlernen können.

Bleibt Cesare Pavese aus Turin. Er kann weder der poesia ermetica zugeschlagen werden noch der poesia impegnata, weil seine weit ausholenden Beschreibungsgedichte sich ausdrücklich auf amerikanische Vorbilder beziehen, namentlich auf Walt Whitman. Im Gegensatz zu Ungaretti, Montale und Saba, die das dichterische Bild in konzentrierter Form einsetzten und insgesamt zu einer meditativen Verknappung neigten, begann der 1908 geborene Cesare Pavese ab 1930 mit weit ausschwingenden, narrativen Formen, die er sechs Jahre später in seinem berühmt gewordenen ersten Gedichtband »Lavorare stanca« veröffentlichte. Erst nach dem Krieg, nach den Jahren des Faschismus, die Pavese zum Teil in der Verbannung verbracht hat, konnten diese Gedichte ihre Wirkung entfalten; sie sind bis heute großartig geblieben. Seine einsamen Wanderungen in den Hügeln um

Turin, die der aufmerksame Dichter gleichsam in langen Zeilen mitschreibt, haben ihre Frische und Unmittelbarkeit behalten. Es berührt seltsam, dass zwei untypische kurze Gedichte Paveses aus seinen letzten Tagen – er schied 1950 »freiwillig« aus dem Leben – mehr für seinen Nachruhm getan haben als die großen Erzählgedichte: »Der Tod wird kommen / und er wird deine Augen haben« und »Klar und verlassen gehen die Morgen hin«.

Gewissermaßen als Dank für das geviertelte Jahr in der Villa Massimo wollte ich sämtliche Gedichte Paveses herausgeben. Da ich es alleine nicht gepackt hätte, kam mir die damals in Florenz lebende Schriftstellerin Dagmar Leupold zu Hilfe; der Band ist dann bei Claassen erschienen.

Hanno Helbling und die in Münster lehrende Komparatistin Lea Ritter-Santini, unser beider Freundin, haben mir immer auf die Sprünge geholfen, wenn es um italienische Poesie ging; später waren es meine Verlagskollegen Anna Leube, Wolfgang Matz und Piero Salabè, alle an guten Universitäten ordentlich ausgebildete Menschen, die meinen autodidaktischen italienischen Enthusiasmus förderten.

Denn mit den Dichtern war es noch nicht getan.

Von den drei Wintern in Rom zurück, war ich natürlich auf alles Italienische erpicht. Wir hatten mit Umberto Ecos Roman »Der Name der Rose« in Burkhart Kroebers fabelhafter Übersetzung einen sensationellen Erfolg. Plötzlich war nicht nur das Mittelalter in aller Munde, sondern auch wieder die gesamte italienische Literatur, die so unendlich reich war an guten Erzählern und schrägen Exzentrikern. Es wurden sogar neue Verlage gegründet, die sich ausschließlich der italienischen Literatur widmeten, zum Beispiel der ComMedia&Arte Verlag in Stuttgart, dessen erste drei Neuerscheinungen ich in der »Süddeutschen Zeitung« am 8. November 1986 besprach: »Wenn ein Deutscher sich heute in Rom nach neuer Literatur erkundigt, erhält er eine vertraute Antwort: Nicht viel los, über was sollen junge Schriftsteller heute schon schreiben – also leben wir von Übersetzungen. Und tatsächlich staunt man nicht schlecht darüber, was alles übersetzt wird. Philosophie, Kunstgeschichte, Theologie und die erstaunlichsten literarischen Werke, die bei uns kaum noch gelesen werden, von Kracauers Romanen bis zu denen von Alexander Lernet-Holenia. Die Begeisterung über das lange Nachebben der k. u. k. Literatur hält immer noch an, und der von Krisen geschüttelte italienische Verlagsbuchhandel holt Buch um Buch aus dem verschwundenen Reich hervor, als wäre darin das Rätsel der Gegenwart verborgen.«

Die Bücher des neuen Verlags waren: ein Roman von Francesca Duranti, Betrachtungen über Komik und Wissenschaft von Giorgio Celli, die mich besonders interessierten: »Jedes Jahr« – schreibt Celli – »treten Tausende neuer Arten von Insekten aus der Dunkelheit hervor, um Teil unseres Wissens zu werden. In einigen Fällen ist die Lücke, die es zu schließen gilt, wirklich phänomenal: Die Colembola, kleine Bewohner des Erdbodens, kommen heute auf fast zweitausend bekannte Arten, wohingegen anzunehmen ist, dass es in der Natur nicht weniger als einhunderttausend gibt.« Und schließlich Erzählungen von Antonio Tabucchi: »Der kleine Gatsby«. Ja, das war ein Autor nach meinem Geschmack! Hochartifiziell und phantastisch, mit dem Habsburger Mythos hatte er trotzdem nichts im Sinn. Tabucchi, der die italienische Ausgabe der Werke Pessoas herausgegeben hat und damit wesentlich beteiligt war an der Durchsetzung dieses pessimistischen Melancholikers in Europa, war ein Meister des Umkehrspiels: Seine Geschichten sind bei aller Leichtigkeit streng gebaute Labyrinthe mit ausgespartem Zentrum, das der Leser selbst füllen muss. Da der kleine Verlag wie so viele vor und nach ihm wieder einging, hatten wir Gelegenheit, Antonio Tabucchi für Hanser zu gewinnen – und ich habe einen schwierigen, liebenswerten Freund dazugewonnen, dem wir bis zu seinem Tod und darüber hinaus die Treue gehalten haben. Er hatte sich als Professor für portugiesische Literatur für Pessoa eingesetzt und die mehrbändige Ausgabe bei Adelphi betreut, hatte aber dafür (neben dem Ruhm) die Melancholie des Portugiesen geerbt: Wenn der magere (Kettenraucher) Antonio einen mit seinen großen traurigen Augen anschaute, war es um einen geschehen: Man musste ihm hoch und heilig versprechen, alles für die Durchsetzung seiner schwierigen Bücher in Deutschland zu tun, und man tat es auch aus lauter Angst, er könne sich etwas antun. Aber er fand mit seinem hochpolitischen Roman »Erklärt Pereira«, in dem es um die Salazar-Zeit in Portugal geht, viele Leser in Deutschland, von denen einige dann auch seine anderen Werke lesen wollten. Antonio war zwei Monate älter als ich. Es ist ungerecht, dass dieser feine Mensch und manchmal hochfahrende Aktivist so früh sterben musste. Auch mit ihm hatte ich die wunderlichsten Gespräche, in denen er stets das von mir Gesagte zusammenfassend wiederholte: Cosa stavi per dire … um sicher zu sein, mein Kauderwelsch auch richtig verstanden zu haben.

Bei Renate Winner in Rom habe ich nach vielen Jahren auch den Komponisten Hans Werner Henze wiedergesehen, der mit seinem liebenswerten und großzügigen Freund, Berater und Beschützer Fausto Moroni in Marino in den Albaner Bergen lebte. Ein wunderbares, von Fausto gepflegtes Anwesen, und was für freigebige, freundliche Gastgeber! Hans arbeitete an seiner Oper »Die englische Katze«, alle naslang kam ein junger Mitarbeiter mit Noten, die er kopieren sollte, in den Salon gelaufen, weil er etwas nicht lesen konnte, dann stürzte Hans an den Flügel und spielte es ihm vor, in der Zwischenzeit hatte Fausto eine Schüssel Spaghetti mit Kräutern auf den Tisch gestellt, von denen ich den größten Teil wegputzte, obwohl wir noch auf einen Gast warteten, einen Schweizer, der das Paul-Klee-Zentrum in Bern leitete und im Dunkel der Albaner Berge verlorengegangen war. Es war die Zeit vor dem Handtelefon. Manchmal klingelte das Haustelefon, aber es war keiner dran oder nur, wie Hans sagte, der wortkarge Verfassungsschutz. Es wurde später und später, und eigentlich hatten wir auch schon genug Chianti getrunken, um beduselt ins Bett zu fallen, als plötzlich der Herr Professor, ein Hüne von Mensch, wie ein verspäteter Gast in einer Novelle von Gogol, mit hartem Knöchel an die Scheibe klopfte. Er hatte sich im Walde verirrt und war mehrfach hingefallen, was man ihm wegen der Schrammen im Gesicht gerne glaubte. Wer aus dem Dunkel kommt, hat etwas zu erzählen. Und Fausto in seiner unendlichen Güte und Geduld tat so, als hätten wir natürlich mit dem Essen gewartet – es war inzwischen kurz vor Mitternacht! –, holte frische Kräuter und kam nach einer halben Stunde mit einer neuen Schale Spaghetti zurück, deckte erneut den Tisch und schenkte wieder ein, so dass wir das Illusionstheater bis zum Ende durchspielen konnten. Irgendwann muss ich auf dem Sofa im Salon eingeschlafen sein, und als ich aufwachte, war der Tisch schon wieder gedeckt, neben meinem Teller lag ein handschriftliches Notenbeispiel als Geschenk von Hans zur Erinnerung, und als der junge Gehilfe wieder hereinstürzte, um eine unleserliche Stelle verifizieren zu lassen, machte ich mich auf den Weg zurück.

Der italienische Komponist Luca Lombardi (Absolvent der Deutschen Schule in Rom), mit dem zusammen ich an einem Stück nach einem biblischen Motiv gearbeitet habe, lebt ganz in der Nähe von Marino. Wenn ich ihn demnächst besuche, will ich das Anwesen von Hans und Fausto wiedersehen, um noch einmal den Geist dieser beiden Menschen zu spüren. Hans war in den frühen fünfziger Jahren nach Rom gezogen, weil er den orthodoxen seriellen Befehlen der Darmstädter Ferienkurse für neue Musik entkommen wollte. Noch bei einem letzten Treffen kurz vor seinem Tod im Hotel Vier Jahreszeiten in München hat er, der inzwischen auf der ganzen Welt berühmt war, bitter davon erzählt.

Mit einem seiner Gegner, Heinz-Klaus Metzger, war ich befreundet. Er kam häufig mit seinem Freund, dem Musiker Rainer Riehn, nach München, wo die beiden die Reihe »Musik-Konzepte« herausgaben, und da sie immer knapp bei Kasse waren, schliefen sie bei mir auf Matratzen auf dem Boden. Neben der (richtigen oder falschen) Musik war es also die Frage der Geldbeschaffung, die wir in nicht enden wollenden Sitzungen besprachen. Zum Schluss landeten wir bei monströsen Lotto-Experimenten, und Heinz-Klaus, der sich neben der Musik mit jüdischer Mystik beschäftigte, schlug vor, bestimmte zahlenmystische Praktiken mit dem banalen Lottoschein zu verbinden. Als wir einmal 15 D-Mark gewannen, machte Heinz-Klaus den vernünftigen Vorschlag, das Geld zu verprassen. Die Rechnung, die uns in der Osteria vorgelegt wurde, durfte ich bezahlen.

Bei den Musik-Gesprächen wurde immer auf die bevorstehende Edition des Briefwechsels mit Adorno verwiesen, der alle offenen Fragen beantworten würde. Das ist bisher nicht geschehen. Die Antwort auf die Hauptfrage – nämlich ob es nach dem Ende der Musik auch weiter Musik geben wird – hat Heinz-Klaus, der 2009 in Berlin begraben wurde, mit ins Grab genommen. Für Hans Werner Henze, der drei Jahre später starb, war es keine Frage: Er hat bis zum letzten Atemzug für seine Musik gelebt.

Meine geplanten oder auch unverhofften Begegnungen mit italienischen Schriftstellern habe ich immer als besonders glückliche Momente erfahren. Nach einem Abendessen mit Claudio Magris war man so heiter gestimmt und so voller Ideen, dass einem das Leben nicht nur als Bürde vorkam. Dabei hatte man über schreckliche Dinge wie den römischen Senat (in dem er eine Zeitlang einen Sitz hatte) oder die Verhältnisse in China oder, Gott behüte, über Berlusconi gesprochen, aber die Art und Weise, wie das geschah, wie er in Anekdoten und Beobachtungen das Problem erhellte und damit über die Mitteilung hinaus erfahrbar machte, das war, schien mir, eine italienische Spezialität, die ich bei vielen italienischen Schriftstellern oder Intellektuellen beobachtet habe. Viele von ihnen schrieben für die Zeitung, nicht selten auf der ersten Seite, was natürlich dazu führen musste, dass man so schrieb, dass das, was man sagen wollte, auch »rüberkam«. Oder habe ich Glück gehabt und ausschließlich originelle Italiener in meinem Leben getroffen? Claudio schreibt seit über fünfzig Jahren regelmäßig für den »Corriere della Sera«, und wenn es noch einmal so lange Zeitungen gibt, wird er seine moralischen Geschichten und literarischen Essays auch in den nächsten fünfzig Jahren dort veröffentlichen. Als er 2019 den Thomas-Mann-Preis der Bayerischen Akademie erhielt, durfte ich ihn loben:

»Wenn man sehr intensiv an ihn denkt, kann es passieren, dass er zwei Tage später anruft, zumindest aber flattert eine seiner Briefkarten in den Postkasten. Claudio Magris hat den siebenten Sinn für Freundschaften. Manchmal kommen die Anrufe aus Peking, Paris oder New York und beginnen ungefähr so: Du kennst doch die Hauptpost unten in Chelsea, da ist mir gerade Folgendes passiert. Und dann erzählt er atemlos eine phantastische Geschichte von einer Frau, einem Hund und einem Polizisten, die sich gerade vor seinen Augen abgespielt hat. Zum Schluss, denn das war ja der eigentliche Anlass seines Anrufs: Wir müssen uns bald wieder einmal sehen!

Er war sehr jung, als wir uns hier in München bei Tankred Dorst kennenlernten, und doch schon ein berühmter Mann: Er war der Erfinder oder Wiederentdecker des habsburgischen Mythos in der österreichischen Literatur. Mit dieser Doktorarbeit hat der vierundzwanzigjährige Claudio Magris die Literatur- und Geistesgeschichte umgeschrieben. War die österreichische Literatur vor Magris nur eine spezielle Ausprägung der deutschen Literatur, so war sie nach ihm eine eigenständige, so ungefähr kann man sehr vereinfacht seine Untersuchungen zum Morbus Viennensis (wie ihn Musil genannt hat) beschreiben. Von der Revolution 1848 bis zum Ende des Kaiserreiches, also zum Ende des Vielvölkerstaats, reicht seine mit scharfer Klinge einerseits, mit unverhohlener Sympathie andererseits geschriebene Darstellung, deren enorme Wirkung nicht nur auf die Germanistik, sondern auf die gesamte Geistesgeschichte ausstrahlte. Um es mit einem Satz des Literaturkritikers und Stifter-Spezialisten Ulrich Greiner zu sagen: ›Das Dilemma der österreichischen Intellektuellen heißt: Wer für die bürgerlichen Freiheiten kämpft, der kämpft gegen die Monarchie. In Deutschland ist es umgekehrt: Wer für die bürgerlichen Freiheiten kämpft, der kämpft für ein politisch geeintes Deutschland. Patriot zu sein und Revolutionär – das ist für die deutschen Intellektuellen das Gebot der Stunde, für die österreichischen eine Unmöglichkeit.‹

Welche Folgen die Dissertation von Claudio Magris bis heute hat, haben wir alle an der Mitteleuropa-Diskussion im letzten Viertel des vergangenen Jahrhunderts ablesen können, als die drei K's, Kundera, Kiš und Konrad, das Buch von Magris als geistige Nahrung im Gepäck, den gesamten Donauraum als geistige und kulturelle Geographie neu vermessen wollten, um aus dem Requiem auf die Monarchie vielleicht ein eigenes Gebilde zu entwickeln: keine politische Einheit, wohl aber eine kulturelle. Die europäische Vereinigung hat diese Diskussion zunächst verdrängt, aber sehen wir nicht heute, wenn auch unter anderen Vorzeichen, als Zerrbild, als Fratze oder auch nur als politische Schaumschlägerei, eine neue Allianz zwischen Österreich, Ungarn und Italien? Und hat nicht die Ukraine ihr mitteleuropäisches Erbe neu entdeckt? Wer heute durch Lemberg, Czernowitz oder Drohobytsch geht, kann sich auf Claudio Magris berufen.

Wenn es nicht frivol klänge, müsste man das Buch ›Donau‹ von Claudio Magris als Bibel für die Menschen dieses Raums bezeichnen, auf jeden Fall enthält es annähernd so viele Geschichten wie die Bibel und ist in unzählige Sprachen übersetzt worden, mehrheitlich sogar in solche, die nicht an den Ufern dieses Flusses gesprochen werden. Es gehört, wie die Mittelmeer-Bücher von Braudel, in jede Bibliothek, die ein Abbild des europäischen Denkens sein will, und, als Taschenbuch, sowieso in den Rucksack aller Touristen, die sich von Breg, Furtwangen, Regensburg oder Passau aus die Donau hinuntertreiben lassen über Linz, Mauthausen und Wien hinaus bis nach Budapest, Novi Sad, Belgrad, Rustschuk und weiter ins Schwarze Meer. Dabei ist dieses Buch kein Baedeker. Auch wenn in ihm Gasthöfe – und Friedhöfe, und auch der Friedhof der Namenlosen in der Nähe von Wien, wo die ihres Namens entkleideten angeschwemmten Wasserleichen begraben sind –, Sitten und Architekturen, Literatur und Philosophie, Götter und Pfannkuchen, ein mehrsprachiger Papagei und die Enten in Grein und tausend andere Dinge, Phänomene, geistige Erscheinungen und landschaftliche Besonderheiten beschrieben werden, so ist es doch das Gegenteil eines Reiseführers. Denn Magris hat keine Pauschalreise mit Vollpension gebucht, sondern ist auf eigene Faust gereist; und auch wenn er dem Wasser folgt, so folgt er ihm nicht sklavisch von der Mündung bis zum Meer, sondern unternimmt Umwege, folgt Nebenadern, bleibt hängen, lässt sich einfangen, trödelt, gerät ins Schwärmen und nimmt, wenn sein Boot schon abgelegt hat, das nächste Boot oder das übernächste. Die Zeit unterzieht Magris einer enormen Dehnung, um den ganzen Raum zu überblicken, die Kulturen und Sprachen, die aneinandergrenzen und sich überlappen, was bekanntlich zu viel Zank und Streit, zu Krieg und Blutvergießen, aber eben auch zu Toleranz und Achtung geführt hat. So entsteht ein Jean-Paul'sches Wimmelbild, ein funkelndes Panorama, eine

Mentalitätsgeschichte und natürlich auch ein Reisebuch, mit dem man den Donau-Raum ausschreiten kann.

Ich will, obwohl ich annehme, dass alle in diesem Saal, nicht nur der Autor und ich, das Buch kennen und lieben, etwas daraus zitieren, um die Machart, den Bauplan zu verdeutlichen, denn natürlich hat die Methode, die Claudio Magris entwickelt hat, viele Nachahmer gefunden, so dass man gerne auf die ursprüngliche Quelle zurückgreift. ›Der melodische Strom‹, so nannte ihn Hölderlin an seinen beiden Quellen; profunde und verborgene Sprache der Götter, Straße, die Europa mit Asien verband, Deutschland mit Griechenland, auf der in mythischen Zeiten die Poesie und das Wort gereist waren, um den Sinn des Seins in das deutsche Abendland zu bringen. An den Ufern des Flusses gab es für Hölderlin noch Götter: verborgen, unverstanden von den Menschen in der Dunkelheit ihres Exils, in der Zerrissenheit der Moderne, und doch lebendig und gegenwärtig. Ungestört von der Prosa der Realität und gleichwohl dazu bestimmt, in einer utopischen Zukunft aufzuwachen, ruhte im Schlaf Deutschlands die Poesie des Herzens, die Befreiung, die Versöhnung. Der Germanist, der dem Verlauf dieses Stromes reisend folgt, der seine Welt zusammenhält, schleppt ein umfängliches Reisegepäck an Zitaten und schrulligen Vorstellungen mit sich. Wenn sich der Dichter dem trunkenen Schiff anvertraut, so versucht seine Aushilfskraft dem Rate Jean Pauls zu folgen, wonach man auf seinem Wege Bilder, alte Vorworte, Theaterzettel, Gespräche auf der Poststation, Gedichte und Auseinandersetzungen, Grabinschriften, metaphysische Fragmente, Zeitungsausschnitte, Anschläge in Gasthäusern und Pfarrämtern sammeln und aufschreiben solle. ›Der Fluss habe keine Allheit, und Reisen sei unsittlich‹, behauptet der reisende Weininger. Doch ist der Fluss ein alter Tao-Meister, der das Ufer entlang seine Unterweisung über das große Lebensrad und die Zwischenräume in seinen Speichen erteilt. Auf jeder Reise gibt es wenigstens ein Bruchstück des Südens, Stunden der Entspannung, des Vergehens, des Fließens der Wellen. ›Unbekümmert um die Waisen an ihrem Ufer‹ – wie es in Hölderlins Gedicht *Am Quell der Donau* heißt – ›fließt die Donau ins Meer, der großen Überzeugung zu.‹

Man kann dieses hochgelehrte, aber fußnotenfreie Buch alle paar Jahre wieder lesen, ohne dass es einem langweilig wird. Nicht zuletzt kann man überprüfen, was sich geändert hat, zum Guten oder zum Schlechten. ›Donau‹ ist in den Jahren vor 1986 geschrieben worden, als die eiserne Physiognomie des Ostblocks schon langsam verrutschte, die Risse sich verbreiterten und in den Rissen schemenhaft das andere, frühere Gesicht einer Einheit in der Vielfalt auftauchte, die Habsburger Physiognomie.

Der Fluss Donau mündet bekanntlich im Schwarzen Meer. ›Sie endet‹, schreibt Magris auf der letzten Seite seines Buches, ›im Hafenbecken des alten türkischen Städtchens Sulinas.‹ Der Zugang zum Ende erfordert eine besondere Genehmigung, einen Passierschein; doch die Kontrolleure sind Menschen von Welt, sie begreifen nicht genau, was der Ausländer hier will, aber sie begreifen, dass er harmlos ist, und erlauben ihm einen Spaziergang, damit er seinen Blick werfen kann auf das Nichts, das es da zu sehen gibt, einen Kanal, der ins Meer fließt, umgeben von Schiffen, Winden, Trägerbalken, einer Unmenge von Kisten und Kästen auf den Molen, Stempeln auf Postpaketen, Sichtvermerken der Zollabfertigung.

Das wäre also alles? Nach einem dreitausend Kilometer langen Film erhebt man sich und verlässt für einen Moment den Saal, sucht nach dem Popcorn-Verkäufer und nimmt zerstreut den Hinterausgang. Es sind nur wenige Leute da, alle haben Eile, der Hafen leert sich. Doch der Kanal fließt leicht und ruhig und sicher ins Meer, ist nicht mehr Kanal, Grenze, Regulation, sondern ein Fließen, das sich öffnet und sich den Wassern und den Ozeanen dieses Erdballs hingibt und den Geschöpfen ihrer Tiefen. ›Mach, dass mein Tod, Herr‹, heißt es in einem Vers von Marin, ›sei wie das Fließen eines Stroms in t'el mar grando, in das große Meer.‹

Biago Marin, den Magris hier zitiert, gehört zu den Lieblingsdichtern unseres Preisträgers, er geistert durch sein gesamtes Werk. Marin ist 1891 in Grado geboren, wuchs noch unter dem Doppeladler auf und schrieb sein Werk im Gradenser Dialekt, aber auch auf Italienisch und sogar auf Deutsch. 1915, berichtet Magris, sei Marin als italienischer Irredentist vor den Rektor der Universität Wien getreten und hätte mitgeteilt, er hoffe, dass Italien durch seinen Kriegseintritt zur Zerstörung des Habsburgerreiches beitragen werde – bald darauf aber, nachdem er sich freiwillig zur italienischen Armee gemeldet hatte, habe er gegen das unverschämte Auftreten eines Offiziers mit den Worten protestiert, ›wir Österreicher‹ seien an einen solchen Ton nicht gewöhnt. Er lebte auf beiden Seiten der Grenze.

Mit Scipio Slataper, Umberto Saba, dem italienisch-jüdischen Dichter und Buchhändler, Roberto Bobi Bazlen, dem Autor von ›Il capitano di lungo corso‹ und genialen Literaturvermittler, aber auch Carlo Michelstaedter, dem schon 1910 durch Selbstmord verstorbenen bedeutenden Philosophen aus einer jüdischen Familie, den wir aus dem Buch ›Das andere Meer‹ von Claudio Magris kennen, gehört Marin zu den Triestiner oder Görzer oder Gradenser Autoren, denen Magris ein Denkmal gesetzt hat, allen voran natürlich Ettore Schmitz, der unter dem Namen Italo Svevo einen der großen Romane des 20. Jahrhunderts geschrieben hat: ›Zeno Cosini‹. Slataper, der mit seinem Buch ›Il mio Carso‹ die literarische Landschaft von Triest erfunden hat, musste sich eine Identität erfinden, um sie in ihrer ganzen Tiefe darzustellen. Alle diese Autoren und viele mehr, die wie Sternschnuppen durch das Universum von Claudio Magris sausen, bilden eine alles andere als homogene, und doch in ihrer Unterschiedlichkeit, ihrer Melancholie und ihrer Ironie erkennbare Kultur zwischen Österreich und Italien, zwischen Land und Meer, die weder von der österreichischen noch von der italienischen Kultur wirklich angenommen wurde und die Magris in vielen Werken, am schönsten jedoch in seinem Buch ›Die Welt en gros und en détail‹ beschrieben hat. Unter anderem berichtet er von einem Großvater mütterlicherseits, Francesco Grisogono, den ›der Genius gestreift und der die Melancholie bis auf den Grund ausgekostet hatte und seinem Enkel den Trieb und die Hybris vererbte, die Welt in einem Käfig aus Zeichen und Worten einzufangen‹. Dieser Francesco, 1861 in Dalmatien geboren, aufgewachsen unter schwierigen Verhältnissen und daran gehindert, seine heißgeliebten Studien der Philosophie und der mathematischen Wissenschaften in Wien zu Ende zu führen, lange Jahre Offizier der k. u. k. Kriegsmarine – er, italienischer Irredentist, aber verliebt in die deutsche Kultur und ein Kenner und Bewunderer der kroatischen, der ein anderer Zweig der Familie angehörte –, schließlich bescheidener Lehrer an der Fortbildungsschule in Triest, hatte sich noch von jeder Art Missgeschick verfolgt gesehen, ausgeschlossen von jeglichem Kontakt mit der Welt der Forschung. Obwohl Philosoph und Wissenschaftler, Erfinder von Systemen für die Reise durch den Weltraum und von Instrumenten, um sich zu diesem Zweck von der Erdanziehung zu befreien, Leser von Kant und Schopenhauer und Nietzsche, Autor philosophischer Aphorismen, geistreicher, entlarvender Desillusion, war Francesco abgeschnitten von der großen wissenschaftlich-philosophischen Kultur seiner Zeit, die einen revolutionären Aufschwung nahm, zu dem er wahrscheinlich hätte beitragen können und der sein Denken ohne Zweifel bereichert und von der Öde und den Tüfteleien der Einsamkeit erlöst hätte. Francesco kannte die innerlichen Hinterhalte der Isolierung und der Melancholie, den

Engpass, in den ein Herz geraten und sich stürzen kann, das zu reich und zu groß ist für die eingeschränkte Wirklichkeit, in der es sich befindet und von der es erstickt wird. Wie er von sich selbst sagte, ertrug er es geduldig und scherzend, alle seine Träume nacheinander sterben zu sehen. Und in so bitterer Enttäuschung hegte er weder gegen Menschen noch gegen Dinge Groll, noch wurde er müde, das Leben zu lieben, das ihn lediglich mit Dornen freigebig bedachte. Man kann gar nicht aufhören, die prometheischen Pläne dieses in der Welt Gescheiterten zu bestaunen, die Claudio Magris in seinem Porträt aufführt, seine ›verzehrende Liebe zum Leben, das sie zu fassen sucht wie ein Fischer, der mit seinem Netz das Meer einfangen will‹. Mit anderen Worten, Claudio Magris schreibt in ›Die Welt en gros und en détail‹ die Weltgeschichte um, indem er eine Fußnote nach der anderen an die große Weltgeschichte anhängt, die letztendlich die Welt repräsentiert und auf Menschen wie Francesco de Grisogono keine Rücksicht nimmt. Magris arbeitet hier Hand in Hand mit Danilo Kiš, der in seiner ›Enzyklopädie der Toten‹ all denen einen Platz im großen Archiv der Menschheit gegeben hat, die in sonst keinem Lexikon vorkommen.

Triest ist die Heimatstadt von Claudio Magris. An Triest hat er seine Erfahrungen mit der Grenze, der Ab- und der Ausgrenzung erprobt, die Grenze ist eines seiner Lebensthemen. In Triest, schreibt er, ›kann man die Zweideutigkeit der Grenze, ihre positiven und negativen Aspekte besonders nachhaltig erleben, die offenen oder geschlossenen, starren oder beweglichen, unzeitgemäßen oder niedergerissenen, schutzbietenden oder zerstörerischen Grenzen‹. In Triest führte dieses Grenzdasein ›häufig zu einem Gefühl der Unsicherheit, der Nichtzugehörigkeit und des Fremdseins, zu dem widersprüchlichen Gefühl, zugleich im Zentrum und an der Peripherie zu leben. Die Stadt, die bis 1954 ein von den Amerikanern und Engländern verwalteter Freistaat war, gehörte und gehört auch wieder nicht zu Italien …

man wusste nicht recht, wer und was man war, und das wieder brachte einen dazu, ständig die eigene Identität in Szene zu setzen. Das kollektive Bewusstsein litt, allseits von Grenzen umgeben, unter Erstickungsängsten, umgab sich aber seinerseits fieberhaft mit neuen Abgrenzungen, um jeder klar bestimmbaren Zuordnung zu entgehen und sich aufgrund dieses verzweifelten Andersseins eine eigene Identität zu konstruieren.‹

Ohne diese Erfahrung der Grenze, schreibt Magris, ›wären viele meiner Bücher nicht entstanden. Die ganze DONAU ist ein Buch der Grenze, eine Reise auf der Suche nach der Überwindung und Überschreitung nicht nur der nationalen, sondern auch der kulturellen, linguistischen und psychologischen Grenzen; nicht nur der äußeren, realen Grenzen, sondern auch der im Inneren eines Individuums verlaufenden Grenzen, die die dunklen und verborgenen Bereiche einer Persönlichkeit abschirmen.‹

Wenn man alle Äußerungen von Magris zur Grenze zusammennimmt, erhält man neben einer präzisen Beschreibung seiner Heimatstadt Triest und ihrer kulturellen Besonderheiten nicht nur eine prinzipielle Phänomenologie der Grenze, sondern eine veritable Kulturtheorie, man erfährt, wann, wie und wo Grenzen errichtet werden, um Schutz, Sicherheit und Ruhe vor der anderen, feindlichen Welt zu bieten, und wo sie niedergerissen werden, um aus der Enge auszubrechen. ›Die Grenze‹ – so sein Fazit – ›ist eine Notwendigkeit, denn ohne sie, oder besser ohne begrenzende Unterscheidung, gibt es keine Identität, keine Form, keine Individualität, ja nicht einmal eine reale Existenzmöglichkeit, denn sie würde vom Gestalt- und Unterschiedslosen verschlungen.‹ Und an anderer Stelle: ›Grenze ist Form, also auch Kunst.‹

Triest als geistige Lebensform – Claudio Magris hat, auch zusammen mit seinem Kollegen Angelo Ara, viele Seiten über diese Stadt am Meer geschrieben, diesen Cul-de-Sac an der Adria, ›wo das Meer‹ – wie er schreibt – ›alle Enttäuschungen ans Ufer spült‹. Viele seiner kurzen Stücke, Handtellergeschichten oder Kalendergeschichten, manchmal Romane in Pillenform, wie sein Kollege Giorgio Manganelli seine kurzen Erfindungen genannt hat, veröffentlicht er seit mehr als fünfzig Jahren im Mailänder Kurier am Abend, dem Corriere della Sera. Auf diesen je vier oder fünf Manuskriptseiten, die sich im Lauf der Jahrzehnte zu vielen Büchern zusammengefunden haben und eines Tages zu einem einzigen eingeschmolzen werden sollten, entwickelt er seine Comédie humaine, zeigt er, wo die Grenzen zwischen Gut und Böse verlaufen, zwischen Wahrheit und Unwahrheit, zwischen einem aktiven und einem verbummelten Leben, zwischen Gerechtigkeit und Ungerechtigkeit. Sie sind wie ein Führer durch das Dickicht einer Welt geworden, die solche basalen Erkenntnisse sich nicht mehr auszusprechen traut und sich lieber in den Fußangeln des Sowohl-als-auch verheddert. Dabei kann unser Preisträger leicht auf die moralisierende, besserwisserische Art der Belehrung verzichten, die das Lesen der Kommentare in vielen, auch deutschen Zeitungen so quälend macht. Die Energie, die Magris versprüht, seine Offenheit, sein Humor und sein klarer Verstand, sein Sinn für Geschichten und Dramaturgie, seine Neugier und seine Kenntnisse und schließlich seine Freude am Schreiben verleihen diesen kurzen Geschichten, die den Corriere stärker geprägt haben als viele andere Formate, ein ganz besonderes Aroma und intellektuelles Flair. Sollte Magris eines Tages beschließen, das Schreiben dieser Stücke einzustellen, müsste eigentlich auch der Corriere schließen.

Diese kleine Laudatio wäre unvollständig, wenn ich nicht auf ein anderes seiner Hauptwerke zu sprechen käme, den Roman ›Verfahren eingestellt‹ (›Non luogo a procedere‹), der 2017 in der grandiosen Übersetzung von Ragni Maria Gschwend hier in München bei Hanser erschienen ist. Es ist ein Buch über den

Krieg, aber kein Kriegsroman. In seiner Rede in der Frankfurter Paulskirche 2009 hat Claudio Magris den Ort beschrieben, der ihn zu diesem Buch inspiriert hat.

Magris schreibt: ›In den großen Lagerhallen, Magazinen und Höfen einer alten verlassenen Triestiner Kaserne befinden sich merkwürdige Dinge nebeneinander aufgereiht oder unordentlich verstreut wie Gerippe von Meeresungeheuern, die ein Seebeben an Land gespült hat: ausrangierte Panzer, aufgeschlitzte Unterseeboote, Panzerabwehrkanonen, Panzerspähwagen, Flugzeuge mit einem kaputten Flügel. In anderen Räumen sind kleinere Kriegsrelikte ausgestellt, zerbeulte Blechnäpfe, abgerissene Feldtelefonhörer, Patronenhülsen, Stahlhelme und tonnenweise Kriegsplakate. Ursprünglich war dies das Reich eines exzentrischen Sonderlings namens Diego de Henriquez, der seine ganze Existenz – unter Aufopferung seiner selbst und seiner Familie – dem Sammeln von wahnwitzigen Mengen an Kriegsmaterial gewidmet hatte, dem Traum, wie er schrieb, ‚ein historisches Kriegsmuseum für den Frieden' zu gründen, ein ‚Zentrum für die Deutung und Verwandlung von Zukunft'. Diese universale Ausstellung des Krieges sollte ein Schreckensszenario größten Ausmaßes erzeugen, um den Krieg ein für allemal aus den Herzen der Menschen zu verbannen und damit einen immerwährenden Frieden zu schaffen.‹ So weit Magris.

Der exzentrische Herr, der dieses Lager angeschafft hat, Professor Diego de Henriquez, kam bei einem möglicherweise vorsätzlich gelegten Brand ums Leben, der eben nicht nur das Museum verwüstete. Er selber starb in einem zu einem Bett umgewandelten Sarg, in dem er seine Nachtruhe zu halten pflegte. Ein Prozess, der die Hintergründe dieses Feuers ergründen sollte, verlief im Sande, und zwar höchstwahrscheinlich gewollt, weil der verstorbene Professor für sein Museum auch die Inschriften und Kritzeleien aus den Latrinen der ›Risiera‹ gesammelt hatte, die einige Mitglieder der besseren Triestiner Gesellschaft als Kollaborateure anklagten, die schuldig gewesen sein sollten am qualvollen Tod der Häftlinge. Die ›Risiera‹, die Reismühle in Triest, war das einzige von den Nationalsozialisten auf italienischem Boden errichtete Konzentrationslager für Partisanen und Juden. Ein Teil von ihnen wurde gleich in der ›Risiera‹ ermordet, ein anderer Teil wurde in ein deutsches Vernichtungslager gebracht und vergast. Der Lagerverantwortliche der ›Risiera‹, Josef Oberhauser, der schon einschlägige Erfahrung mit der Tötung von kranken Kindern gesammelt hatte, wurde zwar 1976 in Italien zu lebenslanger Haft verurteilt, war aber in Deutschland vor der Auslieferung sicher. Er starb hier in München, wo er zuletzt als Schankkellner gearbeitet hatte. Wie es in seiner Seele aussah, wissen wir nicht. Vielleicht haben wir ihm einmal ein gutes Trinkgeld gegeben?

Das alles wird in ›Verfahren eingestellt‹ erzählt, in dessen Nachwort es ausdrücklich heißt, dass ›die Geschichte, die erzählt wird, und das Porträt des Protagonisten dieses Buches völlig frei erfunden‹ sind. ›Jede Übereinstimmung mit realen Personen ist daher rein zufällig.‹ Wenn auch in jeder Hinsicht beabsichtigt, dürfen wir getrost hinzufügen.

Ein megalomanisches Museum des Krieges, das ausschließlich Instrumente des Todes ausstellt, um den Frieden zu fördern. Wie soll man dieses Paradox verstehen? Ein historischer Rundgang, um die kontinuierliche Weiterentwicklung der Waffentechnik zu zeigen? Oder soll man die verschiedenen Tötungsarten demonstrieren, die leichten und die schweren? Und wie kann man eine abschreckende Wirkung erzielen? Das Buch ist zu komplex, um es hier auf ein paar Sätze zusammenzupressen, aber ich glaube, es gehört zu den wenigen geglückten literarischen Beispielen in unserer Zeit, die Pathologie des Bösen, des Krieges, der Vernichtungsbereitschaft darzustellen. Es ist ein Meisterwerk.

Und schließlich Thomas Mann. Magris hat ihm, dem nicht

uneingeschränkt geliebten Künstler, 1997 einen umfangreichen, nachdenklichen Essay gewidmet, der sich vordergründig mit den Essays beschäftigt, aber erkennen lässt, wie genau er das Werk kennt. ›Der große Thomas Mann‹ – schreibt Magris – ›das ist der Autor von Buddenbrooks, Tonio Kröger und Der Tod in Venedig; er ist auch der Verfasser eines geächteten und missglückten und dennoch grandiosen und mitreißenden Buches wie die Betrachtungen eines Unpolitischen.‹ Magris beschreibt, wie Thomas Mann, ›gleich nach Fertigstellung der Betrachtungen, anfängt, diese über Bord zu werfen und seinen Kurs zu ändern, bis zur völligen Umkehrung seiner Positionen, so dass er nach und nach zum Repräsentanten jenes zivilisatorischen Engagements wird, welches er in den Betrachtungen als ideologische Verfälschung entlarvt hatte, dass er sich mit wachsender Beteiligung auf die Seite der bis dahin abgelehnten Demokratie schlägt und sich bemüht, jene Gegensätze und Widersprüche miteinander zu versöhnen, aus deren absoluter Unversöhnlichkeit sich bis dahin seine Kunst genährt hatte.‹

Aber Magris wundert sich auch über die grundlegende Fremdheit, die Thomas Mann der österreichisch-habsburgischen Kultur entgegenbringt, ein Interesse, das nur wenig mehr über gebührende Höflichkeiten hinausgeht. Er wundert sich deshalb, weil gerade diese Welt ihm, Thomas Mann, einen ausgezeichneten anarchisch-konservativen Gegenpol zum Demokratiegeschwätz der Zivilisationsliteraten hätte bieten können.

Über Thomas Mann wird also noch zu reden sein.

›Die ehrwürdige Akademie‹ – heißt es in einem der Schnappschüsse von Claudio Magris –, ›die so viele illustre Persönlichkeiten der Künste und Wissenschaften versammelt, hält ihre feierliche Jahressitzung ab. Der Präsident liest den Jahresbericht vor, gedenkt der verstorbenen Kollegen und begrüßt die Neugewählten, er verliest Grußbotschaften, kündigt die nächsten Aktivitäten an, gibt einen Überblick über die finanzielle Lage.

Es ist früher Nachmittag ... und das Mittagessen liegt einem im Magen. Mein Nebenmann schläft diskret ein. Die verschränkten Arme und der nachdenklich geneigte Kopf könnten auch auf tiefe Überlegungen deuten, und die anderen, weiter weg Sitzenden, bemerken vielleicht gar nichts von seinem Schlummer.‹

Aber bevor es so weit kommt, will ich aufhören.

Lieber Claudio, im Namen der Jury möchte ich dir von Herzen zum Thomas-Mann-Preis der Stadt Lübeck und der Bayerischen Akademie der Schönen Künste in München gratulieren.

Auguri!«

Ein anderer Spezialist dafür, die großen Probleme der Welt gesprächsweise in eine nachvollziehbare Form zu bringen, war natürlich Umberto Eco. Ich habe nach jeder Begegnung mit ihm über die Frage nachgedacht, wie sein piemontesisches Gehirn organisiert war, denn dass es besser und klarer (und anders) organisiert war als das der meisten anderen Menschen, stand außer Frage. Er hatte ja nicht nur seinen Augustinus und das gesamte undurchdringliche Mittelalter da abgelegt, wo er es jederzeit finden konnte, sondern auch sämtliche wichtigen Comics, Filme, Schlager und sonstigen zeitgenössischen Verrücktheiten; Athanasius Kircher konnte er im Schlaf genauso herbeten wie James Joyce, und natürlich alle Philosophen von Platon bis heute; er schien aber auch alle bedeutenden Bilder im Kopf zu haben, die er je gesehen hatte, und er wusste auch, wer darüber wo und wie und was geschrieben hatte. Und wenn normale Menschen sich mit großer Mühe zwei Witze merken können, die sie dann aber im entscheidenden Moment des Erzählens (wenn alle Zuhörer schon fast eingeschlafen sind, weil sie natürlich beide Witze schon hundertmal gehört haben) vermasseln, konnte er in mehreren Sprachen Hunderte Witze in spannender Form zu Ende bringen. Natürlich war er immer überarbeitet. Er war ja nicht nur Professor und Schriftsteller und produktiver Wissenschaftler und viel gefragter Vortragsreisender und Familienvater, sondern eben auch Leser, und natürlich interessierte ihn die prekäre Politik seines Landes, Europas und der ganzen Welt. Kurzum, er war ein besonderer Mensch.

Umso mehr war ich erstaunt, wie viel Zeit er sich für seine Gäste nahm. Wir waren einmal eingeladen, mit ihm und seiner Familie das Jahresende in seinem Landhaus in der Nähe von Urbino in den Marken zu verbringen. Unnötig zu sagen, dass es sich um ein aufgelassenes Kloster handelte, in dessen Kirche sich Umberto sein Studiolo eingerichtet hatte. Um die Computer herum standen besondere Stücke der Dekoration des Films »Im Namen der Rose«, und natürlich überall Bücher in allen nur denkbaren Sprachen. Umberto gehörte zu den Menschen, die Bücher nicht wegwerfen konnten, also musste alles, was in Mailand und Bologna nicht gebraucht wurde, in die Klosterbibliothek. (Der Klostergarten wurde von Renate gepflegt, Umbertos deutscher Frau, die sich nicht nur in Bildern auskennt, sondern eben auch in Kräutern.) Am Nachmittag führten er und ein Freund von ihm, Furio Colombo, der irgendetwas für FIAT in Amerika zu tun hatte und mit einer amerikanischen Schriftstellerin verheiratet war, ein Kasperletheater mit wunderbaren Handpuppen auf, die sich mit besonderem Vergnügen gegenseitig auf den Kopf schlugen, und nachts standen wir mit einem tschechischen Astronomen, der nach dem Prager Frühling 1968 sein Land verlassen hatte und in Mailand gelandet war, auf dem Dach des Hauses und betrachteten unter seiner Anleitung durch riesige Fernrohre den Neujahrshimmel, besonders die nicht enden wollenden Kaskaden der stelle cadente. Furio, stellte sich dann heraus, war einer der bekanntesten Journalisten Italiens, Professor für Medientheorie in Bologna, Mitglied des Senats in Rom, Herausgeber von L'Unità und viele Jahre lang Leiter des Italienischen Kultur-Instituts in New York, und wenn Umberto im Kasperletheater in die Rolle von

Berlusconi geschlüpft war, wurde er zur großen Freude des Publikums von Furio mächtig verdroschen. Er kam aus einer jüdischen Familie im Aosta-Tal und war auf der ganzen Welt zu Hause, kannte alles und jeden, aber wenn es um die Commedia dell'arte ging, war er eben ein italienischer Bub, der spielen wollte (und konnte). Ihm habe ich die Bekanntschaft mit einem in New York lebenden Italiener zu verdanken, Franco Ferrucci aus Pisa, der gelehrte Bücher über Homer und Shakespeare schrieb, aber in einem inspirierten Moment seines Lebens die Idee hatte, Gottes Autobiografie aufzuschreiben, »Il mondo creato«, der wir den schönen Titel gaben: »Die Schöpfung: Das Leben Gottes, von ihm selbst erzählt«. Der wirklich geniale Zeichner (und große Literaturliebhaber) Tullio Pericoli, der damals viel für uns arbeitete und mehr oder weniger »unserem Italien« sein Gesicht gab, hatte eine wunderbare Illustration für den Umschlag gemacht: Er hatte die Weltkugel auseinandergeschnitten und den Gott zwischen die beiden Teile gelegt, ein entspannter Gott, der zufrieden war mit dem, was er geschaffen hatte. Aber der Clou war die deutsche Buchpremiere in den Kammerspielen in München. Eine Mitarbeiterin im Verlag kannte Heinz Rühmann, damals ein alter Gott der Schauspielerei, der sich auf sein Altenteil zurückgezogen hatte und nicht mehr auftrat. Ihn überredeten wir, die Lesung zu machen, die natürlich sofort ausverkauft war. Ich durfte Gott und den Autor – der so etwas nie im Leben auch nur erträumt, geschweige denn erlebt hatte – vorstellen, Rühmann, schon etwas tatterig, las die entscheidenden Stellen – es war ein großer Erfolg: Man hatte Gott noch einmal von Angesicht zu Angesicht gesehen. Franco Ferrucci hat natürlich nie wieder einen solchen europäischen Erfolg feiern können, und das Buch war bald vergessen. Aber als ich kürzlich Peter Sloterdijks Studie »Den Himmel zum Sprechen bringen. Elemente der Theopoesie« las, tauchte Franco, inzwischen längst unter der Erde, plötzlich mit einem

Zitat aus »unserem« Buch wieder auf, und wenn ich an dem Ort auf dem Lande, wo ich dies schreibe, spazieren gehe, komme ich immer durch den Heinz-Rühmann-Weg, an dem der Schauspieler bis zum Ende seines langen Lebens gelebt hatte. Es gibt offenbar ein noch nicht endgültig erforschtes Gesetz, dass trotz zunehmender Gleichgültigkeit nichts einmal Geschriebenes in der Welt verlorengeht. Man klicke nur bei Wikipedia den Namen »Franco Ferrucci» an.

Aber wir sind noch in Monte Cerignone, in den Marken. Am Neujahrstag gab es auf dem Dorfplatz ein Fest der L'Unità, mit Ringelpiez und Tanz, und natürlich musste der berühmteste Bürger des Ortes mit der Frau des Bürgermeisters tanzen, und natürlich konnte Umberto auch noch sehr gut tanzen. Gott sei Dank ist mir jedes Gefühl von Neid – das andere als den eigentlichen Motor des Fortschritts ansehen – fremd, aber da auf dem geschmückten Platz hätte ich gerne auch getanzt. Ging mal wieder nicht. Am Abend gab es ein großes Essen in San Marino, dem Zwergstaat bei Rimini und der ältesten existierenden Republik der Welt. Ich saß neben der Kulturministerin, die mir deshalb so unvergesslich geblieben ist, weil sie eine Bluse anhatte, auf der ein glitzernder Löwe ihr quer über den gewaltigen Busen sprang (wenn man so etwas noch ohne Angst vor juristischen Folgen sagen darf). Da sie sehr temperamentvoll war, kam der Löwe nicht zur Ruhe, und da ein Scheinwerfer auf die Frau gerichtet war, sprühte dieses springende Tier gewissermaßen Funken. Was die Frau zu erzählen hatte, war auch nicht von Pappe, denn die dreißigtausend Einwohner von San Marino gehörten als Gemeinde zu den reichsten der Welt. Keine Staatsschulden, keine Arbeitslosen. Umberto hatte in der Hauptstadt ein Zentrum für semiotische und kognitive Studien gegründet und dort auch viele Jahre gelehrt, ihn kannte auf der Straße jeder Bub. Wann er das organisiert hatte, durfte man nicht fragen. Ich habe ja später noch weitere Institutsgründungen von Umberto erleben dürfen, die auch irgendwie entstanden sein mussten, ohne dass man nach dem Wie fragen durfte. Und der freundlichen Löwendompteurin und mir gegenüber saß der Maler Enzo Cucchi aus Ancona, den ich von München her kannte. Zusammen mit Mimmo Paladino und dem von mir verehrten Sandro Chia aus Florenz, über den ich damals geschrieben habe, gehörte er zu einer sogenannten Transavanguardia, die von einem römischen Kritiker ausgerufen worden war, Achille Bonito Oliva, der in meiner Zeit in der Villa Massimo die Schlagzeilen der Kunstzeitschriften beherrschte, ohne dass jemand genau verstand, was er meinte. Cucchi war sehr belesen, ein philosophischer Kopf, anspruchsvoll und klug. Er gehört auch zu denen, die ich nie wiedergesehen habe. Bei Wikipedia habe ich eben nachgeschlagen: Cucchi und Chia leben noch. Ich könnte also theoretisch einen Nachtzug nehmen, um morgen früh noch ein letztes Mal mit diesen wunderbaren Künstlern einen Tag zu verbringen.

Eco hatte mich mehrere Male eingeladen, in seiner Scuola Superiore di Studi Umanistici in Bologna einen Vortrag zu halten über die Entstehung des Urheberrechts im 18. Jahrhundert und verwandte Gegenstände. Am Abend fuhr man nach Mailand zurück, wo ich ein paar Tage in seiner riesigen Wohnung übernachten durfte. Diese unglaubliche Bibliothek! Und mit welcher kindlichen Freude er mir die Inkunabeln zeigte! Wenn man sein Arbeitszimmer anschaute, wusste man, warum Borges und Joyce seine Lieblingsschriftsteller waren. Bei einem dieser Besuche schlitterten wir mit dem Fahrrad über die vom Regen glitschigen Straßen von Mailand zu einem Büchermarkt, und wieder sah ich da, von hinten, denn ich fuhr in gehöriger Entfernung, ein großes Kind, wie es Borges und Joyce wahrscheinlich nie in ihrem Leben waren. Nachts saßen oder besser: fläzten wir dann mit Renate (und später ohne) auf einem tiefen Sofa und sahen alte Filme im Fernsehen, unter anderem einen mit Buster

Keaton. Er wollte sich ausschütten vor Lachen, dann schlief er wie auf Kommando ein, um sich von dem anstrengenden Tag zu erholen, wachte wieder auf, lachte wieder und verschwand – ich kann mich deshalb so gut an diese Nacht erinnern, weil er mich mit einem Rotwein aus dem Piemont, seiner Heimat, hatte sitzen lassen, und ich nicht wusste, wie man das Fernsehgerät ausstellen konnte. Umberto hatte natürlich angenommen, dass ein jüngerer Mensch, der in den Geschäften der Welt zu Hause war, ein Fernsehgerät zu bedienen wusste. Wenn er geahnt hätte, was ich alles nicht wusste. Am nächsten Tag bin ich mit Renate in die Reis-Anbaugebiete um Mailand herum gefahren, von deren Existenz ich auch nichts gewusst hätte ohne das generöse Zeitgeschenk dieser generösen Familie. Auch der Sohn, Stefano, hat die grenzenlose Neugier von Umberto geerbt: Mit ihm bin ich durch alle noch existierenden Schankräume aus der Zeit der Prohibition in New York gelaufen.

Von den Ecos war es nur ein Sprung ins Büro von Inge Feltrinelli, der Präsidentin des gleichnamigen Verlages, der mit der Veröffentlichung der Romane »Il Gattopardo« von Tomasi di Lampedusa und Pasternaks »Doktor Schiwago« schlagartig berühmt geworden war. Eine unglaublich temperamentvolle Frau, die aus Göttingen stammte und als Fotografin die Welt bereist hatte. Sie war tausendmal temperamentvoller als die Milanesen. Ich kannte noch ihren Mann Giangiacomo, den Gründer des Verlags Feltrinelli, der 1972 bei einem bis heute nicht restlos aufgeklärten »Unglück« ums Leben gekommen war. Beider Sohn Carlo, der heute den Verlag und die große, unter Inge gewachsene Buchhandelskette leitet, hat über den Vater ein berührendes Buch geschrieben, das wir verlegen durften: »Senior Service«, genannt nach der (heute nicht mehr existierenden) Zigarettenmarke. Wenn ich irgendwo den Namen lese oder höre, sehe ich sofort die langen, mageren Hände von Giangiacomo vor mir, die an den Spitzen braun waren vom Rauchen dieser englischen

Zigaretten. Ich hatte ihn zum ersten Mal in Berlin in meinem Lehrverlag getroffen, wo er sich einen ganzen Nachmittag Zeit genommen hatte, um sich anzuhören, was ich über die deutsche Literatur und Politik der Gegenwart zu sagen hatte. Zur Beerdigung 1972 konnte ich aus Zeit- und Geldgründen nicht fahren, was ich bis heute bedaure. Ich glaube, Klaus Wagenbach war der einzige deutsche Verleger, der den Mut hatte, den großen Kollegen, der zum Schluss einzig und allein als »Terrorist« geschmäht wurde, mit zu Grabe zu tragen. Manchmal hoffe ich, dass Carlo auch über seine Mutter Inge ein solches Buch schreibt, die manche nur als exzentrische Diva kannten, die aber für alle, die mit ihr befreundet waren, eine warmherzige, kluge, schwer arbeitende und eben überhaupt nicht spießige Frau war – ach, wenn es doch mehr von ihrer Art gäbe, die Welt sähe freundlicher aus. Als Herta Müller den Nobelpreis erhielt, trafen wir uns alle in Rom in einer kleinen Trattoria, die Inge ausgesucht hatte: Den Geschmack der besonders gewürzten Tortellini werde ich wahrscheinlich mein Lebtag nicht mehr vergessen.

Als Inge wenige Tage vor der Buchmesse 2018 starb, habe ich in der FAZ die folgenden Zeilen geschrieben:

»Als vor ein paar Monaten Peter Mayer starb, der legendäre Verleger von Penguin/Viking, war meine erste Reaktion: Und was macht Inge? Als hätte sie meine stumme Frage gehört, rief sie sofort an, denn wenn jemand sich auf ›Stimmen‹ verstand, dann war es Inge Feltrinelli. Sie war immer einen Tick schneller als die andern. Ihre Karten, Zettel und sogenannten Briefe, mit einer seltsam krakeligen Schrift bis an den Rand (und darüber hinaus) gefüllt, lasen sich wie sehr konkrete Botschaften aus einer anderen Welt: Man musste sie drehen und wenden, um ihren geheimen Sinn zu entschlüsseln.

Inge – Tochter eines jüdischen Vaters, der in die Scheidung einwilligte, um die Familie zu schützen – hatte eine wunderbare

Technik erfunden, um bis gestern mit ihren Freunden Kontakt zu halten. Und natürlich war sie die generöseste Gastgeberin, die sich denken lässt, ob in der Steiermark, wo ihr das Familienerbe einen Jagdsitz verschafft hatte, oder in Mailand oder auf dem Landsitz. Es war fast unmöglich, sie einmal einzuladen, weil auf ihrem Herd immer gerade ein Topf mit Pasta aufgestellt worden war, und ihr Schampus war immer kühl (und auch besser als der eigene).

Als ich sie vor über vierzig Jahren kennenlernte, war sie die schrillste und schönste Frau der Buchmesse. Sie kam immer gleich am ersten Tag vorbei, warf die rosarote Flitterboa in die Ecke, zückte den kleinen berühmten Feltrinelli-Block und hörte so gut es eben ging zu. Weitschweifige Auslassungen, pedantische Beschreibungen waren nicht ihre Sache. Wer am Gang vorbeischlenderte, blieb oft stehen, um dieses Wunder an grellen Farben zu bestaunen, das sich in der offensten Weise über das sich ausbreitende Spießertum im deutschen Verlagsleben ausließ. Die Zeit ihrer Helden – von Ledig-Rowohlt über Roger W. Straus bis zum alten Bonnier – war ohnedies vorbei, wir aus der zweiten Angestellten-Reihe durften ihr durch unser Interesse an den alten Geschichten die Illusion vermitteln, dass es, wenn auch stotternd, noch etwas weiterging, bevor dann die Konzerne überall auf der Welt übernehmen würden. Ich werde nie vergessen, wie sie hohnlachend am Telefon fragte: Hast du gehört, dass auch Penguin jetzt ein deutscher Verlag ist?

Aber Inge war nicht nur eine exzentrische Person. Wenn sie erzählte, wie nach einem Besuch beim alten Grafen Lampedusa auf Sizilien der Wunsch wuchs, eine funktionierende Buchhandelskette aufzubauen, die auch den bildungspolitisch vernachlässigten Süden mit einschließen sollte, dann erhielt man eine Ahnung davon, mit welcher Energie sie dieses aussichtslos erscheinende Unterfangen umgesetzt hat.

Ich habe einmal flapsig behauptet, eine Buchmesse ohne Inge sei keine. Jetzt muss ich natürlich trotzdem hin, um den Sohn und Nachfolger zu trösten.«

Einen zweiten Verleger aus Milano, der Hauptstadt der Bücher in Italien, muss ich noch erwähnen, nämlich Roberto Calasso von »Adelphi«. Auch er war einer dieser vielsprachigen italienischen Verleger, die ganz selbstverständlich ohne nennenswerte Verluste zwischen mehreren Sprachen wechseln können, und nicht nur dann, wenn die Wetteraussichten besprochen werden. Er war der gebildetste von allen Verlegern in der ganzen Welt, die ich je kennengelernt habe, er kannte die Tausende von Büchern – von Martin Heidegger bis Georges Simenon –, die in seinem Verlag veröffentlicht wurden, mehr oder weniger auswendig, er war trotzdem nicht trocken wie ein Bahlsen-Keks, sondern im Gegenteil ein furchtloser Diskutant, der die Freiheit der Ideen wortgewaltig verteidigen konnte. Sein Verlag war seit der Gründung auch für deutschsprachige Literatur offen, nicht zuletzt weil ein Mitgründer des Verlags ein berühmter Triestiner Lektor und Schriftsteller war: Roberto »Bobi« Bazlen, Autor des nie vollendeten Romans »Il capitano di lungo corso«, der aus einer österreichischen Familie stammte und dessen Verlagsgutachten selbst ein Stück Literatur waren. Roberto hat sie liebevoll herausgegeben. Diese mythische Figur, Bobi Bazlen, ist der funkelnde Fixstern über der deutschen Literatur in Italien, und Roberto Calasso einer seiner prominentesten Sterndeuter. Er begann seine verlegerische Karriere gleich mit einem Paukenschlag, nämlich der historisch-kritischen Ausgabe der Werke von Friedrich Nietzsche durch die beiden Philosophen Giorgio Colli und Mazzino Montinari, ein Jahrhundertereignis, wenn man bedenkt, dass eben ein Teil des Nachlasses von Nietzsche in Weimar lag und die DDR, die an der Verbreitung der deutschen Philosophie nicht besonders interessiert war, alles tat, um den Namen Nietzsches aus der Öffentlichkeit zu verbannen. Darüber könnte ich ein ganzes Buch schreiben, nicht zuletzt deshalb, weil die bis dahin einzige halbwegs zitierfähige Ausgabe der Werke Nietzsches (mit einem Index), herausgegeben von dem Darmstädter Philosophen Karl Schlechta, bei Hanser erschienen war und ich als ganz junger Lektor die Anfragen aus aller Welt nach der richtigen Interpretation beantworten musste. Seit dem Erscheinen der Adelphi-Ausgabe schmolz mein Ruhm rapide zusammen und verwehte. Ich habe mit Montinari, der auch mit einer deutschen Frau verheiratet war – wie Eco und Feltrinelli, Roberto war mit der Schweizer Schriftstellerin Fleur Jaeggi verheiratet –, darüber geredet, ob diese auffällige Häufung deutschsprachiger Frauen unter Italiens Intellektuellen die Richtung und die Qualität der italienischen Philosophie verändert hätten, aber er konnte nicht antworten, weil seine Frau Sigrid in der Nähe war. Das war bei der Preisverleihung des Petrarca-Preises an Ilse Aichinger in Sils Maria, zu der wir die Montinaris eingeladen hatten, und leider war es das letzte Mal, dass ich diesen freundlichen Philosophen, der auch für seine Spaghetti Carbonara berühmt war, gesehen habe.

Roberto jedenfalls sprach fabelhaft deutsch, seine Studien zur Habsburger Literatur, besonders zu Karl Kraus, aber auch zu Canetti oder zu Kafka sind beispielhaft, und wenn er auch immer wieder aneckte, weil er sich traute, von Heidegger über Carl Schmitt bis zu Ernst Jünger auch Autoren zu veröffentlichen, die nicht gerade auf dem deutschen Mainstream liegen, so müssen doch auch seine Feinde zugeben, dass er das schönste, weil individuellste Programm in Europa vorlegte. Und er hatte eine Gabe, die im internationalen Verlagsgeschäft fast ausgestorben ist, nämlich Geduld. Er konnte warten. Und wenn das neue Programm im Postkasten lag, staunte man nicht schlecht, wenn plötzlich Borges oder Nabokov oder Singer darin auftauchten: Irgendwann landete alles, was Qualität hatte, in Robertos

Körbchen. Womit man aber immer rechnen durfte, war ein neues Buch von Roberto selber: Fast jedes Jahr erschien eine seiner erzählenden, heute würde man sagen: narrativen Studien zur Mythologie der Welt, von den Griechen über die Inder bis nach Asien, ein erstaunliches Panorama der frühen Imagination, das für ihn ganz gegenwärtige Dinge zeigt, nämlich die lange Vorgeschichte unserer kurzen Geschichte der Moderne. Es gibt keinen mir bekannten Autor, der ein solches Mammutwerk in vielen Bänden vorgelegt hat, und keinen, der nebenbei noch alle Simenon-Romane und die gesamte Geschichte der Literatur im Kopf und im Gespräch präsent hatte. Es war ein Vergnügen, mit diesem gelehrten und eigensinnigen, aber dennoch heiteren Mann über Bücher zu reden und befreundet zu sein, der übrigens die Chuzpe hatte, in einem Jahr, in dem er selbst kein eigenes Buch zu seinem Programm beisteuern konnte, seine wichtigsten Klappentexte zu Adelphi-Büchern zu publizieren – und damit ein Copyright-Problem ganz eigener Art aufgeworfen hat: Wem gehört eigentlich das Recht an den Klappentexten, die wir täglich zu unserem Verdruss lesen müssen? Ich selbst habe Tausende geschrieben und Abertausende mit meinen Kollegen redigiert, aber nur wenige sind mir als originelle Zusammenfassungen komplexer Bücher und sehr verschiedener Inhalte im Gedächtnis geblieben, für die ich gerne das Copyright übernehmen würde. Roberto, der bei Mario Praz promoviert wurde, dessen »Schwarze Romantik« eines der schönsten Bücher von Hanser war, war wahrhaftig ein Genie – aber auch Genies müssen sterben.

Wenn wir schon einmal in Mailand sind, können wir auch einen Abstecher zum Verlag Einaudi nach Turin machen und über den letzten Besuch bei Primo Levi berichten.

Der Mythos Einaudi wird sich herumgesprochen haben. Es war der Verlag, der zwar schon vor dem Krieg berühmt war, aber erst nach dem Ende der faschistischen Zeit seine einzigartige

Bedeutung für die kulturelle Entwicklung Italiens entfaltete. Meike Albath hat ein schönes Buch über den Verlag geschrieben (bei Berenberg), über die Gründung in den dreißiger Jahren, über die faschistische Zeit der Verfolgung, über die Lektoren Pavese, Leone und Natalia Ginzburg, über Elio Vittorini, Italo Calvino und Mario Fortunato, aber auch über den Chef Giulio Einaudi, der das weißeste Haar der Frankfurter Buchmesse hatte; wenn er die Gänge zwischen den Verlagsständen hindurchschritt, wurde es gleich etwas heller. Giulios Schicksal hängt eng mit den politischen Problemen Italiens zusammen, das sich eben nicht so gradlinig entwickelte wie die Bundesrepublik. Einaudi verlegte neben Literatur und Geisteswissenschaften eine Reihe großer, mehrbändiger Enzyklopädien, deren Bände über viele Jahre hin erschienen und die man zu einem festen Preis subskribieren konnte. Da die Lira aber bisweilen in den Keller rutschte, man den fixen Preis jedoch nicht anheben konnte, verlor Einaudi mit jeder Auslieferung eine Menge Geld – und am Ende musste der Verlag verkauft werden. Aber er existiert noch! Und neben vielen anderen Freunden (wie Ernesto Ferrero, dem langjährigen Verlagsleiter von Einaudi, der einst mit einem Buch über den Jargon der Unterwelt seit dem 15. Jahrhundert debütiert hatte und danach die Buchmesse in Turin organisierte) arbeitete bei Einaudi der Lektor Enrico Ganni, mit dem ich mich bald anfreundete. Bei einem der berühmten Verlagsempfänge im Garten des Hauses, zu dem er mich als Autor des Verlags (»Perche Pechino?«) eingeladen hatte, traf ich auch zum ersten Mal den türkischen Schriftsteller Orhan Pamuk, aber das ist eine andere Geschichte. Enrico starb, natürlich viel zu früh, denn er war jünger als ich, an einer heimtückischen Krankheit. Im Börsenblatt habe ich an den »armen Heinrich«, wie ich ihn nennen durfte, erinnert:

»Vor ein paar Wochen hat an dieser Stelle meine Suhrkamp-Kollegin (und Freundin) Petra Hardt dem italienischen Übersetzer Enrico Ganni zum siebzigsten Geburtstag gratuliert, jetzt muss ich schon den Nachruf schreiben. Je älter man wird, desto öfter muss man sich dieser traurigen Pflicht unterziehen – auch wenn man weiß, dass mit dem Anschwellen des Ordners ›Nachrufe‹ die eigene Lebenserwartung ihrem Ende zugeht.

Nun also Enrico Ganni, der arme Heinrich, wie ich ihn nannte, wenn wir über die Plagen des Lebens klagten, er Heinrich-Heine-mäßig ironisch-elegant, ich eher à la Hiob dumpf-anklagend. Aber wir meinten natürlich dasselbe. Die Flut schlechter und mittelmäßiger Bücher nimmt zu, die guten und herausragenden Werke werden weniger, aber, und das war der Grund der Klage, trotz aller Anstrengungen ist dieser Tatbestand nicht mehr umzudrehen. Die Menschheit ist mit mittelmäßigen Dingen zufrieden, sie will es nicht anders.

Die gute (deutsche) Literatur hatte in Italien immer ein paar herausragende Vermittler in den Verlagslektoraten. Es begann mit dem berühmten Roberto ›Bobi‹ Bazlen, dessen Verlagsgutachten (vor allem für Adelphi) nach seinem Tod geradezu Kult und gesammelt immer wieder neu aufgelegt wurden: eine Art subjektiver deutscher Literaturgeschichte, wie sie klüger nicht denkbar ist.

Es gab bei Feltrinelli (wo beide Verleger, Inge und Giangiacomo, deutsch sprachen, und Carlo Feltrinelli, der jetzige Verleger, deutsch spricht) den berühmten Enrico Filippini, der auch als Brecht-Übersetzer und polemischer Essayist bekannt war. Es gibt gottlob immer noch den Verleger Roberto Calasso, den Freund von Ingeborg Bachmann, der wohl nicht nur der beste Kenner der deutschen Philosophie, sondern auch der Literatur der k.-u.-k.-Zeit ist – aber ganz nebenbei auch noch ein Spezialist für indische Religion und vieles andere. Kurz, das Interesse in italienischen Verlagen an deutscher Literatur und Geistesgeschichte war immer ausgesprochen hoch – und Enrico hat diese Tradition auf wunderbare Weise fortgeführt. Wenn man sich die Liste der Bücher anschaut, die er selbst übersetzt hat, kann man nur freudig und respektvoll den Hut ziehen: Goethe, Fontane, Musil, Kafka, Brecht, Grass, Enzensberger, Grünbein – in dieser Klasse war er unterwegs.

Und weil er einmal in Frankfurt auf dem Gymnasium (und damit vollkommen zweisprachig) war, war er auch als Lehrer und Professore unterwegs, und auch das Goethe-Institut hat von seinen enormen Kenntnissen profitiert. Aber hinzu kommen die vielen Editionen, vor allem seine akribische Arbeit an der Edition der Werke Walter Benjamins, die ohne seine Kenntnisse der deutschen Sprache und Kultur nicht den Status erlangt hätte, den sie heute hat.

Dabei war er die Bescheidenheit in Person. Er war so bescheiden und höflich, dass er sogar manchmal meine Versuche, einen korrekten italienischen Satz zu formulieren, mit der Bemerkung adelte: Dein Italienisch ist schon viel besser geworden. Nein, mein lieber armer Heinrich, es ist leider so schlecht geblieben wie zuvor und wird, seit du uns verlassen hast, leider auch nicht besser.

Es war immer eine Ehre, wenn man selber ein Buch in einer der schönen weißen Reihen bei Einaudi veröffentlichen durfte. Zweimal war ich, nicht zuletzt dank des Einsatzes vom armen Heinrich, dabei. Danke, lieber Enrico, für alles, was du für die deutschen Autoren in Italien getan hast! Wir werden dich nicht vergessen!«

Aber Turin war auch der Wohnort von Primo Levi, dessen Bücher ebenfalls bei Einaudi erschienen (nachdem man sie anfangs dort abgelehnt hatte). Wir hatten bei Hanser damit begonnen, seine früheren Werke wieder aufzulegen und die Lücken zu füllen, denn Primo Levi war eben nicht nur der Autor der Bücher über seine Leidenszeit in Auschwitz, die sich weit über die Literatur hinaus tief in das Bewusstsein der ganzen Welt eingegraben haben, sondern – nicht zuletzt als Naturwissenschaftler – auch ein intelligenter Essayist, Erzähler und Dichter. Natürlich haben wir versucht, ihn noch einmal nach Deutschland einzuladen, damit er seine deutschen Leser, an denen ihm so viel lag, kennenlernen konnte, und er hat meine etwas verlegen-gewundenen Briefe auch stets freundlich beantwortet, aber aus den Plänen ist nichts geworden. Deshalb war ich froh, dass ich ihn, zusammen mit der Übersetzerin Barbara Kleiner, anlässlich eines Besuchs beim Goethe-Institut in Turin treffen durfte. Primo Levi kam mit dem Fahrrad. Es war ein herzliches Gespräch in einem Café unter den Arkaden, und natürlich konnten wir nicht wissen, dass er kurze Zeit später aus dem Leben scheiden würde – von »freiwillig« konnte man bei dieser Biografie nicht sprechen. Die Literaturgeschichte ist nicht zimperlich, das ist bekannt, aber wenn sie noch eine Spur von Gerechtigkeit verfolgt, dann dürfen Primo Levis Gedichte, seine Essays und Bücher wie das »Periodische System« auf keinen Fall vergessen werden. Es ergäbe ein ganz falsches Bild von diesem großartigen Schriftsteller, wenn nur seine Lager-Bücher im Gedächtnis blieben.

An der Universität von Turin hatte Claudio Magris lange Zeit den Lehrstuhl für Germanistik inne, den nach seiner Emeritierung Luigi Forte »besetzte«, auch einer von diesen gelehrten literarischen Köpfen, die in Italien zu meiner Zeit aus dem Boden schossen. Er kannte sich wie selbstverständlich bei Petrarca und Pietro Bembo aus, hatte Bücher über Thomas Bernhard und Hermann Broch geschrieben, war Spezialist für die deutsche Poesie der Gegenwart und Herausgeber und Übersetzer einer zweibändigen Ausgabe der Gedichte von Brecht (bei Einaudi), schrieb Literaturkritiken bei La Stampa und eine Arbeit über la poesia dadaista tedesca, und nach seiner Emeritierung nahm er sich mit seiner Frau eine kleine Wohnung in Berlin, um gewissermaßen vor Ort eine große Studie über il turismo intellettuale della Repubblica di Weimar zu schreiben. Außerdem hat er ganz hervorragende Gespräche mit (dem jüdischen Linksintellektuellen und Germanisten) Cesare Cases geführt und veröffentlicht und die Einleitung zu der bei Hanser erschienenen Ausgabe der Aufsätze von Cases geschrieben. Und weil er einmal gar nichts zu tun hatte – er schrieb natürlich auch literarische Werke –, übersetzte er – nicht in erster Linie, um reich zu werden, sondern aus Vergnügen – einen Band meiner Gedichte, der 2002 unter dem Titel »Di notte tra gli alberi« bei Crocetti in Rom erschien. Danke, Luigi.

Dass später noch weitere Gedichtbände von mir in Italien erscheinen konnten, habe ich der Dichterin, Germanistin und mit Preisen bedachten Übersetzerin Anna Maria Carpi zu verdanken, die bis zu ihrer Emeritierung in Venedig unterrichtete. Sie hat – neben gewichtigen Büchern über Kleist und den Barockdichter Paul Fleming – alles, was schwer ist, übersetzt, von Nietzsche und Rilke über Benn und Enzensberger und Kluge bis zu Grünbein und meiner Wenigkeit, und dass sie eine hervorragende Übersetzerin ist, durfte ich durch die Verleihung eines Literaturpreises in Cetona erfahren. Mein Gott, diese unvergessliche Preisverleihung, unter freiem Himmel, bei Tageslicht, auf etruskischem Mutterboden vor der Kirche Collegiata della Santissima Trinità und danach das nächtliche Essen in den paradiesisch duftenden Gärten der Preisstifter (die Druckmaschinen herstellten). Nie in meinem Leben habe ich so gewaltige Speiseeisskulpturen gesehen wie in Cetona, die mit Spezialautos aus Florenz herbeigeschafft wurden und aussahen, als hätte der rumänische Bildhauer Brâncuşi mit seiner unendlichen Säule Pate gestanden. Neben – oder besser: vor mir – wurde Giulio Ceronetti ausgezeichnet, einer der bei uns am wenigsten bekannten italienischen Schriftsteller, der eben keine fetten Romane über das tägliche schwere Leben, sondern kleine, feine Essays und Miniaturen zur Geistesgeschichte (und zur Bibel, die er auch auszugsweise übersetzte) geschrieben hat, eine Art Ludwig Hohl der italienischen Literatur, der noch dazu ein berühmter Puppenspieler war. Dieses agile, krähende Männlein zog mit mir durch die Kirchen und Klöster der kleinen Stadt, die er wie seine Hosentasche kannte. Mit seiner Baskenmütze über dem wehenden Haar sah er aus wie Ungaretti, nur noch dünner, und da er von allen höflich gegrüßt wurde, fühlte ich mich als Preisträger mitgegrüßt. Mit von der Partie war auch der Dichter Milo de Angelis, ein großer schwerer Mann, in dem ein kleiner furchtsamer versteckt war, aus Mailand, den wir später in der Reihe Lyrik Kabinett veröffentlicht haben, wie auch Anna Maria Carpi und Valerio Magrelli, den ich noch aus Rom kannte – wie überhaupt die Italiener den größten Anteil an dem europäisch orientierten Projekt haben, das ich zusammen mit Ursula Haeusgen und Raoul Schrott ins Leben gerufen habe.

Ich werde die Rückfahrt nicht vergessen. Nach zwei oder drei Stunden Schlaf in einem Hotel – in dem einige Jahre vor mir auch Fellini übernachtet hatte, in meinem Zimmer, nehme ich zu seinen Gunsten an – fuhr ich, den Restalkohol noch im Blut und dementsprechend beschwingt, in einen toskanischen Sonntagmorgen, wie man ihn sich schöner nicht vorstellen kann. Man war der Taugenichts, dem die Welt für einen Morgen offenstand – erst am Brenner wurde es wieder neblig.

Da die Fahrt an Florenz vorbeigeht, schicke ich noch schnell einen Gruß an Giuseppe »Beppino« Bevilacqua, den langjährigen Ordinarius für Germanistik in Florenz. Er gehört auch zu der Gruppe von Freunden, die man manchmal ein ganzes Jahr nicht sieht, die aber dennoch immer präsent sind. Er hat, was ja nicht einmal in Deutschland jeden Tag vorkommt, über Ernst Barlach promoviert, bei Ladislao Mittner, dem Verfasser einer berühmten Literaturgeschichte der deutschen Literatur, und später Paul Celan übersetzt und kommentiert – und besonders seine Überlegungen zu den späten, hermetischen Gedichten sind das Beste, was ich je dazu gelesen habe. Auch er war einer, der teilen konnte. In seinen späten Jahren hat er auch Gedichte geschrieben, und wenn ich etwas besser Italienisch könnte, würde ich diese Texte, die mir gut gefallen haben, übersetzen. So bleibt es wahrscheinlich bei den Celan-Studien, die ich im Rahmen einer Buchreihe der Deutschen Akademie für Sprache und Dichtung, deren Mitglied Beppino war (und Carpi, Magris und Forte nach wie vor sind), veröffentlicht habe: »Auf der Suche nach dem Atemkristall«.

Wenn ich so vor mich hin meine Erinnerungen an italienische Schriftsteller aufschreibe – und manche von ihnen noch nicht einmal erwähnt habe wie zum Beispiel Erri de Luca oder den Triestiner Giorgio Voghera, den ich durch Claudio Magris kennengelernt habe, oder Fulvio Tomizza, den istrischen Dichter, der mich immer Franz Beckenbauer nannte, oder Giovanni Giudici, der über Lea Ritter-Santini in mein Leben kam –, beschleicht mich manchmal das Gefühl, ich sei ein versierter Hochstapler. Ich las gerne die Literaturbeilage des Corriere della Sera, gab mir auch große Mühe mit den italienischen Gedichten, aber ich konnte nie Italienisch, auch nicht nach den Lektionen durch Signora Paula in der Villa Massimo, die kein Messer in die Hand nahm, ohne laut und deutlich zu sagen: un coltello, und keine Gabel ohne: una forchetta. Aber ich blieb un folle, un matto oder besser gesagt un buffone am Hof der italienischen Literatur. Aber ich habe sie immer geliebt und geachtet und alles für sie getan, das kann ich zu meiner Entlastung sagen.

Und sollte ich noch einmal zur Welt kommen, was ja nicht ausgeschlossen ist, werde ich in Rom leben und italienisch sprechen, das sei hiermit versprochen.

Lindos

Ende der sechziger Jahre reiste ich zum ersten Mal nach Lindos auf Rhodos. Ein Hamburger Freund, der mit Früchten handelte und ein großer Kunstkenner war, besaß im Ort zwei der alten Kapitänshäuser, von denen er mir, wann immer es frei war, eines überließ. Es stand inmitten der weißen Hauswürfel der labyrinthisch angelegten Altstadt, besaß zur Gasse hin einen kleinen Turm, von dem aus man sehen konnte, wer gelegentlich ans Tor klopfte, einen mit farbigen Kieseln gepflasterten Hof, von dem Bad und Küche abgingen, und einen mit einer bemalten Holzdecke versehenen Raum, der wegen seiner klugen Architektur auch im Sommer erträglich war. Wenn man in der Abenddämmerung aufs Dach stieg, konnte man in der nahen Ferne das Meer sehen und in unmittelbarer Nähe seine Nachbarn begrüßen, die, sofern es sich auch um Ausländer handelte, sich dieses Schauspiel nicht entgehen lassen wollten. Ein paar Häuser entfernt stand ein Sänger auf seinem Dach, der das Liedwerk einer ganzen Generation gesungen hatte und nun, nach einem Unfall, Professor für Gesang in Genf geworden war. Er versuchte mit ausgeklügelten Geräten die Wellen der griechischen Feierabendmusik mit Mahler und Schubert einzudämmen, was ihm nur bei günstigen Winden gelang. Lindos stand damals noch unter Denkmalschutz, Ausländer durften eigentlich keine Häuser kaufen, Hotels gab es nicht – sieht man von dem Restaurant auf der Platia, dem Kafenion und den zwei sogenannten Bars ab, gab es keine Ablenkungen. Am Flughafen wurde man von Jannis abgeholt, dessen blitzender Mercedes schon 300 000 Kilometer auf dem Buckel hatte, und da damals Olympic Airways einen Direktflug von München nach Rhodos anbot, den man auch ohne Gewissensbisse für ein langes Wochenende nehmen durfte, konnte man am Abend bereits im Ägäischen Meer schwimmen, einen Fisch bei Michaili essen, einen Absacker in Socrates' Bar nehmen und auf dem Dach des Kapitänshauses auf einer Matratze unter dem weiten Himmel mit allen Sternen schlafen. Für mich war es das Paradies.

Als ich am nächsten Morgen im einzigen Geschäft des Ortes (bei Jannis 2) meine Einkäufe machte, sprach ich das, was ich für Italienisch hielt, weil die meisten älteren Inselbewohner seit der italienischen Besatzung noch Italienisch sprachen. Da hörte ich hinter mir eine sonore Stimme vorwurfsvoll sagen: »Unbelievable, how the Germans are torturing our language!« Es war, wie sich bald unter Lachen herausstellte, der deutsche Schriftsteller Gregor von Rezzori, der seit Jahren in der Toskana lebte und mit einer italienischen Galeristin verheiratet war, die in Lindos einen märchenhaft schönen Besitz hatte: ein weiträumiges Anwesen mit einem zweistöckigen Haus und einer riesigen Terrasse direkt über dem Meer, unter der Akropolis, deren baufällige Säulen nur notdürftig bedacht in den Himmel ragten: Näher konnte man den normalerweise zänkischen, im Sommer aber ruhenden Göttern nicht kommen.

Da ich den Schriftsteller – dessen maghrebinische Geschichten meine Mutter liebte und dessen Roman »Ödipus siegt bei Stalingrad« ich zufällig gelesen hatte – sofort erkannte, stellte ich mich vor, und im Handumdrehen stornierte Grischa – so nannten ihn seine Freunde – meine Einkäufe und lud mich für den Abend zu sich ein. Eine solche selbstverständliche Generosität, wie sie mir auf dieser Insel zuteilwurde, hatte ich noch nie in meinem Leben erfahren. Noch ein freies Haus, das ich in den folgenden Jahren immer wieder aufsuchen durfte, einen sprachgewandten, geselligen Schriftsteller, der sich auch als erstklassiger Koch entpuppte, ein Meer ohne jede Verschmutzung vor der Haustür und einen endlosen Himmel über mir, der Nacht für Nacht seine Sternschnuppen versprühte, dass ich mit dem Wünschen gar nicht nachkam.

Ich war in dem ruppigen Berlin aufgewachsen, wo man selbstverständlich auch solidarisch geteilt hatte, wenn auch das Wenige oft nicht mehr zu teilen war, aber es war doch selten vorgekommen, dass jemand, den man vorher nie im Leben gesehen hatte, einem alle Türen sperrangelweit öffnete, auch die Tür zum Kühlschrank wohlgemerkt. Und natürlich konnte der Berliner Himmel es nicht mit dem Himmel über der Akropolis von Lindos aufnehmen.

Grischas Frau, Baronessa Beatrice Monti della Corte, eine kluge, in vielen Metiers bewanderte Frau, die selber aber kein Deutsch sprach, schickte uns in die Küche, wo ich unter Anleitung Grischas die frisch im Garten gezupften Kräuter schneiden musste – durfte! –, während er in einem riesigen Topf ein Risotto dell' mare rührte und mich mit Anekdoten, Witzen, Liedern und tausend Fragen bombardierte. Dieser scrittore mitteleuropeo wollte alles wissen, was ich über Verlage, Autoren, Agenten wusste. Es war bald klar, was dann zu einem der Leitmotive unserer Begegnungen wurde: Er fühlte sich vom Literaturbetrieb ausgeschlossen. Während unsereiner dachte, einem erfolgreichen, selbstbewussten, in die Händel der Welt verstrickten Schriftsteller gegenüberzusitzen, der morgens nach einem Telefonat mit Brigitte Bardot an einem Drehbuch für Hollywood arbeitete, der nur mit dem Finger schnipsen musste, um Radioaufträge und Fernsehrollen angeboten zu bekommen, sah er sich, nicht nur seines Wohnorts wegen, als Außenseiter, als Outcast, den man übergangen hatte und in Zukunft auch übergehen wollte. Er gehörte nicht dazu. Nun war dieser lässige und elegante Sprachkünstler, der ganz nebenbei seinen beißenden Spott über alles und jeden ausbreiten konnte, in der biederen deutschen Literaturgesellschaft tatsächlich schwer vorstellbar, zumal Grischa, wie sich später herausstellte, in Deutschland eine »Spur der Verwüstung« hinterlassen hatte: Sein Konto für Beleidigungen, Schulden und andere Kavaliersdelikte war heillos überzogen. Und am Ende wusste nicht einmal er selber mehr zwischen Wahrheit und Fiktion zu unterscheiden: »Er ließ sich bei Flunkereien ertappen, die tatsächlich darauf zielten, seiner Herkunftsgeschichte einen Glanz zu geben, der schwerlich Glaubwürdigkeit beanspruchen konnte«, hat er später geschrieben. »Er flüchtete sich, um diesen Fehler zu korrigieren, in eine windige Selbstironisierung, die ihn nur noch suspekter machte.« Aber all das brauchte er mir gegenüber nicht hervorzukehren. Ich war von der ersten Minute an seinem Charme verfallen – und seinen Kochkünsten.

So betraten wir denn nach einer guten Stunde, angeheitert, um das Mindeste zu sagen, mit einer großen türkischen Schale Risotto und einer noch größeren griechischen Schale Salat die Sala, wo Beatrice – die übrigens armenische Wurzeln hatte, also auch nicht dem westeuropäischen Durchschnitt entsprach – mit einer Schar Gäste auf uns wartete. Ich erinnere mich noch an einen zypriotischen Diplomaten, der irgendwann kniend eine pathetische Eloge auf Beatrices Füße hielt, und an Carla Lattuada, die Witwe des Neo-Realismo-Regisseurs Alberto Lattuada, mit der ich in den folgenden Wochen oft am Strand saß und deutsche Wiegenlieder übte, die sie als Kind in der Mussolini-Zeit von einer deutschen Nanny gehört hatte: Guten Abend, gute Nacht, und in Hosen gerettet. Ebenso anwesend und zugleich abwesend war der Schriftsteller Niccolo (Nica) Tucci, ein Florentiner, der seit Jahrzehnten in New York lebte und wegen seiner Schlaflosigkeit buchstäblich jeden Zentimeter von Manhattan erlaufen hatte, eine lebende Straßenkarte voller überraschender Kenntnisse und Anekdoten. Er war in Lugano auf die Welt gekommen, seine Mutter war Russin (aus besseren Kreisen, wie mir Grischa gesteckt hatte), der Vater Italiener, Niccolo war bis zu seiner Emigration in Mussolinis Presseabteilung tätig gewesen und lebte nun schlecht und recht als Autor von Kurzgeschichten in New York. Er kam in der Folge jeden Morgen bei mir im Kapitänshaus vorbei und brachte mir frisches Brot, bevor er dann zu seinen endlosen Wanderungen über die Insel aufbrach. Und während ich Kaffee machte und das Brot mit Feigenmarmelade verspeiste, rezitierte er mir im Florentiner Dialekt einen Gesang von Dantes Commedia. Er konnte das gesamte Gedicht nicht nur auswendig hersagen, sondern im Sprechen zugleich auch interpretieren. Er war phänomenal. Zu der Unterhaltung in Beatrices Salon trug er wenig bei, die Konversation überließ er den anderen. Und da Grischa deutsch mit mir sprach und trotz aller Ermahnungen seiner Frau, die Gäste doch mitlachen zu lassen, beim Deutsch blieb, löste sich die Versammlung bald auf. Nur Nica blieb mit stoischer Miene sitzen. Er kam jedes Jahr nach Lindos, und einige Male bin ich mit ihm auch durch New York gestromert, besonders in den Gegenden, die damals noch als gefährlich eingeschätzt wurden. Bei der Gelegenheit hat er mir das System der Mafia erläutert, und zwar so präzise, dass ich damals dachte, er wäre Teil ihrer Struktur gewesen. Mit dem kleinen, drahtigen Mann, den ich nur in Turnschuhen kannte, war man sich jedenfalls in jedem Milieu sicher. Kurz vor der Jahrtausendwende ist dieser besondere Dante-Spezialist gestorben.

In der Nacht saß ich dann mit Grischa unter den Sternen, in der unmittelbaren und physisch spürbaren Nachbarschaft von Hesiod und Homer, und er sprach – immer noch, nun aber in alberner Verblödung – über Literarisches, über den Verleger Ledig-Rowohlt, über seine Zeit mit Ernst Schnabel beim Hamburger Rundfunk, über die Lust an langen Sätzen ohne Semikolon und mit, und über Titel. Auf dem Weg zu meinem stolzen Kapitänshaus mit der bemalten Holzdecke – Grischa musste mich durch das Labyrinth der Gassen begleiten, sonst wäre ich sicher im Meer gelandet – entwickelte er die These, dass man einen guten

Titel daran erkennen könne, wenn sich … unter der Bettdecke anhängen ließe. Also »Auf der Suche nach der verlorenen Zeit unter der Bettdecke«, »Krieg und Frieden …« oder auch »Die Dämonen …« oder »Die Blechtrommel unter der Bettdecke«.

Wir haben uns in den folgenden Jahren oft gesehen, in München, in seinem Haus in Donnini, wo Beatrice (inzwischen 94, aber hellwach und umtriebig) seit Grischas Tod ein Festival ausrichtet und Schriftsteller aus aller Welt – von Colm Tóibín bis Michael Ondaatje – in einem Schreibturm arbeiten und wohnen dürfen, in New York (wo sie eine Wohnung hatten) und immer wieder im September in Lindos in seinem kleinen Studiolo oder auf der Terrasse, wo dann immer öfter der englische Schriftsteller und Weltenbummler Bruce Chatwin zu uns stieß, der engste Freund von Beatrice und Grischa. Er kam gewöhnlich aus dem Himalaya, wo er, weil es so billig war, den Sommer über arbeitete (was jeder zu verstehen schien), und wollte von mir alles über – ausgerechnet! – Ernst Jünger wissen – nebenbei gesagt: einen Rhodos-Kenner, der häufig im Tal der Schmetterlinge anzutreffen war –, der ihm bei einem Besuch in Wilflingen die Kugel gezeigt hatte, mit der sich der französische Schriftsteller Henry de Montherlant ins Jenseits befördert hatte. Bruce, dessen erste Bücher bei Rowohlt erschienen waren, wechselte zum Hanser Verlag, in dem ich arbeitete, wo wir dann nach und nach sein schmales Gesamtwerk veröffentlichten; er starb 1989 an Aids, seine Asche wurde von seinem Freund und Kollegen Patrick Leigh Fermor auf der Peloponnes verstreut. Ein Abend mit Chatwin bei den Rezzoris war immer eine große Veranstaltung. Chatwin sprach so schnell, dass bald keiner mehr folgen konnte, und es war ihm gegeben, die Mythologie der australischen Aborigines mühelos mit den Tagebüchern von Ernst Jünger, die französischen Impressionisten mit buddhistischen Ideen zu verquicken, er liebte solche Netzwerke, die er vor den verblüfften Zuhörern knüpfte, als sei es selbstverständlich, dass alles mit allem zusammenhing. Manchmal hatte er seinen hochgescheiten Freund und Bewunderer Kasmin dabei, Galerist und Erzähler, ein kleingewachsener Mann, der unter der Hitze litt und sich deshalb nach und nach der Kleider entledigte, bis er, wenn das Essen vorüber und die Flaschen leer waren, mehr oder weniger entblößt durch das Dorf spazierte, um nackt bei Socrates an der Theke einen letzten Drink zu nehmen. Über Bruce ein andermal mehr. Das letzte Mal habe ich diesen schönen, eleganten Mann in München gesehen, zur Premiere des Films »Cobra Verde«, den Werner Herzog nach Motiven von Chatwins Buch »Der Vizekönig von Ouidah« gedreht hatte. Er saß im Rollstuhl, geschoben von seiner Frau Elisabeth, die seine Eskapaden bis zuletzt toleriert hat, allerdings ebenso bis zuletzt daran festhielt, dass Bruce an einer seltenen Krankheit (nicht an Aids) litt, gegen die man leider machtlos sei.

Eigentlich wollte ich nur sagen, dass Gregor von Rezzori, solange wir uns kannten, unter der Demütigung litt, in Deutschland nicht so anerkannt zu sein wie zum Beispiel Manès Sperber oder Elias Canetti, und trotz der großen Resonanz, die seine Romane und autobiografischen Schriften besonders in Amerika, dann aber auch, nicht zuletzt durch die tätige Fürsprache von Claudio Magris und Andrea Landolfi, in Italien, Frankreich und Spanien und schließlich auch in Ost-Europa erfahren hatten, blieb bis zum Ende seines Lebens ein Groll zurück. Warum wurde dieser bis zum Schluss hart arbeitende Schriftsteller, der seine Bücher immer wieder zu überarbeiten begann, seinen Ruf als Hallodri und halbseidener Charmeur nicht los?

Als ich vor ein paar Jahren in Czernowitz war, Grischas Geburtsort (1914), stieß ich beim ersten Spaziergang durch die Stadt in der Kobylanska-Straße auf das Paul Celan Literaturzentrum, das gerade eröffnet worden war und der Kenntnis und Verbreitung der vielsprachigen Literatur der Bukowina dienen soll. Ich überquerte – beklommen, wie ich in mein Notizbuch schrieb – die Straße und blickte durch die Fenster des ebenerdigen Zentrums direkt in die Augen der Czernowitzer Schriftsteller, deren großformatige Fotografien man zur Eröffnung über die gesamte Breite des Raumes angebracht hatte. Einigen von ihnen war ich in meinem Leben begegnet, Aharon Appelfeld, Rose Ausländer, Ilena Shmueli, Paul Celan und – Gott sei Dank hatte man sein Porträt nicht vergessen! – Gregor von Rezzori. Hier wenigstens war er unter seinesgleichen, ein deutschsprachiger Schriftsteller (mit unklarer Ahnentafel, wie es einmal im SPIEGEL hieß), der das Gymnasium in Kronstadt besucht hatte und als Staatenloser 1938 nach Berlin ging – als Rumäne, der er am Ende des Ersten Weltkriegs geworden war, musste er nicht zum Militär! –, um zeit seines Lebens das Land seiner Geburt »im Herzen zu tragen«, wie man so sagt und wie es für ihn zutraf, und: in deutscher Sprache zu schreiben. Sei mir gegrüßt, rief ich ihm flüsternd durch das Fenster zu, und während ich es sagte, sah ich unter dem Porträt von Celan (das berühmte Foto mit dem spitzen Hemdkragen über dem Pullover) einen Mann, der wie Celan aussah. Ich ging, nachdem ich mich von dem Choc (um es wie Benjamin zu schreiben) erholt hatte, in das Zentrum hinein und fragte (englisch), wer wohl der Mann sei, den ich unter Celans Bild gesehen hatte, und erhielt (deutsch) die Antwort: Sein Sohn Eric, der zum ersten Mal in seinem Leben die Geburtsstadt seines Vaters besuche, um die ersten Bände der ukrainisch-deutschen Celan-Ausgabe zu feiern, herausgegeben von dem Germanisten Peter Rychlo, der neben ihm stand. Aber hier beginnt eine andere Geschichte …

Was Gregor von Rezzori in Deutschland verwehrt wurde, wurde ihm hier selbstverständlich zugestanden: Er gehörte zu der großen deutschen oder deutschsprachigen Literatur der Bukowina, die von den Deutschen ausgemerzt werden sollte.

Nach meiner Rückkehr habe ich noch einmal Grischas Bücher gelesen oder auch nur in ihnen geblättert, in den maghrebinischen Schnurren oder in den nur noch mäßig interessanten satirischen Idiotenführern durch die deutsche Gesellschaft, die in meiner Jugend die einen erbosten und die andern freudig bewegten. Aber eines seiner Bücher habe ich noch einmal von vorn bis hinten gelesen, nämlich die »Denkwürdigkeiten eines Antisemiten«. Es ist, trotz seines monströsen Titels, wahrscheinlich sein bestes Buch, und es ist nur im Sinne von Freud ein Lebens-Roman, denn das »Ich« und der »Er«, die in den fünf ineinander verflochtenen Geschichten sprechen, sind natürlich kein anderer als der Autor selber. »Er hatte aus der Fülle der Tage gelebt, als ob sie unerschöpflich wäre, er besonders: denn es war nicht nur ein Leben gewesen, das diese Tage gebildet hatten und noch weiter bildeten, sondern ein halbes Dutzend verschiedene Leben, gelebt in verschiedenen Ländern, verschiedenen Sprachen, immer unter gänzlich andern Menschen, sein Name war auf verschiedene Weise ausgesprochen worden, mit seinen Schneidern und Friseuren hatte sein Habitus sich mehrmals verändert, Menschen, die vor zwanzig Jahren häufig getroffene Bekannte gewesen waren, konnten sich beim besten Willen nicht mehr daran erinnern, ihn jemals kennengelernt zu haben, wahrscheinlich sah er auch mit sechzig anders aus, als er mit vierzig ausgesehen hatte, zeigte andere Merkmale, im Süden waren seine Gesten lebhafter, als sie im Norden gewesen waren … Allerdings hatte er durch all dies unerschütterlich zu sich selber ›Ich‹ gesagt, ein Zweifel an seiner Identität war ihm nie gekommen.«

Ich glaube, das ist der springende Punkt, dass nämlich diese schillernde Person nichts mit der grüblerischen deutschen Suche nach der wahren Identität zu tun hatte. »Wenn er ›Ich‹ dachte, so empfand er sich als einen sich Träumenden: Somnio, ergo sum – Ich träume mich, also bin ich.« Es ist diese träumerische Prosa, wie wir sie auch von Joseph Roth oder Alexander Granach kennen, von Jozef Wittlin oder dem leider vergessenen

Zygmunt Haupt, eine Prosa, die sofort die Landschaft evoziert, das Hinterland der k. u. k. Monarchie, wo die verschlafenen Träume vom Kaiserreich geträumt werden. Aber es gibt einen Unterschied: Grischa gehört als Sohn eines höheren Beamten zu den herrschenden Schichten. Und in diesen Schichten gehörte es zum guten Ton, verächtlich auf die Juden hinabzublicken, auch dann, wenn man zu ihnen hätte hinaufblicken müssen. »Für unsereins, das heißt: für gebildete Leute, war's gar nicht nötig, mit schwerwiegenden Argumenten aufzufahren, um die Juden für zweitrangige Menschen anzusehen. Man mochte sie einfach nicht, jedenfalls weniger als andere Mitmenschen, das war so selbstverständlich wie, dass man Katzen weniger mochte als Hunde oder Wanzen weniger als Bienen, und man amüsierte sich geradezu damit, die absurdesten Begründungen dafür anzugeben.« Péter Nádas, der ungarische jüdische Schriftsteller, hält die »Denkwürdigkeiten« für ein »Meisterwerk des realistischen Blicks ... das in der deutschen Nachkriegsliteratur seinesgleichen sucht«, und er hält Gregor von Rezzori für den letzten, den allerletzten Boten einer untergegangenen Welt.

Ganz genau so habe ich ihn damals auch gesehen, als er mir auf der Terrasse in Lindos seine Jugend in der Bukowina erzählt hat: über seinen der Jagd verfallenen Vater, der plötzlich Rumäne geworden war (aber immerhin wurde das Land noch von einem König regiert), von der Mutter, die sich nicht damit abfinden konnte, in der Provinz neben einem ungeliebten Mann dahinzuvegetieren; wie er als Junge seine Eltern zu »Epochenverzögerern« erklärt hatte und in das Bukarest von 1933 zog und sich »mit neunzehn Jahren als gescheiterte Existenz betrachten« musste. Und wie ein dunkles Leitmotiv zog sich der zunächst ironische, mit der Zeit aber immer aggressiver auftretende und schließlich mörderische Antisemitismus in jener Welt durch all seine Erzählungen.

Ich hätte ihm nächtelang zuhören können ...

Unter romantisch gesinnten Zeitgenossen ist es ein Gemeinplatz, dass man bei der Rückkehr aus den Ferien sagt, man habe die »nahezu unberührte Natur« (im Wallis, in der Provence oder auf Sizilien) des Ferienorts genossen. In meiner Jugend galt das ganz besonders für die griechischen Inseln, und die Postkarten, die man nach Hause schickte, zeigten einen klapprigen grünen Stuhl neben einem Hibiskus vor einer blendend weiß gekalkten Fassade. In den siebziger und auch noch in den achtziger Jahren entsprach das noch der Wahrheit, wenn man sich eine weniger vom Tourismus heimgesuchte Insel aussuchte oder eben das Glück hatte, wie ich einen Freund zu haben, der in dem denkmalgeschützten Dörfchen Lindos auf Rhodos mehrere Häuser besaß, von denen ich eines bewohnen durfte. Einige Jahre lang habe ich das generöse Angebot meines Freundes Klaus in allen nur denkbaren Ferien und langen Wochenenden im Frühjahr, Sommer, Herbst und Winter angenommen, weil ich zwar auch gerne im Wallis, in der Provence oder auf Sizilien war und die Museen in London, Paris oder Zürich liebte, aber immer wieder magnetisch von Lindos angezogen wurde. Im Frühjahr wollte ich sehen und erleben, wie die graue Insel über Nacht plötzlich grün wurde, wie in allen Mulden und Ritzen Blumen aus dem Felsen brachen; im Sommer wollte ich die Hitze spüren und in dem kleinen Ort Pefkos nebenan im Meer liegen oder mit meinem Freund Klaus Hegewisch und seiner Frau Erika einen Ausflug mit dem Boot machen; im Herbst musste ich die Melancholie erfahren, die sich über das Dorf und seine Bewohner legte, wenn die Touristen abgezogen waren; und nichts war schöner, als mit den dort lebenden Griechen und den wenigen Fremden, die sich im Dorf niedergelassen hatten, Weihnachten zu feiern – einmal am 25. Dezember und einmal das orthodoxe Weihnachten am 7. Januar.

Mein Nachbar zur Linken war Black Michael, ein aus Amerika zurückgekehrter Grieche, der einer unklaren Beschäftigung als eine Art Yoga-Lehrer nachging. Wenn er seine Sitzungen abhielt, drehte er die Musik – meistens von Cat Stevens, einem in London lebenden, griechischen Sänger – so laut, dass man die Schreie seiner Schülerinnen nicht hören konnte. Die Seancen, die er abhielt, waren berüchtigt. Black Michael hatte einen alten Mercedes, der besonders im Winter nützlich war, wenn man über die Dörfer der Insel fahren konnte, um bei den Bauern Wein, Honig, eingelegte Früchte und Obst einzukaufen, oder in die Stadt Rhodos, um sich als Einheimischer allen Touristen haushoch überlegen zu fühlen. Ich versuchte damals, etwas über die deutsche Besatzung der Insel herauszufinden, namentlich über Ulrich Kleemann, der es vom Fahnenjunker im Ersten Weltkrieg bis zum Kommandanten der Ost-Ägäis gebracht hatte, am Überfall auf Polen beteiligt war, beim Feldzug gegen die Sowjetunion und auch beim Afrikafeldzug in vorderster Linie stand – und mit siebzig Jahren bei einem Autounfall im Hessischen ums Leben kam. Er war 1944 für die Deportation der Juden von Rhodos nach Auschwitz verantwortlich, tatkräftig unterstützt von einem noch schlimmeren Typen, dem Österreicher Anton Burger, der schon 1931, lange vor dem Anschluss Österreichs an das deutsche Hitler-Reich, der NSDAP beigetreten war und sich später als besonders sadistisch auftretender Assistent von Adolf Eichmann einen Namen in der Akte der deutschen Schmach gemacht hatte. Er war nach dem Krieg unter falschem Namen untergetaucht (und ist erst nach seinem Tod 1991 enttarnt worden). Aber es war nicht viel zu finden; auch nicht über die herausragende Bedeutung der jüdischen Gemeinde in der Altstadt von Rhodos. Leichter war es, etwas über die Johanniter herauszufinden, deren Palast seit dem späten Mittelalter immer noch in blendender Größe dastand, über die Italiener, die zwischen den Kriegen die Insel besetzt hielten, oder über die Engländer, die nach dem Zweiten Weltkrieg so klug waren, einen ihrer besten Schriftsteller aus Alexandria in Ägypten nach Rhodos zu schicken, Lawrence Durrell, unter anderem, um den Bestand an Milchkühen zu überwachen.

Einer der Italiener, die es aus Gott weiß welchen Gründen geschafft hatten, ein Haus in Lindos zu erwerben (oder auf Lebenszeit zu pachten?), war der Maler Piero Dorazio. Er lebte und arbeitete in einem Kloster in der Nähe von Todi in Umbrien, verbrachte aber mit seiner schönen, eifersüchtig gehüteten Frau jedes Jahr einige Monate in Lindos. Da er damals in der Schweiz (durch die Galerie Erker in St. Gallen) und in Deutschland berühmt wurde, kannte ich seine abstrakten Bilder, die ich auch auf der documenta bewundert hatte, Farbbahnen aus kurzen, verschiedenfarbigen Sequenzen, die nach strengen Gesetzen angeordnet waren. Neben den schamanistischen Malern der abstrakten Zeichen – Hans Hartung, Robert Motherwell oder Antoni Tapies – war er derjenige, von dem am leichtesten eine Spur zu legen war zu den Abstrakten der Vorkriegszeit, vor allem zu Kandinsky, dessen Bilder und Schriften Dorazio studiert hatte. (Gottfried Boehm aus Bern hat Dorazios Kunst sehr gut beschrieben!) Es war also leicht, mit ihm ins Gespräch zu kommen (wenn seine Frau nicht in der Nähe war), und da er auch die italienischen Dichter von Ungaretti bis Luzi kannte und schätzte, konnten wir uns die Bälle nach Lust und Laune zuwerfen. Noch angenehmer war es, mit ihm in seinem Boot zum Fischen zu fahren. Es war ein kleines Holzboot mit Außenbordmotor, mit dem wir am frühen Morgen zu den Orten tuckerten, an denen er seine Netze gelegt hatte. Viel war nicht zu holen, auch wenn Dorazio ehrgeizig genug war, nicht nur als Maler in die Geschichte einzugehen. Das Meer war leergefischt, wie die Fischer bedauernd sagten, seit deren Väter ihr Essen mit Dynamit an die Oberfläche getrieben haben. Aber es gab noch reichlich rote Barben, die man auf dem Feuer brutzeln konnte, und gelegentlich verirrte sich auch ein Tintenfisch in Dorazios Netze, was zu den schrecklichen Tötungsorgien führte, die man bei sogenannten höheren Lebewesen für diese Tiere vorgesehen hat: Man schlägt sie so lange auf den nackten Stein, bis sie mürbe sind. Ich erinnere mich an mehrere »ethische« Gespräche mit Dorazio über die Frage, ob Tintenfische den Schmerz spüren. Wahrscheinlich waren wir uns einig, dass nicht – sonst hätten wir sie ja nicht weiter fangen und essen dürfen.

Aber der eigentliche Zweck dieser Ausfahrten bestand nicht darin, ein paar Fische zu fangen, sondern in einer ästhetischen Erfahrung: Wenn das Boot die ansonsten ruhige Wasseroberfläche durchpflügte, entstanden bei zunehmender Sonnenbestrahlung genau jene Farben und Strukturen, die der Maler in seinen Bildern verewigte. Vor unseren Augen entstand ein überdimensionales Dorazio-Bild, das im Nu verschwand und sich wieder materialisierte, verschwand und sich veränderte, ein Bild, das alle Bilder von Dorazio in sich vereinigte und doch nicht festzuhalten war. Es zeugt nicht von meiner großen geistigen Beweglichkeit, dass ich den Maler auf dieses Phänomen hinwies. Er zuckte kurz mit den Achseln, wie nur Römer es können, als wollte er sagen: Endlich hast du auch bemerkt, was ja auf der Hand liegt.

Lag es daran, dass Dorazio – obwohl er in Todi lebte – Römer war, weshalb ich ihn nie bei den gastfreundlichen Rezzoris in Lindos gesehen habe? Oder konnten sie mit seiner Malerei nichts anfangen? Das lässt sich leider nicht mehr klären, weil nun fast alle tot sind. Aber ich hätte gern an einer Unterhaltung mit Piero Dorazio und einem der anderen Sommergäste in Lindos über Malerei teilgenommen, nämlich Bruce Chatwin, der ja vor seiner Karriere als Schriftsteller und Weltreisender Mitarbeiter von Sotheby's gewesen war. Natürlich waren sie auf entgegengesetzten Polen der Weltanschauung zu Hause; der eine hatte das Movimento per l'Arte concreta gegründet und neigte zur Strenge (um nicht zu sagen: bisweilen auch zur Pedanterie), der andere war Spezialist für französische Impressionisten und hasste alles Kleinkarierte, Enge; Dorazio hatte Erfolg und las seit seinem Aufenthalt in den USA die Börsennachrichten in der Herald Tribune, die mit einem Tag Verspätung nach Lindos geliefert wurde, Chatwin hatte immer Geldsorgen. Aber beide waren, obwohl sie so viel trennte, enthusiastische Experten für Licht und Farbe.

Und beide hatten Angst vor einem Krieg. Der bedenkliche Piero Dorazio hielt es für möglich, dass die Militärdiktatur durchdrehen könnte. Immerhin war in Griechenland noch bis 1974 die Junta der grausamen Generäle an der Macht, und Leuten wie dem General Papadopoulos und dem Generalleutnant Pattakos (in Zusammenarbeit mit der CIA) war alles zuzutrauen. Von Pattakos wurde die Drohung gegenüber festgenommenen und in Lagern zusammengepferchten Demonstranten überliefert: »Wer sich weigert, die Reueerklärung zu unterschreiben, wird das Lager nur als Kadaver verlassen.« Und von der Schauspielerin Melina Mercouri kursierte die stolze Erklärung: »Ich bin als Griechin geboren und werde als Griechin sterben. Herr Pattakos ist als Faschist geboren und wird als Faschist sterben.«

Als auf Zypern die Situation zwischen Griechen und Türken eskalierte und der Erzbischof Makarios – den Gregor von Rezzori immer den Scherzbischof Makabrios nannte – sich nicht mehr halten konnte, gingen ständig Gerüchte über eine türkische Invasion von Rhodos um. Jeder, der im Schrank noch eine Flinte fand, ölte und putzte sie auf offener Straße, dass alle sehen konnten, wer zur Verteidigung bereit war. Der Lauf des Gewehrs des Fischers von gegenüber war allerdings so krumm, dass er sich wahrscheinlich selbst erschossen hätte, wenn er die Türken, die auf der Insel immer noch die Osmanen hießen, angegriffen hätte.

Eines Nachts im Sommer war es dann so weit. Man hörte lautes Rufen in den Gassen, das Getrappel von eiligen Schritten auf dem Pflaster, im Nu war eine fiebrige Situation entstanden. Ich war gerade von einem Besuch bei dem Sänger Ulrich Mielsch zurückgekommen, wo wir nichts gehört hatten, weil er die beste Stereoanlage des Dorfes besaß und unsere Ohren noch von Mahler summten, saß in meinem Hof und wollte das ein für allemal letzte Glas Wein trinken, als sehr scharf an mein Tor geklopft wurde. Nein, es war nicht die Engländerin, die um die Ecke wohnte und mit der gemeinsam ich manchmal das letzte Glas leerte. Halt deine Tür geschlossen, rief mir ein mit einem Gewehr bewaffneter junger Mann aus dem Dorf zu, die Türken sollen gelandet sein. Wo denn, um Gottes willen. Es gab die Bucht von Lindos, unter der Akropolis, wo jedes »osmanische« Schiff sofort gesehen worden wäre, und die versteckte Bucht des Apostels Paulus mit einer kleinen Kirche zu seinem Andenken. Ob Paulus auf seiner erfolgreichen Werbetournee für das Christentum tatsächlich auch hier an Land gegangen war, galt als nicht sicher, aber es wäre ein markanter türkischer Coup gewesen, wenn die Türken sich ausgerechnet diesen heiligen Meeressaum für ihren schändlichen Überfall ausgesucht hätten. Andererseits war die Bucht so klein, dass kein noch so winziges Kriegsschiff dort hätte landen können. Ich lief die Treppe zum Dach empor, konnte aber nur die lauten Schreie der herumlaufenden Dorfbewohner hören, aber keinen Türken sehen.

Am nächsten Morgen war der Krieg vorbei. Keine Invasion, nichts. Nur ein immer noch verängstigter Bruce Chatwin, der nicht glauben mochte, dass alle Opfer einer Hysterie geworden waren. Wir trafen uns unter dem riesigen Maulbeerbaum auf der Platia. Ich erinnere mich an den deutschen Bildhauer und Schriftsteller Hans Limmer, der mit seiner Familie ziemlich weit oben am Berg lebte, wunderbar Griechisch sprach und den Verteidigungskampf der tapferen Bürger von Lindos nur ironisch kommentierte; an den amerikanischen Philosophen Peter, der seit Jahren von den Tantiemen eines philosophischen Lehrbuchs in Lindos lebte und natürlich etwas von Ataraxie verstand (seinen letzten Auftritt hatte Peter im »Zauberberg«-Film von Hans W. Geißendörfer – einem weiteren Bewohner des Ortes –, in dem er einen Kranken auf der Liege spielen durfte). Polly Hope kam vorbei, die exzentrische englische Künstlerin, deren Vorfahren alle berühmte Soldaten waren. Sie hatte einen Roman über Lindos geschrieben und wusste sowieso alles besser. Aber ich sehe auch einen spindeldürren Deutschen und seine Frau vor mir, einen ehemaligen Drogenabhängigen und Alkoholiker, der zum Islam übergetreten war, um seiner Sucht zu entkommen. Er war durch den nächtlichen Angriff zum Feind geworden und sollte nun sich und die Türken erklären, was ihm natürlich nicht gelang. (Die wenigen Türken im Ort hatten es sowieso schwer und waren nun vollständig in Not geraten.) Da ihn keiner in seinem Kaftan leiden mochte, sprang ihm schließlich eine dänische Dame bei, die seit einiger Zeit im Dorf wohnte. Sie sah dem alten Ibsen verblüffend ähnlich und war immer am Frieden interessiert. Und eben Bruce Chatwin, der ununterbrochen sprach, um sich die Angst aus dem Leibe zu reden.

Offen gesagt, mochte ich es, wenn Bruce Chatwin von der Angst überfallen wurde, auch wenn ich es natürlich nicht ausgesprochen habe. Er sah, wie meine Mutter es ausgedrückt hätte, unverschämt gut aus, und er wusste es auch; und er konnte gut erzählen, und auch das wusste er. In Gesellschaft war er immer der Mittelpunkt, er konnte aus jeder Geschichte etwas machen und sie so plastisch erzählen, dass alle an seinen Worten hingen. Und er konnte, daran hat Salman Rushdie erinnert, sehr komisch sein. Er war das Wunderkind, und seine »Gier nach dem Unentdeckten«, wie Max Sebald es genannt hat, war maßlos. Sein Freund Kasmin, ein Galerist aus London, auch nicht gerade ein Heroe der Entsagung, hat das Unruhige, Nomadische von Chatwin lapidar in die Worte gefasst: »Bruce's größtes Problem war, dass er nie wusste, wo er sein wollte. Er war immer anderswo.«

Er war ohne jede Frage ein bedeutender Schriftsteller. Kürzlich fragte mich ein Engländer (wie nur Engländer fragen können): »Wird Chatwin eigentlich noch in Deutschland gelesen?« Was so viel heißen sollte wie: Bei uns ist er ganz vergessen, seine egoistischen und exzentrischen Allüren hat man auf dem Kontinent wohl für große Literatur gehalten! Ich weiß es nicht. Mir sind seine Abenteuer-Bücher über Afrika, Patagonien oder Australien jedenfalls sehr gegenwärtig und auch seine Essays oder Reportagen wie zum Beispiel die Reportage über den Ethologen Konrad Lorenz: »Man sollte nicht Lorenz' Fähigkeit unterschätzen, das Publikum zu umgarnen – oder Ereignisse zu beeinflussen. Es bleibt künftigen Ideengeschichtlern überlassen, den Einfluss seines Buches ›Das sogenannte Böse‹ auf unsere heutige Zeit zu dokumentieren. Denn genauso, wie 1942 die Biologen Hitler in seinem Glauben bestärkten, die Endlösung der Judenfrage entspreche seiner Pflicht gegenüber dem Schöpfer, so scheint in den 1960er Jahren die Vorstellung von ritualisierten, begrenzten Kämpfen gewisse Strategen (und Apologeten) des Vietnamkriegs zu dem Glauben verleitet zu haben, sie antworteten lediglich dem Ruf der Natur.«

Aber wie gesagt, ich fand es angenehm, wenn ein Schatten der Angst oder auch nur des Zweifels über sein Gesicht huschte, er machte Bruce menschlicher. Ich sah diesen Zug noch einmal in aller Deutlichkeit, als er kurz vor seinem Tod nach München kam, um die Premiere des Films »Cobra Verde« von Werner Herzog (mit Klaus Kinski) nach seinem Roman »Der Vizekönig von Quidah« zu besuchen. Er saß, noch nicht einmal fünfzig Jahre alt, im Rollstuhl, ein graues Häufchen Elend mit Angst in den Augen. Noch immer behauptete er steif und fest, sich mit einer seltenen Krankheit angesteckt zu haben, nach einer weiteren Transfusion in der kommenden Woche in Nizza würde aber alles überstanden sein. Seine Frau, Bruce und ich gingen auf seinen Wunsch hin ins »Hofbräuhaus«, in das mich sonst keine zehn Pferde gebracht hätten, er saß blass vor einem riesigen Bierglas, an dem er nur nippen konnte. Er erzählte von Plänen. Ich glaube, dass er glaubte, dass ich ihm glaube, aber diesen Gefallen konnte ich ihm nicht tun. Er starb an Aids.

Er wurde leider nicht in Lindos begraben, dann hätte ich ihn noch ein paar Jahre lang besuchen können, sondern auf der Peloponnes. Sein Freund, der englische Schriftsteller Patrick Lee Fermor, hat dort einen Platz für die letzte Ruhe des Ruhelosen eingerichtet, die Asche wurde zerstreut.

Gregor von Rezzoris Haus in Lindos lag an der sogenannten Eselsroute, jener steilen gepflasterten Straße hinauf zur Akropolis; an dem kleinen Fenster seines Studiolo sah man die schwankenden Gestalten der Touristen auf den schmalen Rücken der fragilen Esel vorbeireiten, und da es in der Regel beleibte Senioren waren, die den Aufstieg zu Fuß vermeiden wollten, mussten die Treiber nicht selten den Stock zu Hilfe nehmen, um den armen Tieren Beine zu machen. Manchmal sah es aus wie auf den Bildern von Ensor, und natürlich lachten wir aus vollem Halse, wenn die von der Sonne rot gebrannten Schenkel der scharfkantigen Mauer zu nahe kamen. Vor allem Bruce konnte nicht genug davon kriegen.

Ich durfte noch ein paar Jahre immer wieder in mein Kapitänshaus zurückkehren. Klaus und Erika, die Gastgeber, ermunterten mich geradezu. Aber es kam dann immer etwas dazwischen, schließlich bin ich nicht mehr hingefahren. Jetzt reise ich jährlich ein paar Mal im Jahr im Kopf auf die Insel, besuche die letzten Freunde, die noch dort leben, wie den Fischer Mihaili, der mir immer morgens einen Fisch von seinem Fang brachte, und treffe mich mit den Freunden, die nicht mehr dort leben oder gar nicht mehr leben. Dann höre ich David Gilmour von den Pink Floyd zu, der in einem der Häuser sitzt und auf der Gitarre spielt, oder höre mit Uli Mielsch die Schubert-Lieder und trinke zu Musik von Cat Stevens einen Ouzo mit Black Michael. Und am Abend sitzen wir dann alle zusammen in der Küche von Gregor (und Beatrice) von Rezzori, der einen Risotto zubereitet, und hören Bruce Chatwin zu, der seine Abenteuer in Patagonien erzählt. Und alles ist gut.

Meine schwedischen Freunde

Mein Freund Ernst Wendt, Dramaturg und Regisseur an den Kammerspielen in München, hat einmal in einer autobiografischen Skizze eine Unterscheidung getroffen, die ich mir angeeignet habe: Er sprach von einer amerikanischen und einer französischen Kindheit, die in seiner Jugend viel prägender waren als die eigentliche deutsche Kindheit, die man im Elternhaus und in der Schule erlebt hat.

Diese kulturelle Abgrenzung trifft vielleicht auf meine Generation stärker zu als auf viele andere vor und nach uns. Wer vor uns war, hatte in der Regel eine deutsche Kindheit und meistens nicht viel anderes; und die, die nach uns kamen, sind in einem seltsamen amerikanisch-europäischen Sehnsuchtsgemisch aufgewachsen, das alle Besonderheiten aufgerieben hat. Wenn in meiner Klasse einer nach seinen geheimsten Reisewünschen gefragt wurde, hat keiner Polen gesagt oder Kaukasus, nicht einmal Belgrad oder Konstantinopel, aber auch nicht Finnland, Island, Stockholm oder Norwegen. Die meisten wollten nach Paris oder St. Tropez, nach Rom, Mallorca oder Sizilien, und wenn einer sagte, er brenne für Madrid, dann war das schon eine Ausnahme. Und über allem schwebte natürlich Amerika, das Land der unendlichen Weite und der großen Städte, von Hollywood bis New York, wo es zum Frühstück einen Wrigley's Chewing Gum gab, am Abend einen Western und zur Nacht einen Eierkuchen mit Ahornsirup und einen Whisky on the rocks.

Die Schweiz war schön, die Berge bestanden aus reiner Schokolade, aber die Preise waren unerschwinglich. Ich werde nie vergessen, wie mein Vater, der sich in Zürich mit seinem Schulfreund Joseph Breitbach getroffen hatte, mit einer Toblerone für jedes Kind zurückkam. Toblerone! Nicht so platte, wenig süße

Schokolandschaften wie bei uns, sondern eine schön gestaffelte Bergsilhouette mit was drin, das man noch tagelang zwischen den Zähnen spürte.

Dass es keinen nach Skandinavien zog, ist insofern verwunderlich, als wir Kriegskinder in den ersten Schuljahren in Berlin eine sogenannte Schweden-Speisung erhielten, die für manche die Hauptmahlzeit des Tages war. Schweden stand also ganz hoch auf der Dankbarkeitsliste, gleich unter Amerika. Wer in West-Berlin lebte, musste den Russen nicht dankbar sein, es sei denn, man war Kommunist. Wer das Pech hatte, in der DDR aufzuwachsen, war gezwungenermaßen dankbar, das sollte reichen. Engländer, Franzosen, ja, aber auch wieder nicht so richtig. Ich kann mich nicht erinnern, dass in der Schule an diesem historisch ungerechten Schema korrigiert wurde.

Trotz der wunderbar stärkenden Suppen, die in großen Kübeln geliefert wurden, blieb Schweden für die meisten von uns von »diffuser Klarheit« und schwacher Anziehungskraft. Die Filme kamen entweder aus Italien (und waren »neorealismo«), aus Frankreich (»film noir«) oder aus Amerika (John Ford), die Philosophie kam aus Paris und hieß Existentialismus, der nicht nur von Philosophen, sondern auch von Liedermachern wie Georges Brassens oder Juliette Gréco verbreitet wurde und den man praktischerweise auch in Form von Gauloises und Gitanes, Rotwein und Baguette zu sich nehmen konnte. Wer gute Lungen hatte, rauchte die gelben Gitanes, die in Maispapier gehüllt waren, und schaute auf die armen Mitschüler hinab, die sich mit Roth-Händle den Hals zerkratzen mussten. Die Literatur aus Amerika war interessanter als die deutsche, die italienische Literatur nicht ganz so aufregend wie die französische, aber auf jeden Fall besser als die skandinavische. Das Theater war – mit Jarry und hinter ihm Ionesco, Beckett, Adamov, Vian, Vitrac – eine rein französische Spezialität, die man am besten in Paris im Théâtre Mouffetard genießen konnte.

Für Goethe, Hölderlin, Mörike war da manchmal kein Platz; bei Kleist hatten wir Berliner Heimvorteil (wenn wir sehr schlechte Noten oder Liebeskummer hatten, liefen wir von der Schule in zehn Minuten bis zum Kleist-Grab). Stifter, Jean Paul, Fontane, Storm und Raabe waren Autoren, um die Eltern zu beruhigen, aber Balzac und Dickens waren selbstverständlich interessanter. Man las natürlich Dostojewski, aber der war Russe, mit den Soffjetts wollte man eigentlich nichts zu tun haben.

Und so weiter.

Und dann gab es (für mich) eine Zeit, in der ich gar nicht genug skandinavische Literatur kriegen konnte.

Ich erinnere mich gut an einen Anruf von Reinhard Lettau, der sich gerade von seiner Lehrtätigkeit an einer amerikanischen Universität in Berlin erholte. Die Amerikaner kämpften in Vietnam gegen einen Feind, der nicht wie der deutsche Feind zu besiegen war, und Reinhard, selbst Amerikaner, fürchtete, auf irgendeine Weise in das Kriegsgeschehen einbezogen zu werden. Hans Magnus Enzensberger – das war der Grund des Anrufs – hatte am Vortag in der Akademie der Künste so enthusiastisch einen schwedischen Dichter vorgestellt, dass jetzt angeblich alle Welt ihn haben wollte, ich sollte also sofort zugreifen. Ich hatte gerade meine Siebensachen ausgepackt, ein Zimmer in einem Keller in Pasing gefunden und als Lektor im feinen Carl Hanser Verlag in München-Bogenhausen ein Büro zugewiesen bekommen, mit einem Schreibtisch, an dem ich die bedeutenden Werke der Weltliteratur entdecken sollte. Für diese Tätigkeit wurden mir 900 D-Mark im Monat vergütet, die ich mir, da ich noch kein Bankkonto hatte, persönlich bei der Buchhaltung abholen durfte. Lettau, der mir als Autor des Verlages meinen Job vermittelt hatte, war selten enthusiastisch. Er liebte den »Werther«, Büchners »Lenz«, die kurze Prosa von Kleist und von Kafka und die frühen Romane von Updike, und unter den Dichtern neben Lawrence Ferlinghetti und Allen Ginsberg vielleicht noch Günter Bruno Fuchs. An H.C. Artmann lobte er den Schnitt des Sakkos, an Hans Magnus Enzensberger die tadellosen Manieren des Edelmannes, an Heinrich Böll liebte er alles bis auf seine Romane. Man kann auch sagen: Reinhard las wenig. Wir hatten in San Diego einmal in Anwesenheit des an diesem Abend stummen, aber sehr amüsierten Herbert Marcuse ein langes Gespräch über die Ästhetik von Lukács, an dessen Ende Reinhard bekannte, solche umfangreichen Bücher nicht lesen zu können. Mit andern Worten, an Gustafsson musste etwas dran sein, wenn der es geschafft hatte, sich mit zehn Gedichten und einem komplizierten theoretischen Text über eines der Gedichte, »Die Maschinen«, in sein Herz zu schmuggeln. Was war zu tun? Da es in meiner neuen Umgebung noch keinen gab, der irgendetwas von schwedischer Poesie verstand, mussten wir handeln. Ein Telegramm schreiben und einen Vertrag ankündigen, ganz einfach. Gesagt, getan. Wenige Monate später erschien der Band mit dem wenig poetischen Titel »Die Maschinen« – das erste von sicherlich vierzig Büchern, die wir von Lars in Deutschland verlegt haben, mit denen er – anders als in seiner Heimat – zeitweise als der bedeutendste Schriftsteller und Intellektuelle Skandinaviens galt. Fast wäre diese seltene Karriere daran gescheitert, dass es im Verlag und unter den Vertretern Stimmen gab, die einem Gedichtband mit dem Titel »Die Maschinen« keine Chance gaben. Wenn schon Gedichte, und dann noch von einem vollkommen unbekannten Autor, der auch noch Schwede war, dann doch bitte unter einem richtigen Titel: »Licht über den Birken« oder »Licht zwischen den Birken«, etwas in dieser Richtung, sonst könnten wir uns das abschminken, wie man damals zu sagen pflegte. Gott sei Dank blieben wir, nach einem zarten Hinweis von Hans Magnus auf andere Mitbewerber, die sich die Hände reiben würden, doch bei den »Maschinen«.

Lars, 1936 in Västeras geboren, hatte analytische Philosophie studiert und arbeitete an einer Habilitationsschrift über Sprachphilosophie, verdiente sein Geld als Chefredakteur der damals bedeutenden Kulturzeitschrift »Bonniers Litterära Magasin« und schrieb Romane und Gedichte. Eines seiner Lieblingsworte hieß »eigentümlich«. Eigentümlich war alles, was der Fall war: ein physikalisches Problem, ein Krieg, eine Liebesgeschichte. Es ist doch eigentümlich, konnte er selbstvergessen sagen, dass viele Menschen besonders lange dumm bleiben, manche bis zu ihrem Tod und darüber hinaus. Eigentümlich war aber auch, dass er nicht in die Schwedische Akademie gewählt worden war und trotzdem nicht den Nobelpreis erhalten hatte. Beides geht ja nicht, weil die dumme Satzung das verbietet, aber keines, das war besonders eigentümlich.

Mit den unter dem Obertitel »Risse in der Mauer« versammelten fünf Romanen über die Veränderung der politischen und kulturellen Verhältnisse in Europa seit den sechziger Jahren des 20. Jahrhunderts begann sein großer Erfolg. Er war eigentlich kein streng politisch argumentierender Mensch und schon gar kein Parteipolitiker oder gar ein Maoist, sondern er wollte zeigen, wie im Körper des Denkens und des Fühlens Risse zu sehen waren, die auf größere Verwerfungen hindeuteten. Die festen Kategorien der Gesellschaftstheorien und die moralischen Grundsätze aller Schichten und Klassen waren ins Rutschen geraten, das musste erkannt und bestimmt werden. Es ging ihm mit seinen zum Teil philosophischen Meditationen eben nicht darum, die Welt auf der Stelle – am besten bis gestern! – verändern zu wollen, er wollte auch keine Agitation betreiben oder jemand die Maske vom Gesicht reißen, sondern er fing ganz bescheiden beim Einzelnen an, bei einem immer orientierungsloser werdenden Subjekt. Folglich hieß der erste Band dieser Pentalogie: »Herr Gustafsson persönlich«.

Die Familie Gustafsson kam für ein Jahr als Gäste des DAAD-Künstlerprogramms nach Berlin, was seine Bekanntheit in Deutschland noch steigerte, er freundete sich mit vielen deutschen Autoren und Gelehrten an, sprach mittlerweile fließend deutsch, veröffentlichte seine Essays in deutschen Zeitschriften und Zeitungen und wurde Mitglied der Berliner, der Mainzer, der Darmstädter und der Bayerischen Akademie – er wollte es ganz besonders der Schwedischen Akademie zeigen. Mit einem Wort, er gehörte vollständig dazu, Schweden verblasste immer mehr. In einem Nachruf auf Lars in der NZZ habe ich beschrieben, wie sein Briefwechsel mit dem marxistischen Journalisten Jan Myrdal diese stärker werdende Entfremdung thematisiert. Myrdal hatte die These entwickelt, dass die Zeit zwischen der Revolution von 1848 und heute als eine sinnlos verlorene Zeit beschrieben werden könne. Gustafssons Entgegnung ist ein Musterbeispiel für die Art seines Denkens in anschaulichen Beispielen: »In einer kanadischen Fabrik gab es ein paar Arbeiterinnen, deren Aufgabe es war, Maschinenteile in Seifenwasser zu spülen. Tagein, tagaus standen sie dort und spülten, ihre Finger schmerzten immer mehr und verkrümmten sich durch Rheumatismus im fortgeschrittenen Stadium, was die unausbleibliche Folge ist, wenn man die Finger den ganzen Tag im kalten Wasser hat. Eines Tages sieht ein junger Ingenieur diese Tortur und sagt: So geht das nicht. Ab morgen lassen wir warmes Wasser in die Behälter fließen. Dies hatte einen gewaltigen Streik in der ganzen Fabrik zur Folge. Das könnte unlogisch erscheinen, ist es aber nicht. Solange diese Arbeiterinnen ihre abscheuliche Arbeitssituation als notwendig ansahen, ertrugen sie sie. Unerträglich wurde es in dem Augenblick, als sie erkannten, dass dies alles unnötig war. Der Tag, an dem die Völker Europas die gleiche Entdeckung machen wie die kanadischen Arbeiterinnen, wird ein entsetzlicher Tag sein.«

Gustafssons Briefe waren in Berlin geschrieben worden, wohin er 1972 für zwei Jahre mit seiner Frau Madeleine – einer Kritikerin, Übersetzerin und Dichterin – übersiedelt war. Mit seiner Art, gegen den Strich zu denken, fand er bald viele Freunde unter den Schriftstellern, die damals in Berlin lebten: Neben Enzensberger waren das Frisch und Lettau, Johnson, Grass und Höllerer. Gustafsson empfand diese unkomplizierte Art des Umgangs nicht nur als inspirierend, sie war lebensnotwendig, wie er in seinem in Berlin entstandenen Roman »Herr Gustafsson persönlich« bekannte. Offenbar war ihm das damals provinzielle Schweden auf den Geist gegangen. »Nichts hat mein Bewusstsein und meine Entwicklung während der letzten Jahre so stark geprägt wie dies: in einem Land zu leben, wo ›Sozialismus‹, ›Gerechtigkeit‹ und ›Demokratie‹ in jeder Festrede so hochgehalten werden und wo man zugleich in der politischen Realität mit einer solchen Rücksichtslosigkeit darauf scheißt wie in Schweden.«

Jetzt also das »narbige, das kluge Berlin mit seinem lebhaften, scharfen Intellekt, mit seinen revolutionären Gruppen, marxistischen Kinderläden, anarchistischen Kommunen, seinen blauen, roten, weißen Pamphleten, seinen Straßencafés und Buchhandlungen, Berlin, diese geheimnisvolle Schmiede inmitten endloser Kartoffeläcker, dieses Berlin, das alles weiß, alles erfahren und seit langem seinen Zustand akzeptiert hat«. Und Lars mittendrin.

Er, der in den sechziger Jahren in der angelsächsischen Erkenntnistheorie gehaust hat, »wie man in einem heruntergekommenen Hotel haust, ohne Enthusiasmus«, war am Ende und auf der Suche nach einem Ausgang, einem offenen Fenster. »Ich wusste noch nicht, dass der Augenblick, in dem wir die Tiefe unserer Verzweiflung erkennen, ein hoffnungsvoller Augenblick ist. Plötzlich die Trauer in ihrem ganzen entsetzlichen Ausmaß zu sehen, heißt, am Schluss angekommen zu sein.« Es war diese Sprache, die in dem damals in Deutschland aufgeführten Theorietheater sofort auffiel: der Gustafsson-Sound.

Ich glaube, trotz dem damals einsetzenden Erfolg seiner Bücher, vor allem in Deutschland, trotz den verbesserten Lebensumständen, konnte er seine Melancholie nicht wirklich besiegen. Er versuchte, sie sich mit einer beängstigenden Produktivität vom Hals zu schreiben, manchmal erschienen zwei Bücher in einem Jahr. Aber der Riss in der Mauer, wie er sein in Berlin begonnenes Romanprojekt nannte, war nicht zu kitten.

In den Briefen an Myrdal taucht diese Metapher zum ersten Mal anlässlich der Lektüre neuer Gedichte von Tomas Tranströmer auf: »Nicht unähnlich einem Sisyphus versucht der Dichter wieder und wieder den steilen, entgleitenden Abhang einer Art innerer Sandgrube emporzuklettern, hinauf zu etwas, das er zu fassen bekommen will, und immer wieder gleitet er ab. Tomas Tranströmers Lyrik handelt von den schmalen Rissen in den Mauern eines von fremden Mächten okkupierten Alltags. Sie drücken, möchte ich sagen, das Gefühl aus, dass etwas unser Leben okkupiert hat, sie drücken das eingeschlossene Freiheitsbedürfnis aus, das sich in Ermangelung von Hoffnung und in Ermangelung von Handlung nach innen wenden muss, zu den unterbewussten Schichten, wo es noch Farben gibt, wo die Kindheit ist.« Und er bekennt: »Diese Haltung, dieses ganze Fluchtbedürfnis ist mir so vertraut, dass ich meine, die Gedichte früher schon gelesen zu haben, auch wenn sie neu sind.«

Wenn auch die Texte der beiden zu jener Zeit einen unerhört pessimistisch-existentiellen Ausdruck zeigten, so konnte von einem traurigen oder bedrückten Gemütszustand beim Gespräch in dem gemütlichen Haus der Gustafssons in Västerås nicht die Rede sein. Man fühlte sich wie in einer Arche, gerettet. Draußen tobte die ungerechte Welt, drinnen herrschte behagliche Wärme, Kultur, Freundlichkeit. Milder Himmel, rief Lars, wenn er einen Ton auf seiner Flöte nicht traf. Andere sagen: Verdammt, Gott im Himmel oder benutzen Kraftausdrücke. Lars sagte: Milder Himmel, halb Ergebenheit, halb Anrufung.

Ich erinnere mich an die schüchterne Frage von Tomas, ob bei uns denn auch Bände gedruckt werden, die eher den Umfang von Heften haben, und höre noch die sonore Stimme von Lars, die Menge, die Tomas in einem Jahr produziere, würde er, Lars, mühelos an einem Tag schaffen. Und dann lachten beide wie die Kinder. Mir fielen die letzten Zeilen des Briefwechsels mit Myrdal wieder ein. Lars zitiert eine Freundin, die ihm am Telefon gesagt hatte: »Und im Übrigen habe ich nie verstehen können, warum es irgendeinen Widerspruch zwischen Optimismus und Pessimismus geben sollte.«

So begann unsere Freundschaft. Über viele Jahre hinweg trafen wir uns zu den Jurysitzungen und Verleihungen des Petrarca-Preises, oft mit den Tranströmers; Tomas war ja selbst auch Preisträger. Lars legte immer großen Wert darauf, dass ein Tennisplatz in der Nähe des Hotels war, so dass ich annehmen musste, dass er ein guter Spieler war. Aber wer über die Philosophie des Aufschlags schreibt, muss nicht unbedingt selber gut spielen können. Sowohl Hubert Burda wie Reinhard Baumgart kamen verstört von dieses Matches zurück, weil Lars sie kribbelig gespielt hatte. Er spielt so unkonventionell, dass man darüber die Regeln vergisst und verliert, sagte der genervte Baumgart.

Eines Tages brachte Lars eine junge, dunkelhaarige Frau mit, klein und drahtig wie er, die er uns als »intelligenteste Vorsokratikerin Amerikas« vorstellte. Das war im Engadin, wo unter anderen Mazzino Montinari, der Nietzsche-Herausgeber und Kenner der Vorsokratiker, anwesend war. Gott sei Dank musste sie nicht über Heraklit referieren. Sie war Juristin und wurde seine zweite Frau; ihretwegen und wegen der beiden gemeinsamen Kinder trat Lars zum Judentum über, wenn man seine Entscheidung so ausdrücken kann, und blieb als Professor der Philosophie zwanzig Jahre in Austin, Texas, in den USA, die er, der Junge aus dem armen Västerås, selbst dann tapfer verteidigte, wenn es nichts zu verteidigen gab. »Wir fangen noch einmal an. Wir geben nicht auf« – dieses rebellische Motto aus den »Rissen in der Mauer« war wie weggeblasen.

Er schrieb weiter wunderbare Gedichte und eine Reihe von kurzen Romanen, die ich nicht so mochte wie sein früheres Werk. Es fehlte der melancholisch-klare Sound. Was vermisst du denn besonders, fragte er mich einmal, und ich antwortete: Die Beschreibung des Geruchs nasser Wollsachen in den Fluren der Schule und der Universität in Uppsala! Ja, da hast du wohl recht, sagte er, diesen eigentümlichen Geruch verliert man aus der Nase, wenn man in Texas lebt.

Kaum war er zurück, beschrieb er wieder die morschen Boote, die blanken Eisflächen, die eigentümlichen Wolkenformationen, die Tintenpilze, die Güterzüge, die durch die Nacht fahren, und das seltsame Licht, das es nur in der schwedischen Provinz gibt. Kaum wieder in Schweden gelandet, nahm er den ersten besten Nachtexpress zurück in die Kindheit, wo »Frau Sorgedahls schöne weiße Arme« auf ihn warteten. Und wie selbstverständlich war auch der Sound in seinen Büchern wieder da, die altertümliche (nicht verletzende) Ironie, die schöne Umständlichkeit, mit der er die Dinge zu erfassen suchte.

Zu seinem 60. Geburtstag lud er in das Landhaus eines schwedischen Freundes ein, der mit Verschlüssen für Milchtüten buchstäblich Milliarden verdient hatte. Weil ich offenbar ein nicht besonders glückliches Gesicht machte zwischen all den etwas steifen Frack- und Smokingträgern, fragte mich Lars, wie er mich aufheitern könne. Meine Antwort: Ich möchte einen Elch sehen, der dort unten majestätisch über die Wiese stolziert. Ein kurzes Gespräch von ihm mit Mr. Tetrapak über die Notwendigkeit, auswärtige Gäste von der Schönheit Schwedens zu überzeugen, und zehn Minuten später ging ein riesiger Elch mit dem wunderbar hochmütigen Ausdruck seiner Gattung gegenüber Menschen durch die Dämmerung. Es gibt viele Welten, die unerreichbar sind, sagte Lars, aber die, in der Elche über taunasse Wiesen gehen, liegt vor der Haustür. Man muss nur genau hinsehen.

Er heiratete noch einmal, eine Jugendfreundin, Agneta Blomqvist, die ein Landhaus besaß, das Lars als »eine Art Versailles in der schwedischen Provinz«, Agneta selber als solides Bauernhaus bezeichnete. Die Produktivität stellte sich wieder ein. Als ich ihm im Herbst 2015 den Thomas-Mann-Preis der Bayerischen Akademie überreichen durfte, schien er mir endlich rundum glücklich zu sein. Er strahlte wie ein Kind beim Kindergeburtstag, als Wolf Lepenies das Motiv des Fahrrads in seinen Romanen herausarbeitete. Er war wieder ein Kind geworden, das staunend den Reichtum der Welt bewundert, einer Welt, in der die Primzahlen, Rilkes Gedichte, verrostete Fahrräder, saubere und unsaubere Reime, Boshaftigkeit und Ungerechtigkeit, wie er sie in seinem Werk auf so unnachahmliche, eigentümliche Weise beschrieben hat, miteinander auskommen.

Wie immer gibt es ein letztes Telefongespräch. Ich durfte Lars am 5. März 2016 aus Warschau anrufen, um ihm die gute Nachricht zu überbringen, dass ihm die internationale Jury des Zbigniew-Herbert-Preises ihren Preis zuerkannt habe. Wie glücklich er war, weil er für seine Poesie nie einen Preis erhalten hatte! Drei Wochen später rief er noch einmal an: Ob er unbedingt zur Preisverleihung nach Warschau kommen müsse, er sei krank. Drei Tage später war er tot.

Wir haben viele hervorragende Bücher von Wolf Lepenies verlegt, der, zusammen mit Henning Ritter, auch Herausgeber unserer Reihe »Hanser Anthropologie« war. Für mich war er (und ist es heute noch) zusammen mit Jean Starobinski der beste Kenner des 18. Jahrhunderts, aber was ihn – soweit ich weiß – von dem verehrten Starobinski unterscheidet, ist sein grenzenloses Interesse auch für alles, was weit jenseits seines Faches zu liegen scheint, zum Beispiel Dick und Doof und die Theorie des Slapsticks; außerdem ist er der einzige Mensch, den ich kenne, der jede Zeile, wirklich jede Zeile von Émile Zola und Sainte-Beuve gelesen hat – aber das ist eine andere Geschichte.

Eines der schönsten Bücher von Wolf aber ist die Edition der »Nemesis divina« des Schweden Carl von Linné, des bedeutendsten und fleißigsten Botanikers des 18. Jahrhunderts, die er 1981 zusammen mit Lars herausgegeben hat. Es ist eine Sammlung der schrecklichsten Verfehlungen des Menschen, die Linné zu Ohren gekommen sind: Von Mord und Totschlag, Ehebruch und Korruption ist die Rede, es wird geschwängert, verraten und hingerichtet, die Köpfe purzeln nur so von den sündigen Leibern, denn: »Was das Schwein verbrochen hat, müssen die Ferkel büßen.« Diese göttliche Vergeltung ist, wie Hans Magnus Enzensberger es damals im »Spiegel« beschrieben hat, »das abergläubische Unterfutter« der Wissenschaftsgeschichte, ein dunkles Gegenstück zur hellen Aufklärung. Linné hatte diese skandalösen Fallgeschichten, die ja auch seine unmittelbare wissenschaftliche Nachbarschaft betrafen, heimlich gesammelt und schließlich handschriftlich seinem Sohn vererbt, so dass sie erst lange nach seinem Tod veröffentlicht werden konnten. Das war ein gefundenes Fressen für die zwei Aufklärer Wolf Lepenies und Lars Gustafsson, die sich gar nicht genug freuen konnten über diesen makabren Fund.

Einmal habe ich Lars in seiner Geburtsstadt Västerås besucht, ich glaube, es war im Herbst oder Winter 1975, und wenn mich meine Erinnerung nicht trügt, war es meine erste Reise nach Skandinavien. Es war noch halbwegs hell, als ich nach dem aufregenden Anflug über tausend Inseln (ich hatte schon eine gekauft und von einem Leben dort als Fischer geträumt) in Stockholm landete, aber schon im Zug nach Västerås fiel die Dämmerung wie ein plötzlich fallender Vorhang nach einem kurzen, enden wollenden Beifall, und als ich gegen vier Uhr am Nachmittag im Bahnhofsgebäude von Västerås stand, war es stockdunkel. Ich sollte abgeholt werden, es war aber kein Mensch zu sehen, die wenigen Reisenden, die mit mir angekommen waren, hatten sich blitzschnell verkrümelt. Kein Mann mit der Kelle, kein Bahnhofsvorsteher. Es war die Zeit vor dem Handtelefon, aber ich hätte nicht einmal ein öffentliches Telefon benutzen können, weil ich keine Münzen eingewechselt hatte. Bei Lars drehte damals der Saarländische Rundfunk einen Film, der Regisseur war der nachmalig als Dichter von visueller Poesie bekanntgewordene Klaus Peter Dencker. Wahrscheinlich hatte man mich vergessen. Wahrscheinlich müsste ich hier auf einer der harten Bänke übernachten, weil vor dem Bahnhof nichts von einem Hotel, geschweige denn von einem Taxi zu sehen war. Wahrscheinlich gab es in der schwedischen Provinz keine Taxis. Auch Restaurants schienen durch den Einfluss der Pfingstler verboten zu sein, von einer Bar gar nicht zu reden. Nicht einmal ein Kiosk war zu sehen. Da man mir in München empfohlen hatte, wegen der in Schweden horrenden Preise den Alkohol für den eigenen Verbrauch mitzuführen, und da auch der Zoll froh zu sein schien, dass überhaupt ein Fremder zu dieser Jahreszeit freiwillig sein Land betreten wollte, und deshalb nicht weiter fragte, was in meiner Tasche war, hatte ich, frierend in der Einsamkeit der Bahnhofshalle von Västerås, nun wenigstens zwei Flaschen Whisky und zwei Flaschen Rotwein bei mir, die mich in den letzten beiden Stunden meines Lebens wärmen sollten. Bei dem Whisky handelte es sich um Johnny Walker oder, wie Reinhard Lettau zu sagen pflegte, um Johannes den Spaziergänger, black label, dessen Schraubverschluss beim Öffnen einen ziemlichen Lärm macht, vor allem natürlich in der Totenstille eines Nachmittags im Bahnhof von Västerås.

Und nun geschah ein Wunder. Denn kaum hatte ich den quietschenden Verschluss geöffnet und den eigentümlichen Geist des Spaziergängers in die kalte Leere entlassen, öffnete sich wie in einer venezianischen Komödie von Goldoni eine verborgene Tür nach der anderen, und aus allen krochen ältere oder alt aussehende vermummte Herren hervor, die sternförmig auf mich zuliefen – auf meine Flasche, um präzise zu sein. Pina

Bausch hätte das Elend des Begehrens nicht besser darstellen können. Wie Fliegen kamen die Herrschaften näher und ließen sich auf mir wie auf einem Scheißhaufen nieder. Um es kurz zu machen: Die Flasche war im Handumdrehen leer, und da ich die Existenz der anderen Flaschen nicht erwähnte, konnten meine neuen Freunde und ich zur Tagesordnung übergehen. To Professor Gustafsson? Okay. Plötzlich stand ein Volvo vor der Tür, der mich sicher zu Lars und Madeleine und zu der Filmcrew brachte, die mich alle erst am nächsten Tag erwartet hatten.

Am Morgen sah dann alles viel freundlicher aus. Das gemütliche Haus der Gustafssons, gestrichen mit der rötlichen Schlammfarbe, der Holzstock vor der Tür, der liebenswerte Labrador, der alle verborgenen Wege von Västmanland kannte, die Wolken, zu denen Lars ein inniges Verhältnis unterhielt, und die kluge Madeleine, die als Diplomatenkind alle Sprachen sprach und alle wichtigen Bücher gelesen hatte, auch die von Lars.

Am frühen Nachmittag (als es noch hell war) bin ich dann ein paar Straßen weiter zu den Tranströmers gegangen, zu Monica und Tomas und den beiden Mädchen. Tomas, eigentlich aus Stockholm, war Psychologe am Arbeitsamt in Västerås, war aber, wie man aus seinen Gedichten herauslesen kann, viel gereist. Einmal habe ich ihn zufällig in einer verwinkelten Straße am Fuße der Akropolis getroffen, wo er und Monica, wie ich später erfuhr, mit dem Vater von Aris Fioretos unterwegs waren. Ich hatte ihn an seinem vorsichtigen Gang erkannt. Ein andermal traf ich die beiden am südlichen Broadway, wo sie vor dem riesigen Schaufenster eines Plattenladens standen. Und schließlich haben wir uns einige Jahre im Juni in Italien getroffen anlässlich des Petrarca-Preises. Als Tomas ihn erhielt, war Lars der Laudator. Kennengelernt aber hatten wir uns in Rotterdam, irgendwann nach 1972, beim Rotterdam Poetry Festival. Es war meine erste Einladung zu einem Festival, und dann noch außerhalb Deutschlands, ich war also dementsprechend stolz. Wir mussten, das hatte sich Martin Mooij ausgedacht, der umtriebige Chef der Veranstaltung, mit Masken lesen, erst danach durften wir unsere Gesichter zeigen. Ich hatte mit Vasko Popa aus Belgrad eine große Nummer gezogen, er wurde natürlich, als er seine berühmten Wolfsgedichte las, sofort erkannt, dann kam ich dran, den nun tatsächlich keiner kannte. Großer Erfolg, rauschender Beifall! Unten saßen alle niederländischen Dichter, von Bert Schierbeek und Cornelis Buddingh bis zu Cees Nooteboom, Judith Herzberg und Remco Campert, aber auch Seamus Heaney und Jehuda Amichai. Sie kamen aus aller Herren Länder nach Rotterdam, um nicht ausschließlich mich, aber doch auch mich zu hören.

Als ich mir bei Martin Mooij den Schlüssel fürs Hotel holen wollte, stellte sich heraus, dass das Zimmer bereits vergeben war. Das letzte freie Zimmer war für einen Schweden reserviert, der noch erwartet wurde: Tomas Tranströmer. Ich kannte seine Gedichte, die in der Sitz-Reihe des Literarischen Colloqiums erschienen waren, deren schmale Bände jeweils ein von Renate von Mangoldt fotografiertes Porträt des Autors als sitzender Mensch auf dem Cover zierte. Ob er was dagegen hätte … wenn ich? Nein. Also schliefen wir in einem Ehebett, erzählten uns Geschichten und schlossen Freundschaft. Als ich ihn in Västerås wiedersah, hatte dieser Asket des Schreibens in all den Jahren weitere zehn Gedichte veröffentlicht, die Wochenproduktion eines Friedrich Rückert oder Erich Fried. Die Vorstellung, als Dichter am Schreibtisch zu sitzen und Gedichte zu schreiben, war offenbar mit seinen Lebensabsichten nicht zu vereinbaren. Selbst seine Autobiografie umfasst nicht mehr als knapp fünfzig Seiten. Am liebsten spielte er wohl Klavier. Auch an jenem Nachmittag hat er mir etwas vorgespielt, aber ich kann mich nicht mehr erinnern, was es war. Ich bilde mir ein, dass es ein Lied von Hanns Eisler war, aber das kann ich auch mit Peter Hamm verwechselt haben, mit dem ich oft über die enormen Musikkenntnisse von Tomas sprach und der gelegentlich am Klavier ein Lied von Eisler sang. Ich weiß nur noch, dass Tomas laut mitsang, wenn auch ohne Worte, sondern nur mit da-dadamdam-babbaba, dann plötzlich aufhörte und laut lachte. Bei Lars hatte ich am Abend vorher nach dem Essen ein Konzert für Querflöte gehört, nun das Klavier von Tomas, ich musste zu der Ansicht kommen, dass Västerås das Zentrum der Hausmusik in Schweden war. An jenem Nachmittag jedenfalls versprach ich ihm, dass wir in Zukunft seine Gedichte in Deutschland verlegen wollten, und bald war auch mit dem unvergessenen Rundfunkredakteur Hanns Grössel aus Köln ein Mann gefunden, der die Aufgabe des Übersetzers übernehmen wollte. Er war als Kind in Dänemark aufgewachsen. Hanns hat alles übersetzt, jede Zeile. Und als Tomas starb, lag das poetische Gesamtwerk dieses zauberhaften, bescheidenen, liebenswerten Dichters in einem Band der Edition Akzente vor. Rund fünfundvierzig Jahre hatten sich unsere Wege gekreuzt. Eine lange Zeit, in der ich mich oft gefragt habe, warum gerade seine Gedichte immer wieder und bis heute eine so heftige Zustimmung bei mir fanden. Es vergeht ja keine Woche, in der ich nicht an ihn und eines seiner Gedichte denke. Und auch die Nobel-Zeremonie kommt mir immer wieder in den Sinn. Tomas, halbseitig gelähmt seit einem Schlaganfall 1990, sitzt in seinem hochgerüsteten Krankenstuhl und tätschelt dem verdutzten König, der sich freudig über ihn beugt, weil er endlich einmal einem Schweden zum Nobelpreis gratulieren darf, die Wange. Da waren zwei Buben auf der Bühne, die einen großen Moment in ihrem Leben erlebten, Tomas und Gustaf, und wäre der eine von ihnen beweglicher gewesen und der andere nicht in seinem monarchischen Frack eingeschlossen, sie hätten auf der Bühne getanzt. Ich war oft im Dezember als Gast im Frack zur Nobelpreis-Verleihung in Stockholm – meistens einen Tag nach meinem Geburtstag –, weil viele verehrte Autoren und Autorinnen und Freunde ausgezeichnet wurden, aber nie war ich so erleichtert, dass einer »das Ding« endlich in den Händen halten durfte, wie bei Tomas.

Die Nobelpreis-Begründung für Tomas in der Oper hielt übrigens der bei uns leider nur Enthusiasten bekannte Dichter Kjell Espmark, ein Jahr älter als Tranströmer, dessen Gedichte in der Übersetzung von Klaus-Jürgen Liedtke bei Kleinheinrich erschienen sind. (Er ist Mitglied der Schwedischen Akademie und hat eine auch ins Deutsche übersetzte Studie zum Nobelpreis geschrieben.) Auch Kjell gehört für mich zu den ganz großen Dichtern meiner Zeit, und wer etwas erfahren will über die Tiefenspannungen, denen diese Generation in Schweden noch ausgesetzt war, muss den Band »Die Lebenden sind ohne Gräber« lesen. Wenn ich an Kjell denke, kommt mir auch Johannes Edfelt in den Sinn, der nicht nur ein bedeutender Dichter, sondern auch ein ebenso bedeutender Übersetzer war, der von Heine bis Trakl wesentliche Bücher aus dem Deutschen übersetzt und der in der Akademie für die deutschsprachigen Autoren gekämpft hat: für Nelly Sachs, Heinrich Böll und Elias Canetti. Er hat mich oft im Verlag besucht, ein zarter, freundlicher Mann, der gar nicht glauben wollte, dass wir einen Band seiner Prosagedichte verlegen wollten, »Fieberbriefe«. Aber du bist doch nicht nur ein großer Vermittler, sondern auch ein großer Dichter, habe ich ihm einmal zugerufen, als er sich wieder kleinmachen wollte. Wenn du das glaubst, hat er geantwortet, dann soll es so sein.

Auf eine ganz andere Tradition beruft sich Katarina Frostenson, mit der ich auch befreundet war und von der wir mehrere Gedichtbände in der Übersetzung von Verena Reichel veröffentlicht haben. Ihre Werke spiegeln nicht mehr die Auseinandersetzungen mit der schwedischen Provinz, mit dem Protestantismus, dem langsamen Weg in die Moderne. Sie ist ganz auf Frankreich und die französische Philosophie hin orientiert. Heute lebt sie, nach einem Skandal in der Akademie, den ihr Mann angezettelt und den sie mit dem Verlust der Mitgliedschaft in der Akademie bezahlt hat, in Paris. Darf man sich nicht mehr für ihre Arbeiten interessieren? Doch, man darf.

Aber ich muss noch zwei Worte über die schwedischen Prosaisten verlieren, die uns seit der Jahrhundertwende um 1900 beschäftigen, seit die Verleger Albert Langen und Samuel Fischer damit begonnen haben, die gesamte skandinavische Literatur von Strindberg, Ibsen und Bjørnstjerne Bjørnson bis Knut Hamsun und Sigrid Undset ins Deutsche zu bringen. Es ist eine glückliche Beziehung über mehr als hundert Jahre geblieben, die alle politischen und kulturellen Krisen überstanden hat, sogar den Faschismus. Sie wird hoffentlich auch das bislang letzte Kapitel dieses fruchtbaren Austauschs meistern, den Kriminalroman. Es gibt viele mehr oder minder haltbare Theorien darüber, warum nun ausgerechnet das brutale Genre die reflexiveren, feineren Seiten der skandinavischen Literatur überlappt, es ist jedenfalls eine Tatsache. Skandinavien hat sich mit rasanter Geschwindigkeit in die Moderne katapultiert, da braucht man »harte Burschen« für den Wettbewerb und nicht die eigentümlichen Träumer und schrulligen Typen, wie wir sie von Per Olof Sundman und Lars Gustafsson oder von Torgny Lindgren und Lars Andersson kennen. Kapitalismus im großen Stil zieht auch das organisierte Verbrechen an, und seit die Grenzen nach allen Richtungen offenstehen, hat auch das übelste Gelichter Zugang zum skandinavischen Erfolgsmodell. Wenn man sich ein Bild machen will vom gegenwärtigen mentalen Zustand der skandinavischen Jugend, muss man nur eine Woche lang die Fernsehfilme aus dem Norden ansehen: eine gelangweilte Generation von reichen Kindern, die saufen und fixen, und wenn dann am Morgen die Party vorbei ist, liegt ein totes Mädchen am Strand.

Ich weiß noch, mit welcher Faszination wir in den sechziger Jahren die sozialkritischen Krimis des schwedischen Autorenduos Maj Sjöwall & Per Wahlöö verschlungen haben. Martin Beck – dieser Grübler war endlich die Gegenfigur zu all dem betulichen deutschen Quark à la »Der Alte«, »Derrick« oder »Der Kommissar« (die wir natürlich nie verpassen durften). Und selbst in der hundertsten Fassung und als Klischee seiner selbst ist er in seinem depressiven Überdruss immer noch interessanter als die deutschen Dampfnudelkriminalkommissare, deren alberne Heiterkeit den Glauben an die Menschheit (und das deutsche Fernsehen) vollends verlieren lässt.

Aber den höchsten Höhepunkt, den das Genre je zu bieten hatte, hat nur einer erreicht, nämlich Henning Mankell. Warum er zu uns kam und warum wir ihn ausgerechnet in unserem Wiener Zsolnay Verlag veröffentlicht haben, ist eine kleine Geschichte, die viel über die Kontingenzen meines Berufs erzählt. Sie begann in dem Gasthof »Fischmeister« in Ambach am Starnberger See, der dem Schauspieler (und Schriftsteller) Josef Bierbichler gehört. Ich selbst wohnte mit Tankred Dorst und Ursula Ehler in einem Haus nebenan, im ersten Stock, unten lebte Tilman Spengler, unterm Dach die Übersetzerin Charlotte Franke. Wer ein Haus am See bewohnt, hat am Wochenende viele Gäste. Einmal kam auch die kluge Madeleine Gustafsson, geschieden von Lars, der mittlerweile texanischen Studenten und Studentinnen die Eigentümlichkeiten der Rilke'schen Sonette beibrachte. Sie kam mit ihrer Freundin Verena Reichel, die einen Gedichtband von ihr für die Edition Akzente übersetzt hatte, es gab, beim »Fischmeister« im Biergarten, Kaffee und Kuchen, und natürlich gab es viel zu erzählen, wenn man sich nur alle paar Jahre einmal sieht. Schon nach der Rechnung fragte ich Madeleine, wie es meine Art ist, wenn ich Autoren aus anderen Ländern treffe, was sie denn gerade lese. Sie nannte eine Reihe von französischen, englischen und deutschen Büchern, die ich natürlich alle »kannte«, wenn auch nicht wirklich gelesen hatte. Ich erinnere mich, dass sie einen Nachlassband des französischen Historikers Philippe Ariès erwähnte, dessen Bücher bei uns in der von Wolf Lepenies und Henning Ritter herausgegebenen Reihe »Hanser Anthropologie« erschienen waren – ich erwähne das nur, um die intellektuelle Messlatte ihrer Lektüren anzuzeigen. Und aus Schweden? Keine neuen Genies? Nein. Oder doch, ein Dichter sei am Horizont aufgetaucht, sie werde mir das Bändchen schicken, den Namen des Autors habe sie gerade nicht parat. Langes schwedisches Schweigen. Auch von Verena, die als Scout für schwedische und deutsche Verlage arbeitete, kam nichts. Aber du musst doch irgendein schwedisches Buch lesen? Ja, das stimme wohl, sie lese im Moment allerdings nur noch einen schwedischen Kriminalschriftsteller, Henning Mankell. Gehorsam schrieb ich den Namen auf eine Serviette, die am Montag meine Kollegin Tatjana Michaelis erhielt: »Madeleines Empfehlung, Henning Mankell, Krimis, besser als Sjöwall. Schon mal gehört?«

Tatjana – Romanistin, alte Konstanzer Schule, Jauss, Preisendanz, Stierle – hatte einen guten Riecher, sie fand zwei Bücher des Autors in einem Zahnkunde-Verlag (»Das Lückgebiss«, 12. Auflage), las sie über Nacht, wir machten ein Angebot für das neue Buch für den Zsolnay Verlag, der ja einmal John le Carré mit seinem »Spion, der aus der Kälte kam« für die deutsche Sprache entdeckt hatte, und dann begann, von meiner anderen Kollegin, Felicitas Feilhauer, befeuert, beatmet und geschubst, ein überwältigender, sagenhafter Erfolg, der sich dann auch über ganz Europa und schließlich über die ganze Welt verbreitete. Und das Verrückteste war: Dieser Mann war (und blieb bis zu seinem Tod) außerordentlich sympathisch. Als wir die zehnte Auflage seines ersten Romans druckten, kam er mit seiner Frau Eva, einer Regisseurin aus Göteborg, zu einem Besuch nach München, ich zeigte ihr das Residenztheater, in dem ihr Vater Ingmar Bergman, dessen Bücher bei uns verlegt wurden, inszeniert hatte, und am nächsten Nachmittag kam er in den

Verlag, um sich einerseits bei den Mitarbeitern für die wunderbare Arbeit zu bedanken und um andererseits Geld einzusammeln für eine Aufführung von Büchners »Woyzeck« in seinem Theater Avenida in Moputo/Mosambik. Denn dieser Mann, dessen Wallander-Romane so schwedisch sind wie Knäckebröd von Leksands, lebte den größten Teil des Jahres als Theaterdirektor in Afrika. Obwohl er überhaupt nicht wie eine Büroklammer aussah oder wirkte, muss er eine eiserne Arbeitsdisziplin gehabt haben, denn er schrieb neben den jährlichen Wallander-Bänden eine Reihe von zum Teil sehr berührenden Afrika-Büchern, drehte Dokumentationen über afrikanische Probleme, engagierte sich bei allen möglichen Hilfsaktionen für Afrika und Palästina (was ihm manch einer sehr übelgenommen hat), für Straßenkinder und Kindersoldaten, schrieb eine Latte von Kinder- und Jugendbüchern, baute einen eigenen Verlag auf für in der Hauptsache politische Literatur und Dokumentationen und war natürlich mit dem wachsenden Erfolg auch ein gerne gesehener Gast in allen Verlagen der Welt – aber er erinnerte sich immer dankbar unserer ursprünglichen Initiative, die diesen sagenhaften Erfolg angestoßen hatte (was den angenehmen Nebeneffekt hatte, dass die Vorschüsse, die wir für seine Bücher bezahlen mussten, immer moderat blieben). Ich weiß nicht, wie viele Exemplare seiner Bücher wir und der für die Taschenbücher zuständige dtv verkauft haben. Viele Millionen.

Irgendwann, mitten in der Arbeit, entdeckte man einen Tumor in seiner Lunge. Er hatte sich inzwischen eine Wohnung in Nizza gekauft, um einen Gegenort zu haben für die langen dunklen Perioden in Schweden, die er meistens auf der Insel Fårö im Haus von Ingmar Bergman verbracht hat, wo es ein eigenes Kino gab. In unserem letzten Telefongespräch, in dem sein Tod als greifbarer Gast sehr präsent war, schlug er mir vor, meine Ferien in dem Appartement in Nizza zu verbringen – das gelte selbstverständlich auch dann, wenn ich nicht mehr im Verlag arbeiten würde. Er starb, lächerliche siebenundsechzig Jahre alt, 2015 in Göteborg. In seiner kleinen Wohnung in Nizza bin ich nie gewesen.

Ich muss an noch einen schwedischen Schriftsteller erinnern, mit dem ich befreundet war und den ich vermisse: P. O. Enquist, genannt Peo. Ich hatte ihn 1970 in Berlin kennengelernt, wo er als Gast des in vieler Hinsicht segensreichen Künstlerprogramms des DAAD ein Jahr zubrachte. Ein magerer baumlanger Kerl, der glücklich war, in Berlin zu sein. Sozialdemokrat. Bedächtig, lange überlegend, ironisch. Ja, das kann man vielleicht so sehen, sagte er manchmal, aber es muss ja nicht gleich die Wahrheit sein. Einer, für den es selbstverständlich war, auch die DDR zu bereisen; einer, der vor nichts Angst zu haben schien – außer vor sich selber. In seiner Jugend war er ein nicht nur in Schweden berühmter Hochspringer, der erst bei zwei Meter die Latte berührte. Ich kannte damals keinen anderen Schriftsteller, der Sport als Möglichkeit begriff, sich aus bestimmten sozialen Bedingungen im wahrsten Sinne des Wortes emporzuschwingen. Was an englischen, amerikanischen oder eben auch schwedischen Universitäten üblich war, dass man Sport trieb, gab es in Deutschland nicht. Ein Ruderwettbewerb zwischen Heidelberg und Tübingen wie zwischen Oxford und Cambridge? Unmöglich. Man spielte irgendwo Fußball, um einen guten Grund zu haben, danach ein Bier trinken gehen zu können, aber dass Günter Grass dreimal in der Woche den 100-Meter-Lauf trainiert und Heinrich Böll den Dreisprung, Christa Wolf als Diskuswerferin und Ingeborg Bachmann als Hindernisläuferin zu Ruhm und Ehre gekommen wären, das übersteigt unsere Vorstellung vom Künstler. Aber Peo war Hochspringer gewesen und verstand etwas von der Millisekunde, in der man sich vom Boden lösen muss, um genügend Schwung für den Sprung zu haben. (Es ist die Millisekunde, die wohl auch beim Tennis darüber entscheidet, ob der Ball unhaltbar übers Netz kommt, wie Lars Gustafsson in seinem kleinen Roman »Die Tennisspieler« beschreibt.) Deshalb war ich auch nicht erstaunt, ihn ein Jahr später wiederzusehen, nämlich 1972 in München, wo er als Sportreporter die Olympischen Sommerspiele kommentierte – und die Geiselnahme miterleben musste. Sein Buch »Der Sekundant« erzählt die Geschichte vom Sportler als sozialem Aufsteiger – beziehungsweise, in Enquists Roman, vom Abstieg wegen der Manipulation des Hammers, mit dem der traurige Held alle anderen ausstechen wollte. Aber bedeutsamer waren natürlich die Romane über das Schweden des 19. Jahrhunderts, das noch weit ins 20. ragte: »Auszug der Musikanten« und »Lewis Reise«, die Geschichte der Sozialdemokratie und die Geschichte der Pfingstbewegung, die zusammen mit einem strengen Pietismus und der Moral der Herrenhuter vor allem im ländlichen Schweden bis heute eine prägende Rolle spielen. Peo hatte seinen Vater – im Sommer ein Stauer, im Winter Holzfäller – sehr früh verloren, er hat ihn eigentlich nur aus Erzählungen gekannt; aufgewachsen ist er bei seiner Mutter, einer Volksschullehrerin. Von deren herrenhuterischem Matriarchat hat er oft erzählt. In Uppsala hat er studiert, wo er mit Lars Gustafsson eine Studentenwohnung geteilt hat, dann kamen die ersten Romane und vor allem die Theaterstücke; sein Strindberg-Stück »Die Nacht der Tribaden« wurde ein Welterfolg. Aber etwas nagte in diesem großen, erfolgreichen Schriftsteller, er litt unter Depressionen, begann heftig zu trinken, und alles sah danach aus, dass er bald total abstürzen würde. Dieses Drama hat er in einem autobiografischen Buch beschrieben: »Gestürzter Engel«. Darin schreibt er: »Als ich sechzehn war, sah ich zum ersten Mal das Leichenbild meines Vaters. Es lag bei den anderen Photos, die ich früher gesehen hatte. Es gab ein Bild von ihm auf dem Rasen, das Kaffeetablett vor sich, er im besten Anzug, weißes Hemd an und ein eigentümlich leichtsinniges Funkeln im Auge, das nicht mit dem Bild übereinstimmte, das ich mir von ihm machen wollte, es passte nicht. Ich hatte beschlossen, dass der Grund seines Wesens auch der Grund meines Wesens sein sollte, und es war etwas in diesem Bild, das nicht passte. Wenn er abends vom Wald nach Hause kam, hatte er Verse auf einen Notizblock geschrieben, als er starb, wurde der Block verbrannt, denn Verse waren Sünde. Das stimmte, so weit.« Es passte nicht, und es hat lange gedauert, bis es wieder passte und er die fünf oder sechs Bücher schreiben konnte, die ihn weltberühmt gemacht haben. Wenn es einen Autor gab, der alle seine Bücher als Wahrheitssuche verstanden hat, dann Peo. Unterhaltungsromane sollten andere schreiben, für ihn war Literatur vor aller Philosophie (und aller Religion) das einzige Medium, dem Geheimnis des Menschen auf die Schliche zu kommen – selbst wenn diese Tätigkeit mit heftigen Schmerzen erkauft war.

Als wir unseren Kinderbuchverlag gegründet hatten – mit dem Buch »Sofies Welt« des Norwegers Jostein Gaarder als kräftig ziehender Lokomotive –, bat ich Peo, für uns ein Kinderbuch zu schreiben. Wo denkst du hin? In Skandinavien schreibt jeder Mensch Kinderbücher, lass mich doch die Ausnahme sein. Außerdem bin ich viel zu alt. Er war, nach langen Jahren in Paris und in Kopenhagen, wieder in Schweden gelandet, gerade hatte er mit seinem Roman über Struensees Liebe zur dänischen Königin einen großen Erfolg erschrieben. Und jetzt ein Kinderbuch? Es erschien dann unter dem Titel »Großvater und die Wölfe«, bekam den Luchs des Jahres der ZEIT und wurde viel übersetzt. Du hast mich zu einem Kinderbuchautor gemacht, sagte er einmal, vielleicht kommt das der Wahrheit ein wenig näher. Ja, vielleicht. Auf jeden Fall passte es. – Peo starb am 20. April 2020. Wenn ich mir die Reihe seiner deutschen Bücher anschaue, dann gibt es keines, auf das ich verzichten könnte Und das i s t die reine Wahrheit.

Meine israelischen Dichter

Wer sich heute (aus welchen Gründen auch immer) für israelische Literatur in hebräischer Sprache interessiert, wird schnell fündig: Der gerade verstorbene Romancier und brillante politische Essayist Amos Oz ist mit seinem gesamten Werk ebenso präsent wie der etwas jüngere David Grossman, die auch beide den Friedenspreis in Frankfurt erhalten haben; die messerscharfen Analysen des Verhältnisses von Mann und Frau in Israel in den Romanen von Zeruya Shalev werden ebenso regelmäßig übersetzt wie die politischen Analysen von Orly Castel-Bloom; die sehr witzigen Geschichten aus dem Alltagsleben von Etgar Keret finden so viel Beachtung wie die unerschrockenen Beobachtungen von Nir Baram. Und schließlich hat auch die unvergessene Autorin von intelligenten Kriminalromanen, Batya Gur, in Dror Mishani einen würdigen Nachfolger gefunden. Aber das ist nur die Spitze des Eisbergs, wenn dieser Begriff hier ausnahmsweise erlaubt ist. Es gibt viele andere Schriftsteller, auch von Kinderbüchern, die stolz darauf sind, in hebräischer Sprache, also von rechts nach links zu schreiben und nicht ins Englische zu wechseln (wie so viele der indischen Autoren, die auf diese Weise Teilnehmer am globalen Markt der Literatur sein wollen). Für den wegen seiner klugen Kommentare von mir oft vermissten Amos Elon war die perfekte Viersprachigkeit normal: Deutsch war die Kindersprache, Hebräisch die Sprache des Exils, Englisch war die Sprache seiner Berufstätigkeit, Italienisch die Sprache seines nicht ganz freiwillig gewählten Wohnorts in der Toskana. Wenn ich ihn fragte, in welcher Sprache er träume, antwortete er: Ich habe es mir abgewöhnt zu träumen, weil ich gerne durchschlafe.

Zu meinem, unserem Glück gibt es nun auch eine Reihe von literarisch interessierten Literaturwissenschaftlern, die die reiche, von den Nazis abgewürgte Geschichte des Jiddischen rekonstruieren und die in jiddischer Sprache geschriebene Literatur zugänglich machen; ich denke vor allem an die editorisch wunderbar aufbereiteten Werke von Mendele, dem Buchhändler, von Moische Kulbak und Scholem Jankew Abramowitsch durch die in Amerika lehrende Susanne Klingenstein; und an die gar nicht genug zu rühmende Studie von Efrat Gal-Ed über den großen Dichter Itzik Manger, »Niemandssprache«, und die Übersetzung von dessen Gedichten. Jiddisch existiert fast nur noch als akademische Disziplin, nachdem nun die meisten der über die ganze Welt verstreuten Emigranten aus Mitteleuropa verstorben sind. Aber immerhin wird es als eigenständige Kultursprache wahrgenommen und kann an einigen Universitäten studiert werden.

Leider gibt es bei uns weder einer Anthologie jiddischer Poesie (sie ist aber im Entstehen!) noch eine umfassende Anthologie der hebräisch geschriebenen Poesie von den Anfängen bis heute, also von den Psalmen bis Agi Mishol und Yitzak Laor, wie sie in den achtziger Jahren des vergangenen Jahrhunderts der israelische Dichter T. Carmi für den Penguin Verlag in New York zusammengestellt und kommentiert hat. Es wäre mir in meinem »deutschen« Herzen wohl, wenn noch zu meinen Lebzeiten ein solches Buch erscheinen könnte.

Auf den folgenden Seiten will ich ein paar Begegnungen mit (israelischen) (in Israel gestrandeten) jüdischen Dichtern und mit hebräischer Poesie schildern. Ich bin, wohlgemerkt, kein Akademiker. Ich habe nur das Glück gehabt, als Verlagsmensch und Zeitschriftenherausgeber viele in Israel lebende Dichter und Schriftsteller kennenzulernen, und ich denke an keine der Begegnungen mit Schrecken zurück.

Ende der hektischen sechziger Jahre, als alle Welt am Sinn und der Bedeutung von Literatur zweifelte und sich sogar die

Deutschlehrer lieber mit der Interpretation der Überschriften der BILD-Zeitung beschäftigten als mit einem Gedicht von Ingeborg Bachmann oder Peter Huchel, erhielt ich an einem Freitag einen dringenden Anruf. Ich weiß noch, dass es ein Freitag war, weil ich eigentlich am Wochenende nach Berlin fahren wollte, um noch zurückgelassene Bücher zu holen, denn natürlich hatte ich bei meinem Umzug nach München die falschen mitgenommen. Ich brauchte meine Bücher von Hofmannsthal und von Rilke, um gegen die Zumutungen der politischen Literatur gewappnet zu sein, die damals im Schwange war. Und ich wollte George wieder lesen, der – wie Rilke – in München gelebt hatte. Der Anrufer musste mich unbedingt an diesem Wochenende sehen, weil es sein letztes Wochenende in Deutschland sei und er am Montag zurückfahren müsse. Ein Israeli; sein Name: David Rokeah, Beruf: Dichter. Michael Hamburger hatte ihn geschickt, der Freund und Hölderlin-Übersetzer und Dichter aus England. Natürlich blieb ich in München, denn nicht nur musste etwas an ihm dran sein, wenn Michael ihn geschickt hatte, sondern ich war noch nie in Israel gewesen und hatte auch noch nie einen israelischen Dichter kennengelernt. Ich war also dementsprechend neugierig. Und schließlich war es der jiddische Sound in seiner Stimme, der mich von Anfang an für ihn einnahm. Aber erst, nachdem ich aufgelegt hatte, dämmerte es mir, wer mich demnächst besuchen würde: denn ich war einer der glücklichen Besitzer der zweisprachigen Poesie-Reihe, die Hans Magnus Enzensberger bei Suhrkamp herausgegeben hatte, die ich auch deshalb so liebte, weil ich in ihr zum ersten Mal in meinem Leben auf den Namen Fernando Pessoa gestoßen war. In dieser Reihe, von der ich sogar wusste, wo in dem herrschenden Chaos sie stand, gab es auch einen Band von David Rokeah, übersetzt von Hans Magnus selber, und von Werner Bukofzer, Erich Fried, Nelly Sachs und Paul Celan. Den las ich von vorne bis hinten – und ganz besonders das schöne Nachwort von

Hans Magnus, in dem er die emblematische Natur-Poesie von Rokeah von der deutschen Innerlichkeit unterscheidet –, und als am nächsten Tag David Rokeah vor der Tür stand (es war Samstag, Schabbat), wusste ich alles über den hellen Stein, aus dem Jerusalem erbaut war, und über den dünnen Schatten, den Tamarisken werfen, über die Pinie und den Sand, dessen Körner nicht einmal Gott zählen kann. So begann eine Freundschaft, die bis zu Davids Tod andauerte. Tatsächlich gibt es wohl keinen größeren Unterschied als den zwischen dem geheimnisvoll rauschenden Wald der deutschen Romantik und den vom Wind gezausten Bäumen Israels, und wo in den deutschen Gedichten von Boden, Erde, Krume und Heimat die Rede ist, wo es magisch zugeht und flüstert und wispert und haucht, wird bei Rokeah immer wieder ein Gebiet abgesteckt. Magnus nennt diesen Vorgang eine »Landnahme«.

David war klein, aber kräftig und hatte eine mächtige Haartolle, wie auch Canetti (den David auch kannte, wie ich von Kurt Weiss erfahren habe) sie bis ins hohe Alter hatte. Sein Gepäck bestand aus einer unförmigen prallen Aktentasche, die unsereiner nicht mehr zu tragen wagte (spießig), und mehreren Tüten und Beuteln, wie ich das von Erich Fried oder Robert Jungk kannte (der mir seine Tüten einmal auf dem Flughafen in Berlin überließ, um sich die Schuhe zu binden, dann aber mit einem Bekannten ins Gespräch kam und mich und die scheußlichen Tüten vergessen hatte). Aus diesen Behältnissen zog David Geschenke – ich erinnere mich an eine Spieluhr, wie man sie auf Jahrmärkten kaufen konnte, Kugelschreiber oder auch Schokolade, immer hatte er, der aus der großen Welt kam, etwas für die Kinder dabei, die im Dorf zurückbleiben mussten und sehnsüchtig auf seine Rückkehr warteten. Bis zu unserem letzten Treffen 1985 hatte er an dieser Geschenkzeremonie festgehalten, und manchmal fragte ich mich, was er wohl von Deutschland für seine Kinder zu Hause mitbrachte? Kaum hatte man sich gesetzt, wurde ohne lange Vorreden die unförmige Aktentasche geöffnet, aus der wie eine Schar Schmetterlinge Unmengen von Durchschlagpapier gleichsam hervorbrachen, auf dem er in hebräischer Schrift seine Gedichte notiert hatte. Und ohne lange zu fackeln, nahm er eines dieser feinen Blättchen heraus aus dem Stapel und begann es vorzulesen, dann noch eins und noch eins, und wenn die Blätter auf dem Küchentisch in einer Teepfütze landeten, war das kein Grund für großes Theater. Diese Gedichte waren haltbarer als der Grund, auf dem sie standen. Nach zehn Gedichten hatte ich den Sound im Ohr und den Rhythmus, und dann konnten, nein: mussten wir mit der Arbeit beginnen. Er war ja nicht gekommen, um mit mir beim Tee über die Probleme der Studentenproteste zu reden, über meinen Liebeskummer oder andere randständige Angelegenheiten, sondern um zu arbeiten. Seine Zeit war kostbar. Was auf den dünnen Durchschlagpapieren stand, mochte in einer Sekunde der Inspiration entstanden sein, der konzentrierten Verzückung, wenn dieser petrarkistische Ausdruck erlaubt ist, aber die Übersetzung bedeutete harte Arbeit, und am Montag flog er zurück. Es hatte, offen gesagt, etwas vollkommen Verrücktes, wie wir da an meinem kleinen Küchentisch in der Herzogstraße saßen, ein mir vollkommen unbekannter Dichter aus Jerusalem, Jahrgang 1916, im vielsprachigen Lemberg, am Rand des großen und (leider nur) in mancher Hinsicht liberalen Habsburgerreiches, geboren, das ich natürlich nur dem Namen nach kannte, und ich, der bei jedem Wort fragte und ausführlich Antwort erhielt, weil eines aus der Bibel kam und das andere aus der jüdischen Mystik, und eine Wendung war übernommen aus dem Talmud und eine andere aus dem Midrasch. Davids Großvater war, wie ich nebenbei erfuhr, ein bekannter Kabbalist, so dass der Bub mit der ostjüdischen Tradition wohlvertraut war. Dabei war David alles andere als ein gläubiger Mensch, jede Orthodoxie war ihm fremd, im Gegenteil, nicht nur durch seinen Beruf als Techniker war er in seiner Gegenwart verankert. Aber die Tradition war andererseits das einzige Band, das ihn mit seiner Herkunft, seiner Jugend, seiner Familie, mit seinem kulturellen Milieu verband. Das war seine Schule, die er – so oder so – nicht vergessen konnte. Während es für uns ein Leichtes ist, durch hemmungslose Lektüre auf die Suche nach geeigneten Wahleltern zu gehen, und wir uns entscheiden können, entweder mehr bei Pavese oder bei Baudelaire zu verweilen oder eben doch auf Mörike zurückzugreifen, hatte er »nur« die reiche, verzwickte und nach komplizierten Regeln des Überlebens organisierte jüdische Tradition seiner Vorfahren zur Verfügung. Sein Kollege Jehuda Amichai etwa, aus Würzburg gebürtig, hatte es da entschieden leichter: Er konnte sich umstandslos auf Heine berufen, den er nicht nur zitieren konnte, sondern den er »draufhatte« – wie so viele Emigranten mich oft genug beschämten, wenn sie ellenlange deutsche Gedichte auswendig hersagen konnten. Das kennst du doch sicher? pflegte Marcuse zu sagen, ja, natürlich, war meine Antwort, wobei ich hoffte, dass ich es nicht rezitieren musste.

Wie lange saßen wir da wohl zusammen wie zwei Bibelgelehrte über der Heiligen Schrift? Am Abend wollte ich ihn zum Essen einladen, um ihn nun endlich über seine Herkunft und über Israel auszuquetschen, aber er wollte nicht. Er schien sich bei mir zwischen all den nur halb ausgepackten Bücherkisten wohlzufühlen. Also kochten wir Reis und Gemüse, er trank Wasser, ich Wein, und plötzlich fielen ihm buchstäblich die Augen zu. Also rollte er sich auf dem Sofa zusammen (wenn dieser Ausdruck für das ausgeleierte Möbel erlaubt ist), zog sich die Decke über den Kopf und war schon eingeschlafen, bevor ich das Zimmer verlassen hatte.

David war erstaunlich. Er war noch zu k.-u.-k.-Zeiten in Lemberg auf die Welt gekommen, zu Hause wurde Polnisch, aber vor allem Jiddisch gesprochen, auf der Straße hatte er Deutsch und in der Schule Englisch gelernt; eben eines dieser begabten mitteleuropäischen Kinder, die Hitler und seine deutschen Anhänger ausrotten wollten, weil von ihnen angeblich eine große Gefahr ausging, besonders für das sogenannte Deutschtum. Und natürlich auch für die deutsche Dichtung. Was für unsere Eltern noch unmittelbare und in manchen Fällen blutige Erfahrung war, war für mich, gerade noch im Krieg geboren, aber im Frieden aufgewachsen, unbegreiflich. Ich konnte mir den Hass, die Blutgier, die Feindseligkeit nicht vorstellen. Offen gesagt, kann ich das bis heute nicht. Nach wie vor glotze ich fassungslos im Fernsehen auf die Bilder von Leichenbergen, die das 20. Jahrhundert in schöner Regelmäßigkeit aufgeworfen hat, und auf die zufrieden dreinblickenden Soldaten am Rand, die nur ihre Arbeit getan haben.

Ich habe mir manchmal vorzustellen versucht, was aus diesen Dichtern von der Peripherie des Habsburgerreiches ohne Hitler (und unsere Eltern) geworden wäre. Wären sie, wie Kafka und Zweig und Werfel oder Rilke und Freud und all die anderen auch, weltberühmt geworden? David wanderte 1934 nach Palästina aus, wie es so leichthin heißt, mit achtzehn Jahren, die Mitglieder der Familie und die Schulfreunde, die noch eine gute Meinung von den Deutschen hatten und sich das Schlimmste nicht vorstellen konnten, wurden in Auschwitz umgebracht. Als Handlanger und Gelegenheitsarbeiter hat er sich von Sommer zu Sommer durchgeschlagen, beim Straßenbau wurden Leute gebraucht und beim Apfelsinenpflücken, dann wurde er Elektroingenieur und arbeitete schließlich für einen größeren Betrieb, für den er einmal im Jahr nach Europa fahren musste. Diese Reisen benutzte er, um seine Freunde in London, Paris, Genf oder Berlin zu treffen und mit ihnen zu arbeiten, und irgendwie haben sich offenbar alle die Zeit genommen, mit ihm seine wunderschönen, manchmal elegischen, dann wieder das Licht und die Luft preisenden Gedichte, die eigentlich alle versteckte oder offene Liebesgedichte sind, zu übersetzen. Nach welchen Gesichtspunkten er die Übersetzer, die ja allesamt kein Hebräisch konnten, auswählte, weiß ich nicht; nur manchmal ließ er durchblicken, dass schon ein anderer Nudnik sich an diesem einen Gedicht versucht hätte, aber nicht zu Davids Zufriedenheit. Da musste man noch einmal nacharbeiten. Aber da er von entwaffnender Offenheit war, konnte man sich auch nicht ausgenützt fühlen – man arbeitete eben in einem großen Kollektiv, das über ganz Europa verstreut war, an der deutschen Fassung der hebräischen Verse von David Rokeah aus Lemberg. Aber waren es »osteuropäische« oder gar israelische Gedichte? Ich glaube, die fragile Kraft, die seine Verse bei aller Traurigkeit ausstrahlten, kam aus diesem Zwischenreich zwischen Herkunft und Gegenwart. Wunderbar sind, das will ich nicht vergessen zu erwähnen, die Vertonungen von Davids Versen durch den Schweizer Komponisten und Oboisten Heinz Holliger, der dieses Zwischenreich zwischen den Kulturen auf besondere Weise hörbar gemacht hat.

Als Rachel Salamander 1982 ihre dem jüdischen Dichten und Denken gewidmete Literaturhandlung in der Fürstenstraße in München eröffnete, lud sie David (und mich) zur ersten Lesung ein. Ich werde nie vergessen, wie wir etwas zu früh in die Straße einbogen und zufällig sahen, wie ein Mann in seinem parkenden Auto eine Waffe justierte, ein kompaktes Ding, so etwas wie ein stupsnasiges Gewehr. Eine nicht gerade beruhigende Szene. Gilt das uns? fragte David, der sich mit Waffen besser auskannte als ich Peacenik, und beschleunigte seine Schritte, während ich mir Mühe gab, so zu tun, als sei so etwas auf unseren Straßen mittlerweile selbstverständlich. Es war ein Polizist in Zivil, der auf Rachels Laden und auf uns aufpassen sollte, weil damals durchaus damit zu rechnen war, dass einem gnadenlosen Irren es nicht in den Kram passte, dass in der ehemaligen Hauptstadt der Bewegung eine Buchhandlung für das Judentum existieren sollte. David las in der rappelvollen Buchhandlung (an deren Wänden Rachel die Aquarelle des Poeten aufgehängt hatte) seine Gedichte, ich las die Übersetzungen von mindestens zehn deutschen Übersetzern, von Nelly Sachs bis Paul Celan; damit war die Buchhandlung, die bis heute existiert, eröffnet; und leider hat sich auch der Antisemitismus so lange gehalten.

Auf eine verwickelte Weise ist es richtig, dass David Rokeah, der zunächst jiddisch, dann hebräisch schreibende Dichter aus Jerusalem, während einer Lesereise 1985 in Duisburg gestorben ist. Er liebte, so seltsam es klingt, Deutschland. Er war viel mehr als wir davon überzeugt, dass sich die Deutschen geändert hätten. Übersetzungen seiner Gedichte waren auch in anderen Ländern und Sprachen erschienen, aber in keinem Land war er d e r israelische Dichter seiner Generation. Und während seine Gedichte in Israel in zweihundert Exemplaren verbreitet waren, wurden sie in Deutschland in den angesehensten Verlagen veröffentlicht.

Als ich viele Jahre später nach Israel reiste und die Auszeichnung »Friend of Jerusalem« erhielt, sprach ich im Rathaus, das aus dem hellen Sandstein erbaut ist, aus dem auch die Gedichte Davids bestehen, über den kleinen exzentrischen Dichter aus Lemberg – aber außer Rachel kannte ihn schon keiner mehr. Deshalb soll hier wenigstens ein Gedicht von ihm stehen:

Paul Celan

Als Paul Celan nach Jerusalem kam
verstreuten sich die Schlüsselworte seiner Gedichte
zwischen dem Tor des Erbarmens
und dem Tor der Löwen

und kehrten nicht zurück zu ihm
bis zum Tag seines Todes

Manchmal, in Jerusalem,
sehe ich ihn streicheln
das schwarze Haar eines jemenitischen Mädchens
und seine großen Augen
sprechen aus die Trauer einer versäumten Liebe

Die Worte, die er zusammenfügte
wie in einem Notarikon
die Stürme, die sich heraufziehen
zwischen den Worten
und den Warnzeichen an der Wand
und das Verstummen dann
und das Gedicht dann

Von Lemberg nach Bratislava sind es 780 km; zu der Zeit, als Tuvia Rübner dort als Tobias Rübner geboren wurde, eine halbe Weltreise. Aber noch größer war die Distanz zwischen den Lebensbedingungen, die beide Dichter bei ihrer Geburt vorfanden.

Ich habe vergessen, wann wir uns zum ersten Mal begegnet sind, und es ist nicht nur ein blöder Scherz, wenn ich bedaure, Tuvia selbst nicht mehr fragen zu können, denn er hatte ein gutes Gedächtnis. Ich weiß aber sehr wohl noch, über was wir geredet haben und wie sehr ich es anschließend bedauerte, ihn nicht länger gesehen zu haben, um ihn ordentlich auszuquetschen: Es ging um den Dichter und Übersetzer Ludwig Strauss und dessen im Exil fortgesetzte Hölderlin-Forschung, über Werner Kraft – der damals, nicht zuletzt durch Jörg Drews, einen Bekannten von mir in München, aus der Vergessenheit geholt und als Freund von Walter Benjamin eine Zeitlang auch viel gelesen wurde –, es ging natürlich um den strengen Gershom

Scholem und sein Verhältnis zur aktuellen Situation der Schriftsteller in Israel, vor allem aber um die Dichterin Lea Goldberg, von der damals fast nichts bekannt war, und um Tuvias Briefwechsel mit Christine Lavant in den fünfziger Jahren. Es gab damals noch kein Internet und kein Wikipedia, wo man schnell etwas nachschlagen konnte, es gab, ganz besonders über die ersten Jahrzehnte der in Israel geschriebenen Literatur, keine Literaturgeschichte, es gab nur gute und schlechte Gedächtnisse. Wie war es zu seiner Bekanntschaft mit der Lavant gekommen, warum hatte gerade er, der jüdische Überlebende, mit dieser wunderbaren, das Okkulte und Esoterische nicht scheuenden katholischen Dichterin aus Österreich eine Korrespondenz aufgenommen? Ludwig Strauss kannte er natürlich in- und auswendig, mit Werner Kraft hatte er Hunderte Briefe von Kibbuz zu Kibbuz gewechselt, von denen viele um die unbeantwortbare Frage kreisten, ob man in Israel weiterhin Gedichte in deutscher Sprache schreiben sollte.

Und ich erinnere mich, mit welcher Präzision, mit welcher Trockenheit Tuvia erzählte. Übertreibungen kannte er nicht, er berichtete nur, was er mit den eigenen Sinnen erfahren hatte. In dieser den Schrecken und die Angst überspielenden Tonart hat er sich später auch in der Deutschen Akademie für Sprache und Dichtung vorgestellt: »Ich komme aus Bratislava, das auch Pozsony hieß und das wir Pressburg nannten. ... Jahrelang war ich davon überzeugt, anhand von Literatur brächte ich Leute dazu, ehrlicher zu denken, besser zu fühlen, sich weniger belügen und betrügen zu lassen.« Der Dichter aus Pressburg, Jahrgang 1924, kam aus einer deutschsprachigen jüdischen Familie, und irgendwie konnte ich mir vorstellen, wie es zu Hause bei ihm gewesen war: ein bisschen steif, ein wenig »angepasst«, gut bürgerlich eben, wie in der Berliner Kindheit von Walter Benjamin beschrieben. Bei dieser ersten Begegnung, als bei uns – meines Wissens – noch nichts von Tuvia gedruckt war, kam nicht das unerträgliche Leid zur Sprache, das dieser Mann ertragen hatte: »1941 nahm ich am Bahnhof Abschied von meinen Eltern und meiner Schwester. Damals blieb die Zeit stehen. Nein, sie blieb es nicht. Weder Schwester noch Eltern, weder Großeltern, weder Verwandte noch die meisten meiner Schulfreunde sah ich je wieder.«

Die Familie wurde in Auschwitz ermordet, die erste Frau kam bei einem Busunglück ums Leben, welches er, Tuvia, knapp überlebte – die Narben in seinem Gesicht und an den Händen waren bis zuletzt zu sehen –, einer seiner Söhne war in Südamerika verschollen. Von diesen jedes Maß übersteigenden Leiderfahrungen erfuhr ich eigentlich erst durch seine Gedichte, ein fortgesetztes Gespräch mit den Toten. Anders als David Rokeah, der mit Jerusalem einen neuen glühenden Kern seiner Poesie gefunden hatte, blieb Tuvia zeitlebens an sein Schicksal gekettet. Aber auch er traute der Sprache zu, die Wunden vielleicht nicht zu heilen, aber doch etwas erträglicher zu machen.

Wenn wir uns später sahen, als er schon in den für Poesie interessierten Kreisen bekannter war, sprach er dann auch über Palästina, das er in letzter Minute 1941 erreicht hatte – über seine Anfänge als Schafhirt (eine Tätigkeit, die er geliebt hat), über das Kibbuz Merchawia, in dem er sein ganzes Leben verbracht hat. Er war ein sehr bescheidener, aber auch, wenn er einmal in Fahrt war, witziger Erzähler, dem man gerne zuhörte. Und natürlich sprachen wir auch über die Gedichte und seine Entscheidung, sie wieder in seiner Muttersprache zu schreiben.

Tuvia war nicht nur ein großartiger Dichter, sondern, als Autodidakt (was mir natürlich besonders gefallen hat), auch ein berühmter Hochschullehrer. Er ist Mitherausgeber der Werke von Ludwig Strauss und des Briefwechsels von Strauss mit Martin Buber. Darüber hinaus war er als Übersetzer tätig, er hat Goethe, Kafka und Celan ins Hebräische übersetzt, aus dem Hebräischen Gedichte von Dan Pagis und den großartigen

Roman »Schira« von Agnon. Außerdem war Tuvia ein außergewöhnlicher Fotograf: Gerade die Fotografien seines Kibbuz zeigen ein Land und eine Gesellschaft, die immer irgendwie im Aufbruch lebte – erst die nächste oder übernächste Generation konnte von sich sagen, »wirklich angekommen zu sein«.

Tuvia ist nicht vergessen; während ich dies schreibe, wird gerade sein Briefwechsel mit Werner Kraft transkribiert und kommentiert, der uns weitere Aufschlüsse über das Leben des Dichters geben wird.

Auch von Tuvia soll hier wenigstens ein Gedicht stehen:

Ansichtskarte: Pressburg, heute Bratislava

Bratislava hieß Pressburg hieß Pozsony.
Für mich war es Pressburg.
Der Lehrer Wurm zeigte mir das Klassenbild und sagte:
Der war ein Nazi und der und der auch. Dieser
war besonders grausam. Der fiel in Russland und
der wurde vertrieben. Wer von den jüdischen Schülern
überlebte,
weiß ich nicht.
Pressburg war eine Dreisprachenstadt. Die vierte Sprache
ist das Schweigen.
Hat es einst Grenzen des Bösen gegeben?
Pressburg liegt an der Donau, am Ausläufer der Karpaten.
Nahe zum Martinsdom stand der Neologentempel,
etwas maurisch. Unten liegt der Fischplatz,
oben begann die Judengasse. Die Donau fließt noch immer.
Ich bin alt. Ich kann nur langsam weiter.
In Pressburg bin ich geboren. Ich hatte eine Mutter,
einen Vater und eine Schwester. Ich glaube,
ich hatte eine kleine glückliche Kindheit in Pressburg.
Einmal fror die Donau ganz zu.
Die Kelten bauten hier eine Festung und auch

die Großmährischen Fürsten. Die Römer
nannten es Posonium. Es ist eine sehr alte Stadt.
So alt, dass ich sie nicht erkenne.
Auf Wiedersehen, Liebe, kaum.

(1998)

Ebenfalls 1924 geboren wurde der schon erwähnte bekannteste Dichter Israels, Jehuda Amichai, der als Ludwig Pfeuffer in Würzburg auf die Welt kam. Er erreichte Palästina im Jahr 1935. Von Würzburg bis Jerusalem sind es 4000 Kilometer, Luftlinie – ich weiß, ein müßiges Spielchen, aber es zeigt besser als alle Worte, welche Wege diese Dichter gehen mussten, um eines Tages das zu schaffen, was wir als israelische Dichtung der Gegenwart bezeichnen. Weit von wo ... jeder kennt diese Anekdote! Amichai war, wie man damals zu sagen pflegte, ein lässiger Typ. Er sah gut aus, konnte sehr witzig sein und wusste nur allzu gut, dass die israelische Leserschaft nur ein begrenztes Interesse an Gedichten hatte. Ein viel größeres Publikum fand er in Amerika und auch in Deutschland, wo viele Kollegen ihn übersetzt haben: Lydia und Paulus Böhmer und Christoph Meckel zum Beispiel.

Nur ein Jahr jünger als Amichai war der 1925 in Amerika geborene, seit 1947 in Palästina lebende T. Carmi, dem wir das nach wie vor unersetzliche und unersetzte Penguin Book of Hebrew Verse verdanken, das mit den Psalmen beginnt und mit den Dichtern Tuvia Rübner, Jehuda Amichai, Dan Pagis und Nathan Zach endet – keiner von ihnen war im Vorderen Orient geboren; Dan Pagis kam aus der Bukowina, Nathan Zach aus Berlin. Ich habe oft mit Carmi darüber gesprochen, ob wir nicht eine deutsche Ausgabe seiner verdienstvollen und interessanten Anthologie machen sollten, aber der Plan ist immer gescheitert; wir fanden keinen, der es sich zutraute, die Verantwortung für die Poesie von den Psalmen bis in unsere Tage zu übernehmen;

und natürlich fehlte auch das Geld. Immerhin haben wir einen Band von Carmis Gedichten in der Übersetzung von Gila Lustiger veröffentlicht: »An den Granatapfel«.

Irgendwann bin ich allen israelischen Dichtern der Moderne begegnet, von Ilana Shmueli über Tuvia Rübner, David Rokeah, Jehuda Amichai, T. Carmi und Nathan Zach, aber besonders eindrücklich war die Begegnung mit Dan Pagis in München. Er rief mich eines Tages aus der Staatsbibliothek an, wo er an seiner Studie über mittelalterliche hebräische Literatur arbeitete. Gott sei Dank kannte ich seinen Namen von den englischen Übersetzungen in der Reihe Contemporary Poets bei Penguin, so dass ich nicht ganz dumm dastand und er mir nicht erklären musste, wer er war. Das war zu einer Zeit, als es noch keine Übersetzungen seiner Gedichte ins Deutsche gab. Wir haben uns gleich für den nächsten Tag verabredet und uns dann oft nach der Arbeit auf dem Balkon vor meinem Büro getroffen.

Dan Pagis war 1930 in Radautz in der Bukowina geboren, ein untersetzter, gebrechlicher, melancholischer Mann mit einem schönen, großen, offenen Gesicht. Natürlich sprach er Deutsch, Radautz war die »deutscheste« Stadt der Bukowina. Herrlich, mit welcher Kenntnis er über das Fürstentum Moldau, das Osmanische Reich und die Habsburger sprach, die alle irgendwie sich ausgerechnet Radautz ausgesucht hatten, um eine Spur zu hinterlassen, das kleine, welthistorisch unscheinbare Städtchen, in dem ein Drittel der Bevölkerung Juden waren, die im Herbst 1941 fast vollständig in Lagern in Transnistrien buchstäblich verreckten oder ermordet wurden.

Dan erzählte mir (der ich sehr wenig Ahnung hatte und noch weniger wusste) viel über hebräische barocke Dichtung, über die großen Zentren in Spanien und Italien, und eines Tages, als die Sonne schon unterging und der Wasserkrug leer war, erzählte er mir seine vollkommen verstörende Lebensgeschichte, die mich bis heute nicht loslässt: von seinem Vater, der die Familie verlassen hatte, um nach Palästina zu gehen, aber weder zurückkam noch die Familie nachholte, wie er seine Mutter verlor und bei den Großeltern aufwuchs, wie er als Bub in ein Arbeitslager kam und nach dem Krieg zu Fuß – barfuß – sich wieder nach Hause durchschlug, wo er buchstäblich keinen mehr kannte, und wie er schließlich auf abenteuerliche Weise sich nach Israel aufmachte, als Siebzehnjähriger, um seinen Vater zu treffen, und wie er im Kibbuz Merchavia unterkam, wo er auf Tuvia Rübner stieß. Und beide lasen zusammen deutsche Gedichte und wurden selber israelische Dichter und Gelehrte. Ich konnte kaum atmen vor Anspannung. Besonders die Geschichte vom Wiedersehen mit seinem Vater war so entsetzlich, so grausam und peinlich, dass es fast nicht zu ertragen war. Natürlich hatte ich von solchen Lebensläufen gelesen oder Vorträge gehört, aber nie hatte mir ein Mensch persönlich eine solche Geschichte erzählt! Ich weiß noch, wie ich Dan Pagis zur Bushaltestelle bei der Tivoli-Brücke gebracht habe und wir uns dort an der Haltestelle stumm umarmt haben und ich dann mit dem Fahrrad stundenlang durch den Englischen Garten geradelt bin, immer die Stimme dieses freundlichen Herrn im Ohr, um irgendwie zur Ruhe zu kommen. In den folgenden Wochen übersetzte ich einige seiner Gedichte aus dem Englischen, die er mit verschiedenfarbigen Stiften liebevoll korrigierte und dann noch einmal korrigierte, bis er die deutsche Fassung akzeptabel fand. Da es damals noch keine Computer gab, zog sich dieser postalische Übersetzungsprozess nach Dans Rückkehr nach Israel über Monate hin. Die Übersetzungen erschienen in den »Akzenten«. Im Juli 1986 starb Dan Pagis in Jerusalem, er war damals hier so unbekannt, dass ich erst Wochen später brieflich von seinem Tod erfuhr – beigelegt war eines meiner Gedichte in einer israelischen Tageszeitung, das er kurz vor seinem Tod übersetzt hatte. (In der Zwischenzeit habe ich von dem in Jerusalem lehrenden Germanisten Jakob Hessing erfahren, dass er zusammen mit Pagis meine alles andere als eleganten Übersetzungen besprochen habe!)

Heute wird Dan Pagis in Israel verehrt, und nach Tuvia Rübner (und mir) hat auch die großartige Übersetzerin Anne Birkenhauer 2003 einen Band seiner Gedichte in den Straelener Manuskripten veröffentlicht, der später, erweitert, auch im Jüdischen Verlag erschien. Ihr sehr informatives Nachwort beginnt: »Dan Pagis gehört heute zu den bedeutendsten israelischen Lyrikern. Die 1991 posthum erschienene dreihundertsiebzigseitige Gesamtausgabe seines Werks wurde inzwischen sechsmal nachgedruckt.« Erst mit siebzehn Jahren hat Dan Pagis aus Radautz Hebräisch gelernt, weshalb es einen dann auch nicht wundert, dass er in seinen Manuskripten deutsche Kommentare an den Rand schrieb, wie Anne Birkenhauer verrät: »Noch immer zu süß« oder Ähnliches. Sie hat ihn gleichsam in seine Muttersprache zurückübersetzt. Hier ein Prosagedicht von Dan Pagis:

Das Andenken

Meine Geburtsstadt, Radautz in der Bukowina, hat mich
ausgeschieden, als ich zehn Jahre alt war. Noch am selben
Tag vergaß sie mich, wie den Toten, und auch ich vergaß sie.
So gefiel es uns beiden.
Gestern, nach vierzig Jahren, schickte sie mir ein
Andenken. Wie eine lästige Tante, die des gleichen Bluts
wegen Zuneigung und Liebe fordert. Ein neues Foto, ihr
letztes Winterporträt. Ein Wagen mit Verdeck wartet im
Hof. Das Pferd wendet den Kopf und blickt liebevoll auf
einen Greis, der irgendein Tor schließt. Also ein Begräbnis.
Zwei Mitglieder der Chewra Kaddischa blieben übrig:
der Totengräber und das Pferd.
Immerhin, ein prächtiges Begräbnis: Ringsum im starken
Wind drängen sich Tausende Schneeflocken, jede ein Stern
für sich in Form eines Kristalls. Immer noch dieser Drang,

etwas Besonderes zu sein, immer noch dieselben Illusionen. Alle Schneesterne sind doch von gleicher Struktur: sechs Zacken, eigentlich ein Davidsstern. Gleich fallen alle zusammen, verengen sich, unkenntliche Masse, sind einfach Schnee. Darunter hat meine alte Stadt auch mir ein Grab bereitet.

Ich weiß, Anne hätte es besser hingekriegt. Aber diese Fassung ist nun einmal auf dem Balkon in der Kolbergerstraße entstanden.

Ich habe vor einigen Jahren einmal auf Einladung von Michael Brenner, der in München den Lehrstuhl für Jüdische Geschichte und Kultur innehat (auch so ein deutsches Wort!), einen Abend über »israelische Poesie« der Gegenwart gehalten, weil ich der Meinung war, dass diese Dichter, im Gegensatz zu den Prosaisten und Romanschriftstellern, bei uns zu wenig bekannt sind, trotz der Tatsache, dass es gerade die Poesie war, die seit den Psalmen das Geschick der Juden begleitet hat. Die Romanschriftsteller – von Zeruya Shalev, Amos Oz und David Grossman bis zu Nir Baram – kommen zu Lesereisen nach Deutschland und sind gerne gesehene Kommentatoren, wenn es um die heillose politische Lage in ihrem Land geht. Da die meisten ihrer deutschen Kollegen – auch ich – aus guten Gründen sich einer politischen Stellungnahme enthalten, weil sie unter den gegebenen Umständen Gefahr laufen, ins antisemitische Lager abgeschoben zu werden, brauchen sie den breiten Rücken von prominenten Israelis, die ganz unbefangen die heikle Lage in Israel darstellen dürfen. Wenn ich aussprechen würde, was Dorit Rabinyan oder David Grossman über die politischen Ziele der Regierung Netanjahu sagen, die schon lange dauert und offenbar auch in alle Zukunft fortgesetzt werden soll, würde ich wahrscheinlich nicht mehr nach Jerusalem einreisen dürfen. Ich erinnere mich jetzt, da er tot ist, mit Wehmut einer der letzten Begegnungen mit Amos Oz, den ich vor Jahrzehnten zusammen mit Rachel Salamander im »Roma« in der Maximilianstraße in München kennengelernt hatte (und dessen Kinderbücher wir verlegt haben). Diesmal saßen wir uns im Zug nach Frankfurt gegenüber, kein anderer Zuhörer war anwesend, und hatten Zeit, einmal in Ruhe über sein Land und dessen Zukunft zu sprechen: über die Araber, die Orthodoxen, den Likud, über die äthiopischen Juden, die neue, nicht mehr von der Shoa geprägte Generation, die russischen Einwanderer, das Wasser, die Siedlungspolitik ... Ich fragte, Amos antwortete. An Nürnberg vorbei, Würzburg (hier ist Jehuda Amichai geboren), an Hanau, lauter prominente Orte der jüdischen Geschichte in Deutschland, bis Frankfurt, wo er wahrscheinlich erneut befragt werden würde.

Aber die israelischen Schriftsteller sind natürlich auch deshalb so gerne gesehene Gäste, weil sie eben bedeutende Schriftsteller sind, die die verschiedensten Schulen oder Richtungen jüdischen Erzählens weiterführen. Neben den Genannten sind (oder waren) es Abraham Jehoshua und der großartige Chronist von Czernowitz, Aharon Appelfeld, der verzweifelte Yoram Kaniuk, der oft bei mir wohnte und die Angewohnheit hatte, mich früh um vier zu wecken, weil ihm eine Zeile von Heine nicht einfallen wollte, die sein Vater zitiert hatte, oder die unvergesslich temperamentvolle Batya Gur, auf deren Balkon im deutschen Viertel von Jerusalem wir mit ihrem Freund, dem Kritiker und großen Kenner der hebräischen Literatur, Ariel Hirschfeld, bis in die Puppen geredet haben. Umso mehr fällt es auf, dass in dieser großen Gruppe die Dichter keine bedeutende Rolle mehr spielen. Es ist wirklich an der Zeit, ein deutsches Gegenstück zu Carmis Anthologie zu erarbeiten.

Auch Carmi stellt in seiner Einleitung überrascht fest, dass seine Anthologie die erste ihrer Art in englischer Sprache ist. Er erwähnt die von ihm benutzten Quellen, von denen viele in Deutschland entstanden sind, vor allem Jefim Schirmanns Anthologie »Hebräische Dichtung in Italien«, die noch 1934 bei Schocken in Berlin erscheinen konnte, und dessen »Hebräische Dichtung in Spanien und in der Provence« (Jerusalem, 1956), aber auch Davidsons »Thesaurus of Mediaval Hebrew Poetry of the Middle Ages«, 1975, und natürlich das berühmte Buch von Dan Pagis: »Change and Tradition: Hebrew Secular Poetry in Spain and Italy« – aber all diese versammelte Gelehrsamkeit hat bis heute kein deutsches Gegenstück stimuliert. Liegt es vielleicht auch daran, dass, wie Jefim Schirmann schreibt, zur Erforschung der hebräischen Poesie Kenntnisse in Geschichte, Bibliografie, Paläografie, Linguistik und Liturgie vonnöten sind und man außerdem einige Sprachen beherrschen sollte, wie Aramäisch, Syrisch, Byzantinisches Griechisch, Latein, Arabisch, Spanisch, Italienisch und natürlich die Grundkenntnisse des Provenzalischen, um nur die wichtigsten zu nennen. (Wenn ich, wenig sprachbegabt, solche Sätze lese, fällt mir immer die Anekdote des russischen Sprachwissenschaftlers Roman Jakobson ein, der, auf der Flucht vor den Nazis, nach Amerika kam und an allen berühmten Universitäten von Harvard bis Yale lehrte. Bei seiner Ankunft in New York wurde der schon berühmte Gelehrte von einer Journalistin gefragt: Professor Jakobson, es wird gesagt, dass Sie sechzehn Sprachen fließend sprechen können, stimmt das? Und er antwortete, nach einer langen Pause: Yes, but all in Russian!)

Carmi beginnt seine Anthologie mit dem Lied der Richterin und Prophetin Deborah, das vor ungefähr dreitausend Jahren geschrieben wurde und den Gelehrten bis heute Kopfzerbrechen bereitet. Wie konnte eine Frau es schaffen, eine ähnliche Macht wie Mose zu erlangen? Dieses hochkomplexe Lied steht am Anfang der hebräisch geschriebenen biblischen Poesie, dann folgen die Psalmen von David (»Der Herr ist mein Hirte, mir wird nichts mangeln«) und die herrlichen Gedichte aus den Schriftrollen aus dem Toten Meer bis zu denen aus dem Talmud und den ersten Dichtern wie Eleazar ben Kallir oder Ezekiel Kohen oder Simeon bar Isaac – auf die biblische Phase folgte zwischen dem 10. und dem 18. Jahrhundert eine erstaunlich breite, vielfältige Poesie, und wenn man sich ganz naiv in diesen Texten verliert, hat man das Gefühl, ein einziges großes unabschließbares, auf jeden Fall aber das verschlossene Herz öffnendes Poem zu lesen. Der um 1075 geborene, weit gereiste Jehuda Halevi – mein Gott, welche Reisen haben diese Menschen ohne Flugzeug und Eisenbahn unternommen! – war zum Beispiel ein ganz eigenständiger Dichter aus Granada, dessen rund achthundert Gedichte, vor allem die »Lieder für Zion«, sein berühmtestes Werk, zu Recht mit der Geschichte der Weltpoesie verknüpft sind. Manche halten ihn sogar für den ersten spanischen Dichter überhaupt. Wir kennen diesen philosophischen Kopf aus dem »Romanzero« von Heinrich Heine, wo es heißt, dass Halevi nach Eretz Israel gelangt sei, nach Jerusalem, und dort von einem arabischen Reiter zu Tode getreten wurde. (Andere Quellen behaupten, er verstarb 1140 in Kairo! Vielleicht werden wir noch Genaueres über seinen Tod erfahren, wenn das Material aus der Geniza in Kairo eines Tages vollständig publiziert ist.) Auf jeden Fall lohnt es sich, statt einer Doktorarbeit über den »Anteil umgangssprachlicher russischer Wörter in den frühen Büchern bei Amos Oz unter besonderer Berücksichtigung der strukturalen Grundfragen der allgemeinen Sprachwissenschaft de Saussures und Umberto Ecos Sprechakttheorie« eine neue kommentierte Übersetzung von Halevi vorzulegen. Oder von Efraim von Regensburg, der in seinen Gedichten das Massaker beschrieb, bei dem die Juden sich entweder taufen ließen oder in die schöne blaue Donau geworfen wurden; oder von Efraim von Bonn, den Chronisten der widerlichen Demütigung und schließlichen Ermordung der Juden in Neuss im Jahr des Herrn 1186; oder die Gedichte des aus Saragossa gebürtigen Abraham Abulafia, eines, wie es so schön heißt, ekstatischen Kabbalisten; oder die Verse des »Kaisers der Dichter«, Immanuel von Rom, der von 1261 bis 1332 lebte und den der einflussreiche (und bis heute als einer der Väter der modernen Poesie verehrte) israelische Dichter Nathan Alterman, 1910 in Warschau geboren und seit 1925 bis zu seinem Tod 1970 in Tel Aviv zu Hause, zu seinen Vorbildern zählte. Oder Isaak Luria aus dem 16. Jahrhundert, dessen Ideen noch immer in den an Magie und Spiritismus interessierten esoterischen Kreisen herumspuken; oder warum legt keiner eine ordentliche Übersetzung der Gedichte des Mediziners Ephraim Luzzatto aus San Daniele (wo der Schinken herkommt) vor, der 1763 Arzt im Krankenhaus der Londoner portugiesischen Gemeinde wurde und dessen Gedichte großen Einfluss auf die jüdische Aufklärung hatten: Sie alle formten auf unterschiedliche Weise die Struktur, die Metrik, die Metaphern und ganz allgemein die Aura der hebräischen Poesie, wie sie im 20. Jahrhundert und bis heute geschrieben wird. (Gott sei Dank hat die jiddische Poesie auch bei uns Interpreten und Übersetzer gefunden, ich nenne noch einmal die beispielhaften Bemühungen von Efrat Gal-Ed aus Köln und ihre Arbeiten über und mit Itzik Manger.)

Das 20. Jahrhundert beginnt mit dem Vater der modernen hebräischen Poesie, Hayim Nahman Bialik (1873-1934) aus Wolhynien in der Ukraine, dessen Lebensreise ihn über das jüdische Odessa, Polen und die Türkei nach Berlin verschlagen hat, wo er, der einst in der orthodoxen Jeschiwa von Waloschyn erzogen wurde, nun ganz im Sinne der Aufklärung Shakespeare, Schiller und Heine übersetzte und sie in seinem Verlag »Dwir« veröffentlichte, bis er 1924 nach Palästina übersiedelte. Leo Baeck hat eine Einführung in Leben und Werk dieses vielseitigen Dichters geschrieben, dessen Wohnhaus heute eine nach ihm benannte Bibliothek beherbergt. Wie groß sein Ruhm als Dichter war, kann man daran ermessen, dass der Dichter und Germanist Ludwig Strauss bereits 1921 Gedichte Bialiks aus dem Jiddischen übersetzte. Apropos Ludwig Strauss, auch er ein Dichter, Essayist, eminenter Hölderlin-Forscher und Übersetzer, an den ich gerne erinnern will, weil er – trotz vieler Versuche, sein Werk zugänglich zu halten – nicht mehr präsent ist. Er wurde noch im 19. Jahrhundert in Aachen geboren und starb 1953 in Jerusalem. Er lernte, wie Werner Kraft schrieb, »von Jugend auf Hebräisch, er lebte in zwei Welten, der deutschen und der jüdischen, ohne Trübung beider durch eine deutsch-jüdische Krise. Dies war ein offen zweifaches Verhalten in einem einheitlichen Kulturbewusstsein: Der Deutsche war auch ein Jude, der Jude auch ein Deutscher; jeder war selbständig, keiner unterdrückte den anderen.« 1920 erschien in Berlin seine Übersetzung »Ostjüdische Liebeslieder«, 1921 die Übertragungen von Bialik, 1935 in der Bücherei des Schocken Verlags seine »Jüdischen Volkslieder«, und ebendort ein Jahr später die »Chassidischen Erzählungen« von Jizchok Leib Perez.

Jiddisch war eben nicht nur »ein verderbter deutscher Dialekt«, sondern eine »lebendige Umgangs- und Kultursprache«, ein »dynamisches Gebilde aus Weltanschauung und Lebensgefühl«, wie Efrat Gal-Ed schreibt, das Jiddische »verkörperte Werte, Witz und Wärme des traditionellen aschkenasischen Judentums und wurde in der Moderne zum schöpferischen Träger jüdischer Säkularität«. Jiddisch symbolisierte die »Vision eines Europa, in dem Juden ihre national-kulturelle Vision verwirklichen könnten, ohne eines eigenen Nationalstaats zu bedürfen«. Was aus dieser Vision geworden ist, brauche ich nicht zu erzählen. Wer nicht schon in den zwanziger Jahren nach Amerika oder nach Palästina geflohen ist, fiel der Shoa zum Opfer. Genauer gesagt: Er/sie wurde ermordet. Efrat zitiert im Epilog ihrer großartigen Monografie über den 1968 in Israel verstorbenen jiddischen Dichter und Aktivisten Itzik Manger ein Fragment aus dessen Nachlass, das auf drastische Weise das Scheitern eines Traums benennt:

»Ich komm aus den Öfen von Auschwitz
Ich bin jung und auch alt
Ich war Millionen gewesen
Jetzt bin ich Ein-Gestalt«

Die Verbindungen zwischen Jiddisch (das er Jargon nennt) und Deutsch, hat Franz Kafka notiert, sind zu zart und bedeutend, als dass sie nicht sofort zerreißen müssten, wenn Jargon ins Deutsche zurückgeführt wird, das heißt: Es wird kein Jargon mehr zurückgeführt, sondern etwas Wesenloses. Durch Übersetzung ins Französische zum Beispiel kann Jargon den Franzosen vermittelt werden, durch Übersetzung ins Deutsche wird er vernichtet. ›Toit‹ zum Beispiel ist eben nicht ›tot‹ und ›Blut‹ ist keinesfalls ›Blut‹.

Hier der auf das Eigenständige, das Fremde und Widerständige des Jiddischen pochende Kafka, dort der liberale Bialik, der »das Schicksal der jiddischen Sprache für besiegelt hielt«: »Wer seinen Werken das Überleben sichern möchte, solle sich beeilen, sie ins Hebräische zu übersetzen.«

Wer die Gedichte von Manger oder der wunderbaren Rajzel Zychlinski liest (die ich noch in New York getroffen habe), bekommt eine Ahnung von der idiomatischen Kraft und Schönheit dieser Sprache – die natürlich auch, besonders für unsere hochdeutschen Ohren, lustig klingt.

Aber noch einmal zurück zu Ludwig Strauss. Er war zum ersten Mal 1921 in Palästina. Zur Landschaft »stellte sich sogleich eine Beziehung von leidenschaftlicher Innigkeit her, die aber so gut wie stumm blieb. … Zehn Jahre trug ich die Erinnerung an Leben und Landschaft Palästinas in mir …« 1935 wanderte er mit seiner Frau Eva, der Tochter von Martin und Paula Buber, nach Palästina ein. Er arbeitete zunächst beim Straßenbau – was sowohl den Gedichten des Hölderlin-Spezialisten wie auch seiner Kenntnis von palästinensischer Landschaft zugutekam –, später wurde er Lehrer und Dozent – und eben Dichter von Gedichten in hebräischer Sprache, »die zu erwerben meine großen Helfer die spanischen Meister des Mittelalters waren, Shmuel Hanagid und Jehuda Halevi vor allem«. »Den Quell meiner hebräischen Dichtung aber suche ich heut noch am Hang des Karmel, wo ich damals, für eine Weile verlassen vom Genius der deutschen Sprache, die erste, segnende Berührung der hebräischen Sprache empfing.«

Kaum würde Strauss dem »Begriff der Symbiose deutsch-jüdischen Geistes zugestimmt haben« – schreibt Tuvia Rübner –, »aber in der Tat lebte er in und mit der Tradition beider Literaturen und im Gespräch zwischen den beiden.«

Das gilt in hohem Maße auch für die etwas jüngere Lea Goldberg. Sie wurde 1911 in Königsberg geboren – sechs Jahre nach meinem Vater, muss ich mir immer ins Gedächtnis rufen, also zu meiner Zeit –, ging im litauischen Kaunas (einer Hochburg der jüdischen Geistigkeit und Geburtsort des Philosophen Emmanuel Levinas, den ich noch in Paris kennenlernen durfte) aufs hebräische Gymnasium, studierte in Kaunas, Berlin und Bonn Semitistik, wird mit zweiundzwanzig Jahren in Berlin 1933 bei dem protestantischen Theologen und Orientalisten Paul Kehle promoviert und emigriert 1935 über Marseille nach Tel Aviv. Sie war bis zu ihrem Tod 1970 Professorin für Komparatistik und Dramaturgin am Nationaltheater Habima – und eben Dichterin. Hofmannsthal, Trakl und Rilke waren ihre deutschsprachigen Vorbilder, aber da sie in vielen Sprachen zu Hause war, konnte Tuvia Rübner, ihr Nachfolger auf dem Lehrstuhl für Komparatistik und Verfasser einer berühmten Monografie über Lea Goldberg, auch russische und andere Einflüsse ausmachen. Mit Lea Goldberg, da sind sich alle einig, wurde die hebräische Lyrik »weltlich« beziehungsweise »universal«, wie es sich Avraham Shlonsky, der Prophet einer unabhängigen modernen hebräischen Dichtung gewünscht hat. Ludwig Strauss war der

Erste, der 1948 Gedichte von Lea Goldberg übersetzt hat. Zu meiner Zeit habe ich dann Gundula Schiffers Übersetzungen in der von mir redigierten Zeitschrift »Akzente« (Heft 4, 1962) veröffentlicht.

Und noch ein Name darf in dieser kleinen Übersicht nicht fehlen: Avraham Ben Yitzhak, den einige aus dem Erinnerungsbuch »Das Augenspiel« von Elias Canetti kennen, der ihm darin unter dem Namen »Dr. Sonne« ein bewegendes Porträt gewidmet hat. Dieser Dichter und Gelehrte, 1883 in Przemyśl in Galizien geboren, hatte bereits um die Jahrhundertwende einige Gedichte auf Hebräisch veröffentlicht und galt in Wiener Literaturkreisen von Hermann Broch und Schnitzler als Geheimtip oder Graue Eminenz, die nicht mehr schrieb. 1938 entkam er aus Wien nach Jerusalem, wo er Lea Goldberg kennenlernte, die auf ihn nach seinem Tod 1950 einen bewegenden Nachruf schrieb: »Treffen mit einem Dichter«. 1994 veröffentlichten wir bei Hanser einen Band seiner Gedichte und Fragmente: »Es entfernen sich die Dinge«, in der Übersetzung von Efrat Gal-Ed und Christoph Meckel.

Ein Dichter ohne Werk, aber offenbar eine enigmatische, umfassend gebildete Persönlichkeit mit einem phänomenalen Gedächtnis, die es vorzog, lieber im Café Museum zu wirken als Gedichte zu schreiben. »Wohl denen, die säen und nicht ernten«, heißt eines seiner wenigen zu Lebzeiten veröffentlichten Gedichte, das sehr treffend diesen Menschen charakterisiert, der in seiner Wiener Zeit an neunzehn verschiedenen Adressen gemeldet war.

Hier schließt sich der Kreis bei David Rokeah, mit dem wir diese kleine (sehr persönliche) Literaturgeschichte der hebräischen Dichtung begonnen haben. In meiner Generation kommt noch der auch viel übersetzte Lyriker Asher Reich hinzu, der eine Zeitlang in Berlin gelebt hat, aber auch der aus Wien gebürtige Elazar Benyoëtz, Dichter und Rabbi, der bis heute in deutscher Sprache sein großes Werk schreibt, das wie das von Edmond Jabès aus Adnoten zur Bibel besteht, und schließlich Yitzhak Laor, zu dessen deutschem Gedichtband ich ein Nachwort schreiben durfte, in dem es heißt:

»Auftritt Yitzhak Laor, der als Sohn deutscher Juden im Jahr der Staatsgründung in Israel geboren wurde, der das Ivrit in der Schule und auf der Straße gelernt hat; eine Sprache, die weit zurückreicht und den gewaltigen Stoff der Bibel und des Schtetl in die Gegenwart gebracht hat, aber eben auch eine Sprache, mit der ein moderner Staat regiert wird, eine Sprache der großen Erzählungen und einer nicht immer großartigen Machtausübung; und eine Sprache, das darf nicht vergessen werden, die in ihrem Reichtum und in ihrer Schönheit von nicht mehr als rund fünf Millionen Menschen gesprochen wird. ... Es macht einen nicht unbeträchtlichen Reiz dieses Dichters aus, dass er ohne Mühe und ohne exaltiert zu klingen auf jahrtausendealte Sprachformen und Wortbestände zurückgreifen kann. Wenn er biblische oder talmudische Quellen zitiert und im veränderten Zitat aktualisiert, dann klingt das nicht nach Rudolf Borchardt oder Stefan George, die der verflachten und ausgelaugten Sprache ihrer Zeit ganz bewusst eine andere, abgehobenere Sprechweise gegenüberstellen wollten; und es klingt auch nicht nach Martin Buber und Franz Rosenzweig, die ihre revolutionäre Bibelübersetzung bewusst in ein ›altes‹ Deutsch kleideten, um das Fremde der Bibel nicht anzupassen, sondern fremd zu belassen, in archaischer Wucht und Unnahbarkeit. Wenn Yitzhak Laor seine Stimme erhebt, dann tut er das nicht zur Verklärung einer längst vergangenen Vergangenheit, sondern dann ist es der Versuch, sich als Zeitgenosse einer Wirklichkeit zu stellen, die mit biblischer Hermeneutik allein, mit Gleichnissen und Legenden und Allegorien nicht mehr erklärt werden kann und darf. In Laors großem Gedicht ›Freier Mensch‹ heißt es am Schluss: ›Nein, nein, Prometheus waren wir nicht, aber freie Menschen.‹ Man wird nicht Dichter im emphatischen Sinne, wenn man gerne mit Wörtern spielt, schon gar nicht, wenn man in Israel aufgewachsen ist und lebt. Der moralische Rigorismus, der Laors Gedichte prägt, speist sich aus den Aporien einer Gesellschaft, die einer historischen Katastrophe entkommen ist, deren Auswirkungen aber bis heute und in Zukunft in jedem Einzelnen fortwirken.«

Als ich 1987 Gedichte von Tuvia Rübner in den »Akzenten« druckte, schickte mir der greise Werner Kraft ein kleines Vorwort, in dem er sagt: »Das Besondere an diesen Gedichten scheint mir darin zu bestehen: In den zwanziger Jahren schrieb Rudolf Borchardt im Nachwort zu seiner Anthologie deutscher Lyrik ›Ewiger Vorrat deutscher Poesie‹ über Rückerts Kindertotenlieder, es seien entsetzliche Menschenschreie, aber keine Gedichte, und darum habe er sie nicht aufnehmen können. Dann, wie wir alle wissen, geschah etwas, wovon die Menschheit als ganze ins Wanken kam und so auch die Kunst als ganze. Das drückt sich darin aus, dass die entsetzlichen Menschenschreie selbst das Gedicht wurden. Das sehe ich, tief ergriffen, in den Gedichten Tuvia Rübners. Dass die Kunst durch diese Menschenschreie in ihren Fugen nicht erschüttert wurde, ist das Geheimnis der Kunst selbst, über das sich nur schweigen lässt.«

Ich hoffe, dass ich noch zu Lebzeiten (?) die große Anthologie hebräischer Poesie in Händen halten darf, an der so viele meiner Freunde und Bekannten mitgewirkt haben. Schalom!

Ich möchte diesen kleinen, sehr kursorischen Rückblick meinem lange verstorbenen Freund Zev Birger widmen, dem langjährigen Direktor der Buchmesse in Jerusalem. Er kam aus Litauen, dem Land, in dem der deutsche, aber auch der litauische Antisemitismus furchtbar gewütet hatten (ein Grund, warum dieser verzeihende und vergebende Mensch das Land seiner Geburt niemals wieder betreten wollte). Ihm ist es zu verdanken, dass die deutschen Schriftsteller so gerne nach Israel gereist sind, weil sie sich seines Schutzes sicher waren. Und ihm habe ich es zu verdanken, dass ich im Rathaus von Jerusalem, das mit seinem hellen Sandstein von außen so aussieht, als sei es vor einem Moment erst fertig geworden, die Auszeichnung »Friend of Jerusalem« erhielt. In meiner Rede damals erzählte ich von meinem Freund David Rokeah, und danach kam der freundliche Bürgermeister zu mir, um sich den Namen aufschreiben zu lassen, den er noch nie gehört hatte! Wie bitte? Und ich dachte, einer der schönsten Plätze in der Altstadt, wo man im Schatten der kümmerlichen Bäume seinen Tee trinken kann, ist nach ihm benannt!

Zev Birger, der kleine, liebenswerte Mann, der die Dichter liebte, sagte in seiner lakonischen Art nur: »Kommt dir das nicht bekannt vor?«

The Boys und einige andere

Wenn man in New York einen der alten ehrwürdigen Verlage betritt, der noch nicht als Teil eines Megakonzerns hinter einer glitzernden Fassade untergebracht ist, befindet man sich, kaum ist man aus dem Fahrstuhl getreten, in einer Literaturgeschichte. Alle Wände der Rezeption sind gepflastert mit den Urkunden, die der Verlag oder die Autoren des Verlages eingeheimst haben: Pulitzer-Preise, National Book Awards, McArthur, Book Critics Circle Awards und hundert andere. Die Urkunden sind nicht viel größer als DIN-A4, so dass in den oft kleinen Empfangszimmerchen (Raum ist teuer in New York) eine Menge untergebracht werden kann. Sie sind oft mit alten Akzidenz-Schriften und zweifarbig gedruckt, so dass eine sehr lebendige Art von »Living Literary History«-Tapete entsteht. Wie oft habe ich zum Beispiel in dem kleinen, fensterlosen Empfang des Verlages Farrar, Straus & Giroux am Union Square gestanden und mich gefragt, was wohl ein noch unbekannter Autor in dieser Umgebung empfinden mag, wo alle großen Namen der Weltliteratur brüderlich nebeneinander hängen.

Als ich einmal in Gedanken versunken dort wartete, fiel mir aus dem Fahrstuhl der mir damals noch nicht persönlich bekannte karibische Dichter (und spätere Nobelpreisträger) Derek Walcott entgegen. Ich war zwar bei FSG mit ihm verabredet, aber es war doch seltsam, den großen, schweren Mann mehr oder weniger in den Armen halten zu müssen, weil nicht mehr Raum in der Herberge war.

Roger Straus, der Verleger, liebte diesen großen Poeten, der damals noch Professor in Harvard war; er war Teil einer poetischen Gang, die er »The Boys« nannte und zu der außer Walcott noch Joseph Brodsky und Seamus Heaney gehörten (die beide später auch den Nobelpreis erhielten). Roger verlegte und liebte viele Dichter, aber »The Boys« hatten Sonderrechte. Wenn die drei in dem winzigen Büro von Roger beisammensaßen, musste man im Englischen schon sehr versiert sein, um wenigstens einen Hauch von den Anspielungen, linguistischen Witzen, Sauereien & Pöbeleien mitzukriegen, gar nicht zu reden von oft nicht besonders schmeichelhaften Anekdoten über die nicht anwesende Konkurrenz. Roger war bekannt dafür, dass er die Verlagskollegen (mit gewissen Ausnahmen) gerne als »bunch of motherfuckers« bezeichnete, um einen seiner relativ milden, aber nie jugendfreien Ausdrücke zu zitieren, aber er konnte ihn auch lobend einsetzen: Wenn zum Beispiel ein als übler »motherfucker« bekannter Kritiker sich einmal anerkennend über ein Buch des anwesenden Dichtertriumvirats geäußert hatte, dann wurde er als jolly good motherfucker geadelt. Roger war aber auch sonst einmalig. Er stammte, in seinem geliebten New York 1917 geboren und 2004 dort auch gestorben, aus dem berühmten Guggenheim-Clan. Sein Großvater Oscar war unter Roosevelt der erste jüdische Minister in einem US-Kabinett, der Familie des Vaters gehörte das Kaufhaus Macy's, Rogers Frau Dorothea, selber Schriftstellerin, stammte aus der Liebmann-Familie, der die Rheingold-Brauerei gehörte. Er selber hatte unmittelbar nach dem Krieg seinen Verlag gegründet, dem er bis zu seinem Tod 2004 als Präsident vorstand: ein eleganter, immer blendend aufgelegter Herr im besten Anzug mit Hals- und Einstecktuch, dessen Autoren die meisten nationalen und internationalen Preise einheimsen konnten. Alle Büros am Union Square waren mit Urkunden bis zur Decke gepflastert. Roger gehörte nicht zu den Verlegern, die mit dem Geld herumwarfen, wenn es um die gigantischen Vorschüsse ging, um einen Autor abzuwerben oder einen Nudnik aufzubauen, er verzichtete gerne auf Memoiren von Politikern und How-to-do-Bücher von Filmschauspielern und setzte immer auf Qualität. So hatte er sich von T. S. Eliot über Elizabeth Bishop bis zu Robert Lowell, von C. K. Williams bis zu Frederick Seidel, von Czesław Miłosz und Eugenio Montale bis zu den boys – zu denen dann noch Adam Zagajewski stieß – die besten zeitgenössischen Dichter geholt, und zum Schluss kam noch über seine Lektorin Elizabeth Sifton (Frau des Historikers Fritz Stern) der sanfte John Ashbery hinzu – den die boys zwar achteten, aber leider nicht verstanden: What the fuck does he want to say? Aber Roger war auch bekannt dafür, dass er die großen jüdischen Autoren verlegte, von Isaac Singer bis zu Bernard Malamud und natürlich Philip Roth, den ich bei Roger anlässlich eines Abendessens kennengelernt hatte. Komm, gehn wir ins Schlafzimmer, sagte er zu mir, da können wir auf dem Ehebett in Ruhe reden, was weder Roger noch seine Frau auch nur im Mindesten zu stören schien. Vier- oder fünfmal war ich mit diesem enthusiastischen Verleger bei Nobelpreisverleihungen in Stockholm, oft in angrenzenden Zimmern, so dass wir uns beim ordnungsgemäßen Anlegen der Fräcke helfen konnten – beim ersten Mal hatte ich ohne Rogers Hilfe die verschiedenen Teile so schlecht verknöpft, dass mir der gesamte Apparat beim Hinsetzen im festlich gestimmten Theater über den Kopf hinaus wegrutschte.

Da ich das Glück hatte, dass alle drei boys ihre Bücher bei Hanser veröffentlichten, brauchte ich keine Rücksichten zu nehmen. Als Dichter waren sie mir trotz aller Unterschiede sowieso gleich lieb: der schwarze Karibe, der jüdische Russe und der katholische Ire.

Ein Gedicht von Joseph Brodsky habe ich zum ersten Mal in den »Akzenten« gelesen, nämlich die grandiose (und von Karl Dedecius grandios übersetzte) »Große Elegie an John Donne«, immer noch eines meiner Lieblingsgedichte von diesem Autor, eine seitenlange Meditation über den Schlaf der Welt: »John Donne ist eingeschlafen. Alles schläft.«

Eine erste Beschreibung seiner Person erhielt ich durch meinen Freund Uwe Brandner, der in den sechziger Jahren einen Film über Dostojewski und Sankt Petersburg (nach einer Skizze von Heinrich Böll) gedreht und bei dieser Gelegenheit Brodsky einen Job als Kabelträger verschafft hatte, ohne zu wissen, dass der sommersprossige junge Mann ein angehender Dichter war; damals war er lediglich ein wegen »Parasitentums« verurteilter Gelegenheitsarbeiter, der vor dem Gericht als Beruf selbstbewusst frech »Dichter« angegeben hatte. 1972 wurde er ausgebürgert und kam nach New York, wo er wohnte, allerdings voller Sehnsucht nach einer anderen Stadt am Meer, die näher bei St. Petersburg lag: Venedig, über das er einen funkelnden Essay geschrieben hat – er war überhaupt ein origineller, witziger, gebildeter und sehr anspruchsvoller Essayist, der dem Dichter kräftig Konkurrenz machte. Nicht zuletzt deshalb, weil es offenbar fast unüberwindbar schwierig war, seine Verse zu übertragen, während die Essenz seiner Essays sich leichter in eine andere Sprache transportieren ließ.

Alexander Kaempfe und Alexander Ost waren die Ersten, die den damals noch in der Sowjetunion lebenden Dichter übersetzten, es folgten Karl Dedecius, Rolf Fieguth, Sylvia List und schließlich Felix Philipp Ingold, Birgit Veit und am Ende Ilma Rakusa, Alexander Nitzberg und der große Mandelstam-Kenner Ralph Dutli, der mit »Brief in die Oase« die hundert besten Gedichte zusammengestellt und zu großen Teilen auch selbst übersetzt hat. Ich hatte Brodsky gefragt, ob er nicht aus den zugänglichen Übersetzungen seine persönliche Auswahl treffen wolle, und bei dieser Gelegenheit verwies er auf den Band von hundert Gedichten seines väterlichen Freundes W.H. Auden, den Edward Mendelson herausgegeben hatte: Wenn du hundert gute Übersetzungen findest, dann nenn den Band »Hundert Gedichte«, damit kannst du nichts falsch machen. Raoul Schrott hat schließlich noch eine Auswahl aus den englisch geschriebenen

Gedichten übersetzt. Ich erwähne dies nur, um anzudeuten, wie schwer es war, für diesen Autor den richtigen Ton in den Übersetzungen zu treffen. Dass trotz dieser Sorgfalt wichtige Nuancen flötengingen, wurde mir mit großer Heftigkeit bewusst, als ich einmal mit ihm zusammen eine Lesung hatte: Joseph las im Münchner Prinzregententheater in einer von Rachel Salamander organisierten Vortragsreihe zum »Ende des Jahrtausends«. Als ich ihn am Flughafen abholte und fragte, ob ich das Manuskript seines vereinbarten Vortrags für den Übersetzer haben könne, stellte sich heraus, dass er weder ein Manuskript hatte noch überhaupt etwas Essayistisches von sich geben wollte – er wollte das Gedicht »Ende des Jahrtausends« vorlesen. Der Chef des Hauses, August Everding, war zunächst not amused, das große Honorar für ein einziges Gedicht auszuhändigen, wohl aber danach zufrieden – denn es wurde ein großer Abend. Ich wohnte damals direkt hinter dem Prinzregententheater, in dem Häuserblock, in dem auch mein Nachbar Curt Meyer-Clason lebte (der ja eigentlich für Südamerika zuständig war, aber aus lauter Liebe Brodskys bewegendes Gedicht auf Robert Lowell übersetzt hatte) und vor unserer Zeit auch einmal Hitler gewohnt und jetzt die Polizei ihr Revier hatte, was Joseph naturgemäß alles interessierte: Curt Meyer-Clason, weil er Borges gut gekannt und übersetzt hatte, Hitler »out of personal reasons«, wie der Jude Brodsky sich sarkastisch ausdrückte. Wir standen am Fenster und übten den Vortrag des Gedichts, und weil Joseph trotz eines strikten ärztlichen Rauchverbots qualmte wie ein Schlot, riss ich die Fenster auf, so dass die gesamte Lucile-Grahn-Straße hören konnte, mit welcher geradezu religiösen Inbrunst Joseph sein Gedicht vortrug. Joseph liebte Sprachspiele. Auf dem Weg vom Flughafen nach München kamen wir an einem Ikea-Lager vorbei, und sofort zitierte er ein Gedicht seines geliebten Puschkin, dem er einen neuen Reim hinzufügte – Ikea reimte sich nun auf Crimea, worüber er sich schieflachen konnte.

Im Theater steigerte er sich noch einmal. Die Augen halb geschlossen, mit zitternden Lidern und zitternden Fingern klammerte er sich mit beiden Händen an sein Manuskript und legte im Stil einer orthodoxen Messe los, dass einem ganz blümerant wurde. Großer, einmütiger Beifall für eine große Performance. Dann musste ich die Übersetzung lesen. Ich gab mir alle Mühe, jeden offenen und jeden versteckten Reim zu meinen Gunsten vorzutragen, ich hob, während der Schweiß mir am ganzen Körper hinabrann, die Stimme, wann immer es mir möglich war, und senkte sie, mit gebücktem Kopf, zu einem Flüstern, hob theatralisch nach Art der Caesaren den rechten Arm oder legte mir die Hand in den Nacken, um einen Vers ausklingen zu lassen – mit anderen Worten, ich wollte ein bisschen von Josephs Vortrag in meine Lesung retten, immer gewärtig, dass er »stop it« rufen würde. Um eine lange Geschichte abzukürzen: Es nahm alles ein gutes Ende, und Joseph, der mit allen Wassern gewaschene Rhetoriker, flüsterte mir noch auf der Bühne zu, so dass alle es sehen (wenn auch leider nicht hören) konnten: Das war die beste Lesung eines meiner Gedichte world wide, thank you. Es war natürlich die reinste Wahrheit! Und sogar Everding sagte, als er mir meinen Lese-Scheck überreichte: Na, das ist ja doch noch ein ganz schöner Abend geworden.

Wie solidarisch der manchmal sehr strenge und exzentrische Joseph sein konnte, will ich auch noch erwähnen. Als mein erster Gedichtband in den USA bei dem winzigen, aber sehr guten Verlag Braziller in New York erschien, wurde mir in einer Galerie im Village eine Lesung angeboten, allerdings, so schrieb mir der Veranstalter, würde er nicht mit Publikum rechnen, was ich sicher gut verstehen würde. Ich verstand sehr gut. Aber ich fragte trotzdem Joseph, ob er zufällig an jenem Abend Zeit hätte, zusammen mit mir zu lesen, ein Gedicht höchstens, ich wolle ihn lediglich als Zugpferd ausnutzen. Natürlich war er sofort zur Stelle. Die legendäre Village Voice machte einen Vorbericht, die Galerie war rappelvoll, Joseph sagte zwei Sätze, dann las ich, natürlich rauschender Beifall, bei der anschließenden Signierstunde musste er hundert Bücher signieren, ich drei, trotzdem war auch das ein wunderbarer Abend.

Das letzte Mal sah ich diesen schwierigen Freund zufällig in London, kurz vor seinem Tod. Ich wohnte für ein paar Tage im Haus der gastfreundlichen Reni und Alfred Brendel auf der Hampsteader Heide, um meinen Verlagsgeschäften nachzugehen. Unter anderem ging es darum, Julian Barnes zu treffen, der auf der Suche nach einem neuen Verlag war und den ich natürlich liebend gern als Autor bei Hanser gesehen hätte. Er kam tatsächlich zu einem Gespräch in den Well Walk, wir fanden uns sympathisch, er wollte es sich überlegen (letztendlich hat er sich gegen uns entschieden, weil er Angst hatte, unter so viel Prominenz unterzugehen, seither erscheinen seine Bücher bei Kiepenheuer in Köln, auch seine gescheiten Essays zur französischen Malerei; und wenn es nach mir gegangen wäre, hätte er schon längst den Nobelpreis erhalten). Nach dem Gespräch mit Barnes ging ich zu dem Historiker Eric Hobsbawm, der ebenfalls in Hampstead um die Ecke wohnte und mit seinen Überlegungen zum kurzen 20. Jahrhundert unser Autor wurde, und von dort, nun schon nicht mehr ganz sicher auf den Beinen, zu Al Alvarez, dem Journalisten und Schriftsteller, der das literarisch abgeschottete England mit seiner Poetry-Reihe bei Penguin mit der Dichtung Europas bekannt gemacht hat. Al war als Typ auch nicht mit den mir damals bekannten deutschen Schriftstellern vergleichbar, er wusste zum Beispiel alles über Poker, Pferderennen und Selbstmord, und da er mit Sylvia Plath befreundet war, bezog er seine Evidenz aus erster Hand. Und von Alvarez aus machten wir noch einen Abstecher zu dem von mir verehrten Dichter Stephen Spender, der auch nicht weit weg wohnte und sich gar nicht vorstellen konnte, dass man beim besten Willen keinen Whisky mehr trinken wollte. Ich traf also ziemlich groggy wieder bei den Brendels ein und versuchte nach etlichen Bädern vergeblich ein paar Stunden zu schlafen, weil ich sehr früh in der City einige Verlagsbesuche wahrnehmen musste. Früh um sieben schlich ich auf Zehenspitzen, um Alfred nicht zu wecken, von meinem Zimmer unterm Dach nach unten in die Küche, dem erlösenden Kaffee entgegen, den ich im Garten hinter dem Haus in der Morgenkühle trinken wollte, und fand die Küche besetzt – am Küchentisch hockte, vornübergebeugt, die Kippe einer Zigarette im Mundwinkel, Joseph, der, weil er auch nicht schlafen konnte, schon seit fünf Uhr in der Frühe versuchte, durch heftige Rauchentwicklung die Inspiration zu reizen. Er wohnte ein paar Häuser weiter bei anderen Freunden, hatte aber von den Brendels den Schlüssel zum Haus erhalten, um morgens in Ruhe in der Küche arbeiten zu können. Good to see you, begrüßte er mich, schenkte mir Kaffee ein, gab mir eine Zigarette – er wusste, dass Alfred Zigarettenrauch in der Küche auf den Tod nicht ausstehen konnte, aber zu höflich war, ihn förmlich zu verbieten – und löcherte mich mit Fragen zu Rilke. Da Joseph einen siebenten Sinn für Sprache hatte, wusste er sofort, wenn in einer Übersetzung etwas nicht stimmte, also musste ich ihm den deutschen Text wieder und wieder vorlesen und so gut es mein Kopf zuließ interpretieren, was, wie jeder Leser von Rilke weiß, im verkaterten Zustand eher zu Heiterkeit als zu Feierlichkeit führt. Als die nächste Packung seiner Zigaretten – ich habe mir irgendwo die Marke notiert, habe aber vergessen wo – aufgeraucht war, machte ich mich auf die Socken und ließ den übel hustenden Joseph in der Küche von Brendels zurück. Und als ich mich verabschiedete, schnürte ein grauweißer, ziemlich abgerissen aussehender Fuchs durch die Hintergärten, und Joseph hatte sofort das passende Gedicht dazu parat, ich glaube von Ted Hughes. Den Essay über Rilke hat er noch fertiggestellt, dann ist dieser nie wirklich lebensfrohe, unbedingte, manchmal bis zur Albernheit unbedingte Verteidiger der Poesie gestorben, nicht einmal sechzig Jahre alt.

Auch mit Seamus Heaney gab es einen Moment solidarischer Hilfe, als ich nämlich eine Einladung zu einer Lesung und Buchvorstellung vom Goethe-Institut in Dublin erhielt. Hans-Christian Oeser, der beste Kenner und Übersetzer der irischen Literatur der Gegenwart, der damals in Dublin lebte, hatte eine dreisprachige Ausgabe meiner Gedichte herausgebracht, die wir nun zusammen mit dem Übersetzer ins Gälische, Gabriel Rosenstock, vorstellen sollten. Introduction: Seamus Heaney, winner of the Nobel Prize. Man kann sich kaum vorstellen, welche Popularität Heaney in Dublin genoss. Wo immer wir hinkamen, zogen Menschen den Hut oder tippten sich an die Kappe, aber ohne jede Form von schleimiger Anwanzerei. Man schien froh zu sein, ihn zu sehen und dass es ihm gut ging, der Schlaganfall von 2006 war als Katastrophe durch die Zeitungen gegangen. Er war ja kein Dubliner und hatte, wie so viele seiner Landsleute, wie Joyce und Beckett, im Ausland gelebt und gearbeitet, aber der große Preis hatte ihn wieder zu einem »vollständigen Iren« gemacht. Tatsächlich fällt mir – außer Seamus Deane – kein (anderer) irischer Autor ein, der mit so großem Ernst den irischen Konflikt in seiner ganzen Tiefe zum Gegenstand seiner Dichtung gemacht hat. Heaneys Großvater war noch Torfstecher, der Vater bereits Viehhändler, Heaney selber wuchs mit acht weiteren Geschwistern auf dem Land auf, in einem katholischen Milieu, dem man nicht entkommen konnte (oder wollte), es sei denn, man ging außer Landes und wurde wie Heaney (und Deane) Professor in Harvard. Das ganze Leben war verwoben mit der irischen Mythologie, mit der gälischen Sprache, der Geschichte der Armut – aber befreien konnte man sich paradoxerweise nur in der Sprache des Gegners, mit Englisch.

Ein Jahr vor dem Nobelpreis verliehen wir ihm in der Bayerischen Akademie der Schönen Künste den Horst-Bienek-Preis. Er liebte München. Nach der Zeremonie gingen wir ins überfüllte Spatenhaus schräg gegenüber und erhielten in der hintersten Ecke noch einen Tisch. Bier und Würste mit Sauerkraut. Irgendwann kamen wir im Gespräch auf irische Balladen, und Maria, die Frau von Seamus, begann eine davon vorzusingen: Wer diese Balladen kennt, weiß, dass sie nie zu einem Ende kommen, weil die Hoffnung auf Rückkehr des auf dem Meer vermissten Geliebten oder Ehemanns eben bis zuletzt offengehalten bleiben muss. Maria sang und sang, uns flossen die Tränen, der Geliebte blieb auf den kalten Wassern verschollen ... Aber dafür kam eine berühmte irische Sängerin nach der Vorstellung in der Oper ins Spatenhaus, die Marias Klage hörte, sich an unseren Tisch setzte und nun zusammen mit den beiden Heaneys die Angelegenheit doch noch zu einem Ende brachte. Es war sehr still geworden im Spaten, die Ober schlichen auf Zehenspitzen herum, und wer von den Gästen aufstoßen musste, hielt sich anständig die Hand vor den Mund. Danach großer Beifall! Kein Mensch kannte den Mann mit dem schlohweißen Haarschopf und seine begabte Frau, aber jeder – außer mir – schien die Sängerin zu kennen, die nun mit lautem Beifall gefeiert wurde. Sie kannte natürlich die Heaneys.

Unvergesslich ist auch eine Lesung mit Heaney im Lyrik Kabinett in München. Er las sein berühmtes Gedicht über »Sankt Kevin and the blackbird«, nachdem er uns auf seine verschmitzte Art und Weise eine veritable Vorlesung über die Amsel in der irischen Mythologie gehalten hatte, wie die Vögel zum Beispiel während der Fastenzeit im Pulk in großen Scharen den Himmel über Sankt Patrick verdunkelt haben – ich konnte jahrelang die ja bei uns nicht gerade seltenen Amseln nicht sehen, ohne an Seamus zu denken. Bei Kevin verhielt es sich nun so, dass der Märtyrer seinen Arm aus dem Zellenfenster halten musste, weil die Zelle zu eng war und er auch etwas Wasser einfangen wollte, als sich auf seiner ausgestreckten Hand eine Amsel niederließ und ihre Eier legte, die sie ausbrüten wollte. Dem im Gegensatz zu den kratzbürstigen Kelten milden Kevin blieb gar nichts weiter übrig, als die Hand so lange aus dem Zellenfenster zu halten, bis die Brutzeit vorüber war – geradezu ein perfektes Schulbeispiel für Demut und Entsagung. Seamus las nun sein Gedicht in eben der Haltung von Kevin vor, die rechte Hand am Buch, die linke mit den imaginären Eiern in die Höhe gereckt – ein Anblick, den ich nie wieder vergessen habe: »Kevin feels the warm eggs, the small breast, he tucked / Neat head and claws and, finding himself linked / Into the network of eternal life, // Is moved to pity: now he must hold his hand / Like a branch out in the sun and rain for weeks / Until the young are hatched and flegded and flown.« Im zweiten Teil des Gedichts fragt Seamus: »Stell dir vor, du seist Kevin!«: »… er weiß nichts von Ich mehr, nichts von Vogel, / Nicht mehr, wie der Fluss heißt, an dem er steht.« Es war alles so überzeugend und klar, dass ich, als ich die deutsche Übersetzung von Ditte und Giovanni Bandini las, auch die Hand ausstreckte, damit die Amsel sich zum Brüten niederlassen konnte.

Auch der dritte der »boys« aus Rogers Büro am Union Square war kein Amerikaner. Derek Walcott, ein Hüne von Mensch, wurde 1930 in oder auf Saint Lucia in der Karibik geboren und starb auch dort 2017. Er war ewig lange Professor in Boston, wo er auch das Boston Playwrights Theatre geleitet hat (wie schon vorher das Trinidad Theatre), aber von den Tantiemen seiner Stücke konnte er nicht leben – er hat mich manchmal angepflaumt: Wenn du mir eine Aufführung eines meiner Stücke in Deutschland besorgst, schreibe ich dir eine Rolle hinein, die dich unsterblich macht. Ich habe es natürlich versucht, wie ich es auch mit den Stücken von Seamus Heaney und dem nicht besonders dramatischen Zweipersonenstück von Joseph Brodsky versucht habe, aber außer einer sehr schönen Aufführung von Brodskys »Marmor« in Karlsruhe ist mir nicht viel gelungen. (In »Marmor« sitzen zwei römische Konsuln auf engstem Raum zusammen und reden über das Reich, die Zeit und andere – nicht immer – ewige Dinge, im zweiten Jahrhundert v. Chr.) Einmal, ich glaube, es war vor dem Nobelpreis, erzählte mir Derek, dass er nun endlich richtig reich werden würde, weil Paul Simon (der ehemalige Partner von Garfunkel) Liedertexte von ihm für ein Musical bestellt hatte. Man hörte das Prasseln der Dukaten, wenn er darüber ins Schwärmen geriet! Welterfolg, täglich Aufführungen, Fernsehen! Das große Vorbild war natürlich der bei uns leider kaum oder überhaupt nicht bekannte englische Dichter James Fenton, der für das Musical »Cats« von Andrew Lloyd Webber Verse geschrieben hatte. Er war so klug gewesen, sich irgendwie als Co-Autor in den Vertrag schreiben zu lassen, so dass immer, wenn irgendwo im Radio oder im Fernsehen etwas aus »Cats« gesendet wurde, die Kasse klingelte – die bis heute, wie er mir selbst einmal erzählte, nicht aufhört zu klingeln. (Es ist ein Rätsel, warum sich keiner an die Übersetzung dieser wunderbaren Gedichte eines englischen Großmeisters macht, einer Mischung aus Kipling und Jandl, wie Susan Sontag einmal in ihrer unüberbietbaren Einfachheit sagte, in der alten »Paris Bar« in Berlin, wo wir zusammen tranken und James seinen späteren Lebensgefährten, den afro-amerikanischen Schriftsteller Derryl Pinckney, kennenlernte, der damals in Berlin seinen Roman »Black Deutschland« und Stücke für Bob Wilson schrieb.) Das Musical von Paul Simon war ein Flop, der bis an die Grenzen der Welt zu hören war, so etwa drückte sich Derek aus, außer einem Vorschuss war nichts geflossen. Als Dichter kann man wahrscheinlich in keinem Land der Welt mehr von seinen Einkünften leben, weshalb gelegentlich der Neid auf die Prosa-Autoren durchbricht, die, besonders wenn sie englisch schreiben, ein potentielles Publikum von mehreren hundert Millionen Lesern erreichen können. Dafür sind amerikanische Universitäten stolz darauf, Dichter in ihrem Lehrkörper zu haben, eine Einrichtung, die es bei uns leider nicht gibt. Heaney hat in Harvard gelehrt, Walcott in Boston, Czesław Miłosz in Berkeley, Adam Zagajewski in Chicago, Charles Simic bei Northwestern, John Ashbery am Bard College, alle klagten zwar gelegentlich über die viele Arbeit, waren aber auch stolz darauf, wenn aus ihren Kursen wieder bedeutende Schriftsteller hervorgingen.

Einmal musste ich Derek anrufen, weil er nur sehr ungern Post beantwortete. Im Leben der Schwarzen ist Post ein ziemlich junges Phänomen, sagte er dann lachend, wie du weißt, haben wir bis gestern nur die Buschtrommel zur Nachrichtenübermittlung benutzt. Am einfachsten ist es, du kommst her, um deine Frage zu stellen, hör mal genau zu, was hier gerade los ist. Er saß wohl, wie mir später seine deutsche Frau Sigrid mitteilte, beim Malen am Strand, denn ich hörte das rollende Rauschen des Ozeans und das laute Geschrei von Vögeln. Und wie kommt man auf deine Insel? Ganz einfach, you take the bus 44 to Grand Central, then you take the train to … und dann folgte die zehn Minuten lange karibische Version von: Wie kommt man von Unterammergau nach Peking? Und da ich als Sohn eines Postbeamten darauf achtete, Ferngespräche auf ein Minimum zu reduzieren, hörte ich nur noch sein schönes tiefes Lachen: Or you take a plane!

Roger Straus ging jeden Tag zum Essen in das Union Square Cafe in der 19. Straße, um die Ecke von seinem Büro am Union Square. Für ihn war ein strategisch günstiger Tisch gegenüber dem Eingang reserviert. Man musste sechs Stufen zum Eingang hochgehen, dort seinen Mantel abgeben und dann ein paar Stufen wieder runtersteigen ins Restaurant. Jeder, der nach uns kam, konnte auf der Treppe gesehen werden, und da viele aus unserem Gewerbe ihr sogenanntes business lunch dort einnahmen, gab es immer viel zu lästern. Das ist Naipaul, der seinen Turban vergessen hat, oder Rushdie auf der Suche nach einem neuen Agenten, und dieses asshole in dem grünen Kleid arbeitet bei Harper's und hat uns gerade mit dem Geld dieses australischen motherfucker Murdoch einen Autor gestohlen. Als das Rauchen in Restaurants verboten wurde, war der kleine Vorplatz zum Eingang sehr begehrt, um vor dem Kaffee noch eine zu qualmen. Da stand ich mit Derek, als ein offenbar unkundiger Herr an uns vorbeikam, stehenblieb und sehr langsam zu Derek sagte: Can you bring me a coffee? Und Derek, sehr höflich und formvollendet, mit dem Ausdruck tiefsten Bedauerns: I'm sorry, Sir, but this Café is only for Blacks!

Welche Bedeutung der sprachgewaltige und sprachverliebte Derek für Brodsky hatte, der ja bei seiner Ankunft in Amerika nur ein sehr rohes Englisch sprach, kommt in dem schönen Essay von Brodsky zum Ausdruck, den wir dem ersten deutschen Band von Walcott, »Das Sternapfel-Königreich«, beigegeben haben. Aber auch in folgender Anekdote: Einmal hatte uns George Weidenfeld, der Wiener Emigrant, der zum englischen Verleger wurde, zu einem von Ann Getty bezahlten Kongress nach Washington eingeladen. Ich weiß nicht mehr, um was genau es ging, wahrscheinlich um Grenzen und wann sie endlich fallen. Hans Magnus Enzensberger und ich waren von deutscher Seite zu diesem generös ausgestatteten Wochenende eingeladen, außer mir alles berühmte Namen, die zu dem Thema wichtige Gedanken liefern konnten. Als wir im Hotel in der Lobby saßen und auf den Bus warteten, der uns zur Sightseeingtour durch das der Antike abgelauschte Washington abholen sollte, wurde Brodsky ein Päckchen mit den Vorausexemplaren seines ersten Essaybandes in englischer Sprache gebracht. Hektisches Auspacken, prüfen, ob alles stimmt, große Freude, riesiger Stolz – man kann sich vorstellen, was dieser Band für den Emigranten Brodsky bedeutete: Seine großen Essays, unter anderen der über das Gedicht von Auden zum Kriegseintritt Amerikas, aber auch über die Achmatowa und über Mandelstam, er hüpfte herum wie ein Schulbub mit einem guten Zeugnis, und die ganze Familie freute sich mit ihm – bis auf Derek, der mit einem Pokerface dabeisaß, das Buch öffnete, den Schutzumschlag abnahm, das Impressum studierte, und als Joseph ganz nervös fragte, ob was nicht stimme, mit großer Ruhe sagte: Es fehlt eine Zeile. Ach, du lieber Gott! Was war passiert? Derek ließ sich Zeit, bis er in das fassungslose Gesicht des sommersprossigen Brodsky sagte: Es fehlt die Zeile: To Derek, to whom I owe so much! Jedes O war mit einer besonderen Betonung versehen.

Derek Walcott war ein gutes Beispiel dafür, dass man auch im Alter noch große Gedichte schreiben kann, nicht nur Wiederholungen oder Ausarbeitungen oder seniles Zeug. Seine Odyssee, »Omeros«, erschien 1990, sicher das schönste Zeugnis einer spezifisch karibischen Literatur mit all den sprachlichen Einflüssen der Franzosen, Spanier, Engländer und Holländer, nicht zu vergessen die afrikanischen Zutaten. So wie Dante ein volgare für seine Komödie gefunden hatte, so hatte Derek hier eine spezielle Ausdrucksweise und einen speziellen Rhythmus für sein karibisches Epos entwickelt, und Konrad Klotz hat es fabelhaft übersetzt. Ein Meisterwerk. Ebenfalls ein Meisterwerk der von Raoul Schrott übersetzte Zyklus »Midsummer«, aber auch die Übersetzungen von Klaus Martens und Daniel Göske. Und zum Abschluss dieses Dichterlebens dann noch ein Meisterwerk, ein großer, bewegender, manchmal zu Tränen rührender und dann wieder zum Lachen reizender Zyklus »White Egrets«, der Dereks ganze freigebige Meisterschaft zusammenfasst und den Werner von Koppenfels übertragen hat – beide sind für die »Weißen Reiher« mit dem Poesie-Preis der Stadt Münster belohnt worden.

Das letzte Mal habe ich Derek in einem Hotel in Mantua gesehen. Er war dünn geworden und musste Hosenträger tragen, um die am Bund zu breiten Jeans zu halten. Ein warmer Wind ging durch die Halle, ich sehe noch die weißen wehenden Vorhänge, die ihn an St. Lucia erinnerten. Wir redeten über seinen Lebensfreund Joseph, der 1996 gestorben war, über Heaney, gestorben 2013, über Roger, der 2004 hinübergewechselt ist, über die Nobelpreisverleihungen, die auch wir Gäste alle im Frack überstanden haben, über das schöne Italien, das eine ordentliche, ruhmreiche Geschichte gehabt hat und nicht nur so einen Dreck aus den kolonialen Interessen der verschiedenen Nationen, die über seine karibische Insel hinweggefegt waren. Und am Schluss erzählte er mir noch einen üblen Witz, den ich mir unbedingt merken wollte, aber vergessen habe. Er starb 2017.

John Ashbery war der letzte Dichter, der noch zu Lebzeiten von Roger Straus zu FSG gewechselt war. Auch er war nicht nur ein herausragender Dichter. Die Freundschaft mit ihm verdanke ich dem Putsch des türkischen Militärs Ende der siebziger Jahre. Der damalige Leiter des Goethe-Instituts, Robert Anhegger, hatte Peter Rühmkorf, Curt Meyer-Clason und mich eingeladen, um über Kunst, Macht, Gewalt und verwandte Gegenstände zu sprechen, die damals (und bis heute) einer Antwort harrten. Ich war nie zuvor in der Türkei gewesen. Die beiden türkischen Schriftsteller, die ich gründlicher gelesen hatte, waren der im Moskauer Exil verstorbene Dichter Nâzim Hikmet – dessen phantastische Lebensgeschichte mir in Umrissen bekannt war – und der in Berlin lebende Aras Ören, der in jenen fernen Tagen mit Günter Grass um den schönsten Schnurrbart in der Stadt wetteiferte. Ich scheine eine Begabung für Reisen in mir unbekannte Länder zu haben, in denen mit meinem Eintritt Putsche oder Bürgerkriege ausbrechen. Das war in Tunis so, von dem ich nicht viel mehr als eine aufgebrachte Masse gesehen habe, oder im Jemen, wo uns der Botschafter empfahl, das Hotel nicht zu verlassen, weil am Vortag gerade wieder zwei Journalisten erschossen worden waren. In Istanbul war es nicht anders. Überall standen Soldaten mit entsicherten Gewehren an den Straßenecken, die Bilder auf den Zeitungen waren mit Blut gedruckt, man redete von nichts anderem als von der Frage, wann das Militär die Macht übernehmen würde. Als Sinnbild der chaotischen Zustände lag ein brennender rumänischer Tanker auf dem Bosporus, der ausgerechnet »Independenta« hieß und vor aller Augen das teuerste Gut in einer stinkenden schwarzen Wolke verpulverte. Das zweitteuerste Gut, der Kaffee, ohne den laut Mozart nicht nur der Muselmann nicht aus dem Bett kommt, war auch ausgegangen, das Hilton-Hotel, in dem wir untergebracht waren, hob bedauernd die Hände. Aber es gab in der deutschen Botschaft einen klugen Mitarbeiter, der sich, wie sich bald herausstellte, nicht nur in harmlosen Drogen wie Kaffee auskannte, die er uns bereitwillig zur Verfügung stellte, sondern auch ein Experte für die harte Droge Literatur war. Er war unser Lebensretter, vor allem für Peter Rühmkorf, der schon damals als Chef-Misanthrop der deutschen Literatur galt. Als wir eines Nachmittags (abends war Ausgangssperre) zu einem Essen mit Schriftstellern in einem kleinen Fischlokal am Bosporus eingeladen waren, wurde hinter uns die Tür verriegelt, bevor uns der Chef dieser Autoren mit dem Satz begrüßte: In diesem Lokal, liebe deutsche Kollegen, sind etwa vierhundert Jahre Gefängnis versammelt. Während mir die Sprache im Hals steckengeblieben war, flüsterte mir Rühmkorf ins Ohr: Glaubst du, dass wir hier lebend wieder rauskommen? Aber das ist eine andere Geschichte.

Der gebildete junge Mann hieß Joachim Sartorius. Und von ihm hörte ich wieder von John Ashbery, den ich nur durch einzelne Gedichte in Walter Höllerers »Junge amerikanische Lyrik« und aus den Publikationen von Rolf-Dieter Brinkmann kannte. Er gehörte zur sogenannten New York School of Poets – zusammen mit unter anderem Kenneth Koch, den Nicolas Born übersetzt hatte, und Frank O'Hara, der zu den Lieblingen von Brinkmann gehörte –, hatte im feinen Harvard studiert und lange als Kunstkritiker in Paris gelebt. Er war also mit vielen Wassern gewaschen, auch mit den feinen teuren Wässerchen des Surrealismus, und hatte eine Poesie entwickelt, in der er unendlich viel Material bewegen konnte – und zwar mit der größten Freude am Spiel. Kein Wunder also, dass seine Gedichte das Publikum spalteten. Harold Bloom, der gütige Guru der amerikanischen Poesie, setzte ihn ganz oben auf die Pyramide der amerikanischen Dichtung der Gegenwart, andere ließen ihn an deren Fuß verhungern. Seine Gedichte waren nicht der Liebe gewidmet, dem Tod, der Krankheit oder dem Frühling, sondern allem auf einmal: high and low, das Unbedeutende fand ebenso Beachtung wie die sogenannten entscheidenden Dinge des Lebens. Der Band, den Joachim Sartorius und seine amerikanische Frau Christa Cooper für uns übersetzten, hieß »Selbstporträt im konvexen Spiegel«, ein Titel, den er sich bei einem italienischen Maler des frühen 16. Jahrhunderts geborgt hatte, Francesco Mazzola, besser bekannt unter dem Namen Parmigianino. Wer etwas über ihn erfahren will, lese die Viten von Vasari oder schlage bei Martin Warnke nach. Das Bild von Parmigianino, das wir auch auf den Umschlag druckten, ist gewaltig, man kann die durch die Krümmung des Spiegels sehr große Hand im Vordergrund und das feine Gesicht des im Hintergrund sitzenden Malers nicht mehr vergessen. Als ich viel später die Gelegenheit hatte, einmal im Monat nach Wien fahren zu dürfen, ging ich als Erstes ins Kunsthistorische Museum, um endlich das Original zu sehen und John eine Postkarte zu schicken: Wie erstaunt war ich, dass zwischen all den manieristischen Großbildern, die das Elend der Pest beschwören, ein kleines, rundes Bildchen sich versteckte, von dem prima vista nur eine gewölbte Hand zu sehen war: 25 cm Durchmesser hatte der Maler gebraucht, um eines der großen Meisterwerke zu malen – kein Wunder, dass John Ashbery diese Umkehrung von Format und Bedeutung gefallen hatte.

Einige Jahre später erhielt John den Horst-Bienek-Preis der Bayerischen Akademie, der von mir verehrte Jürgen Becker hielt die Laudatio im prächtigen Saal in der Residenz. John war bester Laune, sein großes, schönes Gesicht strahlte auch dann noch, als der Präsident, Heinz Friedrich, an den verstorbenen Horst Bienek und dessen schlesische Heimat erinnerte, an Bieneks Arbeit für die Akademie und die Dichtung überhaupt. Mitten in dieser langen, aber natürlich notwendigen Einführung stand John plötzlich auf und ging langsam, weil er das rechte Bein etwas nachziehen musste (ich nehme an, wegen einer Kinderlähmung), an den zahlreich erschienenen Besuchern vorbei und verschwand links durch die hohe Tür, die er sorgfältig hinter sich schloss. Was tun? Der höfliche Präsident war der Ansicht, nicht einfach weiterreden zu dürfen, ich tat so, als sei es normal, dass amerikanische Dichter während einer Preisverleihung mal frische Luft schnappen gehen, das Publikum begann unruhig zu werden, die ersten Lacher waren zu hören. Der abwesende Dichter, der, so wurde es ja damals gelehrt, ohnehin keine Rolle mehr spielte, wenn er seine Arbeit getan hatte, blieb abwesend. Und erst als ich den Präsidenten überredet hatte, die Einführung, die unser Preisträger ohnehin nicht verstehen konnte, zu Ende zu bringen, ging die riesige Tür wieder auf und ließ den Kopf von Ashbery sehen, der prüfen wollte, ob er tatsächlich die richtige Tür erwischt hatte. Ein zufriedenes, fröhliches Murmeln ging durch den Saal, als er sich wieder folgsam setzte. Es war ihm tatsächlich gelungen, der etwas steifen Veranstaltung eine poetische Atmosphäre zu verleihen, wie es die New York School of Poets propagierte. Er war auf der Suche nach der Toilette durch sämtliche Räume der Residenz geirrt und hatte, wie er später mitteilte, damit geliebäugelt, sich einfach irgendwo hinzulegen und sich suchen zu lassen. (Man muss dazu wissen, dass in der Akademie die Toilette sich einen Stock tiefer als die Festräume befindet und nur über die große Freitreppe zu erreichen ist, weil der Fahrstuhl aus Gründen des Denkmalschutzes neben der Toilette endet – ein Grund übrigens, warum der Kunsthistoriker Willibald Sauerländer die Veranstaltungen der Akademie im Alter nicht mehr besuchte: Er kam buchstäblich nicht mehr die Treppe hoch.)

Am nächsten Tag kaufte John im Lyrik Kabinett eine Gesamtausgabe der Gedichte Trakls, um richtig Deutsch zu lernen, falls er noch einmal einen deutschen Preis erhalten sollte. Das hätte durchaus passieren dürfen, denn in der Folge von unserem Band erschienen viele gute Übersetzungen in vielen Verlagen in allen europäischen Ländern. Für den Nobelpreis, für den er oft vorgeschlagen wurde, war er aber vielleicht doch zu hermetisch, oder wie man das nennt, wenn einmal etwas nicht sofort verständlich ist.

Joachim Sartorius jedenfalls hat auch den Putsch in der Türkei überstanden und wurde später einer der bedeutenden Kulturmanager Deutschlands: als Generalsekretär des Goethe-Instituts, des DAAD-Künstlerprogramms oder als Leiter der Berliner Festwochen. Aber vor allem als Dichter und als Übersetzer. Ihm ist zu verdanken, dass bei uns damals – neben einer Auswahl der Gedichte von Wallace Stevens – eine fünfbändige Ausgabe der Werke eines der Väter der modernen amerikanischen Poesie erscheinen konnte: William Carlos Williams.

Auch die letzte Begegnung mit dem liebenswerten John Ashbery ist mir in Erinnerung geblieben. Wir hatten uns im Whitney Museum verabredet, wo in einer Ausstellung alle Bilder gezeigt wurden, die das Museum vor zwanzig oder dreißig Jahren angekauft hatte. Außer den wenigen geläufigen Namen gab es eine Menge für mich Unbekannter mit zum Teil auch besonders scheußlichen Bildern. Es wurde ein melancholischer Rundgang, weil John noch viele der Künstler persönlich gekannt hatte und über fast jeden etwas erzählen konnte. So viel Ambition, Leidenschaft, Fleiß und Entbehrung. Jetzt waren fast alle tot, und die Werke lagen in Gott weiß welchen Depots herum, ohne jeden Kontakt mit einem sympathisierenden Auge. John war damals schon um die achtzig Jahre alt, er war dünn geworden, durchsichtig, aber noch immer ein eleganter Herr, den man bemerkte, wenn er an einem vorbeiging. Er war Jahrgang 1927, wie Grass und Oskar Pastior, Paul Wühr, Martin Walser und Ludwig Harig. Wir gingen nach dem Rundgang noch zusammen in das Restaurant unten im Museum, weil es dort seiner Meinung nach den besten Hamburger in Midtown gab, und bestellten den besten Hamburger und zwei Gläser Chablis. Wie bei einem Hamburger-Esswettbewerb in Middle West hatte ich meinen mit drei Bissen verputzt, während er seinen lediglich angeknabbert hatte, wie eines der grauen Eichhörnchen im Central Park eine Nuss. Dabei blieb es auch. Als wir bezahlten, ließ er sich das Riesenteil einpacken: für den Hund. Vor dem Museum erzählte ich ihm die Geschichte, die ich in den Erinnerungen von Strindberg an seine bitterarme Pariser Zeit gelesen hatte, wo er erzählt, dass seine Frau in der Charcuterie ein schönes Filet und ein Pfund Knochen kaufte, wobei die Knochen für den Ehemann, das Filet für den Hund gedacht waren. I am absolutely on the side of Mrs. Strindberg, sagte er, dann ging er nach Süden davon, um zu Hause mit Trakl sein Deutsch aufzubessern, ich ging nordwärts, um in der Frick Collection zum Abschied noch den Vermeers guten Tag zu sagen, bevor ich zurückflog. Dreißig Bände mit Gedichten hat dieser zurückhaltende Mensch veröffentlicht: ein poetisches Universum, wie es kaum ein zweites gibt. John Ashbery starb 2017.

Apropos Toilette suchen: Der erste Verlag in Amerika, der ein Buch von mir veröffentlichte, war George Braziller Publishers in New York, der zusammen mit dem englischen Verlag Carcanet den Gedichtband »Diderot's Cat« herausbrachte. Jeder druckte tausend Exemplare, von denen glücklicherweise immer noch einige erhältlich sind. Der Verlag hatte seine winzigen Büroräume auf der Madison Avenue, alles war bis an die Decke übereinandergestapelt, damit auf kleinen Inseln noch Platz war für die Stühle der Mitarbeiter. Sein Geld verdiente George mit Kunstbüchern, die in allen Museumsshops der Welt verkauft wurden, wie etwa das kleine Jazz-Buch von Matisse oder ein Band mit japanischen Tuschen oder kleine Bücher von Picasso. Daneben hatte er ein sehr anspruchsvolles literarisches Programm, das von Sartre über die Sarraute bis zu Janet Frame und Charles Simic reichte, eine kleine, aber sehr gepflegte Backlist. Mit dem ganzen Bohei der amerikanischen *conglomerates*, der Angeberei, wer die höchsten Vorschüsse zahlen konnte, der sich überbietenden *book parties* für drittklassige Talente hatte er nichts am Hut. Als ich kürzlich in der Zeitung las, dass Bertelsmann/Random House dem ersten schwarzen amerikanischen Präsidenten mehr als sechzig Millionen Dollar Vorschuss auf seine Memoiren gezahlt hat, musste ich an den knorrigen Demokraten George Braziller denken: Er wäre still in eine Ecke gegangen und hätte sich übergeben. Diese lächerliche Angeberei gehörte nicht in seine Welt.

George war der erste Verleger im Nachkriegsdeutschland, oder genauer: Er hatte 1945 das erste Buch im Frieden gedruckt. Wieso? Als ich einmal bei ihm zu Hause war – als Witwer ließ er sich immer eine Schale Reis von einem vietnamesischen Restaurant an der Ecke kommen –, erzählte er mir, dass er als Leutnant der amerikanischen Streitkräfte in München einmarschiert und mit seiner Gruppe in der teilweise ausgebrannten Druckerei von Bruckmann einquartiert worden war. Am Tag der Unterzeichnung der Kapitulation hätten sie eine Druckmaschine wieder flottgekriegt und ein Buch in zwölf oder fünfzehn Exemplaren gedruckt, für jeden der Kameraden eines und eines für die Kompanie. Es enthielt ein Foto und eine kurze Vita von jedem, auch von den Getöteten, war schön gedruckt und ordentlich eingebunden. Natürlich wollte ich es sehen. Schließlich saßen wir zusammen auf dem Sofa in seiner kleinen Wohnung und blätterten das Buch durch, und er erzählte zu jedem Foto eine Geschichte.

Als George achtzig wurde, 1996, ging er einen Tag mal nicht ins Büro, weil am Abend ein reicher Gönner eine Party für ihn veranstaltete: S. I. Newhouse, der Besitzer von Condé Nast Publications, dem Verlag von der Vogue und circa tausend anderen Blättern, und damals auch dem New Yorker. S. I., ein knallharter Däumling, schickte mir ein Ticket beziehungsweise ließ mir auf Wunsch von George ein Ticket schicken, ich quartierte mich für ein Wochenende im »Algonquin« in der 44. Straße ein und ging am späten Nachmittag mit Charlie Simic zu den Newhouses, um Georges Geburtstag zu feiern. Die Frau von Newhouse, so war diese ungleiche Allianz zustande gekommen, war einst Lehrling bei George gewesen, nun wollte sie ihm mit der Ausrichtung dieser Party eine Freude machen. Meine Anwesenheit war erwünscht, weil ich gewissermaßen für Georges internationale Freunde stehen und sprechen sollte, und tatsächlich erzählte ich, ordentlich aufgeputzt, dass George der erste freie Verleger Deutschlands nach dem Krieg gewesen war. Die älteren Herrschaften mussten schlucken. S. I. sagte: Very interesting, und ich musste – dringend auf die Toilette. In dem circa 1000 qm großen Penthouse neben dem Gebäude der United Nations gab es zwar zwei geräumige Toiletten, aber vor beiden stand eine Reihe ungewöhnlich hübscher junger Damen, die uns schon im Fahrstuhl aufgefallen waren. Wahrscheinlich ist unter den Newhouses ein Puff, hatte mir Charlie zugeflüstert, da wir uns nicht vorstellen konnten, dass diese Frauen zu Georges Geburtstag eingeladen waren. Aber sie standen da, direkt unter den geöffneten Schenkeln einer sich räkelnden Frau auf einem in grauer Spachtelmasse gestalteten Bild von Lucian Freud, das sie offenbar keiner näheren Begutachtung für wert erachteten. Kurzum, ich ging zu Mrs. Newhouse, erklärte ihr den durch den Flug entstandenen Drang und bat sie inständig, mir eine freie Toilette zuzuweisen. Sie nahm mich bei der Hand, ging an den Schönen vorbei zum bathroom, öffnete die Tür und sagte: Here we are.

Die zwölf Damen waren angeheuert worden, um auf die an den Wänden angebrachten Kunstwerke aufzupassen, da man offenbar den Freunden von George alles zutraute. Von Pollocks Tröpfelbildern bis zu Freuds Spachteleien hingen etwa dreihundert Millionen an den Wänden, und meine neue Freundin Mrs. Newhouse, die mich von dem größten Druck meines Lebens befreit hatte, machte für mich eine Privatführung, die bis in ihr Schlafzimmer führte, um mir die in der Tat sensationelle Sammlung mit Angabe der Summen, die sie dafür bezahlt hatten – zu zeigen. (Ein paar Jahre später las ich, dass der Pollock für rund hundertfünfzig Millionen Dollar verscherbelt worden war – um was damit zu machen? Keine Ahnung.)

Da wir nun schon einmal in New York sind, machen wir schnell noch einen Sprung zum Verlag New Directions, der im obersten Stockwerk eines der ältesten Hochhäuser im Süden untergebracht ist, in 80 Eighth Avenue. Wenn man sich auf einem der uralten Ledersessel niederlässt, weiß man, dass hier schon Dylan Thomas und William Carlos Williams gesessen haben, und wenn man ein Papier hochhebt, kann es einem passieren, dass ein Brief von Wallace Stevens oder Vladimir Nabokov drunterliegt. Die Büros sehen aus, als wäre die Zeit vor der Erfindung des Computers stehengeblieben, bis man die Geräte zwischen all den schwankenden Papierbergen entdeckt. ND ist einer der schönsten Verlage der Welt, und er ist keinesfalls stehengeblieben. Er wurde 1936 von dem jungen Harvard-Absolventen James Laughlin – 1914 geboren, zwei Jahre vor Braziller, 1997 gestorben, zwanzig Jahre vor George, der über hundert wurde – gegründet, der ein bisschen Geld von seinem (Stahl-)Vater geerbt hatte, das er in den Verlag investierte – offenbar genug, um die kleine Firma durch die Nachkriegszeit zu bringen. James war selber ein von mir sehr geachteter Dichter der extrem minimalistischen Art, und er liebte die Dichter, weshalb er von Pound über Marianne Moore bis Anne Carson und W. G. Sebald alles verlegte und noch verlegt, was Rang und Namen hatte. Als kürzlich der Dichter Lawrence Ferlinghetti starb, habe ich folgenden Nachruf geschrieben:

»Als dieser Tage sein Tod nach fast einhundertzwei Lebensjahren gemeldet wurde, fiel mir eine Begegnung mit Lawrence Ferlinghetti wieder ein (von dem ich immer annahm, dass er unsterblich sei). Ich besuchte in den achtziger Jahren in New York den legendären Verlag New Directions, der im obersten Stockwerk eines alten Hochhauses untergebracht ist (80 Eighth Avenue, gegenüber dem Postamt). Wenn man alle Türen fest geschlossen hat, kann man auf die Terrasse hinaustreten und einen Rundblick auf New York genießen, und bei gutem Wetter kann man bis nach Coney Island blicken, früher einmal so eine Art Prater von New York. Gründer des Verlags war der Dichter James Laughlin, ein großartiger (von Eva Hesse übersetzter) Minimalist, der in den dreißiger Jahren geerbt hatte und mit diesem Geld einen bis heute unabhängigen Verlag aufbaute, der – neben einem umfangreichen europäischen Programm – vor allem für seinen Einsatz für amerikanische Dichtung berühmt wurde: New Directions verlegte die Bücher von Ezra Pound und William Carlos Williams, von Kenneth Rexroth und

Wallace Stevens, von Delmore Schwartz und Gary Snyder – und Lawrence Ferlinghetti. Dessen Buch ›A Coney Island of the Mind‹, 1958 zum ersten Mal erschienen, war einer der großen anhaltenden Bestseller des Verlags mit einer Auflage von mindestens einer Million Exemplaren – das hat kein Poet aus dem Land der Dichter und Denker je geschafft. An jenem Tag war Ferlinghetti zu Besuch. Zu dritt standen wir in Mänteln auf der Terrasse – Laughlin, geboren 1914, Ferlinghetti, geboren 1919, und ich –, und ich ließ mir von den beiden Riesen New York von oben erklären. In New York war Ferlinghetti zur Welt gekommen – da drüben! –, der Vater starb, als Lawrence noch im Leib der Mutter war, einer sephardischen Jüdin, die ihrerseits wenige Jahre nach der Geburt in einer Nervenheilanstalt ihr Leben beendete. Liebevolle Pflegeeltern, einige Jahre in Frankreich, Studium, im Zweiten Weltkrieg bei der Marine, Korea, Vietnam-Krieg, Anti-Vietnam. Ein amerikanisches Leben, aber ohne allen Schnickschnack.

Ich hatte bei Hanser 1980 einen Band von Ferlinghetti in der Übersetzung von Wulf Teichmann betreut und den Dichter anlässlich einer Lesung in Berlin kennengelernt, zusammen mit Reinhard Lettau, mit dem er die ›Love Poems‹ von dem als Dichter wenig bekannten Karl Marx übersetzt hatte, und Heiner Bastian, dem Entdecker von Richard Brautigan. Ferlinghetti war alles andere als ein verbohrter ›social activist‹, eher ein friedlicher Anarchist im Sinne der gegenseitigen Hilfe des Fürsten Kropotkin. Er hatte einst an der Sorbonne eine Dissertation über die Stadt in der modernen Literatur geschrieben und lebte nun seit den 1950er Jahren als Schriftsteller, Maler, Buchhändler und Verleger in San Francisco, das ihn zu seiner Zeit vom Meer aus gesehen an Tunis erinnert hat. Jetzt gehörten die Häuser nicht mehr den Bürgern der Stadt, sondern Investoren. The Poetic City That Was. Hier hatte er Anfang der fünfziger Jahre seine Buchhandlung City Lights Bookstore aufgebaut und den gleichnamigen Verlag gegründet, in dem 1956 der Gedichtband erschien, der in der Auflage wahrscheinlich zu dem meistverkauften in der westlichen Welt gehört: ›Howl‹ von Allen Ginsberg. ›Howl‹ wurde – die beste Reklame, die ein Gedichtband haben konnte – indiziert, der Autor und sein Verleger wurden wegen Verbreitung pornografischer Literatur angeklagt und eingesperrt – aber schließlich freigesprochen. Die Autoren der Beat-Generation – Burroughs, Kerouac, Corso und die anderen – waren seine Freunde. Mehr als dreißig Bücher hat dieser milde Revolutionär geschrieben, Romane, Essays, aber vor allem Gedichte – und er hat wie kaum ein anderer dafür gekämpft, dass Gedichte allen Menschen zugänglich gemacht werden sollten und nicht nur einer Handvoll gut erzogener Intellektueller. ›Dichter‹ – hatte er einst in einem seiner poetischen Manifeste geschrieben –, ›kommt aus euren Schreibstuben heraus, öffnet eure Fenster, ihr habt euch lange genug in euren geschlossenen Räumen aufgehalten.‹«

Einer der vielen Dichter, die mit offenen Augen durch New York gelaufen sind, ist Charles Simic. Er kam 1938 in Belgrad zur Welt und wurde der fünfzehnte Poeta laureatus der USA. Sein Werk wurde von Hans Magnus Enzensberger zum ersten Mal ins Deutsche übersetzt, jetzt liegt es in vielen Bänden vor, Gedichte, Essays und sehr komische Erinnerungen an Amerika, dessen Boden er 1953 mit fünfzehn Jahren betrat. Wahrscheinlich ist er nun zu alt, um den Nobelpreis zu erhalten, aber er war, zusammen mit Bob Dylan und Louise Glück, immer mein Kandidat: Keiner hat – als Essayist, Übersetzer, Professor und Dichter – so viel für die Poesie getan wie er. Als kleinen Dank für alle Anregungen durfte ich – zusammen mit Wiebke Meier – einen Teil seines letzten Gedichtbandes übersetzen. (Während ich dies schrieb, starb Charlie, wenige Wochen nach seinem Übersetzer und Freund Hans Magnus Enzensberger. In meinem Nachruf – für die FAZ – schrieb ich:

»Als gestern das aufdringlich-nützliche Internet die Nachricht vom Tod von Charles Simic brachte, rutschte mir buchstäblich das Herz in die Hose. ›This to let you know that our dear friend Charles Simic died last evening. I feel bereft.‹ Ich fühle mich beraubt, schrieb Drenka Willen, seine ehemalige Verlegerin und gute Freundin, die zehn Jahre vor Simic, 1928, ebenfalls im Königreich Jugoslawien zur Welt kam. In ihrem Haus im New Yorker Village haben wir uns oft getroffen: mit Bob Silvers, dem Herausgeber der New York Review of Books, in der Simic unzählige Essays zur Literatur (insbesondere zur Literatur Mitteleuropas) veröffentlicht hat, aber auch mit Saul Steinberg, dem gefeierten Zeichner der Titelbilder für den New Yorker, der in Rumänien geboren wurde, in Mailand studiert hat und im Zweiten Weltkrieg als amerikanischer Soldat maoistische Kämpfer trainieren musste, oder mit dem slowenischen Dichter Tomaš Šalamun, den Simic (neben vielen anderen Dichtern aus dem ehemaligen Jugoslawien) für Drenka ins Amerikanische übersetzt hat: Die Lebensgeschichten, die bei diesen Abendessen (meistens gab es süßsaure Linsen) ausgetauscht wurden, spiegelten das alte Mitteleuropa. Andrić und Kiš, Hrabal und Kundera, Gombrowicz und Zagajewski, Jan Skácel und Claudio Magris waren präsenter als all die amerikanischen Schriftsteller, die in den Nachbarhäusern lebten.

Aber die schönsten Geschichten konnte Charles Simic erzählen, der als Dušan Simić 1938 in Belgrad geboren und seit seiner Ankunft in den USA Charlie gerufen wurde. Besonders die traurigen Geschichten über seinen erfolglosen Vater, der nach Amerika gekommen war, um ein reicher Mann zu werden, konnte Charlie so wunderbar komisch vortragen, dass einem die Tränen kamen. Er hat sie in dem Band ›Eine Fliege in der Suppe‹ eigens für ein deutsches Publikum aufgeschrieben, auf dem Cover ein Foto des Vaters mit einem waschechten Schweinchen unter dem Arm.

Aus dem (von deutschen Bomben) zerstörten Belgrad nach Chicago und später zum Studium nach New York: Größer konnte der Riss zwischen den Kulturen nicht sein. Simic hat ihn in seinen Gedichten mit Staunen und Verwunderung dargestellt. Die damals noch existierenden Brandmauern, die Kaschemmen, die Jazz-Kneipen, die Hinterhöfe, die Penner, die Ausgestoßenen und von Gott Verlassenen, die jedem Prediger auf den Leim gehen, dieses New York hat den rastlosen (und unter Schlaflosigkeit leidenden) Flaneur geprägt. Die Amerikaner haben die surrealistische Scharfsinnigkeit dieses Dichters bald bemerkt. Er erhielt die großen Preise, den Pulitzer- und den Wallace-Stevens-Preis, er wurde – da war er schon lange Professor an der Universität von New Hampshire – schließlich zum ›Poet Laureate‹ gewählt.

In Deutschland hat ihn zuerst der kürzlich verstorbene Hans Magnus Enzensberger übersetzt, 1990 erschien der Band ›Ein Buch von Göttern und Teufeln‹, dem viele weitere Bände mit Gedichten, Essays und Erinnerungen folgten, u. a. sein großer Essay über den amerikanischen Künstler Joseph Cornell, der seine Fundstücke des Alltäglichen in Schaukästen arrangierte, gewissermaßen dreidimensionale Gedichte à la Simic. Die Bayerische Akademie der Schönen Künste verlieh ihm 2003 den Horst-Bienek-Preis für Lyrik.

I feel bereft – ja, auch ich fühle mich beraubt. Er war eben nicht nur ein ungewöhnlicher Dichter, sondern auch ein ganz besonderer Freund.«

Bevor ich wieder in den Flieger steige, soll noch mit einem Wort an Allen Ginsberg erinnert werden, der wie Laughlin 1997 starb. Ich weiß nicht, warum er in Deutschland nicht so berühmt war, wie es ihm ohne Zweifel zustand. Ich hatte ihn ein paarmal in Berlin getroffen, bei einer von Walter Höllerers Veranstaltungen und bei Lesungen, aber da war nichts hängengeblieben.

Er war out. Dann entdeckte ich eines Tages, dass nichts mehr von diesem großen Rhapsoden zu haben war, dafür alles, was Charles Bukowski je zwischen zwei Schlucken Bier geschrieben hatte – was diesem zu gönnen, aber trotzdem ungerecht war. Ich schrieb Allen, wir verabredeten uns in der berühmten Lobby des »Algonquin«, was mein Ansehen in diesem Hotel unglaublich in die Höhe schießen ließ, und verlegten schließlich einige seiner Bücher. Hätte ich damals Zeit (und Geld) gehabt, hätte ich am nächsten Tag mit ihm nach Kalifornien fliegen können, wo er sich mit Bob Dylan zur Arbeit treffen wollte. Das ging leider nicht. Dafür kam er zu einer Lesung nach München in eine alte Fabrik auf dem Bogner-Gelände am Englischen Garten. Wir liefen vom Verlag aus gemeinsam hin, ich sollte die Einführung halten. Ich hatte mich (wie immer) gut vorbereitet und begann, einen längeren Vortrag über Allen und seine Freunde der Beat-Generation zu halten, als ich von einer Gruppe von Zuhörern rüde aufgefordert wurde, endlich die Klappe zu halten. Wir sind nicht deinetwegen da, sondern wollen Allen hören, so etwa lautete die Botschaft. Ich hatte mich offenbar geirrt – Allen war immer noch präsenter, als ich gedacht hatte. Also überließ ich Allen das Podium, der mit der Begleitung seines Handklaviers zwei volle Stunden das Publikum begeisterte – und ich konnte froh sein, danach noch mit dem Autor und seinen Freunden ein Bier trinken zu dürfen.

Es ist unglaublich, wie viele amerikanische Dichter und Dichterinnen seit der Veröffentlichung der »Leaves of Grass« Mitte des 19. Jahrhunderts die Weltliteratur bereichert haben. Und so viele sind noch zu entdecken, von Robert Frost bis zu Robinson Jeffers, von E. E. Cummings bis Adrienne Rich, von Robert Lowell bis zu Mark Strand und Ann Lauterbach, von James Merrill über Robert Creeley bis zu Stanley Moss; und immer neue kommen hinzu. Es ist der große, bei aller Kritik hymnische Grundton, der seit Walt Whitman allen Religionen,

Ethiken, Parteien und Schulen der amerikanischen Poesie unterlegt ist – und sie alle überlebt hat. Diese große Tradition ist noch lange nicht am Ende.

Meine (Schreib-)Tische in New York

Wenn der Name New York fällt, denken die meisten an die herrlichen Museen oder an den Central Park, an das Village (wie es einmal war) oder den Broadway, an Columbia University oder die 5th Avenue – mir fällt zuerst immer eine Reihe von Tischen ein, auf die ich mich bei jedem Besuch gefreut habe: der Biedermeier-Tisch in Fritz Sterns Wohnung in der Nähe von Columbia, der runde Tisch im Union Square Cafe, an dem jeden Mittag der Verleger Roger W. Straus mit seinen Gästen seinen Lunch zelebrierte, der lange asketische Holztisch von Drenka Willen in einem Brownhouse im Village, der mit Büchern und Manuskripten dermaßen vollgepackte Tisch von Ellen Levine, dass man sie hinter den Papierbergen nur ahnen konnte, der Bürotisch des Agenten Andrew Wylie, über dem irritierenderweise immer ein kleiner Fernsehapparat mit den Börsennachrichten lief. An den Schreibtischen konnte man ablesen, wie und unter welchen Bedingungen einer arbeitete. Und wenn ich an die New Yorker Schreibtische denke, fällt mir immer der aus sechs oder sieben unterschiedlich hohen Camping-Tischen zusammengeschobene Tisch auf der Terrasse des Philosophen Ronald Dworkin (und seiner deutschen Frau Reni) auf Martha's Vineyard ein, an dem wir einige Male am 4. Juli den Tag der amerikanischen Unabhängigkeit mitfeiern durften. Wenn Ronald aufstand, um mit klarer Stimme die Declaration of Independence vorzulesen, wackelte die gesamte fragile Tischkonstruktion. Es war jedes Mal das, was meine Mutter einen erhebenden Moment genannt hätte: Es stockte einem buchstäblich der Atem. Nur wenige Jahre zuvor waren Studenten wegen kommunistischer Umtriebe festgenommen worden, die die Declaration öffentlich vorgetragen hatten, ohne zu sagen, was da zur Sprache kam. Einmal saß ich neben einer Richterin am High Court, die auch auf der Insel ihre Ferien verbrachte und mich nach dem deutschen Verfassungsgericht ausquetschte, als sei ich für dessen Rechtsprechung verantwortlich. Auf der anderen Seite saß Ward Just, der frühere Reporter der Washington Post, den seine Reportagen aus dem Vietnam-Krieg berühmt gemacht haben. Er wohnte mit seiner Frau ein paar Dörfer weiter und war ein gern gesehener Gast, der immer, wie Ronnie sich ausdrückte, zwei Gäste im Schlepptau hatte, das unzertrennliche Paar Dr. Gin und Professor Tonic.

Manchmal kam auch Bob Silvers aus New York herüber, der Herausgeber und Chefredakteur der zu Recht weltberühmten New York Review of Books. Bevor Dr. Gin und Professor Tonic ihn mit Beschlag belegen konnten, lief der damals schon etwa Achtzigjährige zum riesigen Pond, der dem Meer vorgelagert ist, und kraulte ein paar Kilometer, so schön und gleichmäßig, dass selbst die Otter, die zusammen mit großen Fischreihern und tausend verschiedenen Enten im dichten Ufergebüsch lebten, mit Hochachtung die schwarzen runden Köpfe aus dem Wasser hoben. Der Kettenraucher Ward Just schüttelte sich, die Lyrikerin Jorie Graham und ihr sportlicher Mann, der Maler Peter Sacks, schauten ein bisschen neidisch, und die fast neunzigjährige, äußerst schlagfertige Witwe des Schriftstellers William Styron, die seit ewigen Zeiten ein Haus auf der Insel bewohnte, seufzte, weil sie nie kraulen gelernt hatte.

Wenn der 4. Juli vorbei war, fuhren wir mit Ronnie und Reni in einem abenteuerlichen kleinen Boot ans Meer, an einen kilometerlangen leeren Strand, auf dem nur hier und da ein paar Menschen unter Sonnenschirmen dösten. Im Wasser war mehr los. Kaum war man angekommen, schaukelten die Köpfe der neugierigen Seehunde auf den Wellen – ein wunderbarer Anblick, aber, laut Ronnie, ein schlechtes Zeichen: Wenn die Seehunde so nah ans Ufer kommen, ist der Hai nicht weit.

Es waren Sommer am Meer, wie man sie in Europa kaum mehr erleben kann. Ich fuhr morgens mit dem Fahrrad auf festen Sandstraßen durch die hellen Wälder zu einer berühmten Straßenkreuzung, wo Alice in ihrem in der ganzen Gegend berühmten Kaufmannsladen wirkte. Sie hatte alles, von tiefgekühlten Weinen und Strandlatschen bis zur New York Times und selbstgemachten Kleidern, Milch, Käse und Obst, aber auch Rasenmäher und Mäusevertilgungsmittel, alles lag neben- und übereinander oder hing an Wänden und Decke, und zwischen den bunten Haufen bewegte sich Alice, einen Block in der Hand, um zu notieren, ob etwas nachbestellt werden musste. Vor dem Haus, das natürlich aus Holz war, standen zwei Schaukelstühle, in die man sich setzen konnte, wenn man gesehen werden wollte, aber angenehmer war eine lange Bank am Ende des Grundstücks, wo ich mit einem Kaffee in der Hand die neuesten Nachrichten lesen konnte: Es war Wahlkampf! Die Hälfte der Insel war für Obama, die andere, die sich mit kleinen Fähnchen im Vorgarten outete, für den Republikaner John McCain. Als wir einmal in der Schlange zu einem Film von Woody Allen anstanden, sagte ein weißer Amerikaner hinter uns: Wenn der Schwarze gewinnt, werden wir hier bald die Minderheit sein. (Jetzt hat sich auch Obama ein Haus auf Martha's Vineyard gekauft.)

Einmal setzte sich Elena Foster neben mich, der mit ihrem Mann, dem Architekten Norman Foster, ein riesiges Areal gehörte, auf dem ein Dutzend wunderbare Häuser standen. In einem waren die Rennräder der Familie untergebracht, und wenn ich gemächlich durch den Wald radelte und deutsche Volkslieder sang, konnte es vorkommen, dass der zehn Jahre ältere Sir Norman wie ein »Hi!« rufender Blitz auf seinem Leichtmetallrad an einem vorbeischoss; in einem anderen Haus standen unzählige Monitore, die den Stand der Arbeiten an den verschiedenen Projekten wiedergaben. Wenn etwas nicht stimmte, wechselte er vom Fahrrad in sein Flugzeug und jettete nach China oder Berlin, um den Bauleuten die Ohren langzuziehen. Elena ist Spanierin und leitet einen kleinen feinen Kunstverlag in Madrid und London, The Ivory Press.

In ihrem Haus auf Martha's Vineyard habe ich zum letzten Mal George Weidenfeld gesehen, den legendären Verleger aus London, der als junger Emigrant nach England gekommen war. Er hatte nicht nur alles gelesen (und präsent), was je aufgeschrieben worden war, vom Gilgamesch bis zu W.H. Auden, sondern auch alles gehört, es gab keine Oper, die er nicht mitsingen konnte. George war Baron und saß auch im Oberhaus, war mehrere Male verheiratet gewesen und eigentlich immer unterwegs zwischen London, Berlin, New York und Israel. Wie nebenher hat er ganze Universitäten (in Israel) aus dem Nichts ins Leben gerufen und in Oxford neue Studiengänge eingerichtet. Selbstverständlich kannte er jedes Mitglied des israelischen Geheimdienstes persönlich, auch deutsche Politiker klopften gerne an seine Tür. Er fand alles interessant, von der Nachspeise bis zu politischen Theorien, und auch wenn man politisch nicht seiner Meinung war (meistens), so war er doch selber sehr interessant. Nun saß er bei brütender Hitze in einem hellblauen Freizeithemd bei Fosters am Mittagstisch, ein glücklicher Mensch, der alle ideologischen Scheußlichkeiten des 20. Jahrhunderts überlebt hatte und dafür nun von Elena mit einem großartigen Hummer verwöhnt wurde. Als ich Buchhandelseleve im Londoner Kaufhaus Harrods war, haben wir uns kennengelernt und später immer wieder hier und da getroffen, meistens bei den internationalen Zusammenkünften auf der ganzen Welt, die George organisierte und die von Ann Getty bezahlt wurden. Und plötzlich war er mit dem Geld von Mrs. Getty auch noch Verleger des ehemals Underground-Verlages Grove Press und empfing und bewirtete seine Freunde in einem der alten New Yorker Hotels. Aber das ist eine andere Geschichte. Als wir uns bei den Fosters verabschiedeten, rief er mir, fast neunzig, aber noch immer der Alte, fröhlich zu: Du musst im nächsten Jahr die Weidenfeld-Lectures in Oxford übernehmen, dann können wir uns endlich mal wieder ausführlich sehen.

Manchmal setzte sich auch Michael Palmer mit seinem Kaffee zu mir auf die Bank vor Alice, ein kalifornischer Dichter, der jedes Jahr mit seiner Frau, einer Anthropologin, im Osten Urlaub machte und schrieb. Er wiederum kannte alle französischen Dichter von Baudelaire an, von denen er einige auch selbst übersetzt hatte. Michael gehörte zu denen, die intensiver als alle Franzosen zusammen sich dem französischen Poststrukturalismus in die weit geöffneten Arme geworfen hatten, nachdem sie der Strukturalismus nicht mehr so recht befriedigen konnte. Michael war außerordentlich fleißig, schrieb Ballette, arbeitete mit Künstlern, übersetzte und schrieb Gedichte – und er war in dem Verlag New Directions gelandet, dem Verlag von James Laughlin, dessen Büros sich im obersten Stockwerk des berühmten alten Hochhauses 80 Eighth Avenue befanden.

Von New Directions ist es nur ein Katzensprung zum Privat-Haus von Drenka Willen, der grand old Lady des amerikanischen Verlagswesens, die jahrzehntelang das internationale Programm des Verlags Harcourt, Brace & Jovanovich prägte. Übernommen hatte sie diese Arbeit von Helen Wolff, der Witwe des aus Deutschland emigrierten Verlegers Kurt Wolff und Freundin von Hannah Arendt und Günter Grass und tausend anderen – denen Drenka tausend weitere Autoren hinzugewann. Diese zierliche, freundliche, schöne und vollkommen uneitle Frau, die 1927 in Zagreb geboren und deren Familie zu großen Teilen während des Krieges ermordet wurde, kam als Studentin nach New York. Wie sie sich dort durchgeschlagen hat, kann sie mit ihrer immer noch vom Balkan imprägnierten Stimme erzählen, und zwar eben an dem langen schwarzen Tisch, der die ganze Breite des Esszimmers einnimmt. Die Amish haben solche Tische gebaut, die auffallen, weil sie nichts Auffallendes an sich haben. Wenn man Blumen mitgebracht hat, stehen sie am Rand, neben einer Rotweinflasche. In der Mitte stehen Schalen mit Linsen und Salat, daneben Behälter für Salz und Pfeffer. Alles ist von überwältigend schöner, morandihafter Einfachheit. Dann kommen die Gäste. Für mich hat sie gerne Bob Silvers mit seiner (ebenfalls aus dem ehemaligen Jugoslawien stammenden) Freundin und Charlie Simic mit seiner Frau Helen eingeladen, manchmal kam Umberto Eco dazu, manchmal Amos Oz. Es wird leidenschaftlich (und witzig) über Musik, Literatur und Politik geredet, als befände man sich in einem Salon im Paris des 18. Jahrhunderts. Und wenn sich alle leergeredet und das Haus verlassen haben, darf ich mit Drenka die kleine Treppe hinter dem Haus in den winzigen Garten hinabsteigen, wo ein leibhaftiger Hase auf uns wartet. Ja, ein Hase, Meister Lampe, allerdings nicht mit den nach oben drängenden, sondern mit diesen eigentümlich nach unten fallenden schlappen Ohren. Wir flüstern miteinander, als hätten die Wände Ohren, und der Hase flüstert so leise zurück, dass nicht einmal die geheimste Geheimpolizei ein Wort verstanden hätte. Nur Drenka und ich.

Von Drenkas Tisch, an dem so illustre Schriftsteller wie Saramago, Calvino, Kiš oder Nooteboom Linsen gegessen haben, gehe ich durch die inzwischen leere, durchatmende Stadt über den Union Square zur Madison und nach Hause.

Meine holländischen Dichter

In unserer durch und durch akademisierten Welt gibt es sicher Hunderte von Dissertationen, die sich mit der Hirnaktivität von schlafenden und träumenden Katzen beschäftigen, aber unter den gelehrten Dichtern ist eine solche Beschäftigung eine Seltenheit. Obwohl jeder Poet, der diesen Namen verdient, nach einem langen Studium der Literaturwissenschaft ein Gedicht auf eine Katze geschrieben hat, und obwohl jeder Mensch sich gewundert hat, warum die müde Katze vor dem Schlafen ihr Maul so weit aufreißt, dass man ihr Herz sehen kann, das sie sonst so sorgsam verbirgt, ist die Beschäftigung mit der träumenden Katze unter den Dichtern immer ein Randgebiet geblieben.

Der erste holländische Dichter, den ich in meinem Leben getroffen habe, war der aus Goor stammende Psychiater Rutger Hendrik van den Hoofdakker, der sich als Dichter Rutger Kopland nannte. Schon sein erster Band, den er mit zweiundzwanzig Jahren veröffentlichte, riss sein Lebensthema an: »Onder het vee«, »Unter Tieren«. Als ich ihn (durch Christoph Derschau) kennenlernte, war er Professor in Groningen und wusste alles über Tiere. Woher der liebenswerte Dichter Christoph Derschau ihn kannte, habe ich vergessen. Christoph bewegte sich eher in den Kreisen der Subkultur, sein Gedichtband »Den Kopf voll Suff und Kino« war damals Ende der siebziger Jahre in aller Munde, seine »Breitwandgedichte über Städte, Stars und starke Frauen« würden ihm heute unter identitätspolitischen Gesichtspunkten sicher Kopf und Kragen kosten. Aber damals waren die Provos so tonangebend wie heute die Spießer.

Rutger Kopland hatte bei unserem Treffen nur wenige Gedichte dabei, die er mir schenkte. Damals erinnerten sie mich an Peter Huchel und Günter Eich, aber etwas intellektueller oder nachdenklicher, weniger beobachtend und überhaupt nicht beschreibend – dafür schien der damals noch jugendliche Autor auf einem vertrauten Fuß mit dem Tod zu stehen: feine Miniaturen, die ich über alles liebte und als Manuskripte jahrelang aufbewahrte, bis sie eines Tages von den Papierwogen in meinem Arbeitszimmer weggetragen wurden. Und dann flatterte uns eines Tages das Angebot der beiden Hamburger Dichter Mirko Bonné und Hendrik Rost auf den Tisch, eine Auswahl aus Koplands Werk für die von Ursula Haeusgen, Raoul Schrott und mir herausgegebene Reihe »Lyrik Kabinett« zu übersetzen: »Dank sei den Dingen«, 2008 erschienen. Wieder ein wenig später kam Rutger mit seiner Frau zu einer Lesung ins »Lyrik Kabinett«: Aus dem feschen Professor war ein alter weißhaariger Mann geworden, der beim Blättern in seinen umfangreichen Gesammelten Gedichten immer erstaunt schien, was er da so alles in seinem Leben geschrieben hatte: Man muss die Welt und die Menschen nicht lieben, brummelte er, aber achten, und ganz besonders die Tiere. Ein paar Jahre später ist dieser freundliche Mann gestorben. Ich weiß nicht, ob viele gewusst oder auch nur geahnt haben, dass uns einer der besten Dichter Europas verlassen hatte. Wenn man die Gedichte heute liest, fällt einem nicht ein einziges falsches Wort auf, keine Peinlichkeit, keine erzwungene oder antrainierte Weltverachtung oder Großsprecherei. Aber eben auch keine wohlfeile Anklage in moralischer Hinsicht oder irgendwelche linguistischen Finessen. Er schrieb ganz einfach sehr gute, ganz einfache Gedichte.

Die holländische Poesie hat es in der Achtung der Deutschen nicht leicht gehabt. So schrieb zum Beispiel der Philologe Carl Lang:

»Sie sind sehr ungerecht, lieber Freund, und sehr parteyisch für Ihre eigne Landsleute, wenn Sie glauben, daß die niederländische Dichtkunst ganz und gar schlecht sey, daß dort noch kein Sänger aufgestanden sey, der sich einen Kranz, aus Blumen mehrerer Länder gewunden, errungen habe! [...] Ich gebe Ihnen zu, daß vor 50 Jahren ein Mann von Geschmack kaum einige niederländische Gedichte fand, die ihn anziehen konnten: aber auch wir Deutschen hatten vor und unter Gottsched wenig tröstliches aufzuweisen [...] Aber freylich muß ich Ihnen eben so gut zugestehen, daß wir binnen kurzer Zeit uns höher gehoben haben; daß wir in unsrem goldnen Alter stehen [...] Zugegeben ferner, daß wir ihnen jetzt Lehren des Gesangs verschreiben; daß ihre besten Köpfe in der That die Gesetze unserer Dichter heilig halten, und durch ihre Befolgung die Bahn brechen; aber alles dies zugegeben, will ich Ihnen dennoch beweisen, daß sich einige Niederländer schon jetzt in der Dichtkunst sehr gehoben haben. Nur müssen Sie kein großes Register verlangen!«

Dieser Brief wurde 1789 geschrieben, also vor mehr als zweihundertzwanzig Jahren: In Frankreich begann die Revolution, Schiller schrieb seine Jenenser Antrittsvorlesung über die Universalgeschichte und Trostwijk und Deimann gelang die Zerlegung des Wassers in Wasserstoff und Sauerstoff. Und einige Niederländer haben sich, wenn wir Carl Lang glauben dürfen, in der Dichtkunst sehr gehoben. Wenn man bedenkt, dass die Romantiker, die Brüder Grimm und Hoffmann von Fallersleben und viele andere vierzig Jahre später wieder ganz anders dachten und den Niederländern empfahlen, sich doch ordentlich deutsch auszudrücken, dann ist dieses späte Echo der Aufklärung, wie es in dem Brief von Lang zum Ausdruck kommt, gar nicht hoch genug einzuschätzen.

Das war nicht immer so. Wer die Akten und Korrespondenzen der deutschen Literaturkritik im ausgehenden 18. und 19. Jahrhundert durchsieht, wie sie zum Beispiel Ulrike Kloos gesammelt hat, kommt aus dem Staunen nicht mehr heraus. Für lange Zeit war ausgemacht, dass die niederländische Sprache nichts anderes als ein niederdeutscher Dialekt sei. Es war der große Philologe Grimm, der Märchen-Grimm, der seine sprachwissenschaftlichen Vorstellungen dem Reichsgedanken zuordnete. Er schrieb: »Wie in den Völkern selbst tut sich auch in den sprachen, die sie reden, eine unaussprechliche anziehungskraft der schwerpuncte kund, und lebhaft erwachte sehnsucht nach fester einigung aller sich zugewandter stämme wird nicht nachlassen. Einen übertritt der Niederlande zur hochdeutschen sprache halte ich in den nächsten jahrhunderten sowohl für wahrscheinlich als allen deutschen völkern für heilsam, und glaube, dass ihm durch die lostrennung Belgiens von Holland vorgearbeitet ward: es leuchtet ein, dass dem Niederländer lieber sein muss deutsch als französisch zu werden. Auch verdient die sprache der berge und höhen zu siegen über die flache ebene.« Das ist ein interessanter Vorschlag, den Grimm gemacht hat, auch wenn er nicht realisiert wurde – bisher. Warum, fragt man sich, soll die Sprache der Berge und Höhen siegen über die flache Ebene. Aus militärischen Gründen?

Und Hoffmann von Fallersleben, der Autor unserer Nationalhymne, gab auch einen Grund an, warum es für die Holländer besser sei, sich mit dem Deutschen zu verbinden: »Die Hinneigung der Niederländer an das Franzosentum kann nur verderblichen Einfluss haben auf die holländische Poesie.« Und was die Flamen betrifft, schreibt er: »Ich kann nicht verhehlen, dass es mich tief geschmerzt hat wahrzunehmen, wie sehr das Deutsche, was noch überall im ganzen Sein und Leben der Flamländer durchbricht, dem fremden Einfluss weichen muss. Ich sah dies herrliche gottgesegnete Land – und doch schmerzte es mich, dass dies Land aus dem großen deutschen Volksstamme losgerissen wird und sich selbst losreißt.«

Und 1844 schreibt er an Freiligrath: »Ich habe gar keine Freude mehr an diesem Land, das ich einst so lieb hatte. Glaubst, du, dass sich Belgien jemals Deutschland nähern wird? Ich glaube es nicht. Die Leute sind zu französisch, wissen nichts, gar nichts, ganz und gar nichts, weniger als Nichts von Deutschland! Großer Gott, und sie wollen nichts lernen! Wie leicht wäre es für sie, wenigstens deutsch zu verstehen? Sie sind halt Franzosen!«

Kurzum, die niederländische Literatur, die sich nicht mit der deutschen Literatur gemein machen wollte, hat ein Problem. »Sie ist« – schreibt Eduard Kausier 1848, im Jahr der Revolution – »zu sehr durchdrungen von deutschen Elementen, um eine eigene Entwicklung zu haben, und doch wieder nicht durchaus deutsch genug, um unsere gesammte Entwicklung in gleicher Lebendigkeit mitzumachen.«

Ich will nicht behaupten, dass diese Missachtung und Geringschätzung oder auch nur Einschätzung der niederländischen Sprache und Literatur das Klima so nachhaltig vergiftet hat, dass es mehr als ein Jahrhundert brauchte, um die Eigenständigkeit dieser Kultur überhaupt zu verstehen. Aber etwas von dieser herablassenden Haltung hat sich lange in den bilateralen Verhältnissen erhalten. So schrieb Karl Rosenkranz in seinem »Handbuch einer Allgemeinen Geschichte der Poesie« aus der zweiten Hälfte des 19. Jahrhunderts: »Deutschem Ohre wird das niederländische Idiom immer fremdartig erscheinen, und nie ohne komischen Eindruck für dasselbe seyn.« Noch der berühmte Geisteswissenschaftler Wilhelm Dilthey schrieb, bereits nach der deutschen Reichsgründung, dass es die Niederländer nicht zu einer eigenen Poesie gebracht hätten, und die Begabung Vondels führt er darauf zurück, dass er in Köln geboren sei. Außer Couperus gab es bis zur Jahrhundertwende keinen zeitgenössischen niederländischen Dichter oder Schriftsteller, der vor den Augen der deutschen Germanistik hätte bestehen können. Immer nur Reinecke, ein paar Volkslieder und Märchen.

Das änderte sich erst sehr vorsichtig nach dem Ersten Weltkrieg, wenn auch, aus bekannten Gründen, nur für die kurze Zeit bis 1933. Aus den sprachgeschichtlichen Überlegungen wurden wieder die völkischen und germanistischen Aspekte in den Vordergrund gestellt, Blut und Rasse, Deutschheit und Deutschtum, all diese fürchterlichen Begriffe, die bis 1945 unangefochten und immer brutaler die deutsche Haltung bestimmten. Ich will sie nicht noch einmal in den Mund nehmen. Ich will nur daran erinnern, dass es vor allem die holländischen Verlage waren, die bis zur deutschen Besatzung die Exilliteratur in Amsterdam verlegt haben. Von holländischer Seite war die Animosität gegenüber der deutschen Sprache offenbar geringer als umgekehrt.

Nach all dem, was zwischen Besatzung und Kriegsende geschehen war, mutet es wie ein Wunder an, dass nach dem Zweiten Weltkrieg, nach der Übersetzung der Literatur der Siegermächte, auch die holländische und flämische Literatur in großem Umfang übersetzt wurde. Aber das sollte, das musste eine Zeit dauern. Zunächst wurden natürlich die Amerikaner, die Briten und die Franzosen übersetzt, während in der sowjetischen Besatzungszone die russische Literatur gepflegt wurde. The Great American Novel, die englisch-irische Moderne von Joyce bis Virginia Woolf, und selbstverständlich die französische Literatur des Existentialismus, das ging vor.

Die ersten holländischen Gedichte, die ich Ende der fünfziger Jahre las, waren von Gerrit Achterberg. Der Berliner Schriftsteller Robert Wolfgang Schnell, der einige Jahre während der NS-Zeit in Holland verbracht hatte – es hieß, er habe in Den Haag an der Oper gearbeitet –, hatte sie übersetzt, leider ist die Übersetzung verschollen; sie ist meines Wissens jedenfalls nie gedruckt worden. Der erste holländische Roman war Harry Mulischs Roman »Das steinerne Brautbett«, das Dresden-Buch dieses Schriftstellers, der von sich sagte, er verkörpere den Zweiten Weltkrieg. Aber weder im »Museum der modernen Poesie«, der immer noch großartigen Gedichtsammlung der Moderne, die Hans Magnus Enzensberger 1960 herausgab, noch in Walter Höllerers einflussreicher Textsammlung »Theorie der modernen Lyrik« von 1967 gab es einen holländischen oder flämischen Dichter, und auch in der berühmten Lesereihe von

Walter Höllerer, »Ein Gedicht und sein Autor« von 1967, fehlten die Holländer. Das ist, in der Rückschau, bedrückend. Warum war das so? Wollten die holländischen Dichter nach dem Krieg in Deutschland nicht auftreten? Gab es bis in die sechziger Jahre keine geschulten Übersetzer? Oder war es Scham von der deutschen Seite? Aber warum waren dann die Polen gekommen? Man nahm weder die Gruppe der Vijftigers noch die Literaten der Gruppe Cobra mit Lucebert, Schierbeek, Hugo Claus und den anderen zur Kenntnis, wohl aber deren Malerei! – und auch die Subkultur, wie sie von Simon Vinkenook in seiner Zeitschrift »Blurb« propagiert wurde, kam sehr spät bei uns an, obwohl das Happening in Deutschland, besonders durch den Künstler Wolf Vostell oder die Wiener Gruppe, eine große Aufmerksamkeit erregte. »Atonaal«, Vinkenoogs Anthologie, habe ich erst zwanzig Jahre später in einem Amsterdamer Antiquariat gekauft.

Diese Ungleichzeitigkeit der Rezeption eines europaweiten Aufbruchs ist auffällig, und man sollte einmal nachprüfen, ob unterhalb der allgemeinen Aufmerksamkeitsschwelle Verbindungen bestanden. Für die Geschichte der Avantgarde in Deutschland und Holland wäre es wichtig, eine Antwort auf die verspätete Anerkennung zu finden. Waren die Schatten des Faschismus so lang, dass kein spezielles Interesse an einem regelmäßigen Austausch bestand? War die Scham auf deutscher Seite so groß, dass man sich lieber wegduckte, als sich in die Augen zu sehen? Im Falle von Remco Campert, dessen Vater in Neuengamme ermordet wurde, fällt einem die nachträgliche »Begründung« leicht. Und auch Bert Schierbeek, der mir erzählt hat, wie er als junger Mann in der Résistance gekämpft hat, hatte sicher gute Gründe, nicht sofort nach dem Krieg wieder in Deutschland aufzutreten. Aber wie verhielt es sich mit den anderen?

Der einzige moderne Holländer, der damals in »unseren Kreisen« bekannt war, war Adrian Morrien. Er erhielt für seine satirischen Erzählungen als einziger Ausländer sogar den Preis der damals bedeutsamen Gruppe 47, was ihn selber so erstaunte, dass er als Erklärung angab, wahrscheinlich sei er ausgezeichnet worden, weil man dankbar gewesen sei, einen sehr gut deutsch sprechenden Holländer als Gast zu haben. Für einige Zeit wurde das Genre, das Morrien beherrschte, die kurze, mild satirische Form, geradezu mit holländischer Prosa gleichgesetzt. Freundlich, gemütlich, satirisch; so das Bild, das sich die Deutschen von der holländischen Literatur machten.

1965 erschien, in dem Einmannverlag Eremiten-Presse in Stierstadt im Taunus, einem Verlag, in dem der Verleger alles selber machte und auf einer alten Handpresse auch selber druckte, die erste Anthologie holländischer Poesie der Gegenwart, ein dünnes, aber gewichtiges Büchlein, herausgegeben von Ludwig Kunz. Kunz, ein deutscher Jude, kam aus Görlitz im Osten Deutschlands, wo er seit 1923 eine kleine, sehr interessante Zeitschrift herausgab: »Die Lebenden«. Er verfolgte eine expressionistisch-proletarische Linie, von Else Lasker-Schüler bis hin zu den Arbeiterdichtern. »Wir kämpfen für die Vernachlässigten, die Entrechteten und die Ungedruckten«, schrieb er kämpferisch in der ersten Nummer, in der tatsächlich Autoren zum ersten Mal auftraten, die später berühmt wurden, aber auch Thomas Mann und andere. Ludwig Kunz kam im Frühjahr 1938 nach Holland. Als die Deutschen ihn dort aufspürten, begann ein Leben im Untergrund, bis er schließlich gefasst und in ein Lager gesperrt wurde, aus dem er aber Gott sei Dank bei einem englischen Fliegerangriff fliehen konnte. Das Kriegsende erlebte er in einem Kloster an der Grenze zu Deutschland. Ludwig Kunz gehörte zu den wichtigsten Übersetzern der holländischen Avantgarde. Er war schon während der Besatzung mit Kouwenaar und mit Lucebert befreundet, er kannte die Anfänge dieser Avantgarde genau, aber auch die Motive, die zu dieser Eruption geführt haben.

Kurzum, in der ersten Anthologie niederländischer Dichter in der Bundesrepublik, 1965 erschienen in der winzigen Eremiten-Presse in einer winzigen Auflage, veröffentlichte Kunz Gedichte von Hugo Claus, Jan Elburg, Gerrit Kouwenaar, Lucebert, Sybren Polet, Bert Schierbeek, Hans Sleutelaar, Hans Verhagen und Simon Vinkenoog. Dieser Band, den kaum einer kennen konnte, bildete das Tor, durch das alle zukünftigen Autoren gehen mussten, wenn sie in Deutschland verlegen wollten. Auch Gregor Laschens Anthologie »Eine Jacke aus Sand« von 1993 fußte auf dieser Vorarbeit von Ludwig Kunz.

Das Tor, das er aufgemacht hatte, wurde förmlich aufgerissen, als die Provo-Bewegung in Amsterdam von sich reden machte und die jungen Deutschen Amsterdam zum Zentrum neuer Lebensformen erkoren. Plötzlich waren auch die Amsterdamer Verlage interessant: Rob van Gennep, die genossenschaftlich organisierte Arbeiderspers und De Bezige Bij. Ab 1970 war es eine große Ehre, bei Rotterdams Poetry Festival aufzutreten, angesagt durch den unvergessenen Geert Lubberhuizen. Die Niederlande hatten sich internationalisiert. Seit 1964 war die Stiftung zur Förderung der niederländischen Literatur auch auf der Buchmesse vertreten, so dass immer mehr von ihr geförderte Bücher ins Deutsche übersetzt wurden. Ich sehe noch Joost de Wit vor mir, einen schweren, hochgewachsenen Mann, der mit großer Energie (und großem Durst) die holländische Literatur anpries und verteidigte.

Aber der richtige Durchbruch fand erst 1991/92 statt, als kurz hintereinander die Romane »Die Entdeckung des Himmels« von Harry Mulisch, »Die Gesetze« von Connie Palmen, »Erst grau, dann weiß, dann blau« von Margriet de Moor und »Die folgende Geschichte« von Cees Nooteboom erschienen, vier Romane, die alle auf der Bestsellerliste standen und trotzdem literarische Meisterwerke waren.

Als ich das erste Mal zum Rotterdam Poetry Festival eingeladen wurde, lernte ich neben Tomas Tranströmer und vielen anderen Dichtern aus der ganzen Welt auch einige holländische Poeten kennen. Man kann sich vorstellen, dass die örtliche und physische Nähe der vielen Dichter in dem relativ kleinen Land zu extremen Spannungen führt, vor allem, wenn es um Preise, Auszeichnungen, Verlagskontakte und Übersetzungen in andere Sprachen geht. Alle Dichter, wenn sie nicht besonderes Glück hatten, übten zwei oder drei Berufe aus, sie waren Lektoren, Kritiker, Redakteure, Professoren oder Übersetzer, alle waren extrem vernetzt, und da die meisten von ihnen die Provinz mieden wie der Teufel das Weihwasser, lebten sie in Amsterdam in Rufnähe nebeneinander. In holländischen Häusern sind die Zimmer bekanntlich selten durch Gardinen von der Straße abgegrenzt, so dass der eine Dichter auf dem Weg ins Gasthaus sehen konnte, ob der andre noch arbeitet, und wenn nicht, wer ihn wahrscheinlich in der Kneipe erwartet. Diese bedrohliche Nähe zueinander hat viele der Schriftsteller, die es sich leisten konnten, veranlasst, das Weite zu suchen. Man traf sie eher im Luberon, im portugiesischen Hinterland, auf Menorca oder Gott weiß wo, und selbst dann, wenn sie es sich nicht leisten konnten, waren sie gern unterwegs.

Den größten Krach hat der Dichter und Kritiker Gerrit Komrij angezettelt, als er seine berühmte Anthologie »De Nederlandse poezie van de 19de en 20ste eeuw in 1000 en enige gedichten« veröffentlichte. Besonders die Avantgardisten der Nachkriegszeit um die Gruppe der Vijftigers herum – Lucebert, Bert Schierbeek, Simon Vinkenoog oder Remco Campert , die erst einmal den gedeckten Tisch im gemütlichen (gemakkelijk oder behaaglijk) Wohnzimmer abräumen mussten, um Platz für die neue Generation zu schaffen, fühlten sich nicht richtig repräsentiert und gingen sogar vor Gericht, um die Ungerechtigkeit der Auswahl juristisch feststellen zu lassen. Diese Wellen der Erregung waren natürlich bis in die Rotterdamer Hallen von Poetry International zu spüren, und nur die hartnäckige Sanftmütigkeit des Direktors, Martin Mooij, hat verhindert, dass man mit Bierflaschen aufeinander losgegangen ist.

Als ich in Rotterdam las, saßen unten in der ersten Reihe zwei prominente Dichter der Vijftigers, Remco Campert und Bert Schierbeek. Remcos Vater war ein berühmter und tapferer Mann, der während der deutschen Besatzung als Fluchthelfer jüdische Familien versteckte und erwischt wurde. Er starb 1943, in meinem Geburtsjahr, im KZ Neuengamme. »Januar 1943« heißt eines seiner bekanntesten Gedichte. Remco war, was ich nicht wissen konnte, sehr berühmt, und da ich später mit ihm und Schierbeek an einem Tisch saß, färbte diese Prominenz auch ein bisschen auf mich ab. Er hatte schon kurz nach dem Krieg eine avantgardistische Zeitschrift gegründet, »Braak«, war mit den Malern der Gruppe »CoBrA« (Karel Appel, Lucebert, Corneille) bekannt, war Lektor in dem berühmten Verlag De Bezige Bij, in dem auch einige meiner Bücher erschienen sind, und war Kolumnist einer Tageszeitung – und hatte, neben Theaterstücken und Libretti, noch fünfzig Bücher mit Gedichten, Romanen und Prosastücken veröffentlicht. Jetzt saß er mit uns in dem gewaltigen Krach, der in der Halle herrschte, wenn gerade mal keine Lesungen stattfanden, und zeigte das, was Bert Schierbeek mit dem Titel eines seiner Bücher ausgedrückt hat: »Een grote dorst«.

Remco musste lange warten, bis endlich ein deutscher Verlag – die Arche – einige seiner Bücher übersetzen ließ; zu einem von ihnen durfte ich ein kleines Nachwort beisteuern und ihn auch gelegentlich bei Lesungen in Deutschland einführen. Und zum achtzigsten Geburtstag schrieb ich ein kleines Gedicht für ihn:

Die Ernte ist abgeschlossen
im Versmaß des Sommers,
der Wind spricht schon leiser
mit der Stimme der Krähen.
Die Birke, mit schmächtigen Schultern,
diktiert ihr Journal dem gekränkten Licht:
Heut sah ich den Habicht.

Nichts wird ersetzt. Auch der Abend
verwandelt sich nicht mehr in Wissen.
Wir gehen auf Abwegen,
wo nur noch die Steine grüßen,
und jeder Stein erinnert sich heftig,
als wäre er nichts ohne uns.
Das wollte ich dir sagen,
bevor du von andern es hörst.

Der liebenswerte (und trinkfeste) Bert Schierbeek, Jahrgang 1918, gestorben 1996, der wie Remcos Vater in der Widerstandsbewegung gegen die deutsche Besatzung war, hat keine große Veröffentlichung in deutscher Sprache mehr erleben dürfen, das gehört zu den Ungerechtigkeiten des Buchmarkts, obwohl die Holländer viel getan haben, ihre ganze Literatur – die populäre wie die experimentelle – im Ausland bekannt zu machen: Ohne die engagierte Arbeit des angesehenen »Nederlands Literair Productie- en Vertalingenfonds« wäre es nicht gelungen, den enormen Reichtum der holländischen Literatur in Übersetzungen abzubilden.

Die berühmten Romanautoren wie Harry Mulisch, Cees Nooteboom, Connie Palmen, Margriet de Moor, Leon de Winter oder Maarten 't Hart hatten diese Unterstützung bald nicht mehr nötig, weil sie irgendwann zum Kanon der zeitgenössischen Literatur Europas gehörten und in der ganzen Welt gelesen wurden, aber es gab eine Zeit, wo auch sie den Anschub des Fonds brauchten, und heute, da es immer schwieriger wird, sich ein vollständiges Bild von einer europäischen Literaturentwicklung zu machen, weil immer mehr nur das einzelne »verkäufliche« Buch im Mittelpunkt steht, ist er unverzichtbar geworden.

Es gab viele Momente in meinem Verlagsleben, wo wir uns zwischen zwei Autoren aus einem Land entscheiden mussten, weil wir uns »zwei auf einmal« nicht zutrauten. In diesem Fall ging es um Harry Mulisch und Cees Nooteboom. Mulisch, 1927 in Haarlem geboren, war schon mit einzelnen Übersetzungen hier und da erschienen, besonders sein Bericht vom Eichmann-Prozess in Jerusalem, »Strafsache 40/61«, hatte ihn bekannt gemacht. Nooteboom, 1933 in Den Haag auf die Welt gekommen, hatte auch einen Roman in Deutschland veröffentlicht, »Philip und die anderen«, war aber noch nicht als herausragender Autor eingeschätzt worden.

Nun hatten beide bedeutende Romane geschrieben, Mulisch »Das Attentat« und Nooteboom »Rituale«. Wir entschieden uns für Mulisch, Nooteboom ging zu Suhrkamp. Beide machten große Karrieren. In Holland hatte wohl Harry, der immer in Amsterdam lebte, auch wenn er sich nicht gemein machen wollte, stets die Nase vorn, dafür ist der weltgewandte, in vielen Sprachen bewanderte und unermüdlich Reisende Cees der am meisten übersetzte holländische Schriftsteller überhaupt. Beide zusammen sind mitverantwortlich dafür, dass die holländische Literatur bei uns populär wurde.

Die Lebensläufe der beiden in kritischer Freundschaft verbundenen Schriftsteller sind nicht gerade das, was man typisch holländisch nennen könnte. Harrys Vater war ein ehemaliger österreichischer Offizier, der während der deutschen Besatzung als Bankdirektor für die sogenannte Arisierung jüdischen Eigentums verantwortlich war, seine Mutter kam aus einer jüdischen Familie in Frankfurt; Frau und Kind konnte der Einfluss des Vaters schützen, die Großmutter starb im KZ Sobibor. Die Mutter, schon früh vom Vater geschieden, ging nach dem Krieg in die Vereinigten Staaten, der Vater musste in ein Internierungslager und starb 1957.

Der Vater von Cees ist durch einen (versehentlichen) britischen Bombenangriff getötet worden, der Stiefvater steckte den Sohn in Klosterschulen, was dem Sohn nicht besonders gefiel, obwohl er dadurch eine Bildung bekam, um die ihn bis heute viele beneiden.

Beide arbeiteten für Zeitschriften. Harry für »Podium«, »Randstad« und die bis heute einflussreiche »De Gids«, Cees unter anderem für »Avenue«: In dieser Eigenschaft stand er eines Tages an unserem Stand auf der Frankfurter Buchmesse. So begann unsere Freundschaft. Cees lebte in Berlin, als die Mauer fiel, er schrieb seine Bücher zu großen Teilen auf einem Hof im Allgäu, aber er war auch oft in München, um seinen zweiten Verleger zu treffen, Lothar Schirmer, der immer dann zur Stelle war, wenn die Bücher Abbildungen enthielten – die kamen entweder aus der Kunstgeschichte (wie Zurbarán) oder von Simone Sassen, der Frau von Cees, mit der er mehrere Male um den gesamten Globus gereist ist, er mit dem Bleistift in der Hand, sie mit der Kamera. Höhepunkte des Jahres waren immer unsere Treffen im »Freisinger Hof« in München – manchmal mit Rüdiger Safranski, manchmal mit dem Verleger und Sohn eines Verlegers, Andreas Landshoff aus Amsterdam –, die wir den »großen Austausch« nannten: Beim Schulterscherzl oder einer Ente wurde die Situation des Planeten unter besonderer Berücksichtigung unserer eigenen Interessen durchgesprochen. Ich bin Cees ewig dankbar, dass er zwei meiner Gedichtbücher für De Bezige Bij übersetzt hat. Weil in unserer Kultur die Romane im Vordergrund stehen, ist der Dichter Cees Nooteboom in den Hintergrund gerückt worden: Zuerst die Romane, dann die Reiseschriftstellerei, die Essays zur Kunst, die Notebooks – und dann erst das dichterische Werk, das meines Erachtens aber in die erste Reihe gehört: ein nachdenkliches, melancholisches, die »großen Themen« durchspielendes Werk, das man jedes Jahr neu entdecken kann.

Cees und Simone kamen immer gerade aus einem Land, in dem ich noch nie gewesen war, und fuhren – mit dem Umweg über Menorca, wo sie ein Sommerhaus besitzen – in ein Land, in das ich wahrscheinlich nicht mehr reisen werde – nach Chile oder Japan, immer mit Zwischenlandungen, um in den vielen Ländern, in denen seine Bücher erschienen waren, Lesungen zu absolvieren oder sich Doktorhüte aufsetzen zu lassen. Aber wir haben uns auch in Ostwestfalen-Lippe getroffen oder in Badenweiler – oder eben in Amsterdam, das Cees nicht mehr besonders am Herzen liegt. Aber in Amsterdam besitzen sie eines der schönen schmalen Häuser in einer der noch schmaleren Straßen, die die Grachten miteinander verbinden, ein Haus voller Bücher, Bilder und Fotografien.

Ein solches Haus hatte auch Harry Mulisch. Es lag ein bisschen entfernt, damit die beiden Dioskuren sich nicht in die Suppe spucken konnten. Zum Tod von Harry Mulisch schrieb ich das Gedicht:

Besuch in Amsterdam

Die Stadt öffnet weit ihre Fenster,
um keinen Ton zu verpassen.
Ein Lied fährt auf dem Fahrrad vorbei
und schenkt jedem Haus eine Note.
Mein Freund wohnt an einer Gracht.
Die Treppe seines gutsitzenden Hauses
wurde von einem Schlangenbeschwörer
entworfen, ausgebildet in den Kolonien:
wenn man vorsichtig auftritt,

hört man mandelförmige Seufzer.
Gelegentlich fährt ein altes Schiff
durch den Salon, dessen Kapitän
Schriftstücke auf dem Fensterbrett ablegt,
mittelalterliche Traktate
über Aufklärung und Magie,
aber auch ganz normale Lebensgeschichten.
Blickt mein Freund aus dem Fenster,
verdoppelt sich die Stadt.
In der Dämmerung treten die Klassiker
aus den Regalen und beginnen zu arbeiten,
ein Hund bedient sie mit Käse und Wein.
Und nachts fegt ein Engel sorgfältig
den Weg zwischen Wasser und Haustür,
als gälte es, einen der vier Flüsse
zum Paradies zu säubern.

Harry hatte in seinem Lieblingslokal einen berühmten Stammtisch, zu dem naturgemäß nur eine kleine Gruppe erlesener Menschen zugelassen war. Zu ihnen gehörte Adriaan van Dis, ein großer, immer elegant gekleideter Mann, der in Holland wegen seiner Fernsehsendung »Hier is … Adriaan van Dis« bekannt war wie ein bunter Hund. Aber er war und ist auch einer der besten Schriftsteller des an schriftstellerischen Talenten so reich gesegneten Landes. Durch ihn habe ich zum ersten Mal unmittelbar das Fortleben der kolonialen Vergangenheit verstanden. Dass der Reichtum, den man auf den Bildern des Goldenen Zeitalters sieht, nicht mit dem Schreiben von Büchern verdient worden war, hatte selbst ich mitbekommen, und dass die Handelsinteressen der VOC (Vereenigde Oostindische Compagnie) auch mit harten Methoden durchgesetzt worden waren, konnte ich mir vorstellen, aber dass die freundlichen Niederlande der letzte europäische Staat waren, der die Sklaverei abgeschafft hat, das alles habe ich erst durch Adriaan (und später durch Michael Ondaatje) erfahren. Seine Eltern kamen aus dem ehemaligen Niederländisch Ostindien, Adriaan selber hat unter anderem an der Uni Stellenbosch in Südafrika studiert, er kannte sich aus. Man sah es den Holländern nicht an, mit welchen brutalen Mitteln sie ihre Dominanz auch im Menschenhandel verteidigten, und erst wenn man tiefer bohrte, kamen Mord und Totschlag zutage, die eine der Grundlagen des holländischen Reichtums bildeten. »Nathan Sid« war das erste Buch von Adriaan, das wir verlegten: die Geschichte eines Jungen, der in Holland in einer niederländisch-indischen Familie mit drei schwarzen Mädchen und einem strengen Vater aufwächst.

An Harrys Tisch saß noch ein zweiter Gast, der sich in den Kolonien bestens auskannte, nämlich Hans von Mierlo, Außenminister, dann Verteidigungsminister, Gründer und Vorsitzender der linksliberalen Partei »Democraten 66« und Kommissar für Entwicklungshilfe in Surinam, der ohne jede Eitelkeit über die niederländische Geschichte und Gegenwart erzählen konnte, ohne diesen muffigen oder betulichen Nationalismus, der einem bei Politikern so auf die Nerven geht, wenn sie sich mit Intellektuellen unterhalten. Es gab eine Zeit, da bestritten die Holländer fast die Hälfte des Welthandels, das musst du erst einmal verkraften, wenn du zurückgeschraubt wirst auf das heimische Territorium. Das Zusammenschmelzen des österreichisch-ungarischen Kaiserreichs war nichts dagegen. So ungefähr redete er, als er mich im Auto in mein Hotel fuhr. Diese Fahrt werde ich in meinem Leben nicht mehr vergessen. Hans von Mierlo fuhr und redete Englisch mit mir, der hinten saß und irgendwie versuchte, sich festzuhalten, neben Hans saß seine Frau Connie Palmen, die beruhigend auf ihn einredete, die Fahrt ging die engen Grachten entlang und an späten Fahrradfahrern vorbei, die zu zweit oder zu dritt auf einem Fahrrad fuhren, um ihren bedröhnten Kopf auszulüften, und wir drei hatten auch ziemlich einen sitzen. Ich könnte dies nicht schreiben, wenn ich diese Fahrt nicht überlebt hätte, also muss ich irgendwann an der Herengracht aus dem Auto gestiegen sein.

Ich habe vergessen, ob Hans vor Harry oder nach ihm gestorben ist, auf jeden Fall starben sie beide im Jahre 2010. Die Beerdigung von Harry war ein nationales Ereignis: Ganz Amsterdam stand am Straßenrand, als der Sarg durch die Stadt gefahren wurde. Aus dem Provo war ein öffentlich betrauerter Staatsdichter geworden.

Wenn wir an Cees Nooteboom denken, dann denken wir normalerweise zuerst an den Geschichtenerzähler, an den Autor der Romane »Rituale« oder »In den niederländischen Bergen« oder an die wunderbare Liebesgeschichte »Mokusei«, an das Buch, mit dem er in Deutschland berühmt geworden ist, »Die folgende Geschichte«, oder die späteren Romane, die so viel mit unserer Gegenwart zu tun haben und doch diese Gegenwart so distanziert betrachten. Das Spiel von Nähe und Ferne, von Träumerei und sehr bedrängender Realität, von philosophischer Spekulation und sehr konkreter Beschreibung, dieses eigentümliche, oft mit Melancholie eingefärbte oder durchtränkte Amalgam hat die Literatur von Cees Nooteboom so besonders gemacht. Er ist nie sentimental, versteht aber was von Gefühlen, er ist hochgebildet und weigert sich, dies zu verstecken, er ist neugierig, was seine Personen treiben, aber nie voyeuristisch. All diese Fähigkeiten und Eigenschaften zusammen genommen machen diesen Autor aus, der viele Jahre lang fast mehr zur deutschen Literatur gehörte als zur holländischen, und erst seit er 2004 den Großen Niederländischen Literaturpreis erhielt, haben seine freundlichen Mitmenschen zu Hause zur Kenntnis genommen, was sie an ihm haben.

Nur wenige denken, wenn sie an Cees Nooteboom denken, an den Dichter. Dabei gibt es mittlerweile mehrere Gedichtbände in deutscher Sprache, die Gedichte enthalten, die man zu den schönsten unserer Zeit rechnen kann. Cees Nooteboom ist auch in seinen Gedichten ein Reisender, aber er ist alles andere als ein Exotist. Er will uns nicht erschrecken mit seinen hoch reflektierten Beobachtungen, sondern er benutzt die komprimierte Form des Gedichts, um den geheimen Sinn seiner Weltenreise mitzuteilen. Und Weltenreise hießt bei ihm immer auch Zeitreise. So stehen sich die Jahrhunderte und die Kontinente gegenüber, so versuchen sie Echos auszusenden und Botschaften abzufangen, die in den Reiseberichten selber keinen Platz haben, wo der Kulturanthropologe am Werk ist. Denn es stimmt natürlich nicht, was in allen Büchern von Nooteboom lapidar vermerkt wird, er lebe in Amsterdam und auf Menorca, die Wahrheit ist vielmehr, dass er genauso gut in der Literatur und in den Bildern, in der Philosophie und in der Psyche zu Hause ist. Bei einem, der so viel gesehen hat und immer noch sieht, nimmt es nicht wunder, dass er zur Melancholie neigt. Die verschwundenen Völker rächen sich, die ausgestorbenen Sprachen drängen an die Oberfläche, das Vergessene macht sich heftig bemerkbar. Der Melancholiker sieht das alles, aber er weiß, dass die Realität eine andere, festere, gebieterische Sprache spricht. Dieses Schisma ist in allen seinen Gedichten zu spüren, es prägt ihren Ton. Aber es ist, trotz aller Vanitas-Motive, die immer wieder auftauchen, auch ein Gefühl der Dankbarkeit zu spüren, nämlich dafür, dass es all dies, auch wenn es verschwunden ist oder sich zum Verschwinden bereit macht und nur noch in Umrissen sichtbar ist, einmal gab. Diese Dankbarkeit ist verantwortlich dafür, dass dieser Dichter nicht zum Zyniker wurde. Der Zyniker sieht alles fallen, und auch der Besessene kennt Dankbarkeit nicht. Aber der Reisende, der die Welt sieht und nicht genug von ihr kriegen kann, muss dankbar bleiben.

Bei Canetti fand ich kürzlich den Eintrag: »Die trostlosen Einleitungen zu Meisterwerken, abschreckend, dürr, erhaben oder unverschämt. O warum ist man neugierig? Warum muss ein Dichter geboren sein und warum gestorben! Genügt es nicht, dass er einen Namen trägt, und ist ihm nicht dieser schon schwer genug? Aber die Leute kennen kein Erbarmen. Sie müssen ihren Dichter kochen, würzen und essen.«

Also höre ich auf, weiter die holländischen Dichter zu rühmen.

Aber auf einen muss ich noch hinweisen, auf den belgischen Dichter Hugo Claus. 2001 habe ich in Münster eine Laudatio auf diesen sanften Anarchisten geschrieben, in der es heißt:

»Der Autor tritt auf als Ästhet und Berserker, als Schöpfer und Zerstörer. Von seinen grimmigen Zeilen, die wie mit geballter Faust geschrieben scheinen, geht ein doppelter Schrecken aus, der das gesamte Werk dieses produktiven Dichters durchtränkt: der Schrecken der Gewissheit, dass die Poesie keinen anderen Adressaten mehr hat, dass die schöne Rede, so leicht und anmutsvoll sie auch daherkommt, im Raum verhallt; und der Schrecken darüber, dass auch der Dichter, die ästhetische Existenz, sich mit seiner Produktion nicht freikaufen kann. Der lange Schatten der acedia, der Schwarzgalligkeit, liegt über diesen Einleitungsversen, ihr Ton ist auf Vergeblichkeit gestimmt. Eine pessimistische Diagnose. Kein anderer Dichter seines Sprachraums hat so viele Worte gefunden wie Hugo Claus, um der sich anschleichenden Erkenntnis von der Vergeblichkeit eine Mauer entgegenzusetzen. Selbst der katholische Himmel über Flandern bietet ihm keinen Schutz gegen die ansteigenden Melancholiewellen. Jahrelang hat er sich mit Ironie und einem grenzenlosen Vitalismus gegen die tragischen Interpretationen der Welt zur Wehr gesetzt. Jahrelang hat er seine Muskeln spielen lassen. Wenn man die reiche, überbordende Produktion von Hugo Claus anschaut, die verschiedenen Phasen unter die Lupe nimmt und hinzuzählt, was er außerhalb des weißen Papiers noch alles getrieben hat, dann könnte man sich ihn als ein kluges, wildes Kind vorstellen, ein enfant sauvage, das seine ganze

Energie darauf verwendet hat, sich die Zivilisation vom Leibe zu halten – trotz der unumstößlichen Einsicht, dass dies unmöglich ist. Mit diesem Paradoxon muss fast jeder Dichter leben, ganz besonders aber einer wie Hugo Claus. Vergegenwärtigt man sich die bildnerischen Arbeiten der niederländischen Künstlergruppe Cobra, zu der auch die beiden Maler-Dichter Claus und Lucebert gehörten, dann wird dieses Paradox sofort einsichtig: Eine anarchistische, wuchernde Bildersprache läuft wie ein Band über die Leinwände und Kartons, als wollte sie die alten Erinnerungsarchive, wie die Malerei jener Gegend sie entwickelt und ausgestellt hatte, löschen – aber auch die Bilder der Cobra-Gruppe ergeben wieder eine Sprache, die wir sofort erkennen und verstehen. Die emotionale Erregung, die geradezu rauschhaften Zustände, die in dieser Kunst sich Ausdruck verschaffen, bilden selbst wieder ein Erinnerungsarchiv, in dem ein großer Schatz unserer eigenen Jugend aufbewahrt wird.«

Meine polnischen Freunde

Irgendwann in den achtziger Jahren sollte ich von der Fondazione Krizia einen Preis erhalten – nein, leider kein Geld, eher eine Anerkennung. Da meine modischen Vorstellungen äußerst beschränkt waren, konnte ich kaum in dieser Hinsicht ausgezeichnet werden – offen gesagt, wusste ich nicht einmal, als der Brief eintraf, dass Krizia ein Modelabel ist. Da es zu der Zeit noch kein Wikipedia gab, erforderte es langwierige Operationen, um herauszufinden, was hinter dem Namen steckte. Vielleicht sollte ich einen Anzug erhalten, weil ich mich eigentlich mein ganzes Leben geweigert hatte, einen zu tragen? Ein Anruf bei Renate Eco klärte das Geheimnis auf: Krizia hatte eine Stiftung gegründet, die verdiente Persönlichkeiten der Kultur auszeichnete. Warum eigentlich nicht? Luigi Forte hatte meine Gedichte ins Italienische übersetzt, und ich hatte mich für italienische Literatur eingesetzt, da ist es doch nur recht und billig, dafür mit einem ordentlichen Abendessen belohnt zu werden – und ich hatte die gute Gelegenheit, meine italienischen Freunde zu treffen.

Etwa dreihundert Menschen waren erschienen – nein, nicht um mich zu sehen, sondern um ein Fest der Kultur zu feiern. Ein gewaltiges Abendessen war angerichtet, alle Frauen hatten ihre feinsten Gewänder angelegt (nicht nur von Krizia) und die Männer ihre perfekt sitzenden Anzüge (nicht nur von Armani), während ich mit meinem einzigen Jackett und der nicht dazu passenden Hose erschienen war und mich schämte. Warum hatte man nicht Fritz J. Raddatz ausgewählt, der bei solchen Gelegenheiten wie aus dem Ei gepellt auftreten konnte, alles tipptopp, vom weißen Kragen zum gestreiften Hemd bis zu den Budapester handgenähten Tretern? Ich kam mir vor wie ein Barbar aus dem Wald, der überhaupt zum ersten Mal das Parkett der Zivilisation betritt, wie der Deutsche schlechthin, und ich war froh, wenigstens keine weißen Söckchen anzuhaben. Aber es wurde dann doch noch ein angenehmer Abend, ich erhielt für meine außerordentlichen Verdienste, die zu meinem Erstaunen aufgezählt wurden, eine silberne (besser gesagt: silbern aussehende) Box, ich bedankte mich mit meinen damals noch von der römischen Zeit ordentlichen (oder besser gesagt: nicht vollkommen unordentlichen) Italienischkenntnissen, und nach dem Hauptgang wechselte ich an einen Tisch, an dem unter anderen die Genfer Philosophin Jeanne Hersch und der polnische Dichter Czesław Miłosz saßen. Ich hatte den Namen von Jeanne Hersch schon gehört und vielleicht sogar einige Aufsätze von ihr gelesen, aber das spielte keine Rolle, denn man war sofort und ohne Umschweife in einer heißen Debatte über Mitteleuropa, den Sozialismus und die Zukunft der Welt. Ich wusste nicht, dass Frau Hersch das Kind von jüdisch-polnischen Eltern aus Litauen war, die 1904 – dem Geburtsjahr meines Vaters – in die Schweiz gekommen waren, aber ich wusste wohl, dass sie etwas mit Jaspers zu tun hatte, wenn nicht gar seine Schülerin gewesen war. Und an dem Abend erfuhr ich dann auch, dass sie just in dem Moment bei Heidegger studiert hatte, als Hitler an die Macht gekommen war. Von Heidegger hüpften wir zu Hannah Arendt, und von Hannah Arendt zu Simone Weil, die beide verehrten, Jeanne Hersch und der polnische Dichter, der neben ihr saß und immer dann, wenn es brenzlig wurde, mit den Augenbrauen zuckte – das klingt nur banal, wenn man nicht weiß, dass Miłosz die ausdrucksstärksten Augenbrauen hatte, die mir bis dahin begegnet waren; erst einige Jahre später hat er Konkurrenz durch den böhmischen Dichter Jan Skácel bekommen, der sich gewissermaßen hinter seinen Augenbrauen über den traurigen braunen Augen verstecken konnte. Miłosz hatte ich schon als Schüler in Berlin gelesen, er wurde oft in der in Berlin erscheinenden Zeitschrift DER MONAT gedruckt, die für mich überhaupt eine wichtige Quelle war, trotz der bekanntgewordenen Finanzierung durch den amerikanischen CIA. Gerade osteuropäische Autoren, oft vorgestellt von François Bondy, las man dort zum ersten Mal, so zum Beispiel Witold Gombrowicz.

Und jetzt saß mir der verehrte Dichter endlich einmal gegenüber, und wir sprachen zusammen mit Jeanne Hersch im riesigen Saal der Fondazione Krizia zwischen all den gut aussehenden Menschen über Simone Weil, deren Werk ich durch Friedhelm Kemp kennengelernt hatte, meinen (etwas entfernteren) Nachbarn in der Paradiesstraße, an dessen Haus ich jeden Tag mit dem Fahrrad vorbeikam, wenn ich aus meiner Wohnung im Lehel zum Verlag fuhr, und manchmal machte ich am Abend einen Sprung nach oben, um bei einem Tee die phantastischen Bestände der Kemp'schen Bibliothek und die weiten Bücherhallen des Kemp'schen Gehirns zu inspizieren; er hatte mir eines Tages auch die zweibändige englische Auswahl-Ausgabe der »Cahiers« mitgegeben, deren Lektüre dann der Grund für den Übersetzer- und Herausgebervertrag mit Elisabeth Edl und Wolfgang Matz war, die in einer bravourösen Mammutleistung das Gesamtwerk der »Cahiers« für Hanser herausgaben – ich glaube, es war die erste eigene große Übersetzung der beiden später oft ausgezeichneten Kenner der französischen Literatur.

Für alle drei – Jeanne Hersch, Miłosz und Kemp – war Simone Weil eine enge Bekannte, eine Vertraute ... Es gab keinen Streit über die entweder jüdische oder katholische oder kommunistische oder mystische Simone Weil, wie es zum Beispiel bei Walter Benjamin der Fall war.

Miłosz stand in den achtziger Jahren nicht mehr im Mittelpunkt des (deutschen) Interesses. Andere polnische Autoren fand man interessanter, die auch häufiger zu Besuch kamen. Zwar waren für die Dauer des Kriegsrechts 1981 ff. seine Bücher in Polen verboten, aber das reichte offenbar nicht aus, um sich noch einmal mit ihm zu beschäftigen. 1980 hatte er den Nobelpreis erhalten, seit 1970 war er amerikanischer Staatsbürger und später Professor für slawische Literaturen an der University of California in Berkeley, ein berühmter Mann mit großer Vergangenheit, der vielen jüngeren Dichtern geholfen hat, nicht nur Joseph Brodsky, der ihn – neben W. H. Auden natürlich – für den einflussreichsten und besten Dichter des 20. Jahrhunderts hielt. Hatte ihn seine antikommunistische Haltung, seine Abwendung von der linken Ideologie, wie er sie in seinem Buch »Verführtes Denken« analysiert hatte, in den Augen der westlichen Intellektuellen uninteressant gemacht? Wie auch immer, ich war ein großer Bewunderer seines einzigen Gedichtbandes in deutscher Sprache, »Lied vom Weltende«, und war glücklich, dass er glücklich über mein Angebot war, in Zukunft seine Bücher in Deutschland zu verlegen. Ich habe ihn noch einige Male in New York gesehen, wo er mir dann auch erzählte, dass er beschlossen hatte, mit seiner amerikanischen Frau nach Krakau zu ziehen. Das war eine gute Nachricht! Wenn sich jetzt auch Adam Zagajewski entschließen würde, nach Krakau zu ziehen, wo ja Wisława Szymborska und Ryszard Krynicki schon lebten, würde Krakau im ausgehenden 20. Jahrhundert wieder zu einem poetischen Zentrum werden. Ab 2000 lebte er dort (Adam folgte ihm zwei Jahre später nach). Krakau und Vilnius haben ihn zum Ehrenbürger gemacht.

Das letzte Mal haben wir uns in Berlin gesehen, im Literarischen Colloquium am Wannsee, das ich immer eine meiner Universitäten genannt habe. Es war ein schöner warmer Abend, der See blinkte von unten herauf, ein alter, fast weißer Fuchs, den ich schon aus meiner Jugend kannte und der alle Dichter der zweiten Hälfte des 20. Jahrhunderts gesehen hatte, schnürte gelangweilt und von Gicht geplagt über den Rasen, es war voll, viele standen draußen und hörten am offenen Fenster zu. Der alte Dichter, neunzig Jahre alt, war bester Laune, er las Gedichte, ich die Übersetzungen von Doreen Daume, dazwischen erzählte er ein wenig aus seinem Leben. Nach der Lesung eines Gedichts, in dem ein alter Mann auf der Parkbank den jungen Mädchen hinterherblickt, hörte ich ein gewisses Grummeln im Publikum – heute hätte man Türen schlagend den Raum verlassen –, also fragte ich ihn, ob er noch wisse, wie das Gedicht entstanden war, und er sagte nach einer ziemlich langen Überlegung mit seiner tiefen Stimme den salomonischen Satz: Well, Michael, I am only a moderate feminist ... der Rest des sicherlich poetologisch sensationellen Satzes ging im allgemeinen Gelächter unter.

Ein Buch, das Miłosz nicht geschrieben, aber ermöglicht hat, sind seine Gespräche mit dem Dichter Aleksander Wat, die in der Polnischen Bibliothek von Karl Dedecius erschienen sind. Es ist ein Jahrhundertbuch in vielerlei Hinsicht, und ich habe oft darüber gerätselt, warum es bei uns nur am Rande wahrgenommen wurde. Dieser Dichter und Journalist, 1900 in einer jüdisch-polnischen Familie in Warschau geboren, ein avantgardistischer Aktivist und Futurist der ersten Stunde, floh nach Kriegsbeginn 1939 in das sowjetisch besetzte Lemberg, wo er wenig später Opfer einer Denunziation wurde. 1940 wurde er nach Kasachstan deportiert, wie Millionen andere. »Jenseits von Wahrheit und Lüge. Mein Jahrhundert« heißen die Gespräche. Adam Zagajewski, der unbestechliche Leser, hält sie neben Alexander Solschenizyns »Archipel Gulag«, Nadeschda Mandelstams »Jahrhundert der Wölfe« und Gustaw Herling-Grudzińskis »Welt ohne Erbarmen« als unverzichtbar für jeden, der sich »von den sowjetischen Lügen befreien wollte«. Waren wir zu sehr mit unserer eigenen Geschichte beschäftigt, um nicht auch noch die Geschichte des Hungers, der Folter, der Demütigung und des millionenfachen Mordes in der Sowjetunion wahrzunehmen? Was die Polen unter Hitler und Stalin zu erleiden hatten, ist für ein im Frieden geformtes Gemüt im wahrsten Sinne des Wortes »nicht zu fassen«; was die polnischen Juden unter beiden Regimes erleiden mussten, kann man in den Zeugnissen der wenigen Überlebenden nachlesen – nicht nur bei Wat, der im Exil in Paris 1967 gestorben ist; auch bei Józef Czapski, dem Maler, der einer der wenigen Überlebenden des 1940 von höchster sowjetischer Stelle angeordneten Mords an Zigtausenden von polnischen Offizieren war; von ihm ist ein Bericht über Katyn erhalten geblieben und ein Tagebuch; bis zu seinem Tod konnte man ihn gelegentlich in der polnischen Buchhandlung auf dem Boulevard Saint-Germain in Paris sehen, wo auch die von ihm begründete bedeutende Exil-Zeitschrift »Kultura« redigiert wurde, in deren Verlag sämtliche polnischen Exilanten veröffentlichten. Oder auch bei Tadeusz Borowski in dessen Buch »Die steinerne Welt«, in dem er von seiner Leidensreise von Auschwitz nach Dachau erzählt; der Autor nahm sich 1951 das Leben; oder bei Piotr Rawicz aus dem heute ukrainischen Lwiw/Lemberg, den ich noch in Berlin bei Lore Ditzen vom SFB getroffen habe, in seinem »Blut des Himmels«; der Autor nahm sich 1982 in Paris das Leben – es ist diese lange Blutspur durch das 20. Jahrhundert, das für viele das Jahrhundert der Hölle war. Wer sich genauer damit beschäftigen will, der sollte das Buch: »Aleksander Wat – Life and Art of an Iconoclast« des litauischen Dichters Tomas Venclova lesen, das er im amerikanischen Exil als Professor an der Yale University geschrieben hat. Tomas, den ich seit vielen Jahren kenne und dessen Gedichte ich liebe, lebt jetzt wieder in einem freien Litauen und ist ebenfalls der Autor eines fabelhaften Interview-Buches, das auf Fragen der amerikanischen Dichterin Ellen Hinsey beruht: Es ist unter dem Titel: »Der magnetische Norden« bei Suhrkamp erschienen. Tomas ist Jahrgang 1937. Da sein Vater ein hoher Funktionär war, hat man ihm doppelt übelgenommen, dass er sich in den siebziger Jahren der litauischen Friedensbewegung anschloss und Gründungsmitglied der Helsinki-Gruppe in Vilnius wurde. Der Brief, den er zum Abschied aus der Sowjetunion an den Obersten Sowjet geschrieben hat, ist ein bewegendes Dokument des Muts. (Und wer ja nach Vilnius fährt, in das Jerusalem des Nordens, muss sein Buch über seine Heimatstadt lesen, das in vielen Sprachen erschienen ist: ein Wunderwerk an historischer Kenntnis und Einschätzung.)

Wir haben das Buch »Welt ohne Erbarmen« von Gustaw Herling-Grudziński erwähnt, zu dem ich noch ein paar Zeilen sagen muss. Das 20. Jahrhundert hat so viele wunderbare polnische Schriftsteller hervorgebracht, dass man ein Leben braucht, um alle zu lesen; und Gott sei Dank gab und gibt es eine Reihe von Übersetzern, die wenigstens die Hauptwerke aus diesem reichen Schatz übertragen haben. Gustaw Herling, aus einer jüdischen Familie in Kielce stammend, war einer der bedeutendsten. Er lebte in Neapel und war verheiratet mit Lidia Croce, der Tochter des zu seiner Zeit berühmtesten Philosophen Italiens, Benedetto Croce. Herling war gerade neunzehn Jahre alt, als der Überfall auf Polen stattfand. Er ging zur Untergrundarmee, wie so viele seiner Kollegen an der Universität, um gegen die Besatzer zu kämpfen, wurde 1940 festgenommen und zu fünf Jahren Arbeitslager verurteilt. Sein Tagebuch ist ein erschütterndes Dokument des Hungers, der Folter und aller anderen Gifte der Epoche, mit denen Menschen in den Lagern kaputtgemacht werden sollten. Aber wie durch ein Wunder überlebt er, wird Mitglied der Anders-Armee und kommt 1947 nach Rom, wo er Mitgründer von »Kultura« wird und das italienische Redaktionsbüro leitet. Er heiratet die Tochter von Benedetto Croce, sein Tagebuch macht ihn auf einen Schlag in der westlichen Welt bekannt, Albert Camus ist beeindruckt, aber auch Jorge Semprun, der das Lager Buchenwald ertragen hatte. Wir haben dann einige Bücher von Gustaw Herling verlegt, auch Erzählungen, weil man gar nicht anders konnte – es gab in Europa nicht viele solcher Geister, die, bis zum Hals im Dreck stehend und in jeder Minute ihres erbärmlichen Lebens mit dem Tode rechnend, eine solche Haltung bewiesen haben. Es klingt vielleicht pathetisch und anmaßend, wenn ich sage, dass mich die Lektüre dieser Bücher vor allem Hochmut bewahrt hat. Was ich darin über unsere Väter lesen konnte, war so haarsträubend, so entsetzlich, so ohne jede Entschuldbarkeit, dass man sich gewundert hat, mit welcher Hochherzigkeit diese Menschen einem begegnet sind. Es war das schlechthin Böse, das in seiner reinsten Form diesen Menschen gegenübertrat, und dass sie es überhaupt zur Sprache bringen konnten, ohne daran zu ersticken, ist ein Wunder der Disziplin, der Menschlichkeit und – ja, des Verzeihens. Man kann gar nicht anders, als die Weltgeschichte aus dieser Perspektive zu sehen – und Martin Heidegger mag ein großer Philosoph gewesen sein, doch, gewiss, er war ein großer Philosoph, und Carl Schmitt ein großer Staatsrechtler und brillanter Kopf – aber sie waren in bestimmter Hinsicht eben auch »Schweine«, die am Elend der anderen sich satt gegessen haben – und nach dem Krieg immer noch so satt davon waren, dass sie bis zu ihrem Tod davon zehren konnten. Wie gerne hätte man von einem dieser klugen, belesenen, gefeierten Herrschaften ein einziges Wort über Czapski, Herling oder Miłosz gelesen!

Ich muss noch einen polnischen Autor erwähnen, mit dem ich mich mein ganzes Leben lang beschäftigt habe: Bruno Schulz. Er konnte nicht mehr zum Zeugen werden, weil es einem SS-Mann gefallen hatte, ihn fünf Meter vor dem »schützenden« Ghetto mit einem gezielten Schuss von hinten zu töten. Ich bin einmal (mit Jurko Prochasko) nach Drohobycz gefahren, um mir den Todesort anzuschauen. Der letzte Schüler des Zeichenlehrers Bruno Schulz, der noch in Drohobycz lebte, war zu alt und gebrechlich, um mit uns reden zu können. Aber immerhin konnten wir die Villa sehen, die während der deutschen Besatzung von einem SS-Scharführer »requiriert« worden war, für den Bruno Schulz illusionistische Fresken im Kinderzimmer anfertigen musste, gegen Essen. Der SS-Mann hieß Karl Günther – ja, auch er hatte einen Namen. Wahrscheinlich hat er nach dem Krieg in einer deutschen Kleinstadt seine Rente verzehrt, wie der euphemistische Ausdruck heißt.

Als ich zu Hanser kam, gab es bereits eine Ausgabe der »Zimtläden«, jener wundersamen Geschichten aus dem Schtetl, in denen die Kultur, die Lebensform und die oft skandalös miserablen Lebensmöglichkeiten dieser Menschen dargestellt waren. Aber Schulz hatte höhere Ambitionen, als ein Chronist der prekären Lebensfreude im Elend zu sein. Seine Ansprüche wollte er an Kafkas Werk messen und nicht an der Folklore. Aber er war am falschen Ort zur falschen Zeit und dazu noch als Jude auf die Welt gekommen, und trotz der Bewunderung, die er als Schriftsteller und als Zeichner in gewissen avantgardistischen Kreisen in Warschau genoss, so bei Ignacy Witkiewicz und auch bei Witold Gombrowicz, war es ihm nicht vergönnt, seine Geburtsstadt in Galizien zu verlassen. Der Schriftsteller (und Roma-Forscher) Jerzy Ficowski, der sich zeitlebens mit Schulz beschäftigt hat, war bis zum Ende seines Lebens der Hoffnung, dass sich im Thomas-Mann-Archiv in Zürich eine in deutscher Sprache geschriebene Erzählung von Schulz finde, die dieser an den Nobelpreisträger geschickt hat – es ist nicht erwiesen, dass diese Geschichte Mann je erreicht hat, und schon gar nicht, ob er sie gelesen hat. Die Qualität dieser Geschichte hätte ihm auffallen müssen – es gibt keinen Autor in jener Zeit, der so diszipliniert mit den waghalsigsten Metaphern umgegangen ist.

Wir haben damals nicht nur eine zweibändige Ausgabe sämtlicher Erzählungen und Materialien übersetzen lassen, herausgegeben von meinem Freund Mikolaj Dutsch, einem in München lebenden Polonisten und Übersetzer, und Jerzy Ficowski, sondern auch einen Band mit allen damals bekannten Zeichnungen und Radierungen. Im Münchner Stadtmuseum fand dazu eine Ausstellung statt. Nach einer Lesung aus den »Zimtläden« kam ein alter Herr auf mich zu, drückte mir erst lange sprachlos die Hand und erzählte dann, dass er als Schüler

Zeichenunterricht bei Lehrer Schulz gehabt hatte. So habe auch ich wenigstens indirekt dem großen Schriftsteller die Hand drücken können.

Als ich nach München kam, war die Stadt ein Zentrum für die polnische Literatur. Das lag zum einen an der Tatsache, dass das Radio Free Europe in München beheimatet war, fünf Minuten vom Verlag entfernt. Der Chef der polnischen Abteilung war der Schriftsteller Tadeusz Nowakowski, ein überaus eleganter, vielsprachiger Herr, der auch als Kritiker bei der Süddeutschen Zeitung und beim Rundfunk und als Autor einer großen Studie über das Geschlecht der Radziwills eine Rolle spielte. Es wurde gemunkelt, er ginge nicht nur bei den Kennedys – die mit den Radziwills verwandt waren –, sondern auch beim polnischen Papst ein und aus. Ich habe ihn als amüsanten, historisch gebildeten Edelmann in Erinnerung, der wie kein anderer den Handkuss beherrschte, den er mit Grazie ausführte, bevor er dann dem Mann der schönen Frau die Leviten las, weil der irgendeinen historischen Blödsinn geschrieben hatte. Alle polnischen Schriftsteller, die die Stadt besuchten, gingen zu Nowakowski, weil es dort schlicht und einfach Geld gab und jeder in seiner Muttersprache reden konnte. Außer dem Radio Free Europe gab es den Oberschlesier Horst Bienek, der an der Akademie als Direktor der Klasse der Literatur oft polnische Schriftsteller einlud, einige von ihnen wurden sogar Mitglieder der Akademie. Und schließlich gab es neben Hanser noch den Piper Verlag, wo zum Beispiel der große Avantgardist Ignacy Witkiewicz und andere polnische Autoren, aber auch Philosophen wie Leszek Kołakowski veröffentlicht wurden. Und es gab Karl Dedecius, den bienenfleißigen Übersetzer, der im Hauptberuf eine Arbeit in der Presseabteilung der Allianz Versicherung versah. Was er da genau machte, wusste keiner von uns. Auf jeden Fall hatte er einen Etat zu verwalten, ein großes Büro und gute Manieren. Außerdem sah er gut aus, war immer perfekt gekleidet, hatte eine beneidenswerte Rhetorik und verstand es, noch den hartnäckigsten Gegner im Handumdrehen zu umgarnen. Er hatte für Hanser den polnischen Aphoristiker Stanisław Jerzy Lec übersetzt, einen waschechten k.-u.-k.-Bürger, natürlich aus Lemberg, der als Stanislaus Letz de Tusch 1909 auf die Welt gekommen war, der Vater Bankdirektor, die Mutter aus einer bürgerlichen sephardischen Familie. Lec studierte in Lemberg Jura, machte einen ordentlichen Abschluss und ging dann als junger Dichter nach Warschau. Nach dem Überfall der Deutschen auf Polen ging Lec zurück nach Lemberg und arbeitete für die sowjetische Propaganda. 1941 von den Deutschen erwischt und verhaftet und ins KZ Tarnopol gebracht, konnte er 1943 fliehen und sich den Partisanen anschließen, wie so viele seiner schreibenden Kollegen. Er war einige Jahre Mitglied der KP Polens.

In der unmittelbaren Nachkriegszeit hat der junge Marcel Reich-Ranicki mit Lec zusammengearbeitet, und wer die scharfen satirischen Aphorismen von Lec kennt, kann sich gut vorstellen, wie die beiden ihre Gegner aufs Korn genommen haben.

Lec lebte nach dem Krieg bis 1950 als Presseattaché in Wien, dann verließ er, wie Miłosz, den Staatsdienst und ging für eine Weile nach Israel, kehrte aber mit dem Tauwetter nach Warschau zurück. Er muss ein sehr guter Übersetzer der großen deutschen satirischen Tradition gewesen sein und hat von Goethe und Heine bis zu Morgenstern und Ringelnatz viel übersetzt – aber sein eigentliches Metier waren die Aphorismen: Es sind Tausende, die Karl Dedecius in immer neuen Zusammenstellungen herausgegeben hat: Unfrisierte Gedanken, Neue Unfrisierte Gedanken, Letzte unfrisierte Gedanken, Alle unfrisierten Gedanken, Allerletzte unfrisierte Gedanken und so weiter, wir haben uns tatsächlich etwas einfallen lassen. Die Deutschen liebten ihren Lec, und Hanser druckte auch nach dem Tod des Autors 1966 die Aphorismen in immer neuen Ausgaben. Wahrscheinlich war Lec der beliebteste polnische Autor der Nachkriegszeit: »Liebet eure Feinde, vielleicht schadet das ihrem Ruf« – eine solche Sentenz hätte auch von Reich-Ranicki stammen können. Aber auch so schlagende Sätze wie: »Vieles hätte ich verstanden, wenn man es mir nicht erklärt hätte«, trafen bei den mit immer neuer Technik sich herumschlagenden Wohlfahrts-Deutschen ins Schwarze.

Aber Dedecius hatte nicht nur Lec groß gemacht, sondern (ebenfalls bei Hanser) auch eine äußerst verdienstvolle mehrbändige Reihe herausgegeben, in der polnische Aphoristiker, polnische Dichter und polnische Prosaisten der Gegenwart vorgestellt wurden, eine Meisterleistung nach dem Krieg und die Grundlage für das erstaunlich große Echo, das die polnische Literatur – weit vor der ungarischen, tschechischen oder gar russischen – bei uns gehabt hat.

Karl – oder Karol, wie wir ihn nannten – war zweisprachig in Łódź aufgewachsen und hatte sich Russisch in der Kriegsgefangenschaft beigebracht (was zu berühmten Übersetzungen von Majakowski über Brodsky bis zu Gennadi Aigi führte). Außerdem war er Übersetzer des Serben Vasko Popa. Ende der siebziger Jahre war er Gründungsrektor des Deutschen Polen-Instituts in Darmstadt, wo er dann bis zu seinem Tod hochdekoriert lebte.

Eine solche Monopolstellung erzeugt natürlich auch Neid. Manche fühlten sich benachteiligt, wenn ihre Werke nur in Anthologien und nicht als eigenständige Bücher erschienen, einige erhielten Preise, andere nicht; wer wurde eingeladen (und erhielt Devisen) und wer durfte nicht vorlesen. Das betraf vor allem die jüngere Generation, der immer die großen Namen vor die Nase gehalten wurden. Also gab es hin und wieder Streit, der manchmal, wie bei Zbigniew Herbert, hohe Wellen schlug und dazu führte, dass nach anderen Übersetzern Ausschau gehalten wurde. Ein Urteil, ob andere besser übersetzten, steht mir nicht zu, aber ich fand es doch aufschlussreich, wenn die alten Freunde in ihren Texten plötzlich einmal anders sprachen, kratziger, widerständiger, weniger gepflegt. Selbstverständlich hat das die enorme Leistung von Karol nicht schmälern können, im Gegenteil, manchmal konnte man hören, wie sehr die Stimme dieses Vermittlers vermisst wurde.

(Zu Karols Lob will und muss ich hier einfügen, dass er mir auch zu meinem ersten Buch verholfen hat, einer Anthologie tschechoslowakischer Lyrik. Kurz nach dem von der sowjetischen Armee brutal zusammengeschossenen Volksaufstand 1968 gab er mir den Auftrag, so schnell wie möglich einen Band zusammenzustellen, den er als Weihnachtsgabe an die Vorzugskunden der Allianz verteilen wollte. Die sollen ruhig auch mal Gedichte lesen, war seine Begründung, und natürlich hatte er recht. »Die Blume Wiederkehr« hieß das Buch und war wahrscheinlich die Anthologie tschechoslowakischer Lyrik mit der höchsten Auflage. Dass auch nur ein Kunde der Allianz sich an jenem Weihnachtsfest das Leben genommen hätte nach der Lektüre, ist nicht bekannt. Hier fällt mir mein letzter Besuch bei ihm in Darmstadt kurz vor seinem Tod ein. Er kam nicht mehr zur Buchmesse, das war schon ein schlechtes Zeichen. Die Verleihung des Friedenspreises des deutschen Buchhandels in der Paulskirche, den er selbst auch einmal erhalten hatte, ließ er sich normalerweise nicht entgehen: Karol in der ersten Reihe, zwischen Alfred Grosser und Richard von Weizsäcker, den er bei dieser Gelegenheit sicher um eine Förderung eines polnischen Projekts »angehauen« hat. Jetzt war er krank, blass, ein wenig unsicher, aber immer noch aufrecht und im Kopf klar. Große Teile seines Archivs, mustergültig geordnet, hatte er der Universität Viadrina in Frankfurt an der Oder gegeben, das Institut hatte eine neue Leitung, das Panorama der polnischen Literatur in sieben Bänden und die Polnische Bibliothek in fünfzig Bänden waren abgeschlossen, endlich hatte er Zeit, einmal etwas ganz Neues zu machen: Er wollte – nicht weiter verwunderlich –

eine allerletzte »Blütenlese« seiner geliebten polnischen Dichter zusammenstellen, mit Fotografien, und wenn ich Zeit hätte, sollte ich vorbeikommen und einen Blick darauf werfen. Als ich eintrat, begrüßte ich seine schöne, kluge und warmherzige Frau, die im Wohnzimmer auf dem Sofa saß und über ein Kreuzworträtsel gebeugt war. Ich gab ihr die Hand und sagte, wie sehr wir sie auf der Messe vermisst hätten, sie schaute mich starr, aber nicht unfreundlich an und sagte kein einziges Wort. Und als ich das Haus nach ein paar Stunden wieder verließ, saß sie immer noch so da, gebeugt über ihre Rätselzeitung. Sie hatte das Gedächtnis verloren. Karol sagte nichts dazu, ich hielt den Mund, auf der Treppe – gab es eine Treppe? – vor dem Haus haben wir uns kurz umarmt. Das war das letzte Mal, dass wir uns gesehen haben.)

Das erste Buch, das ich mit Karl Dedecius redigieren durfte, war 1969 der Gedichtband »Offene Gedichte« von Tadeusz Różewicz. Ich hatte den Autor schon früher in Berlin gesehen, wo er neben Zbigniew Herbert in Walter Höllerers Reihe »Ein Gedicht und sein Autor« aufgetreten war – ein kleiner, nicht gerade schlanker Herr mit einem breiten freundlich-besorgten Gesicht unter einer geschwungenen Haartolle. Er sagte, natürlich in einem guten Deutsch wie alle Polen, denen man damals begegnete, apokalyptische Sachen über die Kultur, der er seit seinen Erfahrungen im Krieg nicht mehr über den Weg traute. Er rebellierte temperamentvoll dagegen, dass ausgerechnet das Kunstschöne das Ende der Welt überstanden haben sollte, als wären die Grundlagen, die es hervorbringen, nicht vollkommen zerstört. Die Sache mit den Gedichten sollten wir besser vergessen, sagte dieser freundliche Nihilist. Er war, wie sein Freund Dedecius, 1921 auf die Welt gekommen, in Radomsk in der Nähe von Tschenstochau, also achtzehn Jahre alt, als die Deutschen Polen überfielen. Eigentlich wollte er Kunstgeschichte studieren, aber die Umstände ließen es nicht zu, also ging er zur

AK, zur polnischen Heimatarmee, um als Partisan sein Land zu verteidigen. 1944 wurde einer seiner Brüder, der unter den gegebenen Umständen auch nicht studieren wollte, in Łódź von der Gestapo ermordet und in ein Massengrab geworfen. Diese und viele andere entsetzliche Geschichten aus dem Leben der Familie Różewicz erfuhr ich nach und nach von Tadeusz und seinem jüngeren Bruder Stanisław, dem Filmregisseur. Besonders vom Leiden der Mutter wurde oft gesprochen, als Tadeusz eine Weile in Berlin lebte und seinen Bruder mitgebracht hatte. Es gab natürlich nicht nur schreckliche Geschichten, im Gegenteil, wir lachten viel, wenn wir uns trafen. Tadeusz kaufte beim Übertritt in den Westen als Erstes eine BILD-Zeitung, weil er Nachrichten à la »Frau beißt Hund« liebte. Er lobte diese Zeitung, weil sie immer wieder Dinge erfand, die natürlich nicht wahr sein konnten. Aber da alles unwahr war, kam es auch nicht mehr aufs Detail an. Welt geht unter, Miechaääl, rief er laut, dass alle im Lokal zusammenzuckten, um dann laut zu lachen, nur habe ich vergessen, wann. Eine Zeitlang war Tadeusz ein viel gespielter Theaterautor, dessen Stücke wie zum Beispiel »Die Karthotek«, 1960 in Warschau uraufgeführt, im Westen wie im Osten inszeniert wurden. Man rechnete ihn zum sogenannten »absurden« Theater, was er absurd fand, da er seine Stücke für realistisch hielt, aber ihm behagte die Gruppe von Autoren, zu der man ihn gestellt hatte: Ionesco, Adamov, Beckett. Im Osten war er derjenige, dessen Stücke die kapitalistische Misere abbildeten, die Entfremdung. Aber in erster Linie und ganz besonders für mich war er der Dichter, der kein Dichter des Schönen mehr sein wollte – aber ohne Schönheit gibt es kein Gedicht. Über dieses Problem konnten wir stundenlang sprechen.

»Offene Gedichte« war also das erste Buch, das ich von ihm redigierte. Da Tadeusz ein besonders altmodisch-höflicher Mann war (mit einer wunderbaren Neigung zur Ironie), sagte er nicht: Das ist falsch, das muss so und so heißen, sondern:

Da hat Herr Karol mich wohl verbessern wollen, weil er meine Wendung zu banal fand, oder das ging Herrn Karol wohl gegen den Strich, und dann musste geändert werden. Eines der ersten Gedichte, die ich von ihm hörte, war »Meine Lyrik«:

Meine lyrik
übersetzt nichts
erklärt nichts
verzichtet auf nichts
erfasst keine ganzheit
erfüllt keine hoffnung
...
sie unterliegt sich selbst
sie hat viele aufgaben
die sie nie erfüllt.

Wenn ich die Frage stellte, ob es nicht besser wäre, wenn man die Substantive groß schriebe, fragte er zurück: Hättest du das Hans Magnus auch gefragt?

So haben wir zusammen an sieben oder acht Büchern gearbeitet, neben Karol schätzte er besonders Peter Lachmann, einen zweisprachigen Schriftsteller und Theatermann, und den damals noch in der DDR lebenden Übersetzer und Dichter Henryk Bereska. Tadeusz reiste gerne, auch wenn er immer über die Anstrengungen klagte, die damit verbunden sind. Warum muss ich reisen, es ist doch schon genug! rief er klagend ins Telefon, aber wenn er sich aufgerafft hatte, dann konnte man mit ihm eine schöne Zeit verbringen. Er liebte die Pinakotheken! Einmal hatten wir ihn in einem kleinen Hotel in der Stadtmitte einquartiert, wo er im Meldezettel in der Rubrik Beruf eintrug: Dichter. Woraufhin der Portier auf Vorkasse bestand. Ob es tatsächlich an der anstößigen Berufsbezeichnung lag oder daran, dass Tadeusz Pole war, haben wir nicht herausgefunden.

»Die Lyrik musste, um wiederauferstehen zu können, sterben«, sagte er mit einer Selbstverständlichkeit, die man nur ihm abnehmen wollte. Die ganze öde Diskussion im Anschluss an die von Adorno sehr ernst gemeinte Bemerkung über Gedichte nach Auschwitz fasste er in ein paar Worten zusammen. In meinem kurzen Vorwort zu einer Auswahl aus den Werken von Różewicz in der Polnischen Bibliothek schrieb ich damals (1983): »Es kam selten vor, dass wir zuhörten, und noch seltener, dass wir einer leisen Stimme aus der Gegenwart zuhörten, mit der verglichen unsere Sprache der pathetischen Bekenntnisse eigentümlich weltfremd klang. Es lag sicherlich an den unprätentiösen Bekenntnissen zur Form, die auf die Re-Alphabetisierung folgen müsse, an der Forderung nach einer lebbaren Moral, an seinem strikten Festhalten an einer Ethik, der Grundlage allen verantwortlichen Schreibens. Wenn diese Voraussetzungen erfüllt sind, stellt sich die Ästhetik von selber ein, mussten wir im Geiste ergänzen. Und dann kamen seine Gedichte – und siehe da: Sie unterschieden sich in nichts von seinen theoretischen Ausführungen. Die damals immer wieder beschworene (und nie eingelöste) Formel von der Verschmelzung diskursiver und poetischer Sprache – in den Gedichten von Tadeusz Różewicz ging sie scheinbar mühelos auf. Der tiefe Pessimismus, die furchtbarsten Erfahrungen, das unendliche Leid fanden Worte, allen bekannte, einfache Worte, die sich zu einer sagbaren Form organisierten, die mitteilbar war: klar, ohne Beschönigung, bar jeder Sentimentalität, von einer Schönheit, die von ihrer Wahrheit gespeist wurde: Formen der Unruhe. – Seither ist dieser freundliche Herr aus Breslau einer unserer unnachgiebigen Lehrer. Ein Lehrer ohne Schule, unser Lehrer Tadeusz.«

Auch in unserer langen Beziehung gab es natürlich ein letztes Treffen. Ich war nach Gliwice und Katowice gefahren, um an den dort geborenen Horst Bienek zu erinnern, und habe einen Abstecher nach Wrocław/Breslau gemacht, das ich noch nicht kannte. Viele meiner Freunde hatten dort ihre Kindheit verbracht, von Fritz Stern bis Reinhard Baumgart, die meisten von ihnen haben sie entweder im hohen Alter oder gar nicht mehr wiedergesehen. Was für eine Stadt! Wer in den zerstörten und dann sanierten Städten Westdeutschlands aufgewachsen ist, geht durch Krakau oder Breslau mit vor Staunen aufgerissenen Augen: Mit welcher Liebe wurde hier restauriert. Man versteht auf einen Blick, warum die polnischen Restaurateure auf der ganzen Welt begehrt sind. Ich wollte gar nicht mehr weg von den großzügigen Plätzen und gotischen Fassaden und der verwinkelten Altstadt. Tadeusz wohnte in einem Vorort, der wiederum so aussah wie Berlin-Nikolassee in den fünfziger Jahren, kleine Einfamilienhäuser mit Zipfeldächern, Gemüsegärtchen, Hollywoodschaukeln und dem lebenslang angehäuften Krempel, den diese Generation nicht mehr wegschmeißen würde: Vielleicht gab es ja doch noch einmal die Gelegenheit … Der Herr, der mir die Tür öffnete, sah im Gegensatz zu Tadeusz uralt aus. Hatte ich mich in der Hausnummer geirrt? Der bleiche Mann, gekleidet in ein schlottriges Gewand, schaute mich lange an, ohne etwas zu sagen. Pan Tadeusz? fragte ich. Tak, sagte er und trat beiseite, so dass ich dann die vertraute Stimme meines Freundes hören konnte, die gerade telefonierte. Im Wohnzimmer saß Frau Różewicz, die ich endlich einmal kennenlernte, mit zwei Freundinnen beim Kaffee und einer Buttercremetorte von so ungeheurem Ausmaß, dass man Angst kriegte, sie in den Mund zu nehmen. Ich stopfte mir tapfer die Creme in die Backen, lobte die Stadt und das Wetter und fühlte mich augenblicks wie zu Hause. Nur der bleiche Greis machte mir Sorgen, der unter der Tür gestanden hatte.

Tadeusz war, als wir in seinem Arbeitszimmer beisammensaßen, ganz berauscht von seinem Erfolg in den arabischen Ländern. Ende von polnischen Dichter heißt Scheich, sagte er lachend, und ich stellte ihn mir vor, wie er auf einem hochmütigen Kamel sitzt und seine traurigen Gedichte vorträgt. Aber er wollte nicht mehr reisen. Sein Sohn, der älter aussah als der Vater, war krank, seine Frau war krank, er selber war auch krank, Hospital Różewicz! rief er fröhlich, aber gleichzeitig war alles sehr traurig. Warum soll ich noch Gedichte schreiben, fragte er? Für Scheich?

Es war ein bewegender Abschied. Ich wusste, der bleiche Sohn würde bald sterben, Tadeusz selber war weit über achtzig und von einer Batterie von Pillendosen umgeben, die er einem hin und wieder anbot: Willst du? Sehr gut, deutsches Patent, hilft gegen alles, auch gegen Gedichte.

Ich fuhr in die Stadt zurück und setzte mich in eins der Straßencafés, um ein wenig in einem polnisch-deutschen Band von Lehrer Tadeusz zu lesen, den er mir mitgegeben hatte. »Ich denke zurück an das Jahr 1945. Ich war damals in Krakau und begann an der Jagiellonen-Universität Kunstgeschichte zu studieren. Im späten Herbst schaffte man Ordnung in den Räumen des Schriftstellerverbands und warf dabei einen Stoß alter Zeitschriften hinaus. Darunter waren Jahrgänge der ›Zeitgenössischen Rundschau‹ (Przegląd Współczesny) von 1936-1939. Ein paar Beiträge darin erregten meine Aufmerksamkeit. Der Beitrag von Borowy über Eliot, der von Zawodzinski über ›Polnische Lyrik in der Krisenzeit‹, der von Tatarkiewicz über ›Kunst und Poesie‹. Ich erinnere mich, dass ich damals an einem Gedicht schrieb, das ich niemals beendet habe – es war ein Gedicht vom Wiederaufbau der Krakauer Marienkirche. Die Tatsache, dass die Denkmäler des alten Krakau objektiv vorhanden waren, war für mich keinesfalls Bestätigung für ihre Realitat.

Und hier der Plan des Gedichts:

›... Passanten meinen, die Marienkirche stünde noch unversehrt da, sie sehen nicht, dass sie ein großes Prisma aus Ziegeln und Steinen ist. Die Kirche liegt in Trümmern. Die Kirche ist zerstört in meinem Innern. Dieser Bau, den ich betrachte, ist keine Kirche, kein Denkmal der Architektur, sondern eine verwüstete, zertrümmerte Bude, ein Haufen Schutt …

Es hatte einen Grund, dass ich Kunstgeschichte studieren wollte. Ich wollte Kunstgeschichte studieren, um den gotischen Tempel wiederzuerrichten. Um diese Kirche in mir Stein für Stein wieder aufzubauen. Um den Menschen – Element für Element – zu rekonstruieren. Beides war unzertrennbar miteinander verbunden. Das Gedicht selbst sehe ich wie durch einen Nebel, aber an seine Absicht erinnere ich mich genau.

Es war, als wohnten in mir in dieser Zeit zwei Menschen. In einem war die Bewunderung und die Achtung vor den ‚schönen' Künsten, vor Musik, Literatur und Lyrik … im anderen das Misstrauen zu den Künsten. Das Feld, auf dem der Kampf ausgetragen wurde, war meine poetische Praxis. Ich bewunderte gläubig die Werke der Kunst (das ästhetische Erlebnis ersetzte mir das religiöse Erlebnis), aber gleichzeitig wuchs in mir immer mehr die Verachtung für die ‚ästhetischen' Werte. Ich fühlte, dass etwas für mich und für die Menschheit für immer zu Ende war. Etwas, das weder die Religion, die Wissenschaft, noch die Kunst gerettet haben. Ich begriff zu früh die Worte von Mickiewicz, der sagte, es sei schwerer, einen Tag gut zu leben als ein Buch zu schreiben, ich begriff zu früh den Satz Tolstois, der meinte, der Entwurf eines Schulbuchs habe für ihn eine größere Bedeutung als alle genialen Romane zusammengenommen.

Ich wandte mich damals ab von den ästhetischen Quellen. Quelle der Kunst – dachte ich – kann nur die Ethik sein. Aber beide Quellen, die eine wie die andere, waren versiegt: ‚der mörder hatte darin seine hände gewaschen.'«

Ich wusste, dass wir uns das letzte Mal gesehen hatten, dass es ein Abschied für immer gewesen war.

Der strenge und freundliche Lehrer Tadeusz starb im April 2014.

Im April 2021 starb in Krakau mein lieber Freund Adam Zagajewski, ein Verlust, über den ich lange nicht hinwegkommen werde. Als er 2014 den Eichendorff-Preis erhielt, durfte ich die Laudatio halten:

»Meine Damen und Herren, ich weiß nicht, ob Sie heute erschienen sind, um den bereits von Ihnen verehrten Dichter und Essayisten Adam Zagajewski zu hören und zu sehen, oder ob Sie gekommen sind, weil Sie nichts oder fast nichts von ihm kennen, aber kennenlernen möchten. Für beides sprechen gute Gründe.

Wer den Essayisten und Dichter oder besser umgekehrt: den Dichter und Essayisten Adam Zagajewski zu den bemerkenswerten Schriftstellern der europäischen Moderne zählt, wird wohl jede Gelegenheit nutzen, diesem ›weltlichen Mystiker‹, wie ihn Derek Walcott genannt hat, persönlich zu begegnen. Wer noch nichts von ihm kennt, kann sich auf einen schönen Herbst freuen, denn da ein großer Teil des Werkes unseres Preisträgers in Deutsche übersetzt wurde, haben Sie nun alle Gelegenheit, sich mit diesem dichtenden Denker oder denkenden Dichter auseinanderzusetzen, seiner ganz eigenen melancholischen Melodie nachzuhorchen, der es mühelos gelingt, die großen Fragen nach dem großen Ganzen und die nicht weniger wichtigen großen Fragen nach den kleinen Dingen in seine poetische Sprache zu ziehen und zu verwandeln.

Adam Zagajewski ist Pole, in Lemberg in der heutigen Ukraine geboren, hat aber große Teile seines Erwachsenenlebens mehr oder weniger freiwillig im Ausland verbracht. In Berlin, damals noch nicht Hauptstadt eines nicht mehr geteilten Deutschlands, in Paris, der Hauptstadt des 19. Jahrhunderts, und in Austin/Texas, New York und Chicago, allesamt Inbegriffe von molochartigen Städten, aber auch, und das ist das Ambivalente, Brutstätten der Wissenschaft und des poetischen Weltaufhellungsgeistes. Als Adam noch in oder bei Paris lebte, hat er folgende

Geschichte über Polen aufgeschrieben, die besser als meine Umschreibungen die Situation in der Zeit um 1980 festhalten:

›Jemand, der gerade aus Polen zurückgekommen war und sich mit mir in einem kleinen Café bei der Kirche von Saint-Sulpice traf, erklärte mir leidenschaftlich, wie er die gegenwärtigen Wandlungen in Polen verstehe. Hier im Westen, sagte er, wird seit langem Porzellan zerschlagen, das heißt, man zerstört auf verschiedene Weise – analysierend, spottend, politisch – Gott und die Götter Europas, angefangen von Religion und Ehrfurcht vor dem Leben bis hin zum Respekt vor dem Parlamentarismus. Bei uns wächst dieses Porzellan dank der oppositionellen Bewegung, dank Solidarność, dank dem Glauben, der Energie und der Opferbereitschaft wieder zusammen, und die schönen Krüge und Teller sind wieder heil, wie früher, wie einst.‹

›Ein sehr guter Vergleich‹, sagte ich. ›Aber man braucht Klebstoff, um zerschlagenes Porzellan zu reparieren. Die Krüge, die Teller sind geklebt. Ich bin überzeugt, das ist ein erstklassiger Klebstoff, der lange halten wird. Doch darf man nicht vergessen, dass diese Tassen geklebt sind. Die Fragen und Zweifel, die man an den Gegenständen aus Porzellan hegte, lassen sich nicht vergessen, sie stecken in ihnen wie die Risse in einem geklebten Teller. Man muss sie berücksichtigen. Darf sie nicht vergessen. Vorsichtig muss man die Teller tragen, gerade, weil das Pflaster holprig und die Pfützen tief sind.‹

Ist dieser kurze Text, die Wiedergabe eines Gesprächs über die Kopfschmerzen von Polen, nicht auch eine Poetik? Wir können im Ernst nicht behaupten, dass wir Wörter, die das große Ganze beschreiben – die Wahrheit, das Böse, das Schöne, die Gesellschaft und wie sie alle heißen, gar nicht zu reden von Gott, der Verheißung, der Gnade und so weiter –, dass wir diese Wörter arglos, naiv oder auch nur unschuldig in den Mund nehmen können in der Hoffnung, dass alle sofort wissen, was gemeint ist. Wir müssen vorsichtig mit ihnen umgehen, in dem Bewusstsein, dass sie, weil sie schon einmal zu Bruch gegangen sind, äußerst fragil sind. Sie sind geklebt. Andererseits, und darauf bestehen die Dichter, müssen wir sie gebrauchen, und zwar nicht deshalb, weil es kein anderes Porzellan, will sagen: keine besseren Begriffe gibt, sondern weil wir uns anders nicht verstehen würden und die Welt in einem Chaos untergehen müsste. Natürlich gibt es viele Möglichkeiten, Liebe zu empfinden, aber wenn einer immer nur Hass versteht, wenn von Liebe die Rede ist, dann können wir einpacken. Die großen Worte, die das große Ganze ausmachen, sind einfach gesprungen, und jeder sieht, dass sie geklebt sind, und jeder weiß, dass der Klebstoff nicht eine Ewigkeit hält – und doch: Es sind Begriffe, die unsere Welt und unsere inneren Verhältnisse beschreiben. Es sind unsere Teller, aus denen wir täglich essen.

Adam Zagajewski ist Pole, und die vielen polnischen Kopfschmerzen, von denen eine erkleckliche Menge von Deutschen verursacht wurde (um nicht von Deutschland zu sprechen), aber auch von Russen oder gewiss auch von Polen selber, die vielen Kopfschmerzen haben natürlich auch in der polnischen Poesie und ganz augenfällig in der Dichtung Adam Zagajewskis Spuren hinterlassen. Aber, und das ist das Schöne, das überwältigend Schöne seiner Arbeit: Er hat in einem langen, verwickelten Prozess seinen Kopf aus der polnischen Schlinge ziehen können und wieder klarbekommen, um – wie vermittelt auch immer – ein Werk zu schaffen, das heute mit seiner Verbindung von poetischer Reflexion und dichterischer Praxis einzigartig dasteht.

Das zeigt sich schon in seinem Essay ›1983‹ aus dem in jeder Hinsicht aufregenden Band ›Solidarität und Einsamkeit‹, in dem unser Preisträger versucht, die Veränderungen nicht nur in politischer, sondern eben auch in kultureller Hinsicht zu beschreiben. Zagajewskis Witterung für Mutationen, Risse, winzige Verwerfungen auf der einen Seite, sein Sinn für Kontingenzen, für Zufälle andererseits, und drittens sein Wissen, dass auch das Neue nur eine Variante des Alten sein kann, das heißt auch durch neue Formen des Umgangs die alten Formen erkennbar bleiben, macht die Lektüre, die eben nicht von A nach B geht und damit einen Sachverhalt als erledigt betrachtet, so reizvoll und fesselnd.

Es ist ja eine der deprimierendsten Erfahrungen unserer Zeit, dass der Mensch aus allen Revolutionen immer wieder als der Alte hervorgeht, auch wenn wir es nicht wahrhaben wollen.

›Wir leben in einer Epoche sklerotischer Ideologie‹, schrieb Adam damals, ›und verlieren nachgerade die lebendige, gesunde, von Kategorien nicht zerschnittene Wirklichkeit aus den Augen. Aber sie existiert. Und sie wird viel größer, umfassender, als den Ideologien lieb ist. Freude, Schmerz und Trauer haben keinen Platz im engen Kreis der Ideologie. Die hohen Eichen und ihre roten Blätter spotten der Ideologie. Die Sterne des Herbstes gehen über die Ideologie hinaus. Die junge Katze ahnt nichts von den Netzen der Ideologie, sie will fressen, spielen und schlafen.‹

An welchem Ort – fragt er – kann man leben, ohne den geschichtsphilosophischen Sirenenklängen zu verfallen? Damals, Anfang der achtziger Jahre, war es die lange verpönte Mitte. Adam schrieb: ›Also in der Mitte zu sein, ohne dem Einfluss negativen Geistes zu erliegen oder beim allzu positiven Geist Zuflucht zu nehmen, nicht verzweifeln, nicht die moderne Zivilisation verdammen, gegen den Totalitarismus sein, aber sich nicht ausschließlich durch diese Gegnerschaft definieren, in der Mitte zu sein, ohne zu weinen, ohne zu schreien, ohne ungewöhnliche, utopische Pläne zu hegen. In der Mitte zu sein, das heißt auch, das ganze Sinngewebe der Widersprüche zu sehen, in dem wir unvermeidlich stecken, und es nicht zerreißen zu wollen.‹

Wie ist diese Ambivalenz zu ertragen? Jeder tut es auf seine Weise, freiwillig oder gezwungenermaßen. Für Adam Zagajewski, den Dichter (er nennt den Dichter übrigens den älteren

Bruder des Philosophen) lautete die Entscheidung, das Land für einige Jahre zu verlassen – und das heißt auch, in die Einsamkeit zu gehen, um den erleuchteten Augenblick nicht zu verpassen. ›Die Einsamkeit‹, schreibt er in einer seiner Kalendergeschichten, ›ist nichts Melancholisches und Trauriges, sie muss es nicht sein, keineswegs. Sie kann, im Gegenteil, mit dem Erlebnis der Fülle einhergehen. Angesichts des Reichtums der Welt sind wir oft hilflos und nehmen nur einzelne Fragmente, kleine Fetzen wahr. Dasselbe geschieht, wenn wir im Museum vor einem Gemälde stehen: Wir müssen ein paar Schritte zurücktreten, um das ganze Bild zu erfassen. Einsamkeit ist gerade diese Entfernung um einige Schritte. Es gibt zwei Reichtümer, zwei Kräfte, die sich sehr ähneln und doch ganz verschieden sind. Die eine ruht mitten in der Welt, in Menschen, die tätig sind, kämpfen und lieben. Ihr Urheber ist Gott. Die andere dagegen äußert sich in Bildern, Büchern, in Musik und Filmen – sie ist das Echo der Ersten. Sie wird von Menschen gemacht. Die Einsamkeit ist die stille Zone zwischen den zwei Getösen.‹

Adam tritt ein paar Schritte von seinem Land zurück und wird Dichter, der heute auf der ganzen Welt gelesen wird – ganz so, wie viele seiner polnischen Dichterkollegen auf der ganzen Welt gelesen werden: Czesław Miłosz, der als Diplomat nach dem Krieg nicht nach Polen zurückkehrte und Professor in Berkeley wurde, auch er ein denkender Dichter, mit dem Adam sehr eng befreundet war. Er starb in Krakau, in der Nachbarschaft unseres Preisträgers, der nach seiner Weltumkreisung sich auch in Krakau niedergelassen hat. Wisława Szymborska, wie Miłosz mit dem Nobelpreis ausgezeichnet, ebenfalls aus Krakau. Der unvergessene ironische Melancholiker Zbigniew Herbert aus Lemberg, auch er ein polyglotter Reisender, der auf seinen Wanderungen oft in Deutschland Station gemacht hat: Über ihn habe ich ein längeres Porträt als Nachwort zu seinen ›Gesammelten Gedichten‹ geschrieben, die bei Suhrkamp erschienen sind. Tadeusz Różewicz, 1921 in Radomsk geboren, der Dichter nach dem Ende der Dichtung. Oder die bei uns erst kürzlich entdeckte Julia Hartwig, Übersetzerin französischer Poesie und großartige minimalistische Dichterin, die in Lublin geboren wurde. Verglichen mit diesen Dichtern – und das sollte Adam sich zu Herzen nehmen –, die alle sehr alt wurden und dennoch produktiv blieben, ist Adam ein junger Mann, trotz seiner für die hinter dem damaligen Eisernen Vorhang geborenen Dichter typischen ausschweifenden Biografie. Er zitiert gerne den glühenden Nationalisten Maurice Barrès, der in seinen cahiers geschrieben hat: ›Dem Nationalismus fehlt das Unendliche.‹ Und Adams Antwort darauf, sehr einfach: ›Verhältnismäßig spät, später als andere Leute, wähle ich die Poesie als Ziel meines Suchens.‹ Es ist erstaunlich, dass so viele Hochbegabte in Polen zu Dichtern wurden, dass die wahrnehmende Empfänglichkeit für die Erscheinungen der Welt, wie sie in besonderer Weise das Gedicht auszeichnet, in Polen so ausgeprägt existiert.

Apropos Krakau: Adam hat ein bewegendes Buch über die Stadt, in der er studiert hat und heute wieder lebt, geschrieben: ›Ich schwebe über Krakau‹. Es ist eines der poetischen, klugen, witzigen, seine Gelehrtheit hinter überraschenden Formulierungen versteckenden Bücher, die man immer wieder lesen kann und muss, weil in ihnen eben nicht nur die Geschichte und das Leben der Bewohner der Stadt eingegangen ist, nicht nur der Pflasterstein zeigt sein Profil, sondern auch der Student, der diesen Pflasterstein getreten hat. Dabei lernt Adam die Stadt unter äußerst widrigen Umständen kennen, nämlich im Winter: ›Draußen waren der Kommunismus und der Frost, und war kein Frost da, ging einem der unablässige Nieselregen auf die Nerven. Die Stahlwerke in Nowa Huta und Skawina sandten ihre Giftgase herüber, man tat gut daran, zu Hause zu bleiben.‹

›Aber‹, schreibt er, ›die Stadt war dennoch schön. Die Leichtigkeit der Renaissance erhob sie über den Schlamm und die Gemeinheit des Herbstes, über das nicht endende Sfumato des Nieselregens. Ein paar Tropfen Renaissance genügten, und die Stadt erhob sich, überwand die tödliche Reglosigkeit der allzu massiven Architektur. Schwer wie Blei, leicht wie Renaissance. Stets war sie gefährdet durch ein Übermaß an Last wie eine Dame in mittleren Jahren, die verzweifelt gegen das Übergewicht ankämpft. Sie war bedroht durch den Herbst und den Schmutz und die grauen nassen Streifen an den Mauern und die zu vielen Alkoholiker ... Ohne die paar Tropfen Renaissance wäre Krakau im Sumpf ertrunken wie so viele andere düstere Städte ... Aber hier [in Krakau] öffneten sich die Plätze, öffnete sich der riesige Raum des Marktplatzes, man konnte aus dem Gewirr der Gassen, Tore, Höfe und Balkone an das Tageslicht der Renaissance treten und tief Luft holen, in der sich bereits der Lenz anzukündigen schien.

Das war mein erster Herbst in dieser Stadt, ein kühler, verregneter Herbst. Ich glaube, ich erinnere mich an jeden einzelnen Tag. Ich erinnere mich an den herbstsäuerlichen Geruch des verwesenden Laubes und den süßlichen des Rauchs der Feuerstellen, an den Schmutz und an die Verschlafenheit mancher Straßen. Doch ich bewunderte diese Stadt, war von ihr begeistert, denn ich fand hier die durch Krieg nicht unterbrochene Kontinuität des Lebens. Es war das Jahr 1963, ich war achtzehn Jahre alt.‹

Was nun folgt, ist die Entwicklung des Künstlers als junger Mann, der sich und seine Vorstellung von Kultur gegen die neuen Methoden der kommunistischen Erziehung durchsetzen muss. Ihm hilft dabei die Entdeckung eines Landes, das nur über ein kleines Territorium verfügt und keine Armee unterhält, dafür eine Quelle besitzt, in der sich der blaue Himmel und zerfetzte Wolken spiegeln: ›Dieses Land‹, schreibt Adam

Zagajewski, ›hat die Eigentümlichkeit, dass es manchmal von der Erdoberfläche verschwindet – sogar für längere Zeit. Es verschwindet wie die Schwalben, die in den Süden fliegen – und zurück bleiben nur ihre archaischen Nester unter den Dachfirsten, kleine Kinnvorbauten der Dächer.‹ Es ist, Sie werden es gemerkt haben, das Land der Poesie.

In Eichendorffs Gedicht ›Der Pilger‹ heißt es: ›Wir sehnen uns nach Hause und wissen nicht wohin‹ – denn dieses Land besteht eben zu großen Teilen aus reiner Sehnsucht, die sich natürlich nie zu Milch und Honig materialisiert.

Dieses Land zu finden, helfen ihm einige der alten Professoren, die in der neuen Zeit schon ausgemustert wurden, wie zum Beispiel der Professor Szumann, der noch Witkiewicz und Bruno Schulz kannte. ›Ich vergegenwärtigte mir jene nicht mehr existierende, von Deutschen und Russen zerschossene Kultur, die großen, schönen Wohnungen, die Bilder an den Wänden, die riesigen Bücherschränke‹, schreibt Adam Zagajewski, ›vor allem aber die Klarsicht und die geistige Freiheit jener Menschen, die sich ihre Überzeugungen selber auswählten, ihren Pessimismus, und die noch nicht im Schatten des Molochs der einen einzigen aggressiven Partei lebten. Sie hatten ihre Wahl getroffen‹, resümiert der Autor: ›Im düsteren Licht der dreißiger Jahre priesen sie nicht – wie viele ihrer Zeitgenossen in anderen Ländern Europas – die radikalen, hysterischen Lösungen des Hitlerismus oder des Kommunismus, schwangen sich nicht auf zu Anwälten der Wirklichkeit, um zu predigen, dass alles, was real sei, auch vernünftig sei.‹

Dazu gehörte auch eine fromme Tante, die mit einem klassischen Philologen verheiratet war, einem Agnostiker und Antiklerikalen. Der Tante war ein junger Vikar in der St. Florians-Kirche aufgefallen, den sie zum Abendessen einlud und der sehr bald zu einem häufigen Gast wurde, weil er mit dem agnostischen Hausherrn gerne theologische Dispute führte. ›Rings um die Diskussionen bei den bescheidenen Abendessen‹ – schreibt unser Preisträger – ›erstreckte sich die provinzielle, von Stalin unterworfene, kommunistische Stadt. In schwarzen Limousinen wurden die Würdenträger des neuen Systems herumgefahren, Menschen mit quadratischen Gesichtern und stieren Blicken. Tausende Referate und Gesprächsrunden handelten von der Nichtexistenz Gottes. – Der junge Priester hieß übrigens Karol Wojtyła.‹

Man könnte das ganze Buch vorlesen, weil auf jeder Seite große Entdeckungen gemacht werden, in der Literatur, in der Musik, im Leben, und weil der Ton, die Färbung dieser poetischen Prosa einen nicht loslässt. Deshalb noch ein Beispiel: ›Ich las viel. Eines Tages – ich habe das Datum vergessen, und ich weiß nicht einmal, welchen Autor ich damals las, Bruno Schulz oder Marcel Proust – machte ich eine Entdeckung, die alles veränderte. Ich entdeckte – bitte nicht lachen –, dass es eine geistige Welt gibt, von großen Schriftstellern beschrieben. Ich sah, dass es neben der trivialen, empirischen Wirklichkeit das Reich des Imaginären gibt, das im Grunde dieselbe, fassbare, sichtbare und duftende Welt ist, allerdings bereichert um ungezählte Scharen von Geistern und Schatten. Ich begriff nicht, in welchem Zusammenhang diese beiden Regionen miteinander standen und was für Bindungen sie eingingen, ich war aber sicher, dass ihre gleichzeitige Identität und Verschiedenheit genauso geheimnisvoll und wesentlich ist wie der ontologische Status der heiligen Dreifaltigkeit.‹

Schöner kann man die epiphanische Entdeckung der eigenen, anderen Welt der Literatur nicht beschreiben.

Der junge Mann wird also Dichter, und ich nehme mal an, er wird hier vor allem als Dichter und Essayist ausgezeichnet und nicht als Romancier, obwohl Adam zwei Romane geschrieben hat, die sehr lesenswert sind: ›Das absolute Gehör‹ und ›Der dünne Strich‹. Vielleicht teilt er das Schicksal mit dem Namenspatron dieses Preises, dessen Roman ›Ahnung und Gegenwart‹ seltsamerweise keiner mehr kennt. Warum alle Welt nur den ›Taugenichts‹ liest, aber nicht ›Eine Meerfahrt‹, von Peter von Matt immerhin als deutsches Pendant zu Joseph Conrads ›Heart of Darkness‹ erklärt, wissen nur die Götter des Nachruhms, die bekanntlich faul und leseschwach sind. Joseph Conrad, Sie wissen es, war auch ein Pole.

Ein polnischer Dichter schreibt anders als seine westeuropäischen Kollegen. Schwer und ohne Hoffnung, sich davon zu befreien, hängt ihm die Geschichte wie ein Stein um den Hals und hindert ihn, der Zukunft fröhlich entgegenzublicken. Das gilt für die Generation der Zwischenkriegszeit, aber auch noch für die Dichter, die unmittelbar nach dem Kriege geboren wurden wie Adam Zagajewski. ›Im Polen der letzten sechzig Jahre‹ – schreibt er in der Emigration, denn polnische Literatur entstand bekanntlich auch in Paris, in Argentinien und Kalifornien – ›war Schreiben keine akademische, blutleere, marginale Hirntätigkeit, es beschränkte sich nicht auf das individuelle Suchen nach Schönheit, auf das Flaubertsche Ringen in der Sprache, auf das gewissenhafte Aufzeichnen von Ereignissen. Es war eher wie ein glühender, brausender Keramikofen, in dem, bei hohen Temperaturen und vor den Augen begieriger Zuschauer, vor den Augen aufmerksamer Polis-Bürger, die Gefäße von Poesie und Prosa gebrannt wurden.‹ Mit anderen Worten, diese Gedichte verdanken sich einer existentiellen Notwendigkeit. Es gibt einen kleinen, sehr frühen Text von Adam, der diesen Sachverhalt auf nüchterne Weise benennt. Er heißt: ›Gedichte über Polen‹:

Ich lese Gedichte über Polen, geschrieben
Von fremden Dichtern. Deutsche und Russen
Haben nicht nur Gewehre, auch
Tinte, Federn, auch etwas Herz und viel

Phantasie. Das Polen in ihren Gedichten
Erinnert an ein verwegenes Einhorn,
das von der Wolle des Gobelins sich nährt, das
schön ist, schwach und unvernünftig. Ich weiß nicht,
worin der Mechanismus der Täuschung besteht,
aber auch mich, den nüchternen Leser,
betört dieses märchenhafte, wehrlose Land,
von dem sich die schwarzen Adler, die hungrigen
Kaiser, das Dritte Reich und das Dritte Rom ernährten.

Gedichte, meine Damen und Herren, lassen sich nicht beschreiben, sie müssen erfasst werden. Selbst wenn ich alle Details eines Gedichts sorgfältig aufzähle, die geschickten Enjambements erwähne und die Metaphern lobe, die aus einem Gegenstand etwas anderes machen, wenn ich den ganzen Metabolismus rühme, die Verwandlungen und Sprünge, die den Himmel aufreißen oder ein schwarzes Loch bilden, in dem die Erde versinkt und mit ihm der Mensch, wenn ich Silben und Zeilen zähle und dadurch auf interessante Kombinationen komme – so habe ich dennoch nicht das Gedicht selber erfasst. Das Gedicht ist mehr als die Beschreibung seiner Teile, deshalb lässt es sich nicht herstellen. Selbst wenn ich alle Betriebsanleitungen fürs Gedichtemachen studiert habe und weiß, wie ein Reimlexikon zu benutzen ist, so bin ich noch lange nicht ein Dichter.

Diese Ihnen allen gewiss vertraute Feststellung hat jeder gemacht, der in der Schule Gedichte interpretieren sollte. Am Schluss hatte man seine drei Seiten voll geschrieben, unter denen das Gedicht verschwunden war. Aber es lebt noch! Oft erinnert man sich nach Jahren an ein Gedicht, das in einem geschlummert hat wie eine schläfrige Katze, die plötzlich erwacht. Man kramt das Gedicht wieder hervor, liest es und ist begeistert oder verstört: wie konnte so ein kostbarer Schatz so lange in einem ruhen, ohne dass man es gemerkt hat?

99,9 % der Menschen kommen ohne Gedichte aus. Sie lesen Kriminalromane und Börsennachrichten, illustrierte Zeitschriften und Bedienungsanleitungen für Küchengeräte. Bei manchen dauert es lange, bis sie merken, dass etwas fehlt, manche merken es nie. Unsere Welt ist so eingerichtet, dass auch die, die nicht merken, dass etwas fehlt, als unbescholtene Bürger gelten. Aber es fehlt etwas! Und je länger wir in dieser eingeschlagenen Richtung weiterleben, desto größer werden die Verluste. Die Dichter sind die Ersten, die spüren, dass etwas fehlt. Adam Zagajewski ist einer der bedeutendsten unter ihnen.

Ich habe nicht versucht, Ihnen seine Gedichte zu erklären, die müssen Sie selber lesen oder hören. Ich habe nur versucht, Ihnen von der Haltung dieses Dichters, und meist in seinen eigenen Worten, zu erzählen. Ansonsten ist er einer wie wir. Er trägt einen Anzug und gutes Schuhwerk und fällt nicht durch sonderbares Benehmen auf. Aber er schaut noch einmal hin, wenn die meisten sich schon abgewandt haben, und plötzlich sieht er ein Bild. ›Das Bild ist für mich das Wesen des Schreibens‹ hat Adam Zagajewski einmal gesagt. Und: ›Auch ich verstehe meine Gedichte nicht ganz. Das ist das Süße und das Wunderbare an der Lyrik: dass wir nicht ganz verstehen, was wir herstellen.‹

Es kommt also auf den Leser an, es kommt auf Sie an. Sie haben mit Adam Zagajewski einen der besten europäischen Dichter gewählt, der in seinen Gedichten die große europäische Tradition fortführt; einen polnischen Dichter, der in seinen Essays auf einmalige Weise das europäische kulturelle Erbe verteidigt; einen internationalen Geist, der die Kulturen vergleichen kann; und Sie haben im Namen eines großen Dichters einen wunderbaren Menschen gewählt. Lieber Adam: Herzlichen Glückwunsch zum Eichendorff-Preis.«

Adam Zagajewski starb am 21. März 2021 in Krakau. In der FAZ schrieb ich den Nachruf auf diesen Freund:

»Am vergangenen Sonntag ist in Krakau der polnische Dichter Adam Zagajewski gestorben – nein, in Krakau verstarb am Sonntag nach kurzer, schwerer Krankheit Adam Zagajewski, der letzte in der Reihe bedeutender polnischer Dichter wie Czesław Miłosz, Zbigniew Herbert, Wisława Szymborska, Tadeusz Różewicz und Ryszard Krynicki, um nur die bei uns bekanntesten zu nennen. Oder nein, doch besser so: Am Sonntag verstarb mein lieber Freund Adam Zagajewski in einem Krankenhaus in Krakau, ein unersetzlicher Verlust.

Mit einem Klick kann ich mir seine E-Mails der letzten Wochen auf den Bildschirm zaubern, witzige, ironische, immer auch in Melancholie getauchte Botschaften eines großen Dichters und glänzenden Essayisten, eines skeptischen Philosophen ohne Lehrstuhl, eines enthusiastisch aufbrechenden Reisenden, der oftmals mit einem Seufzer zugeben musste, nicht mehr das gefunden zu haben, was er sich erhofft hatte, eines unermüdlichen Lesers, der gerade noch in einem großen bewundernden Aufsatz für ›Sinn und Form‹ seinen Freund Joseph Brodsky porträtiert hat, einen vielsprachigen, in sieben Sprachen sich wohlfühlenden Intellektuellen, der über die rechtskonservative Entwicklung in seinem Land nur den Kopf schütteln konnte, wie er überhaupt in letzter Zeit manchmal den Eindruck machte, er käme aus dem Kopfschütteln nicht mehr heraus.

Adam Zagajewskis Leben begann mit einer Vertreibung. Er kam im Juni 1947 in Lemberg zur Welt, das mit seiner mitteleuropäischen k.u.k. Vergangenheit nach dem Zweiten Weltkrieg der Ukraine zugeschlagen wurde; seine Familie wurde nach Polen ›umgesiedelt‹, genauer: in das ehemalige oberschlesische Gleiwitz, jetzt Gliwice, in dem sechs Jahre zuvor der Krieg begonnen hatte. Einen größeren kulturellen Kontrast kann man sich nicht vorstellen. Hier das von vielen Nationalitäten und

Konfessionen belebte und von einer großen, anspruchsvollen (dann fast vollständig ermordeten) jüdischen Bevölkerung aus allen Nähten platzende Lemberg, das gerne das galizische Florenz genant wurde, dort das von der Kohle geprägte preußische Gleiwitz. Er studierte Philosophie und Psychologie in Krakau, seine ersten Gedichte erschienen Anfang der siebziger Jahre – ihr ›adamitischer‹ Grundton ist schon spürbar, aber sie sind noch viel explizit ›politischer‹ oder gesellschaftskritischer als das sich dann entwickelnde Werk.

1975 begann für seine Generation (und für ganz Europa) die entscheidende Auseinandersetzung. Der dreißigjährige Adam war Mitunterzeichner einer Resolution gegen die Regierung, die mit einer Verfassungsänderung die führende Rolle der Kommunistischen Partei in der Volksrepublik festschreiben wollte. Die unmittelbare Folge für den Bürger Zagajewski war ein Berufsverbot: Seine Bücher durften in Polen nicht mehr erscheinen. Als dann General Jaruzelski das Kriegsrecht für Polen ausrief und die auch von Adam Zagajewski unterstützte Solidarność-Bewegung beseitigen wollte, war es für ihn zu viel: Er verließ das Land, in das er erst um das Jahr 2000 wieder zurückkehrte.

Seine erste Station war Berlin, hier begann auch unsere Freundschaft. Adam war frei und konnte ausprobieren, in welche Richtung er sein Talent entwickeln wollte. Er schrieb neben Gedichten zwei Romane, von denen einer, der Künstlerroman ›Der dünne Strich‹, eine gewisse Beachtung fand – aber leben konnte er davon nicht. Er zog nach Paris, das traditionellerweise ein Mittelpunkt der polnischen Emigration war, wo der Maler und Essayist Józef Czapski, einer der wenigen überlebenden polnischen Offiziere aus den sowjetischen Lagern, die Zeitschrift ›Kultura‹ herausgab, in der alles, was Rang und Namen in der polnischen Republik des Geistes hatte, publizierte und wo man sich in der polnischen Buchhandlung auf dem Boulevard Saint Germain treffen konnte. Adam, der damals auch seine Freundschaft mit dem ebenfalls unter erbärmlichen Bedingungen in Paris lebenden Zbigniew Herbert begann, hat einen bewegenden Aufsatz über Czapski geschrieben, in dem die vielen widersprüchlichen Kräfte des polnischen Exils zur Sprache kommen. Über den in Berkeley lebenden und lehrenden Czesław Miłosz kam Adam nach Amerika – wie so viele Emigranten vor ihm, Arbeiter und Intellektuelle.

(Henryk Sienkiewicz, der Autor von ›Quo vadis‹, ist wohl der berühmteste Fall: er wollte in Kalifornien eine Kommune gründen, wie man in Susan Sontags Roman ›America‹ nachlesen kann, gab aber bald auf und kehrte wieder zurück; Nobelpreis 1905 – wie später Miłosz und Szymborska –, Tod in Vevey in der Schweiz.)

Adam lehrte in Houston. Als wir ihn dort besuchten, wollte er uns unbedingt eine bestimmte Stelle im Golf von Mexiko zeigen, weil wir dann erst Amerika verstehen – und weil wir dort Delphine sehen würden. Nach einer langen Fahrt durch dicken Nebel kamen wir an einen unwirtlichen Ort am Strand, an dem ein einziger Baum stand, in dem sich ein findiger Mensch eine Baumhausbar eingerichtet hatte, Name: World's End. Von Delphinen war nichts zu sehen. Später, zurück in Houston, gingen wir in ein Konzert: Schubert. Zwischen World's End und Schubert hatte er sich ein Leben eingerichtet. Einige Jahre danach wurde er nach Chicago berufen, wo er nur jedes zweite Semester lehren musste und wo ihn die große polnischstämmige Bevölkerung faszinierte. Aber er wollte unbedingt zurück, und als der alte Czesław Miłosz, nach Jahrzehnten des Exils, zurück nach Krakau zog, wurde Adam von allen seinen Freunden bestürmt, ihm zu folgen. So lebte er seit 2002 mit seiner Frau Maja, einer Psychoanalytikerin, und einer schwarzen Katze in Krakau.

Zu meinem Geburtstag im Dezember schrieb er mir per E-Mail (ein gutes Beispiel, dass man auch mit E-Mails Wärme erzeugen kann): ›Heute denke ich nur an Dich – mit Freundschaft, Wärme, Bewunderung. Du hast mir Deine Freundschaft sehr früh erteilt, in den chaotischen (für mich) 80er Jahren. Dann sagtest Du zu mir, ‚Adam, Du sollst doch zurück nach Krakau gehen‘. Und Du hattest recht (wir konnten nicht ahnen, wozu die Warschauer Politiker fähig sind).‹

Am Sonntag kam um 20.02 Uhr die furchtbare E-Mail von Ryszard Krynicki, die mit dem Satz endete: ›Ich fürchte, die furchtbarste Nachricht kann in jedem Moment kommen.‹ Zehn Minuten später war der Dichter Adam Zagajewski tot.«

Weil die Freunde von Adam wegen der Corona-Pandemie nicht nach Krakau zur Beerdigung fahren konnten, habe ich Ryszard Krynicki gebeten, für mich eine Blume auf Adams Grab zu legen. Der großartige Dichter, Übersetzer und Verleger ist mein Jahrgang, wenn er auch ein halbes Jahr eher auf die Welt gekommen ist. Doch wie unterschiedlich sind unsere Biografien! Ryszard wurde als Kind von Zwangsarbeitern in dem Lager Windberg bei St. Valentin in Niederösterreich geboren, im Mostviertel. In dieser schönen, geschichtsträchtigen Stadt wurden in den Nibelungenwerken die Panzer für den Endsieg gebaut; seit August 1944, heißt es sachlich korrekt bei Wikipedia, wurde die Belegschaft durch etwa 10000 KZ-Häftlinge aus Mauthausen verstärkt. (Zehn Jahre nach dem Krieg wurden dort statt Panzern die berühmten Steyr-Traktoren für die Landwirtschaft gebaut.) Zusammen mit seinen Freunden Stanisław Barańczak, Julian Kornhauser und Adam Zagajewski gehört Ryszard zur sogenannten »Neuen Welle« der »Generation 68«, die sich entschieden für eine neue Verfassung, für eine Liberalisierung und gegen den immer autoritärer auftretenden Staat und die Einheitspartei gewandt hat. Er war Redakteur der Gewerkschaftszeitung »Solidarność« und gründete Ende der sechziger Jahre mit seiner Frau Krystyna den Verlag a5, in dem er

Autoren wie Wisława Szymborska, Adam Zagajewski und den Kafka-Übersetzer und Dichter Jakub Ekier veröffentlicht, aber auch eine wunderbar hergestellte, typografisch anspruchsvolle Gesamtausgabe der Gedichte von Zbigniew Herbert, und dazu seine eigenen Übersetzungen von Paul Celan, Nelly Sachs, Georg Trakl und Gottfried Benn – und zu meiner großen Freude übersetzt er gelegentlich auch ein Gedicht von mir. Karl Dedecius hatte schon 1990 eine erste Auswahl der Gedichte von Ryszard bei Suhrkamp veröffentlicht, wir haben im Lyrik Kabinett in der Übersetzung von Renate Schmidgall den bisher letzten Band vorgestellt.

Die Lyrik ist das kostbarste Geschenk, das die polnische Literatur des 20. Jahrhunderts der Welt gemacht hat, habe ich einmal geschrieben. Gott sei Dank scheint die Energie noch lange nicht verbraucht zu sein. Marzanna Kielar, Jakub Ekier und Tadeusz Dąbrowski, denen wir als Jury des Petrarca-Preises einmal den Preis für junge osteuropäische Poesie zuerkannt haben, gehören mittlerweile mit ihren Werken zu den berühmtesten Autoren ihrer Generation, und ich freue mich immer, wenn ich ihnen irgendwo begegne, in der Wirklichkeit oder in einer Zeitschrift. Tadeusz Dąbrowski, der zarte Ironiker aus Danzig, das ich durch und mit ihm kennengelernt habe, schrieb einmal über die neue, seine Generation:

> In alten Zeiten konstruierte sich der Mensch eine Identität.
> Jetzt sucht er sie. Und ich suche auch – dann und wann
> finde ich etwas, das nach ihr aussieht.
>
> Dieses Etwas schaut (mich an?) mit Augen wie Spiegel:
> immer das gleiche Erschrecken, dieselbe Hoffnung,
>
> dass die Wahrheit mitten unter uns ist.

Vor mehr als zwanzig Jahren habe ich einmal einen hohen polnischen Orden für meine Vermittlung polnischer Literatur erhalten. Ob ich ihn je werde tragen können? Vielleicht kann man ihn auf meinen Sarg legen, denn er sieht wirklich besonders schön aus. Die Verleihung fand im polnischen Generalkonsulat in München statt, die Laudatio hielt der eigens angereiste Adam Zagajewski. Es war Ende Juli 2001 und sehr heiß. Mein kleiner Neffe Moritz – ich sehe ihn noch leibhaftig vor mir – hatte sich direkt vor den Ventilator gesetzt, damit die anderen nicht so viel von der kühlen Luft abbekamen, trotzdem wurde es ein schöner Abend. In meiner Dankrede habe ich meine polnische Affäre kurz zusammengefasst, ich zitiere daraus ein paar Abschnitte:

»Das erste polnische Buch, das ich gelesen habe, begann mit dem schönen, beherzigenswerten Satz: ›Petronius erwachte erst gegen Mittag, wie gewöhnlich war er noch sehr erschöpft.‹ Einer Literatur, die so beginnt, muss man verfallen, zumal dann, wenn man das Glück oder das Pech hat, in Berlin in der Nachkriegszeit aufzuwachsen. Was dann auf den restlichen sechshundert Seiten folgte, war nicht mehr so heiter, denn es wurde das Drama des Abendlands beschrieben, die Auseinandersetzung Roms mit dem Christentum. Ob ich damals – ich war sechzehn und hatte bereits ›Die weißen Götter‹ von Stucken und den ›Kampf um Rom‹ von Felix Dahn hinter mir – die Tragweite dieses Dramas, nämlich der Christenverfolgung durch Nero, geahnt habe, möchte ich bezweifeln, aber ›Quo vadis‹, der Schmöker aus dem Bertelsmann-Lesering, hatte es mir angetan. Ich habe das Buch kürzlich wieder in die Hand genommen, als ich Susan Sontags Roman ›In Amerika‹ las, in dem das kalifornische Abenteuer dieses Henryk Sienkiewicz beschrieben wird.

Er war ein freiwilliger Emigrant, dem viele freiwillige und noch viel mehr unfreiwillige polnische Emigranten folgen sollten. Sienkiewicz kehrte zurück, während des Ersten Weltkriegs ist er in Vevey in der Schweiz in der Emigration gestorben.

Einen großen Teil der polnischen Literatur habe ich durch die Emigranten kennengelernt: Den ersten polnischen Schriftsteller, Jerzy Peterkiewicz, traf ich als Neunzehnjähriger in London, wo er mich in den wunderbar altmodischen polnischen Klub in South Kensington mitnahm, in dem noch die alten, eleganten Herren der polnischen Exilregierung saßen, und sich, unter großen Porträts schöner polnischer Damen in langen, hellen Gewändern, auf bessere Zeiten zuprosteten. Einer von ihnen war Pan Wirth, dessen Sohn ich wenig später in Berlin traf, damals ein glühender Verehrer und Übersetzer von Bert Brecht, der mir zum ersten Mal den Namen von Witkiewicz einflüsterte. Von Witkiewicz war es nur ein Sprung zu Witold Gombrowicz, an dessen Stammtisch im Café Kranzler in Berlin ich einmal teilnehmen durfte. Die aufsässige Melancholie, die diesen Mann umgab, war für mich ein Inbegriff polnischer psychischer Verfassung. Ich war Gott sei Dank ganz und gar unbedeutend, sonst hätte mich Gombrowicz in seinen Berliner Aufzeichnungen so fürchterlich porträtiert wie einige andere Berliner Kulturträger. Denn dieser bissige Melancholiker war ja alles andere als feige oder servil, trotz der Tatsache, dass er gerade erst aus Argentinien zurückgekehrt war und sich sein Publikum noch suchen musste. François Bondy und der unvergessene Konstantin Jelenski, der Mann der französischen Künstlerin Leonor Fini, hatten Gombrowicz im ›Monat‹ vorgestellt und für immer auf der literarischen Landkarte festgehalten. Das war, zumal für uns Berliner, sehr viel, denn Europa hörte, wenn es nach dem RIAS ging, an der Mauer auf. Hätte Gombrowicz gewusst, dass ich bei Hanser einmal seine Gesammelten Werke veröffentlichen würde, hätte er wahrscheinlich weniger verdrießlich ausgesehen.

Ein weiterer Pole aus jener Berliner Zeit ist mir sehr lebhaft im Gedächtnis geblieben, Marek Hłasko, ein geniales Irrlicht und ein schwerer Trinker, dem keiner helfen konnte. Über Hłasko schreibt Gombrowicz in seinem Tagebuch: ›Es gibt nur ein

Rezept, gut zu schreiben: durch die Konvention zur Wirklichkeit durchdringen; durch die abgesprochene Wirklichkeit zur letztgültigen gelangen. Sie aber – die jungen Polen? So verstrickt in ihre Geschichte, so tief drin steckend, bis über beide Ohren, sie, die Akteure dieses Schauspiels – wie sollten sie Distanz gewinnen? Sogar die Feinde, wie Hłasko, stecken im Kommunismus, leben doch – in künstlerischer Hinsicht – von ihm. Artur Sandauer hat recht daran getan, seinem Buch eine kurze Durchleuchtung der Karriere dieses talentierten Autors beizufügen, der so rührend hilflos ist, unfähig, seine Probleme intellektuell zu bewältigen, desorientiert, primitiv und einzig in der Lage, ein paar naive Themen abzuhandeln. Interessant, aber nur als Produkt des Kommunismus – auch ein Sohn des Schunds, und sein Bestandteil.«

Armer Marek Hłasko! Wer sich damals mit polnischer Literatur beschäftigte, konnte sich auf allerhand gefasst machen.

Gombrowicz starb in Vence – damals ein Lieblingsort von mir, weil dort Hamburger Freunde eine Wohnung hatten, die ich manchmal bewohnen durfte, um die Künstlerateliers in der Umgebung zu besuchen –, und Vence ist nur wenige Kilometer von Grasse entfernt, wo Aleksander Wat lebte, dessen Erinnerungen »Jenseits von Wahrheit und Lüge« eine der interessantesten Auseinandersetzungen mit dem Kommunismus sind. Gombrowicz erwähnt übrigens den Namen Wat mit keinem Wort, und wenn man Wats Erinnerungen liest, weiß man auch warum: Wat war daran beteiligt, dass »Ferdydurke« abgelehnt wurde. »Ich hätte es durchsetzen können«, sagte er, »aber ich beharrte nicht darauf, ich war nicht überzeugt. Natürlich interessiert mich das Buch, es fasziniert mich, aber ich mochte es nicht, deshalb machte ich mir nicht die Mühe, dafür zu kämpfen.«

Dann erzähle ich von den Begegnungen mit anderen polnischen Schriftstellern, mit dem experimentellen Autor Witold Wirpsza und seiner Frau Maria, die eine berühmte Thomas-

Mann-Übersetzerin war, mit Jacek Bocheński und dem wunderbaren Kornel Filipovicz, der von mir wissen wollte, wo es in München gute Angeln gäbe, und außerordentlich irritiert war, dass ich das nicht wusste. Oder mit Sławomir Mrożek, dem melancholischen Autor von schrägen Dramen, den ich durch Erika Hegewisch kennengelernt habe, oder aber mit Jerzy Andrzejewski oder aber mit dem klugen philosophischen Kopf Stanisław Lem.

Damals, Ende der sechziger Jahre, bin ich zum ersten Mal in der polnischen Presse ausführlich vorgekommen. Ein wilder junger Autor, Andrzej Brycht, von dem es hieß, er habe im Liebeswahn und volltrunken die Tochter eines Generals nackend durch Warschaus Straßen verfolgt, schrieb in einer katholischen Zeitung eine Serie von Artikeln über seinen Besuch in München, wo er bei uns zu Gast gewesen war. Höhepunkt seiner Räuberpistole war die Behauptung, ich hätte ihm Bordelle genannt, in denen arme polnische Mädchen unter menschenverachtenden Bedingungen arbeiten mussten. Mit der Androhung einer Einstweiligen Verfügung konnten wir den Berserker stoppen, von dem in der Literatur außer einigen Skandalen keine literarische Spur mehr nachzuweisen ist. Möge ihm Gott einen guten Platz in der weiträumigen Arena der Literatur reserviert haben, vielleicht als Würstlverkäufer, der die fette Polnische im Angebot hat.

Und die letzten Sätze meines Danks: »Hoffentlich fällt Ihnen später, wenn Sie an diese Feier zurückdenken, nicht der letzte Satz meines ersten polnischen Romans ›Quo vadis‹ ein, der da lautet: ›Als die Gäste auf die beiden weißen Gestalten blickten, die wie wunderschöne Statuen aussahen, verstanden sie, dass mit ihnen das untergegangen war, was ihre Zeit noch an Großem besaß: Poesie und Schönheit.‹

Lang soll sie leben, die große polnische Literatur!«

Glück gehabt
Ein Gespräch mit Knut Cordsen

Knut Cordsen Karl Heinz Bohrer hat mal von der »geradezu engelhaften Aura« geschrieben, die dich umgibt. In seinen Erinnerungen »Jetzt. Geschichte meines Abenteuers mit der Phantasie« beschreibt er dich in deiner »Mischung aus Autorität und Anteilnahme, Souveränität und Sympathie« als »eine Mischung aus Erzengel Gabriel und Schutzengel«. Das Bild finde ich sehr einleuchtend. Hast du dich, gerade was die deutschsprachigen Autoren betrifft, als Schutzengel verstanden?

Michael Krüger Naja, ein Verleger soll ja etwas nicht gerade Engelhaftes, aber doch Schützendes haben. Immerhin vertrauen ihm Menschen Sachen an, die für sie das Wertvollste auf der Welt sind. Es hängt aber eben nicht nur vom Verleger ab, ob die Hoffnungen, die mit diesem Manuskript verbunden sind, dann auch aufgehen. Aber wenn man von vornherein nur sagt, es ist alles eine Frage des Geldes, des Vorschusses und der Anzeigenkampagne, dann geht die Schutzengel-Funktion flöten.

KC Karl Heinz Bohrer, den du damals lektoriertest, war zehn Jahre älter als du, und trotzdem sah er – als ihr euch das erste Mal im Herbst 1968 auf der Frankfurter Buchmesse begegnetet – in dir, dem Jüngeren, offenbar eine Ausnahmeerscheinung im ganzen Literaturbetrieb, an die er sich vertrauensvoll wenden konnte, mit der er befreundet sein wollte. Das ist doch alles andere als selbstverständlich.

MK Vielleicht war es Liebe auf den ersten Blick … 1968 war ohnehin eine seltsame Zeit. Man misstraute der Literatur so stark, dass man bezweifelte, ob ihr überhaupt noch irgendeine Bedeutung zukommt. Man wollte damals lieber über die politischen Aspekte der Sprache reden, die Sprache der BILD-Zeitung zum Beispiel. Und an der BILD-Zeitung, so hieß es, könne man deutlicher erkennen, wie Sprache funktioniert, als an einem Gedicht von Peter Huchel. In dieser Zeit haben doch viele Leute der Literatur mehr oder weniger abgeschworen. Es ging darum, ob sie irgendeinen politischen Gehalt hat, sodass also über ein Gelegenheitsgedicht von Alfred Andersch wie »Artikel 3 (3)«, das nun wirklich schlecht war, überall diskutiert werden musste. Klaus Wagenbach und ich gerieten uns 1976 in die Haare, ob wir das Gedicht aufnehmen sollten …

KC … in das Jahrbuch der Zeitschrift »Tintenfisch«, die ihr zusammen herausgabt …

MK … denn die Frage war: Dokumentieren wir, was ist, oder lehnen wir es ab und beharren auf einem Lyrik-Begriff von sagen wir mal Ilse Aichinger bis Christoph Meckel. Diese Diskussion ging ja doch sehr tief und hat eben dazu geführt, glaube ich, dass es sehr lange gedauert hat, bis die Literatur wieder auf die Beine kam. Ich glaube, wir sind heute wieder an einem solchen Punkt angelangt. Aber gute Literatur hat nur bedingt mit richtiger Gesinnung zu tun.

KC Aber wie ist dann ein Programm entstanden?

MK Ich habe den Carl Hanser Verlag, bei dem ich damals anfing, immer als eine Akademie aufgefasst, als eine Universität, weil ich der Meinung war: Nirgendwo kann ich leichter studieren und Material sammeln als in den Büchern des Verlages. Vor allem natürlich in den besten Büchern, und das betraf sowohl das Literarische wie auch das Nichtliterarische. Das heißt, ich habe viele der Sachen auch nach diesem Gesichtspunkt ausgewählt, nicht um ein irgendwie objektives Bild der Zeit oder dergleichen abzugeben, sondern weil ich der Ansicht war, dass ich da etwas lerne. Die Bücher von Karlheinz Stierle zum Beispiel, von seinem großen Petrarca-Buch bis hin zu seinen Paris-Büchern, oder auch die Bücher von Karl Heinz Bohrer, die ja komplizierte Brocken waren. 1978 sein großes Buch über den Surrealismus und Ernst Jünger, »Die Ästhetik des Schreckens«: Ernst Jünger, das ging damals nach Meinung vieler gar nicht. Ich weiß noch, wie Peter Glotz mich fragte, wie kannst du nur ein Buch über Jünger machen und dann auch noch von diesem Bohrer? Der hatte natürlich das Buch nicht gelesen.

KC Kein Wunder, dass Bohrer rückblickend notierte, wie angenehm er es empfand, dass du ihm den Rücken strafftest und stärktest: »Michel tat mir jetzt sehr wohl.«

MK Das war ja im Kern eine Auseinandersetzung mit dem »Abenteuerlichen Herzen« von Jünger, diesem einen Stück genuinen Surrealismus in deutscher Sprache. Mit anderen Worten: Alle diese Bücher habe ich deshalb so gern gemacht – und andere eben nur gemacht, aber nicht so gern gehabt –, weil sie mir etwas beigebracht haben, was ich mir selber vielleicht schon gedacht habe, aber nicht so formulieren konnte. Sie bargen riesige Fundgruben an Erkenntnissen für mich, und sei es, dass ich irgendwo in den Fußnoten kleine Splitter gefunden habe, die für mich wichtig waren und die mir fehlten in meinem Verständnis von Literatur. Deshalb war eines der wichtigsten Projekte am Anfang die Reihe »Literatur als Kunst«, die Walter Höllerer mal ins Leben gerufen hatte und die ich dann redigieren sollte, weil ich nicht zuletzt durch Höllerer auch in den Verlag nach München gekommen war. Gaston Bachelards »Die Poetik des Raumes«, lange vor meiner Zeit erschienen, war sehr wichtig für mich, und Maurice Blanchots »Der Gesang der Sirenen«. In dieser Reihe erschienen auch sehr viele Bücher von deutschen Schriftstellern, meistens deren Doktorarbeiten. Hans Magnus Enzensbergers Buch über Brentano, Martin Walsers Buch über Kafka oder Norbert Millers »Empfindsamer Erzähler« bis hin zu Friedrich Christian Delius' Buch »Der Held und sein Wetter«. Das war mein erstes Buch, das ich betreute, und der Delius sagte immer: Du warst mein erster wirklich harter Lektor. Aber noch mehr habe ich aus den literarischen Texten gelernt: Ohne die Lektüre der Aufzeichnungen von Botho Strauß wäre ich noch viel dümmer geblieben. Die große Literatur bleibt das prägende Ereignis in meinem Leben.

KC Damals, 1969, hast du bei Hanser auch die Reihe »Bibliotheca Dracula« initiiert, mit lauter Klassikern der phantastischen Literatur …

MK … Als ich das dem Herrn Hanser vorschlug, ist der fast aus den Schuhen gekippt. »Bibliotheca Dracula«, das wollen Sie neben Kleist und Fontane stellen? Oder wie denken Sie sich das? Das waren eben noch andere Zeiten, da war die Unterscheidung von High und Low so stabil wie die Berliner Mauer. Da gab es kaum Zwischentöne. Erst als ich ihm sagte, dass auch der von ihm sehr geschätzte Norbert Miller dahintersteckte und dass auch Richard Alewyn, der aus der Emigration zurückgekommen war, daran mitarbeiten würde, hat er eingewilligt. Immerhin war ja bei Hanser die bahnbrechende Studie von Mario Praz über die Schwarze Romantik erschienen! Wir wollten den Schauerroman als Unterstimme der Literatur des 19. Jahrhunderts darstellen. Auf die Weise haben wir dann von Mary Shelleys »Frankenstein« bis hin zu Charles Robert Maturins »Melmoth der Wanderer« und Matthew Gregory Lewis' »Der Mönch« alles neu übersetzen und mit fabelhaften Nachworten versehen lassen. Der größte Erfolg war selbstverständlich Bram Stokers Schmonzette »Dracula« selber. Der ging immer. Das war natürlich auch ein großes Vergnügen. Ich erinnere mich, dass damals die Linke uns sehr böse war, weil wir angeblich von den Problemen des Kapitalismus ablenkten mit schwarzer Magie und Blutsaugerei. Aber wir haben kräftig durchgehalten, und ich bin heute noch stolz darauf, dass ich einen der berühmtesten deutschen Theaterleute damals, Dieter Sturm, der Furore machte als Dramaturg von Peter Stein und Botho Strauß, dass ich diese graue Eminenz des modernen Theaters – quasi hinter ihm mit dem Prügel in der Hand stehend – gezwungen habe, ein Nachwort über die »Künstlichen Menschen«, unser Buch über »Golems, Homunculi, Androiden und lebende Statuen«, zu schreiben, das er mit Klaus Völker herausgegeben hat. Hanser war ein Verlag, der lange versäumt hatte, in der deutschen Literatur eine größere Rolle zu spielen. Die jüngeren Leute gingen woandershin, die Autoren der Gruppe 47 gingen zu Suhrkamp, S. Fischer oder Luchterhand, obwohl Herr Hanser auch mit vielen dieser Autoren befreundet war. Es sind sehr wenige bei uns erschienen: Reinhard Lettau, Günter Bruno Fuchs, Günter Kunert und Horst Bienek, alle zwischen 1928 und 1931 geboren. Und darüber das Dreigestirn Jorge Luis Borges, Ivo Andrić und Elias Canetti, die ich geradezu verehrte, woran sich bis heute nichts geändert hat. Und nicht zu vergessen: Yasunari Kawabata.

KC Elias Canetti kanntest du aus deiner Londoner Buchhändlerzeit.

MK Ja, zu dem hatte ich irgendwie ein Verhältnis aufgebaut, was nicht viele von sich sagen können. Der hat mich natürlich auch oft über den Löffel balbiert. Er war ja nicht gerade ein zimperlicher Mensch. In so einem Verlag muss man sich irgendwie ein Renommee verschaffen. Ich hatte ja nichts vorzuweisen. Ich war Lehrling und war ein bisschen in England gewesen. Da war so eine Bekanntschaft mit Elias Canetti schon von Vorteil, als ich in München anfing, wo mein Vorgänger Christoph Schlotterer buchstäblich alles für Canetti getan hat. Und ich konnte ein bisschen mehr antizipieren als die anderen. Das hat mir später sehr geholfen.

KC Sehr früh hast du auch selbst Lyrik geschrieben und zunächst im Hanser Verlag veröffentlicht, bevor du diese dann *extra muros* bei Suhrkamp veröffentlichtest. 1982 erschien bei Hanser der Band »Aus der Ebene«. Als Peter Rühmkorf Marcel Reich-Ranicki ein Gedicht daraus – »Freiwillig« – zur Interpretation in der »Frankfurter Anthologie« vorschlug, antwortete der Kritiker-Papst in seiner berüchtigten Apodiktik per Brief am 28. Juli 1983: »Aber warum muss es Michael Krüger sein? Ich habe in meinem Leben noch keinen einzigen Vers von diesem netten Autor gelesen, der mich davon überzeugt hätte, dass er zur Zunft der Lyriker gehört.« Wenn man so etwas Jahre später in einer Briefwechsel-Edition über sich liest, kränkt einen das?

MK Nein, mittlerweile bin ich dafür zu alt, und das Urteil von Rühmkorf ist mir wichtiger. Das Ganze hat vermutlich mit meinem Auftritt bei der Gruppe 47 auf ihrer letzten Tagung 1967 in der Pulvermühle zu tun. Dort las ich aus meinem Zyklus »Notizen zur Geschichte des Fensters«. Vorne in der ersten Reihe saß Reich-Ranicki mit zerquältem Gesicht, so als hätte er gerade ein Pfund Zwiebeln gegessen, vollkommen in sich verkrochen. Schließlich hob er die Hand: Er müsse dann doch mal was sagen. Ein Fenster, das sei doch kein lyrisches Thema. Das war überhaupt nichts für ihn, das merkte man, aber um das irgendwie zu formulieren, hat er eine Art indische Verknotung vollführt. Danach herrschte betretenes Schweigen, weil keiner wusste, was er nun eigentlich gesagt hatte. Schließlich kam die Rettung erst von Günter Grass und dann von Ilse Aichinger, die meine Gedichte beide gut fanden und dafür einfache, klare, schöne Worte hatten. Und der wunderbare Ironiker Peter Wapnewski sagte: R-R hat Sie verrissen, jetzt sind Sie ein gemachter Mann. Es sind später Texte von mir in der »Frankfurter Anthologie« besprochen worden, aber wie ich hörte, war das stets mit Komplikationen verbunden. Ich habe selber auch einige Beiträge als Interpret für die Anthologie geschrieben, nicht zuletzt über Karl Kraus. Offen gesagt, war mir R-R als Unterhalter lieber denn als Kritiker. Und dafür, dass ich seine Frau Tosia gebeten habe, für uns eine Ausgabe von Erich Kästner herauszugeben, hat er mich so lange umarmt, dass ich fast erstickt wäre.

KC Du hast mal über Reich-Ranicki gesagt, er habe ein nachgerade wissenschaftliches Verhältnis zum Klatsch gehabt. Bei dir könnte man sagen, dass du ein solches Verhältnis zur Anekdote pflegst. Vor ein paar Wochen war Peter Handke zu Besuch, mit dem du seit Jahrzehnten befreundet bist. Handke hat im vergangenen Jahr just an dem Tag seinen 80. Geburtstag gefeiert, an dem ein anderer langjähriger Freund in Kaufbeuren zu Grabe getragen wurde: Hans Magnus Enzensberger. Du musstest dich entscheiden, wohin du fährst.

MK Ja, ich wäre sehr gerne zu der Beerdigung von Magnus gegangen, weil der in meinem Leben eigentlich immer Gutes bewirkt hat. Man konnte ihm eine Idee vortragen und merkte sofort an seiner Reaktion, ob er etwas für gut oder für Quatsch hielt. Ich mochte ihn sehr und war ja auch einige Male auf Reisen mit ihm unterwegs. Wir haben uns durch meine Krankheit und die Pandemie vier Jahre lang praktisch nur am Telefon gehört. Früher bin ich einfach bei ihm vorbeigegangen, das ging nun alles nicht mehr. Ich wusste durch seine Frau Katharina, wie schlecht es ihm ging. Das war für mich das Schrecklichste, dass man in der Nähe von jemandem wohnt und nicht das Simpelste machen kann: unten klingeln, hochgehen und ihn umarmen. Kurzum: Peter Handke wurde achtzig, und da aus meinem Freundeskreis in den vergangenen Jahren so viele Menschen gestorben sind, sagte ich mir: Ich muss in dem Fall auf der Seite der Lebenden sein. Ich habe mir diese Entscheidung nicht leicht gemacht. Ich bin sehr froh, dass wir Magnus zu seinem größten Bestseller überhaupt verhelfen konnten: zu seinem weltweit erfolgreichen Jugendbuch »Der Zahlenteufel. Ein Kopfkissenbuch für alle, die Angst vor der Mathematik haben«. Dafür war ich bei den Beerdigungen von Martin und Christian Enzensberger anwesend.

KC 1981 warst du mit Magnus, Peter Rühmkorf, Reinhard Lettau und anderen auf Einladung des Goethe-Instituts in Australien. Als dir langweilig wurde beim Empfang des deutschen Botschafters, auf dem Streichquartette gespielt wurden, verließest du das Haus, spaziertest durch Melbourne und trafst dort auf der Straße den Mitherausgeber der bei Hanser verlegten Novalis-Werkausgabe, Richard Samuel, mit dem du bis dahin nur brieflich verkehrt hattest. Ist das jetzt Zufall oder Fügung?

MK Ehrlich gesagt, zwei Drittel aller offiziellen Einladungen sind entsetzlich. Wenn der Botschafter zu einem Streichquartettabend lädt, weiß man, was einen erwartet. Man sitzt da und muss ein vergeistigtes Gesicht machen. Deshalb bin ich da rausgegangen und fand mich wieder in so einer Art Vorgartensiedlung mit Garageneinfahrten, die alle mit sonnenförmigen Metallgittern bewehrt waren. Vor jedem Haus gab es so einen metallenen Halbkreis, aus dem zwölf Strahlen kamen. Ich stehe da also grübelnd davor, und während ich so sinniere, nähert sich mir ein älterer Herr und erklärt mir die Symbolik. Ich bedanke mich, und als wir uns verabschieden wollen, entschuldigt er sich dafür, sich gar nicht vorgestellt zu haben. Sein Name sei Richard Samuel. Mein Name ist Michael Krüger, entgegne ich, wir haben schon eine Reihe von Briefen miteinander gewechselt. Mir war klar: Wenn Magnus in der Nähe ist, passieren solche Sachen. Der ist ja elektrisch geladen. In seinem Umfeld kam es immer wieder zu ganz bestimmten Konstellationen. Als Magnus, Rühmkorf und ich in einem Café an der Uni dort saßen, hörten wir am Nebentisch eine Dame, die ein osteuropäisch gefärbtes Englisch sprach. Magnus war derjenige, der sie erkannte. Es war Ágnes Heller, die Philosophin aus Budapest, die letzte große Schülerin von Georg Lukács, die in Australien Professorin war und auch ihren Kaffee trank.

KC Zehn Jahre später, 1991, notierte Rühmkorf bei einer anderen Zusammenkunft etwas über deinen »animalischen Magnetismus«. Du habest ein »eigenartiges«, ihm »selber nicht ganz begreifliches Entzücken« in ihm ausgelöst, »etwas Improvisiert-Phosphoreszierendes, was ich bewundere, selbst wenn er mir die Tour vermasselt«. »Animalischer Magnetismus« – erkennst du dich in dieser Charakteristik wieder?

MK Ich weiß nicht, es klingt zu schön, um wahr zu sein. Aber Lynghi – Rühmkorf – hat mich seinerseits angezogen durch seine merkwürdige Mischung aus so vielen Melancholien, Ängsten und Phobien bei gleichzeitiger großer Ausstrahlung und Präsenz nach außen. Wo steht das denn eigentlich?

KC In seinem noch unveröffentlichten Nachlass, der in Marbach lagert. Du bist als Verleger vielleicht auch deshalb im deutschsprachigen Raum eine singuläre Gestalt, weil du immer

Verleger *und* Dichter warst. Einen Kaufmann, der ein Verleger ja zuvörderst sein muss, und Poeten in Personalunion findet man sonst eher selten.

MK In der Hinsicht war die Zeit in London eine gute Schule. Ich hatte mich sehr befreundet mit Leuten vom Verlag Faber & Faber, der ja bekannt für seine Poesie-Reihe ist. Einer der Direktoren im Board dieses Hauses war T.S. Eliot. Für den war es noch selbstverständlich, seine Sachen im eigenen Verlag zu publizieren, so wie in Italien Roberto Calasso jedes Jahr ein Buch im eigenen Verlag Adelphi herausbrachte. Das hat mir sehr eingeleuchtet, man ist dadurch ja auch ein Gesprächspartner für die anderen Schriftsteller. Ich fand es immer schrecklich und schofel, wenn Verlage sagten, wir veröffentlichen keine Gedichtbände. Das hieß für mich: Wir veröffentlichen keine Literatur. Für mich sind das keine Verlage, sondern Verwerter von Literatur. Deshalb habe ich ja auch immer jene Verlage am meisten geachtet wie Suhrkamp, aber auch Rowohlt, die stolz darauf waren, Poesie zu veröffentlichen. Heute sind es die tapferen kleinen Verlage, die am meisten für die Poesie tun. Und im Übrigen waren wir auch mit unseren Dichtern erfolgreich, weil sie (fast) alle den Nobelpreis erhalten haben.

KC Als junger Lektor des Hanser Verlags hast du 1970 die Entstehung von Walter Kempowskis »Tadellöser & Wolff« betreut. Die Arbeit am Text damals in Nartum muss nicht ganz einfach gewesen sein, aber Kempowski hat dich anscheinend entschädigt, in dem er eine Randfigur im Roman Michael Krüger genannt hat.

MK Der Titel »Tadellöser & Wolff« kommt von mir. Die Wendung taucht ja im Roman auf, aber sie zum Roman-Titel zu machen, hielt Kempowski lange Zeit für gar keine gute Idee.

Michel, das klingt doch wie eine Schnurre, sagte er, und ich erwiderte: Aber Walter, es ist doch eine große Schnurre! Wir hatten endlose Diskussionen, schließlich hieß der Roman so wie vorgeschlagen und wurde ein Riesenerfolg.

KC Viele Jahre später notiert Kempowski in seinem Tagebuch »Alkor« am 21. Januar 1989, wie er sich in seinem riesigen Archiv deine damaligen Streichungen bei »Tadellöser & Wolff« noch mal durchsieht: »Die Streichungen von Michael Krüger, zum großen Teil wohltuend. Das hat mir bei meinen anderen Büchern gefehlt, ein Mensch mit Autorität, der den Text genießerisch auskämmt.« Klingt nach einer guten Umschreibung von Lektorieren: »genießerisch auskämmen«.

MK Gute Formulierung, ja. Ich saß meistens bis spätnachts am Text und kämmte genießerisch aus, während Walter, der damals noch Volksschullehrer war, sich um zehn Uhr hinlegte, weil er morgens um sechs Uhr früh wieder seine Schüler begrüßen musste.

KC Ein gewisser »Handke« taucht auch im von dir lektorierten »Tadellöser & Wolff« auf: »Handke – ein ganz großes Arschloch.« Der Literaturbetrieb ist immer auch ein Haifischbecken voller Missgunst und Neid. Wie überlebt man da, wenn man mit so vielen Angehörigen dieses Betriebs befreundet ist, die untereinander verfeindet sind?

MK Kempowski hielt sich für den unmittelbaren Nachfolger von Goethe, und es gab manche, die ihn in dieser Ansicht unterstützt haben. Aber um deine Frage zu beantworten: Es ist nicht so einfach, denn manches Mal kommt natürlich ein Autor und sagt: Also wenn du *den* verlegst, dann verlasse ich den Verlag! Entweder er oder ich! Das habe ich ein paar Mal erlebt und dann immer gesagt: Ich möchte euch beide behalten. Einmal ist es mir nicht gelungen, aber das ist Schnee von gestern. Die meisten Autoren haben sich bei uns wohlgefühlt. Viele sind ja von anderen Verlagen zu uns gekommen, Herta Müller, Wilhelm Genazino, Norbert Gstrein, und auch Peter von Matt, Susan Sontag, Isaac B. Singer oder Philip Roth haben wir ja nicht erfunden.

KC Du hast viel mit Filmleuten zusammengearbeitet in deinen frühen Jahren. Werner Herzog hast du dazu gebracht, »Vom Gehen im Eis« herauszubringen. Ebenso hast du seine Drehbücher verlegt, weil der Film dir wichtig war, und du hast ihn später davon überzeugt, seine Tagebücher aus der Zeit des Drehs von »Fitzcarraldo«, »Eroberung des Nutzlosen«, zu publizieren. Herzog sagte mir mal, dass er das ganz wesentlich dir zu verdanken habe, du habest immer wieder an ihn hingeredet. Es hat dann zwar 26 Jahre gedauert, bis Herzog sich traute, sein handschriftliches Dreharbeiten-Journal, das an Robert Walsers Mikrogramme erinnert, zu entziffern. Aber dann habe er es auf dein Insistieren hin schließlich gemacht.

MK Ja, man muss als Verleger Geduld haben! Zu Herzog habe ich immer gesagt: Du bist eigentlich ein Dichter. Aber weil dir das zu langweilig ist, zu Hause zu sitzen und Gedichte zu schreiben, musst du wie ein Berserker Filme drehen. Die einzigen zehn Gedichte, die Werner geschrieben hat, haben wir 1978 in unserer Literaturzeitschrift »Akzente« veröffentlicht. Aber dass ich diese Bücher mit Herzog machte, hing vor allem auch damit zusammen, dass genau in der Zeit, als ich nach München kam, der junge deutsche Film begann. Wir saßen in München im »Türkendolch« zusammen, denn dort kamen sie alle vorbei: Herzog, Wenders, Kluge. Ich hatte mich sehr früh mit den beiden Filmkritikern und -historikern Frieda Grafe und Enno Patalas angefreundet. Von München ging damals eine genuin ästhetische Revolution aus: der junge deutsche Film. Das Oberhausener Manifest wurde in Schwabing geschrieben. Ich wohnte damals in der Herzogstraße und war umgeben von Filmmenschen. Ich sah Hanna Schygulla morgens auf den Balkon treten, während gegenüber im Hinterhaus in der Clemensstraße schon der zittrige Fassbinder die ersten Zigaretten rauchte. Aber dieses ganze *mouvement* war ja ohne irgendwelche Bücher. Filmbücher in seriösen Verlagen gab es damals nicht. Und da haben wir uns dann gesagt, wir machen eine große Film-Bibliothek. Das erste Buch 1973 war ein Klassiker von François Truffaut: »Mr. Hitchcock, wie haben Sie das gemacht?«. Von ihm haben wir eine ganze Reihe Bücher gemacht. Auch die von Jean-Luc Godard und Eric Rohmer. Sogar, was viele belächelten, ein großes Western-Lexikon. Ich habe aber auch Rudolf Arnheim wieder ausgegraben mit seinem Klassiker »Film als Kunst«. Der war der letzte lebende Redakteur der »Weltbühne«, lebte in Kalifornien, kam dann auch in München vorbei, weil er sehen wollte, wer seine alten Sachen immer noch interessant fand. Ein wunderbarer Typ! So haben wir die alten Schriften mit den neuen verbunden und über 200 Bücher zum Film gemacht.

KC Verleger werden oft gefragt, ob sie das, was sie verlegen, auch alles lesen.

MK Dazu gibt es das schöne Kapitel in Musils »Mann ohne Eigenschaften«, in dem der Wiener Hofbibliothekar, ein Herr über »kolossale Bücherschätze«, vom General Stumm von Bordwehr gefragt wird, wie er sich in der Unmenge von Büchern, »in diesem Tollhaus von Büchern«, zurechtfindet. Die Antwort des Hofbibliothekars bei Musil ist von entwaffnender Ehrlichkeit: »Sie wollen wissen, wieso ich jedes Buch kenne? Das kann ich Ihnen nun allerdings sagen: Weil ich keines lese!« Nein, die Bücher, die bei uns erschienen sind, habe ich alle irgendwann mal gelesen. Ich habe immer gesagt: Ein Verleger, der mehr verlegt, als er lesen kann, ist keiner. Aber ein Verlag ist nichts wert ohne intelligente, widerständige Lektoren, ohne Herstellung und Vertrieb. Es ist schon viel Arbeit, und das heißt: gemeinschaftliche Arbeit. Deshalb musst du auch meistens, wenn ich in Verlagsdingen »ich« sage, »wir« hören.

KC Du hast über Jahrzehnte hinweg Notizen angefertigt. 8000 Seiten angeblich. Ursprünglich wolltest du damit mal etwas machen, es gab schon einen Arbeitstitel, den Jochen Jung dir vorgeschlagen hatte: »Das Testament«. Was ist daraus geworden?

MK Ja, die Notizen lagern in verschiedenen Kisten, zum Teil hier, zum Teil in Berlin, zum Teil sind sie von lesehungrigen Mäusen vernichtet worden. Die Überlegung war, ob man quasi anhand der eigenen Lebensgeschichte, ohne eine langweilige Autobiografie zu schreiben, irgendwie herausfinden kann, wer man ist, was einem gehört, was man durchdacht hat. Welche Bilder z. B. gehören einem wirklich? Wenn man morgen nach oben in den Himmel gehen müsste und könnte fünf Gemälde mitnehmen und fünf Musikstücke, die man im Herzen trägt: Welche Dinge wären das? Ein Testament also, in dem man sich selbst darüber klar wird: Das war wirklich meins, also kann ich es auch vererben. Zu diesen Fragen habe ich Tausende von Notizen gemacht. Die sind alle noch ungeordnet. Aus der Idee zu diesem »Testament« ist aus einem Grunde nichts geworden: Ich hatte einfach keine Zeit. Als ich vor zehn Jahren dieses Projekt angehen wollte, bat man mich, die Präsidentschaft der Bayerischen Akademie der Schönen Künste zu übernehmen. Das habe ich sechs Jahre gemacht. Dann kam die Krankheit, von der ich nicht wusste, ob ich sie überleben würde. Ich schreibe Nachrufe auf alte Weggefährten. Statt meine Notizen und mein Testament zu bedenken, habe ich jetzt erstmal die Tagebücher von Horst

Bienek gesichtet und mitherausgegeben. Aber ich habe noch einige Pläne: Ich will unbedingt noch einen Band mit Gedichten meines israelischen Freundes David Rokeah machen. Und noch einen Band über meine deutschen Dichterfreunde: von Günter Bruno Fuchs über Wolfgang Bächler bis zu Oskar Pastior, Christoph Meckel, Nicolas Born und den anderen. Nach meinem Künstlerbuch über Giovanni Segantini will ich noch eines über Julius Bissier, einen anderen Maler, schreiben: Denn das gehört auch alles zu meiner Geschichte. Deshalb habe ich beschlossen, mindestens hundert Jahre alt zu werden. Natürlich geht die Welt demnächst unter. Aber nicht vor der nächsten Buchmesse.

Nachbemerkung

Auf den vorangegangenen Seiten werden viele Dichter genannt, die mir in meinem Leben begegnet sind; aber noch auffälliger sind die Leerstellen. Weder die deutschsprachigen noch die Dichter der französischen oder italienischen Schweiz kommen vor; die Franzosen, die Spanier, die Portugiesen sucht man vergeblich. Kein Dichter aus dem Baltikum, aus Russland, aus der Ukraine, aus Ungarn, Bulgarien oder Rumänien, kein Grieche, kein Türke, gar nicht zu reden von japanischen Dichtern oder chinesischen. Und eine Leerstelle springt besonders ins Auge: Kein einziger der deutschen Dichter, mit denen ich mein Leben verbracht habe und die mein Leben auf eine großartige Weise bereichert haben, wird auch nur mit dem Namen genannt.

Manchmal gehe ich an der langen Reihe der Aktenordner vorbei, in denen die Manuskripte der Vor- und Nachworte abgeheftet sind, der Laudationes, Empfehlungen, Kritiken, der vielen Nachrufe, Zurufe und Korrespondenzen, der Übersetzungen und Übersetzungsversuche, vor allem aber der Notizen zu einzelnen Dichtern oder Problemen der Dichtung, die ich einmal, wenn ich Zeit hätte, ausarbeiten wollte – und dann nehme ich mir vor, daraus ein weiteres Buch zu machen als Dank für die vielen Freundschaften, die ich mit den Dichtern und ihren Büchern schließen durfte.

Es bleibt also noch etwas zu tun.

Dank

Ich möchte mich sehr herzlich bei Roman Bucheli bedanken, dem Redaktor bei der Neuen Zürcher Zeitung, der im Lauf der Jahre einige Texte dieses Buches gedruckt hat; bei Sinn und Form, der schönen Zeitschrift der Berliner Akademie der Künste (deren Chefredakteur einmal Peter Huchel gewesen ist), in der ebenfalls Auszüge gedruckt wurden; bei Stephan Schlak von der Zeitschrift für Ideengeschichte, der die erste Fassung vom »Strandbad« angeregt hat, die dann separat in der Edition 5plus erschienen ist; beim Carl Hanser Verlag, wo ich viele Gedichtbände veröffentlichen durfte, ohne dass mir ständig ihre Unverkäuflichkeit vorgehalten wurde; und natürlich bei den Dichtern selber, die mein Leben auf unendliche Weise bereichert haben: Nichts war schöner (und erhebender, wenn dieser Ausdruck nicht zu pathetisch klingt), als mit einem dieser unausdeutbaren Gedichtbände unterm Arm eine Parkbank aufzusuchen, um sich zwei Stunden zu versenken.

Auch bei Marianne Zeller möchte ich mich bedanken, die immer noch nicht müde geworden ist, meine Schrift zu entziffern; und schließlich geht ein großer herzlicher Dank an Hans-Ulrich Müller-Schwefe, meinen Lektor bei Suhrkamp, für seine freundliche Begleitung seit vielen Jahren.